DICCIONARIO

DE TÉRMINOS
SEGÚN

UN CURSO DE MILAGROS

Los símbolos de las palabras

EL GRANO Ð MOSTAZA

Título: *Diccionario de términos según* Un curso de milagros. *Los símbolos de las palabras*
Autor: José Luis Molina Milán
Diseño de cubierta: Victoria R. Morales

Segunda edición: 2015

Impreso en España
ISBN: 9788412072440
Depósito Legal: B 21847-2019

EDICIONES EL GRANO DE MOSTAZA, S. L.
Carrer de Balmes 394, principal primera
08022 Barcelona, ESPAÑA

DICCIONARIO

DE TÉRMINOS
SEGÚN

UN CURSO DE MILAGROS

Los símbolos de las palabras

JOSÉ LUIS MOLINA MILÁN

joseluismolimilla@hotmail.com

En reconocimiento a mi compañera Ángeles por tantos años juntos, tanta paciencia y cariño.

Y a mi maestra Rosa Mª Wynn por andar este camino delante de mí y hacérmelo más fácil, cercano y claro.

Esto es verdad, pero es difícil de explicar con palabras porque las palabras son símbolos, y lo que es verdad no necesita explicación. (T-7.I.6.4)

Esperamos la experiencia, y reconocemos que solo en ella radica la convicción. Usamos las palabras, pero tratamos una y otra vez de ir más allá de ellas hasta llegar a su significado, el cual está mucho más allá de su sonido. Este se hace cada vez más tenue hasta que finalmente desaparece, a medida que nos acercamos a la Fuente del significado. Y Ahí es donde hallamos reposo. (5º repaso intro.12:3-6)

No olvidemos, no obstante, que las palabras no son más que símbolos de símbolos. Por lo tanto, están doblemente alejadas de la realidad. (M-21.1.9)

Índice

Índice

Índice

Índice

Índice

Exordio

Recuerdo los primeros momentos con el Curso en mis manos, abierto apenas, en los que las hojas del libro recién cortadas, perfectamente alineadas y prensadas por el encuadernador, se plegaban completamente unas sobre otras cuando, cerrándolo abandonaba su lectura. Como atrayéndose entre sí, succionándose, haciendo casi el ruido de una puerta de seguridad al cerrarse. Sentía la atracción imantada de sus páginas asegurando el éxito de esa sencilla operación, convirtiéndose al final en un solo bloque, una unidad cerrada y completa, un volumen compacto y denso, cubierto de un intenso color azul oscuro, apenas interrumpido por el brillante filo de oro de su título: UN CURSO DE MILAGROS.

¡Qué dura fue la lectura del texto en esos momentos para mí! No comprendía prácticamente nada y no era una forma de hablar, sino que literalmente no sabía de qué hablaban aquellos párrafos aunque los releyera una y otra vez. No podía salir de mi asombro. No eran solo los conceptos que contenía a los que no podía alcanzar siquiera, sino porque aparentemente no entendía el español con el que estaba escrito, mi lengua natal. ¡No podía creerlo! Cada una de aquellas primeras frases leídas, compuestas de esos mismos vocablos de siempre, tan usados y tan claros hasta entonces, no conseguían darme acceso al fondo del extraordinario mensaje que contenían.

Por más que volviera sobre su lectura, aquellas frases eran crípticas para mí. Más tarde lo supe. Muchas de las palabras tenían un significado nuevo, distinto y nuevo. Esa era la razón de que los conceptos se me escaparan como el agua entre las manos sin que se me ocurriera cómo resolver aquella situación. Un estancamiento compartido con todos los que entonces comenzábamos con el texto recién traducido. Supe después que muchas personas abandonaron su lectura, lo comprendo. Si el interés no es muy grande se deja para otro momento, o muy típico, se regala el libro.

Disponía aquel libro de unas breves páginas al final, donde se vertía el significado de apenas media docena de conceptos, muy limitados en número para la laguna gigantesca que era mi mente, se me hacían cortos, muy cortos. Ahora sé que nada en aquel momento hubiera podido eliminar el pasmo que me producía el encuentro con ese contenido y su forma de expresión. Solo el posterior estudio metódico y constante de sus páginas pudo ir rellenando los huecos de mi inconsistencia.

Lentamente fui entrando en su contenido y comenzó a cambiar la forma de ver mi vida, mi modo de hablar y mi lenguaje. El Curso usaba las mismas palabras, pero tenían otro contenido y formaban un modelo de comunicar distinto. *Hablas dos lenguajes al mismo tiempo, lo cual no puede ser sino algo ininteligible. Mas si uno de ellos no tiene sentido el otro lo tiene, solo este último puede utilizarse para la comunicación. El otro no haría sino obstruirla.* (T-14.VI.6.7) He ido comprendiendo poco a poco lo que entonces estaba gestándose, un cambio de estado, de conciencia. Lo que ningún otro camino había logrado, un cambio real e irreversible. Nadie puede leer este curso, entenderlo y seguir siendo el mismo.

Bastantes años después, y con el único afán de seguir profundizando en aquellos conceptos que entonces se me escapaban, comencé a recopilar, con el único objeto de que fueran útiles para mí, las distintas definiciones que a lo largo del texto aparecen sobre la misma idea. Comprobé que de esta forma se iba completando una definición tridimensional, con volumen, como esas imágenes sorprendentes del cine que ahora podemos contemplar y que se ruedan con varias cámaras a la vez.

Resultó aleccionador comprobar que, no obstante citar y definir conceptos una o cien veces desde las distintas ópticas que el Curso abarca, ninguna de estas definiciones entraban en contradicción. Comprobé que aunque las extraigas del contexto, no entran en conflicto ni por los bordes de la idea. De forma que resultaba un placer deleitarse repasando las diferentes explicaciones que nos va brindado sobre conceptos clásicos fundamentales tan usados en sus textos como: amor, Expiación, perdón, Espíritu Santo, demonio, Creación, Dios... empaparse de su novedad, de su brillo y de su coherencia inusitada, mientras se descubren otros desconocidos, pero no menos interesantes como: ley de vida, Grandes Rayos, Santos de Dios, don de vida, las creaciones del Hijo, perdón para destruir, residuo bendito...

También el Curso nos brinda otro punto de vista más tranquilizador para multitud de ideas habituales, con las que nos relacionamos con un cierto temor o rechazo oculto: pobres o pobreza, salud, enfermedad y curación, placer y dolor, pecado y culpa, dar o recibir, empatía, envidia, caridad, castigo, rutina y, cómo no, de la misma muerte... un sinfín de conceptos de mucho contenido para cualquiera. El Curso parte de la vida que conocemos hablándonos de lo cotidiano para mostrarnos lo extraordinario que contenía, lo que nos perdíamos, y nos brinda una visión contraria pero tranquilizadora de la vida.

He incorporado dos palabras: amor y Dios, que si bien no pueden definirse y el propio Curso así lo dice, las he unido al diccionario debido a su importancia y lo he hecho anotando las características que las describen, de forma que podamos hacernos una aproximación a ellas. En el caso de Dios, en negrita, pueden leerse los diferentes nombres que se Le adjudican.

Finalmente hay otros conceptos que, si bien no se citan por su nombre, diferentes textos nos lo recuerdan, por ejemplo: suicidio, meditación, noche oscura del alma...

Todo mediante las palabras. Como símbolos de algo que no puede representarse, una locura: *Dios no entiende de palabras (M-21.1:7)*, pero nosotros es lo único que podemos entender y de ahí hemos de partir porque: *Detrás de los símbolos que usan los maestros de Dios se encuentra la Palabra de Dios y Él Mismo infunde a las pa-*

labras que ellos usan con el poder de Su Espíritu y las eleva de meros símbolos a la Llamada del Cielo en sí. (M-21.5:8-9) Ahí estamos pues, buscándolas, aprendiéndonoslas, emborrachándonos con su contenido magnífico, haciéndolas nuestras, confundiéndonos finalmente con su esencia y despareciendo en ella. ¡Que así sea!

A tal efecto he reunido 566 voces. Hay vocablos que solo tiene una mención en el texto como: escogidos, evolución, fealdad, traición, tristeza... la mayoría varias. Otras tienen páginas enteras de definiciones como amor, cuerpo, perdón.... Los vocablos importantes del Curso pueden llegar a tener más de cien acepciones. Me he abstenido de incorporar las derivadas de los conceptos que se citan y en la mayoría de los casos solo me circunscribo a las formas definitorias y las características que las acotan.

Todas ellas conforman un argot. Nunca oí hablar de esto al referirnos al Curso, pero es obvio que existe. Este trabajo lo pone de manifiesto. Es imprescindible conocer el significado de las palabras que usa para poder entender la profundidad, belleza y coherencia de los conceptos que contiene. No hay otro modo. Si como dice el propio Curso, es fácil enredarse con las palabras, al darle otro significado abundaremos en el desencuentro.

No es, por supuesto, un sustituto al Curso, cuya lectura es obligada y debe hacerse según el método por él mismo establecido, pero la forma que proponemos está pensada para apoyar sobre todo los primeros momentos, donde el encuentro con este material puede hacerse más arduo, o para profundizar en el conocimiento de conceptos fundamentales y más repetidos de sus páginas, en definitiva, facilitar el acercamiento con lo que se pretende aprender.

De cualquier forma que se lea el Curso es un paseo por la gloria, al menos lo es para mí y la publicación de este trabajo, cuya motivación fue enteramente personal, se convierte en una invitación a todos para hacer este camino de regreso juntos, pues de este modo se nos ha dicho que debemos hacerlo. De este modo acompañado, me siento más tranquilo, de este modo estoy más seguro, más feliz, más confiado.

Galapagar, agosto de 2014

¿Qué papel desempeñan las palabras en el proceso de curación?

Estrictamente hablando, las palabras no desempeñan ningún papel en el proceso de curación. El factor motivante es la oración o ruego. Recibes lo que pides. Pero esto se refiere a la oración del corazón, no a las palabras que usas al orar. A veces las palabras y la oración se contradicen entre sí; otras veces coinciden. Eso no importa. Dios no entiende de palabras, pues fueron hechas por mentes separadas para mantenerlas en la ilusión de la separación. Las palabras pueden ser útiles, especialmente para el principiante, ya que lo ayudan a concentrarse y a facilitar la exclusión, o al menos el control, de los pensamientos superfluos. No olvidemos, no obstante, que las palabras no son más que símbolos de símbolos. Por lo tanto, están doblemente alejadas de la realidad.

En cuanto que símbolos, las palabras tienen connotaciones muy específicas. Aun en el caso de las que parecen ser más abstractas, la imagen que evocan en la mente tiende a ser muy concreta. A menos que una palabra suscite en la mente una imagen concreta en relación con dicha palabra, esta tendrá muy poco o ningún significado práctico, y, por lo tanto, no supondrá ninguna ayuda en el proceso de curación. La oración del corazón no pide realmente cosas concretas. Lo que pide es siempre alguna clase de experiencia, y las cosas que específicamente pide son las portadoras de la experiencia deseada en opinión del peticionario. Las palabras, por consiguiente, son símbolos de las cosas que se piden, pero las cosas en sí no son sino la representación de las experiencias que se anhelan.

La oración que pide cosas de este mundo dará lugar a experiencias de este mundo. Si la oración del corazón pide eso, eso es lo que le será dado porque eso es lo que recibirá. Es imposible, entonces, que en la percepción del que pide, la oración del corazón no reciba respuesta. Si pide lo imposible, si desea lo que no existe o si lo que busca en su corazón son ilusiones, eso es lo que obtendrá. El poder de su decisión se lo ofrece tal como él lo pide. En esto estriba el Cielo o el infierno. Al Hijo durmiente de Dios solo le queda este poder. Pero es suficiente. Las palabras que emplea son irrelevantes. Solo la Palabra de Dios tiene sentido, ya que simboliza aquello que no corresponde a ningún símbolo humano. Solo el Espíritu Santo comprende lo que esa Palabra representa. Y eso, también, es suficiente.

¿Debe evitar, entonces, el maestro de Dios el uso de las palabras cuando enseña? ¡Por supuesto que no! Son muchos a los que aún es necesario acercarse por medio de las palabras, ya que todavía son incapaces de oír en silencio. No obstante, el maestro de Dios debe aprender a utilizar las palabras de otra manera. Poco a poco aprenderá a dejar que las palabras le sean inspiradas, a medida que deje de decidir por su cuenta lo que tiene que decir. Este proceso no es más que un caso especial de la lección del libro de ejercicios que reza: "Me haré a un lado y dejaré que Él me muestre el camino". El maestro de Dios acepta las palabras que se le ofrecen y las expresa tal como las recibe. No controla lo que dice. Simplemente escucha, oye y habla.

Uno de los mayores obstáculos con los que el maestro de Dios se topa en esta fase de su aprendizaje, es su temor con respecto a la validez de lo que oye. Y en efecto, lo que oye puede ser muy sorprendente. Puede que también le parezca que no tiene nada que ver con el problema en cuestión tal como él lo percibe, y puede incluso poner al maestro en una situación que a él le puede parecer muy embarazosa. Todas estas cosas no son más que juicios sin ningún valor. Son sus propios juicios, procedentes de una penosa percepción de sí mismo que le convendría abandonar. No juzgues las palabras que te vengan a la mente, sino que, por el contrario, tramítelas lleno de confianza. Son mucho más sabias que las tuyas. Detrás de los símbolos que usan los maestros de Dios se encuentra Su Palabra. Y Él Mismo infunde a las palabras que ellos emplean el poder de Su Espíritu, y las eleva de meros símbolos a la Llamada del Cielo en sí. (Manual para el maestro.21)

A

Abundancia:
La abundancia de Cristo es el resultado natural de haber decidido seguirle. (T-1.V.6:2)

Desde tu grandeza tan solo puedes bendecir porque tu grandeza es tu abundancia. (T-9.VIII.5:1)

Acciones:
Tus acciones son el resultado de tus pensamientos. (T-2.VI.2:7)

Acusar:
Acusar es no entender. (T-14.V.3:6)

Siempre que consientes sufrir, sentir privación, ser tratado injustamente o tener cualquier tipo de necesidad, no haces sino acusar a tu hermano de haber atacado al Hijo de Dios. (T-27.I.3:1)

Pues la acusación es un obstáculo para el amor, y los cuerpos enfermos son ciertamente acusadores. (T-27.II.1:3)

Aflicción:
El miedo y la aflicción son tus invitados y moran en ti, acompañándote dondequiera que vas. (T-11.III.4:4)

Todo poder es de Dios; Él lo otorga, y el Espíritu Santo, que sabe que al dar no puedes sino ganar, lo revive. Él no le confiere poder alguno al pecado, que, por consiguiente, no tiene ninguno; tampoco le confiere poder a sus resultados tal como el mundo los ve: la enfermedad, la muerte, la aflicción y el dolor. Ninguna de estas cosas ha ocurrido porque el Espíritu Santo no las ve ni le otorga poder a su aparente fuente. (T-20.IV.1:4-6)

Ahora se reconoce que la vida es la salvación, y cualquier clase de dolor o aflicción se percibe como el infierno. (M-28.2:3)

Adversarios:
Los que percibes como adversarios forman parte de tu paz, a la cual renuncias cuando los atacas. (T-8.I.3:4)

Agonía de la muerte:
No obstante, para Aquel que envía los milagros a fin de bendecir el mundo, una leve punzada de dolor, un pequeño placer mundano o la agonía de la muerte, no son sino el mismo estribillo: una petición de curación, una llamada de socorro en un mundo de sufrimiento. (T-27.VI.6:6)

Ahora:
Pues estás construyendo tu futuro *ahora:* el instante en el que todo el tiempo se convierte en un medio para alcanzar cualquier objetivo.

Ajuste:
La creencia en el pecado es un ajuste. Y un ajuste es un cambio: una alteración en la percepción, o la creencia de que lo que antes era de una manera ahora es distinto. Cada ajuste es, por lo tanto, una distorsión, y tiene necesidad de defensas que lo sostengan en contra de la realidad. (T-20.III.1:1-3)

Los ajustes, sean de la clase que sean, siempre forman parte del ámbito del ego. Pues la creencia fija del ego es que todas las relaciones dependen de que se hagan ajustes, para así hacer de ellas lo que él quiere que sean. (T-20.III.2:1-2)

Alegría:
El fino disfraz de placer y alegría en el que tal vez vayan envueltos (los sueños) apenas cubre el grueso bloque de miedo que constituye su médula. (T-29.IV.3:4)

Alma:
¿Qué saca el hombre con ganar el mundo entero si con ello pierde su propia alma? Si le prestas oídos a la voz que no debes, *pierdes* de vista a tu alma. En realidad no puedes perderla, pero puedes no conocerla. (T-5.II.7:11)

No se usa el término "alma" excepto en las citas de la Biblia, por ser un término sumamente polémico. En cualquier caso, sería un equivalente de "Espíritu", entendiéndose que, al formar parte del ámbito de Dios, es eterna y nunca nació. (C-1.3:2-3)

Altar de Dios:
No hay nada que pedir porque ya no hay nada que desear. Esa nada se convierte en el altar de Dios. Y desaparece en Él.

Altares:
La Voz de Dios procede de los altares que le has erigido a Él. Estos altares no son objetos, son devociones. (T-5.II.8:6)

Los altares son creencias, pero Dios y sus creaciones están más allá de cualquier duda o creencia, ya que están más allá de toda duda. (T-6.5.C-7.2)

El altar es perfectamente inequívoco en el pensamiento porque es un reflejo del Pensamiento Perfecto. (T-7.III.4:9)

No hay nadie que no considere como un altar a sí mismo aquello que ha elegido como su hogar. Y no hay nadie que no desee atraer a devotos a lo que ha depositado allí, haciendo que sea digno de la devoción. Y todo el mundo ha puesto una luz sobre su altar para que otros puedan ver lo que ha depositado en él y lo hagan suyo. (T-20.II.3:2-4)

Tu altar se alza sereno e incólume. Es el santo altar a mi propio Ser y es allí donde encuentro mi verdadera Identidad. (L-309.2:2)

Alternativas:
Las alternativas son el infierno o el Cielo, y de estas, solo puedes elegir una. (T-31.VII.14:9)

Siempre eliges entre tu debilidad y la fortaleza de Cristo en ti. Y lo que eliges es lo que crees que es real. (T-31.VIII.2:3)

Alucinaciones:
Las alucinaciones desaparecen cuando se reconocen como lo que son. Esa es la cura y el remedio. No creas en ellas y desaparecen. (T-20.VIII.8:1-2)

Pero de eso no hay duda: las alucinaciones tienen un propósito, mas cuando dejan de tenerlo, desaparecen. (T-20.VIII.8:6)

Las alucinaciones sirven para alcanzar el objetivo de la locura. Son el medio a través del cual el mundo externo, proyectado desde dentro, se ajusta al pecado y parece dar fe de su realidad. Aún sigue siendo cierto, no obstante, que no hay nada fuera. (T-20.VIII.9:5-7)

Amargura:
Y la amargura, al haber justificado la venganza y haber hecho que se pierda la misericordia, te condena irremisiblemente. (T-25.IX.9:4)

Amenaza, Sentirse amenazado:
Sentirte amenazado es admitir que existe en ti una debilidad inherente; es, asimismo, la creencia de que hay un peligro que tiene el poder de incitarte a que buscar una defensa apropiada. (L-135.2:2)

Amar:
Es imposible que un Hijo de Dios pueda amar a su prójimo de manera diferente de como se ama a sí mismo. (T-5intro.3:6)

amar

No amas a quien tratas de aprisionar. Por lo tanto, cuando tratas de aprisionar a alguien, incluyéndote a ti mismo, no le amas y no te puedes identificar con él. (T-8.IV.8:3-4)

No intentes amar de forma diferente de como Él lo hace, pues no hay amor aparte del Suyo. (T-13.X.11:5)

No es un sueño amar a tu hermano como a ti mismo, ni tu relación santa es tampoco un sueño. (T-18.V.5:1)

El cuerpo se avendrá a todo esto, si ese es tu deseo. Permitirá solamente limitados desahogos de "amor", intercalados con intervalos de odio. Y se hará cargo de decidir cuándo puede "amar" y cuándo se debe refugiar en el miedo para mantenerse a salvo. Enfermará porque no sabes lo que es amar. De este modo, utilizarás indebidamente toda circunstancia y a todo aquel con quien te encuentres, y no podrás sino ver en ellos un propósito distinto del tuyo. (T-29.I:6)

El significado del amor queda velado para todo aquel que crea que el amor puede cambiar, pues no se da cuenta de que un amor cambiante es algo imposible. Y así, cree que algunas veces puede amar y otras odiar. (L-127.2:1-3)

Amar a mi Padre es amar a Su Hijo. (L-246)

Amarse uno a sí mismo:
Amarte a ti mismo es curarte a ti mismo, y no puedes percibir una parte de ti como enferma y lograr tu objetivo. Hermano mío, sanamos juntos según vivimos juntos y amamos juntos. No te engañes con respecto al Hijo de Dios, pues él es uno consigo mismo, y uno con su Padre. Ama a aquel a quien su Padre ama, y te darás cuenta del Amor que tu Padre te profesa. (T-11.VIII.11:3-6)

Si amarse uno a sí mismo significa curarse uno a sí mismo, los que están enfermos no se aman a sí mismos. (T-12.II.1:2)

Amor:
... pues el amor es incapaz de exigir nada.
(Prefacio. ¿Qué postula?)

Este curso no pretende enseñar el significado del amor, pues eso está más allá de lo que se puede enseñar. (Introducción 1:6)

El amor perfecto es la Expiación. (T-2.VI.7:8)

El amor no conquista todas las cosas, pero sí las pone en su debido lugar. (T-4.VI.7:6)

No existe diferencia alguna entre el amor y la dicha. (T-5 intro.2:3)

Dije anteriormente que el mensaje de la crucifixión fue: "Enseña solamente amor, pues eso es lo que eres." (T-6.III.2:4)

Aprendes todo lo que enseñas. Enseña solamente amor, y aprende que el amor es tuyo y que tú eres amor. (T-6.III.4:8)

Crear es amar. El amor se extiende hacia fuera simplemente porque no puede ser contenido. Al ser ilimitado no puede dejar de extenderse. El amor crea para siempre, aunque no en el tiempo. (T-7.I.3:3-5)

Yo le di al Reino únicamente amor porque creí que eso era lo que yo era. (T-7.I.5:1)

Y llega libremente a toda la Filiación, al ser lo que la Filiación es. (T-7.IV.7:10)

El amor es incapaz de hacer excepciones. Solo si hay miedo parece tener sentido la idea de excepciones. (T-7.V.5:7)

El amor es tu poder, que el ego tiene que negar. (T-7.VI.4:7)

amor

El amor es lo único que se puede entender, ya que solo el amor es real, y, por lo tanto, solo el amor tiene sentido. (T-7.VI.6:7)

La libertad es creación porque es amor. (T-8.IV.8:2)

Solo lo eterno puede ser amado, pues el amor no muere. (T-10.V.9:1)

Tu amor es tan ilimitado como el Suyo porque *es* el Suyo. (T-11.I.6:8)

Si deseas contemplar el amor, que *es* la realidad del mundo, ¿qué mejor cosa podrías hacer que reconocer en toda defensa contra él la súplica de amor subyacente? (T-12.I.10.1).

Cualquier otra respuesta que no sea amor, surge como resultado de una confusión con respecto a "qué" es la salvación y a "cómo" se alcanza, y el amor es la única respuesta. (T-12.III.5:3)

Solo el amor es fuerte, puesto que es indiviso. (T-12.V.1:1)

El Amor se transfiere al amor sin ninguna interferencia, pues ambos son uno. (T-12.VI.6:4)

Si buscas amor a fin de atacarlo, nunca lo hallarás, pues si el amor es compartir, ¿cómo ibas a poder encontrarlo excepto a través de sí mismo? (T-12.VIII.1:4)

La función del amor es unir todas las cosas en Sí Mismo y mantenerlas unidas extendiendo Su Plenitud. (T-12.VIII.7:11)

El amor no mata para salvar. (T-13 intro.3:3)

Dije anteriormente que solo puedes experimentar dos emociones: amor y miedo. Una de ellas es inmutable aunque se intercambia continuamente, al ser ofrecida por lo Eterno a lo eterno. Por medio de este intercambio es como se extiende, pues aumenta al darse. (T-13.V.1:1-3)

El amor siempre responde, pues es incapaz de negar una petición de ayuda, o de no oír los gritos de dolor que se elevan hasta él desde todos los rincones de este extraño mundo que construiste, pero que realmente no deseas. (T-13.VII.4:3)

En el amor no hay cabida para el miedo, pues el amor es inocente. (T-13.X.10:4)

El amor no hace excepciones. (T-13.X.1:2)

El amor no es insignificante y mora en ti, que eres el anfitrión de Dios. (T-15.III.8:6)

El amor no *tiene* substitutos. (T-15.V.6:2- 4)

El significado del amor es el que Dios le dio. Atribúyele cualquier otro significado que no sea ese y te será imposible entenderlo. (T-15.V.10:3)

De esto se deduce que solo puedes dar. Y esto es amor, pues únicamente esto es natural de acuerdo con las Leyes de Dios. (T-15.VI.5:6)

Si te entregases tal como tu Padre entrega su Ser, entenderías lo que es la Conciencia de Ser. Y con ello entenderías el significado del amor. (T-15.VI.7:3)

El amor siempre producirá expansión. (T-15.IX.4:2)

El amor tiene que ser total para que se le pueda dar la bienvenida, pues la Presencia de la Santidad es lo que crea la santidad que lo envuelve. (T-15.XI.2:8)

Y allí donde no hay sacrificio, allí *está* el amor. (T-15.XI.3:6)

El amor no es una ilusión. Es un hecho. Si ha habido desilusión es porque realmente nunca hubo amor, sino odio, pues el odio

amor

es una ilusión y lo que puede cambiar nunca pudo ser amor. (T-16.IV.4:1-4)

Pues el amor *está* totalmente exento de ilusiones, y, por lo tanto, libre de miedo. (T-16.IV.11:9)

En el Cielo, donde el significado del amor se conoce perfectamente, el amor es lo mismo que la unión. (T-16.V.3:7)

Cada vez que alguna forma de relación especial te tiente a buscar el amor en ritos, recuerda que el amor no es forma sino contenido. (T-16.V.12:1)

El núcleo de la ilusión de la separación reside simplemente en la fantasía de que es posible destruir el significado del amor. Y a menos que se restaure en ti el significado del amor, tú que compartes su significado no podrás conocerte a ti mismo. (T-16.V.15:1-2)

El amor no tiene ningún significado excepto el que su Creador le otorgó mediante Su Voluntad. Es imposible definirlo de otra manera y entenderlo. (T-16.VI.1:6-7)

El amor es libertad. Ir en su búsqueda encadenándote a ti mismo es separarte de él. ¡Por el amor de Dios, no sigas buscando la unión en la separación, ni la libertad en el cautiverio! Según concedas libertad, serás liberado. No te olvides de esto, o, de lo contrario, el amor será incapaz de encontrarte y ofrecerte consuelo. (T-16.VI:2)

Pero el amor tiene que ser eternamente igual a sí mismo sin alternativas e inmutable para siempre, y, por lo tanto así es. (T-18.VI.9:8)

Todo límite que se le imponga al amor parecerá siempre excluir a Dios y mantenerte a ti separado de Él. (T-18.VIII.2:4)

El amor no sabe nada de cuerpos y se extiende a todo lo que ha sido creado como él mismo. Su absoluta falta de límites *es* su significado. Es completamente imparcial en su dar, y abarca todo únicamente a fin de conservar y mantener intacto lo que desea dar. (T-18.VIII.8:1-3)

El amor no es algo que se pueda aprender. Su significado reside en sí mismo. Y el aprendizaje finaliza una vez que has reconocido todo lo que no es amor. Esa es la interferencia; eso es lo que hay que eliminar. El amor no es algo que se pueda aprender porque jamás ha habido un solo instante en que no lo conocieses. (T-18.IX.12:1-5)

Su Amor es lo que te une a tu hermano, y debido a Su Amor no desearías mantener a nadie excluido del tuyo. (T-19.I.10:4)

La naturaleza del amor es contemplar solamente la verdad -donde se ve a sí mismo- y fundirse con ella en santa unión y en compleción. (T-19.4.A.i.10:2)

El amor solo se siente atraído por el amor. (T-19.4.A.i.10:5)

El amor pasa por alto aquello en lo que el miedo se cebaría... Lo que el amor contempla no significa nada para el miedo y es completamente invisible. (T-19.4.A.i.11:4)

En el amor no hay cabida para el miedo. (T-20.II.8:9)

El amor desea ser conocido, y completamente comprendido y compartido. No guarda secretos ni hay nada que desee mantener aparte y oculto. Camina en la luz, sereno y con los ojos abiertos, y acoge todo con una sonrisa en sus labios y con una sinceridad tan pura y tan obvia que no podría interpretarse erróneamente. (T-20.VI.2:5-7)

El amor no tiene templos sombríos donde mantener misterios en la obscuridad, ocultos de la luz del sol. No va en busca de poder, sino de relaciones. (T-20.VI.4:1)

amor

El amor descansa en la certeza. (T-22.V.3:10)

El amor que te profesa es perfecto, absoluto y eterno. (T-23.I.4:6)

El amor es su pasado (los que comparten el propósito de su Padre), su presente y su futuro: siempre el mismo, eternamente pleno y completamente compartido. Saben que es imposible que su felicidad pueda jamás sufrir cambio alguno. (T-23.IV.8:5-6)

El amor es extensión. Negarte a dar un regalo -por insignificante que sea- es no conocer el propósito del amor. El amor lo da todo eternamente. Si retienes una sola creencia, una sola ofrenda, el amor desaparece, pues has pedido que un sustituto ocupe su lugar. (T-24.I.1:1-4)

Dale solo lo que ya es suyo y recuerda, que Dios Se dio a Sí Mismo a ambos con el mismo amor, para que ambos pudierais compartir el universo con Él, Quien dispuso que el amor jamás pudiese ser dividido ni mantenerse separado de lo que es y ha de ser por siempre. (T-24.II.10:7)

El amor es la base de un mundo que los pecadores perciben como completamente demente, ya que creen que el camino que ellos siguen es el que conduce a la cordura. (T-25.VII.6:4)

Y el amor sin justicia es imposible. Pues el amor es justo y no puede castigar sin causa. (T-25.VIII.11:8)

Pues solo el amor es justo y solo él puede percibir lo que la justicia no puede sino concederle al Hijo de Dios. Deja que el amor decida, y nunca temas que, por no ser justo, te vayas a privar a ti mismo de lo que la justicia de Dios ha reservado para ti. (T-25.VIII.14:6-7)

Cada uno de esos regalos le recuerda el Amor de su Padre en igual medida que el resto. Y cada uno le enseña que lo que él temía es lo que más ama. ¿Qué otra cosa salvo un milagro podría hacerle cambiar de mentalidad de modo que comprenda que el amor no puede ser temido. (T-26.IV.4:4-6)

No procede (la curación) de la compasión, sino del amor. Y el amor quiere demostrar que todo sufrimiento no es sino una vaga imaginación, un absurdo deseo sin consecuencia alguna. (T-27.II.7:5-6)

El amor no exige sacrificios. (T-29.I.7:1)

El Amor no puede dispensar maldad, y lo que no es felicidad es maldad. (L-66.6:3)

Al estar en todas partes, el amor no tiene límites. (L-103.1:4)

Quiero recordar que el amor es felicidad y que nada más me puede hacer feliz. Elijo, por lo tanto, no abrigar ningún sustituto para el amor. (L-117.1:2)

El amor, al igual que la dicha, constituye mi patrimonio. Estos son los regalos que mi Padre me dio. (L-117.2:2)

Su Amor es todo lo que eres y todo lo que Él es; Su Amor es lo mismo que tú eres y tú eres lo mismo que Él es. (L-125.7:4)

Tal vez creas que hay diferentes clases de amor. Tal vez creas que hay un tipo de amor para esto y otro para aquello; que es posible amar a alguien de una manera y a otra persona de otra. El amor es uno. No tiene partes separadas ni grados, no hay diferentes clases de amor ni tampoco diferentes niveles; en él no hay divergencias ni distinciones. Es igual a sí mismo, sin ningún cambio en ninguna parte de él. Ninguna persona o circunstancia puede hacer que cambie. Es el corazón de Dios y también el de Su Hijo. (L-127:1)

El amor no puede juzgar. Puesto que en sí es uno solo, contempla a todos cual uno solo. Su significado reside en la unicidad. Y no puede sino eludir a la mente que piensa que el amor es algo parcial o fragmentado. No hay otro amor que el de Dios, y todo amor es de Él. Ningún otro principio puede gobernar allí donde no hay amor. El amor es una ley que no tiene opuestos. Su completitud es el poder que mantiene a todas las cosas unidas, el vínculo entre Padre e Hijo que hace que Ambos sean lo mismo eternamente." (L-127.3)

El significado del amor es tu propio significado, el cual Dios Mismo comparte contigo. (L-127.4:2)

El amor, al ser verdad, no tiene necesidad de símbolos. (L-161.5:4)

Sentir el Amor de Dios dentro de ti es ver el mundo renovado, radiante de inocencia, lleno de esperanza y bendecido con perfecta caridad y amor. (L-189.1:7)

El amor es el camino que recorro con gratitud. (L-195)

El amor no hace comparaciones. (L-195.4:2)

Sé Tú el Guía, y yo el seguidor que no duda de la sabiduría de lo Infinito, ni del Amor cuya ternura no puedo comprender, pero que es, sin embargo, el perfecto regalo que me haces. (L-233.1:7)

Solo con que invoque Tu Nombre recordará su seguridad y Tu Amor, pues estos son uno. (L-244.1:2)

Su amor es ilimitado, y su intensidad es tal que abarca dentro de sí todas las cosas en la calma de una queda certeza. (L-252.1:3)

El amor es tu seguridad. El miedo no existe. Identifícate con el amor, y estarás a salvo. Identifícate con el amor, y estarás en su morada. Identifícate con el amor, y hallarás su Ser. (L-punto.5 ¿Qué es el cuerpo? 5:4-8)

Tu Amor, por siempre dulce y sereno, me rodea y me mantiene a salvo eternamente. (L-272.1:7)

Pues la verdad está a salvo, y solo el amor es seguro. (L-278.2:5)

Padre, Tu Nombre, al igual que el mío, es Amor. Esa es la verdad. (L-282.2:1)

Tu Amor es el Cielo y Tu Amor es mío. (L-286.1:9)

El amor sigue siendo el único estado presente, cuya Fuente está aquí por siempre y para siempre. (L-293.1:2)

Mas en el presente el amor es obvio y sus efectos evidentes. (L-293.1:4)

El miedo se presenta en múltiples formas, pero el amor es uno. (L-295.1:7)

Él es el fin que perseguimos, así como el medio por el que llegamos a Él. (L-302.2:3)

Hoy aprendo la ley del amor: que lo que le doy a mi hermano es el regalo que me hago a mí mismo. (L-344)

Amor de Dios:

Más allá de la débil atracción que la relación de amor especial ejerce, y empañada siempre por ella, se encuentra la poderosa atracción que el Padre ejerce sobre Su Hijo. Ningún otro amor puede satisfacerte, porque no *hay* ningún otro amor. Ese es el único amor que se da plenamente y que es plenamente correspondido. Puesto que goza de plenitud, no pide nada. Puesto que es totalmente puro, todos los que se unen a él lo tienen todo. (T-15.VII.1:1-5)

El amor que te profesa es perfecto, absoluto y eterno. (T-23.I.4:6)

El Amor de Dios es mi sustento. (L-50)

Amor de Dios

Deposita toda tu fe en el Amor de Dios en ti: eterno, inmutable y por siempre indefectible. (L-50.4:3)

Considera esta media hora como el regalo que le haces a Dios, con la certeza de que lo que Él te dará a cambio será una sensación de amor que sobrepasa tu entendimiento; una dicha tan profunda que excede tu comprensión y una visión tan santa que los ojos del cuerpo no la pueden ver. (L-124.11:2)

Sentir el Amor de Dios dentro de ti es ver el mundo renovado, radiante de Inocencia, lleno de esperanza y bendecido con perfecta caridad y amor. (L-189.1:7)

El Amor de Dios es lo que me creó. El Amor de Dios es todo lo que soy. El Amor de Dios proclamó que yo soy Su Hijo. El Amor de Dios dentro de mí es mi liberación. (L-209.1:2-5)

Amor del mundo:

"Amamos" a otro con el objeto de ver qué podemos sacar de él. De hecho es a lo que en el mundo de los sueños se le llama amor. No puede haber mayor error que ese, pues el amor es incapaz de exigir nada. (Prefacio. ¿Qué postula?)

No hay amor en este mundo que esté exento de esta ambivalencia, y puesto que ningún ego ha experimentado amor sin ambivalencia, el amor es un concepto que está más allá de su entendimiento. (T-4.III.4:6)

El amor crea para siempre, aunque no en el tiempo. (T-7.I.3:6)

No puedes aprender lo que es el amor perfecto con una mente dividida, porque una mente dividida se ha convertido a sí misma en un mal estudiante. (T-12.V.4:3)

No sabes cuál es el significado del amor, y esa es tu limitación. No intentes enseñarte a ti mismo lo que no entiendes, ni trates de establecer los objetivos del programa de estudios cuando los tuyos claramente han fracasado. (T-12.V.6:1)

Puedes aceptar la demencia porque es obra tuya, pero no puedes aceptar el amor porque no fuiste tú quien lo creó. (T-13.III.5:1)

Si otorgas tu amor a una sola parte de la Filiación exclusivamente, estarás sembrando culpa en todas tus relaciones y haciendo que sean irreales. Solo puedes amar tal como Dios ama. No intentes amar de forma diferente de cómo Él lo hace, pues no hay amor aparte del Suyo. Hasta que no reconozcas que esto es verdad, no tendrás idea de lo que es el amor. (T-13.X.11:2-6)

Desconoces el significado del amor porque has intentado comprarlo con baratijas, valorándolo así demasiado poco como para poder comprender su grandeza. El amor no es insignificante y mora en tí que eres el anfitrión de Dios. (T-15.III.8:5-6)

No puedes amar solo algunas partes de la realidad y al mismo tiempo entender el significado del amor. Si amases de manera distinta de como ama Dios, Quien no sabe lo que es el amor especial, ¿cómo ibas a poder entender lo que es el amor? (T-15.V.3:1-2)

Si deseas substituir una relación por otra, es que no se la has ofrecido al Espíritu Santo para que Él haga uso de ellas. El amor no *tiene* substitutos. Cualquier intento de substituir un aspecto del amor por otro, significa que has atribuido menos valor a uno y más a otro. De esta forma, no solo los has separado sino que los has condenado a ambos. (T-15.V.6:1-4)

El significado del amor es el que Dios le dio. Atribúyele cualquier otro significado que no sea ese y te será imposible entenderlo. (T-15.V.10:3)

En el mundo de la escasez, el amor no significa nada y la paz es imposible. Pues en él se aceptan tanto la idea de ganar como la depender, y, por lo tanto, nadie es consciente de que en su interior reside el amor perfecto. (T-15.VI.5:1)

Pues aunque el ego se manifiesta de muchas formas, es siempre la expresión de una misma idea: lo que no es amor es siempre miedo, y nada más que miedo. (T-15.X.4:4)

Tu confusión entre lo que es el sacrificio y lo que es el amor es tan aguda que te resulta imposible concebir el amor sin sacrificio. (T-15.X.5:8)

Y así resulta que, en tu búsqueda del amor, vas en busca de sacrificio y lo encuentras. Mas no encuentras amor. Es imposible negar lo que es el amor y al mismo tiempo reconocerlo. El significado del amor reside en aquello de lo que te desprendiste, lo cual no tiene significado aparte de ti. (T-15.XI.6:1-4)

El significado del amor se pierde en cualquier relación que vaya en busca de la debilidad y espere encontrar amor en ella. El poder del amor, que *es su* significado, radica en la Fortaleza de Dios que la arropa y la bendice silenciosamente al envolverla en sus alas sanadoras. (T-16.I.6:1-2)

No temas examinar la relación de odio especial, pues tu liberación radica en que la examines. Sería imposible no conocer el significado del amor si no fuera por eso. Pues la relación de amor especial, en la que el significado del amor se haya oculto, se emprende solamente para contrarrestar el odio, no para abandonarlo. (T-16.IV.1:1-3)

No cabe duda de que los que eligen a algunas personas como pareja en cualquier aspecto de la vida, y se valen de ellas para cualquier propósito que no desean compartir con nadie más, están tratando de vivir con culpa en vez de morir de ella. Estas son las únicas alternativas que ven. Para ellos el amor es solo un escape de la muerte. (T-16.IV.4:5-7)

Mientras perdure la ilusión de odio, el amor será una ilusión para ti. (T-16.IV.5:4)

Aquí, donde en lugar del amor se acepta la ilusión de amor, el amor se percibe como separación y exclusión. (T-16.V.3:8)

Pero si el contenido de todas las ilusiones es el miedo, y solo el miedo, la ilusión del Cielo no es más que una forma "atractiva" de miedo en la que la culpa está profundamente soterrada y se manifiesta en forma de "amor". (T-16.V.8:5)

Exigir que se te considere especial, y la creencia de que hacer que otro se sienta especial es un acto de amor, hace que el amor sea algo odioso. (T-16.V.9:3)

Y por eso es por lo que cualquier cosa que te recuerde tus resentimientos pasados te atrae y te parece que es amor, independientemente de cuán distorsionadas sean las asociaciones que te llevan a hacer esa conexión. (T-17.III.2:5)

El amor que se les tiene (a los ídolos) ha hecho que el amor no tenga significado. (T-20.VI.3:5)

El amor no es comprensible para los pecadores porque creen que la justicia se escindió del amor y que representa algo distinto. Y de esta manera, se percibe al amor como algo débil, y a la venganza como muestra de fortaleza. (T-25.VIII.8:3-4)

El final del sueño es el fin del miedo, pues el amor nunca formó parte del mundo de los sueños. (T-28.III.4:1)

Pues el amor *es* traicionero para aquellos que tienen miedo, ya que el miedo y el odio van siempre de la mano. (T-29.I.2:2)

Enfermará (el cuerpo) porque no sabes lo que es amar. (T-29.I.6:4)

amor del mundo

"Tal vez creas que hay diferentes clases de amor. Tal vez creas que hay un tipo de amor para esto y otro para aquello; que es posible amar a alguien de una manera y a otra persona de otra. El amor es uno. (L-127:1)

El significado del amor queda velado para todo aquel que crea que el amor puede cambiar, pues no se da cuenta de que un amor cambiante es algo imposible. Y así, cree que algunas veces puede amar y otras odiar. Cree también que se puede profesar amor solo a una persona, y que el amor puede seguir siendo lo que es aunque se le niegue a los demás. El que crea estas cosas acerca del amor demuestra que no entiende su significado. Si el amor pudiese hacer tales distinciones, tendría que discernir entre justos y pecadores, y percibir al Hijo de Dios fragmentado. (L-127.2)

Si supieras el significado de Su Amor, tanto la esperanza como la desesperación serían imposibles. Pues toda esperanza quedaría colmada para siempre y cualquier clase de desesperación sería inconcebible. (L-168.2:1-2)

Sé Tú el Guía y yo el seguidor que no duda de la sabiduría de lo Infinito, ni del Amor cuya ternura no puedo comprender, pero que es, sin embargo, el perfecto regalo que me haces. (L-233.1:7)

El amor que aquí se refleja en forma de perdón, me recuerda, por otra parte, que Tú me has proporcionado un camino para volver a encontrar Tu paz. (L-352.1:4)

Mas el amor sin confianza es imposible, puesto que la duda y la confianza no pueden coexistir. (M-7.4:6)

Amor especial:
Pues la relación de amor especial, en la que el significado del amor se halla oculto, se emprende solamente para contrarrestar el odio, no para abandonarlo. (T-16.IV.1:3)

La relación de amor especial es un intento de limitar los efectos destructivos del odio, tratando de encontrar refugio en medio de la tormenta de la culpabilidad. Dicha relación no hace ningún esfuerzo por elevarse por encima de la tormenta hasta encontrar la luz del sol. Por el contrario, hace hincapié en la culpa que se encuentra fuera del refugio, intentando construir barricadas contra ella a fin de mantenerte a salvo. La relación de amor especial no se percibe como algo con valor intrínseco, sino como un enclave de seguridad desde donde es posible separarse del odio y mantenerlo alejado. La otra persona envuelta en esta relación de amor especial es aceptable siempre y cuando se ajuste a ese propósito. El odio puede hacer acto de presencia, y de hecho se le da la bienvenida en ciertos aspectos de la relación, pero la relación se mantiene viva gracias a la ilusión de amor. Si esta desaparece, la relación se rompe o se vuelve insatisfactoria debido a la desilusión. (T-16.IV.3:7)

Reconoce lo que sigue, pues es verdad, y la verdad tiene que ser reconocida para que se pueda distinguir de la ilusión: la relación de amor especial es un intento de llevar amor a la separación. Y como tal, no es más que un intento de llevar amor al miedo y de hacer que sea real en él. La relación de amor especial, que viola totalmente la única condición del amor, quiere realizar lo imposible. (T-16.IV.7:1-3)

La relación de amor especial no es más que un pobre substituto de lo que en verdad -y no en ilusiones- te completa. (T-16.IV.8:4)

La relación de amor especial es el arma principal del ego para impedir que llegues al Cielo. No parece ser un arma, pero si examinases cuánto la valoras y por qué, te darías cuenta de que lo es. (T-16.V.2:3-4)

La relación de amor especial es el regalo más ostentoso del ego y el que mayor atractivo tiene para aquellos que no están dispuestos a renunciar a la culpabilidad. Aquí es donde más claramente se puede ver la "dinámica" del ego, pues, contando con la atracción de su ofrenda, las fantasías que se centran sobre la relación de amor especial son con frecuencia muy evidentes. (T-16.V.3:1-2)

Dios dispuso que el especialismo que Su Hijo eligió para hacerse daño a sí mismo fuera igualmente el medio para su salvación desde el preciso instante en que tomó esa decisión. Su pecado especial pasó a ser su gracia especial. Su odio especial se convirtió en su amor especial. (T-25.VI.6:6-8)

Amor propio:
El "amor propio" desde el punto de vista del ego, no significa otra cosa que el ego se ha engañado a sí mismo creyendo que es real, y, por lo tanto, está temporalmente menos inclinado a depredar. Ese "amor propio" es siempre vulnerable a experimentar tensión, término este que se refiere a cualquier cosa que él perciba como una amenaza a su existencia. (T-4.II.6:8-9)

Aunque el ego tampoco se percata del Espíritu, se percibe así mismo rechazado por algo más grande que él. Por eso es por lo que el amor propio, tal como el ego lo concibe, no puede por menos que ser ilusorio. (T-4.II.8:8-9)

Analizar:
El ego analiza; el Espíritu Santo acepta. Solo por medio de la aceptación se puede llegar a apreciar la plenitud, pues analizar significa fragmentar o separar. (T-11.V.13:1-2)

Interpretar el error es conferirle poder, y una vez que haces esto pasas por alto la verdad. (T-12.I.1:8)

Analizar los motivos del ego es algo muy complicado, muy confuso y nunca se hace sin la participación de tu propio ego. Todo el proceso no es sino un intento inequívoco de demostrar que tienes la capacidad de comprender lo que percibes. Esto lo prueba el hecho de que reaccionas ante tus interpretaciones como si fuesen correctas. (T-12.I.2:1-3)

Ansiedad:

Cuando sientas ansiedad, date cuenta de que la ansiedad procede de los caprichos del ego.(T-4.IV.4:1)

No puedes distorsionar la realidad y al mismo tiempo saber lo que es. Y si la distorsionas experimentarás ansiedad, depresión y finalmente pánico, pues estarás tratando de convertirte a ti mismo en algo irreal. (T-9.I.14:3-4)

La depresión es una consecuencia inevitable de la separación, como también lo son la ansiedad, las preocupaciones, una profunda sensación de desamparo, la infelicidad, el sufrimiento y el intenso miedo a perder. (L-41.1:2-3)

Anti-Cristo:

Esto es lo que es el anti-Cristo: la extraña idea de que hay un poder más allá de la omnipotencia, un lugar más allá de lo infinito y un tiempo que trasciende lo eterno. (T-29.VIII.6:2)

Apariencia:

Las apariencias engañan *precisamente* porque son apariencias y no la realidad. (T-30.IV.5:1)

Lo único que las apariencias pueden hacer es engañar a la mente que desea ser engañada. (T-30.IV.6:1)

Las apariencias engañan, pero pueden cambiar. La realidad, en cambio, es inmutable. No engaña en absoluto, y si tú no puedes ver más allá de la apariencias, *te estás* dejando engañar. (T-30.VIII.1:1-3)

Es evidente, en cambio, que las apariencias son irreales precisamente porque pueden cambiar. (T-30.VIII.2:9)

Apetitos, Los:

Los apetitos son mecanismos para "obtener" que representan la necesidad del ego de ratificarse a sí mismo. (T-4.II.7:5)

los apetitos

El origen de los apetitos corporales no es físico. El ego considera el cuerpo como su hogar, y trata de satisfacerse a sí mismo a través de él. Pero la idea de que eso es posible es una decisión de la mente, que está completamente confundida acerca de lo que realmente es posible. (T-4.II.7:7-9)

Apocalipsis:

El primer paso hacia la libertad comprende separar lo falso de lo verdadero. Este es un proceso de separación en el sentido constructivo de la palabra, y refleja el verdadero significado del Apocalipsis. Al final, cada cual contemplará sus propias creaciones y elegirá conservar solo lo bueno. (T-2.VIII.4:1-3)

Aprender:

El proceso de aprender se percibe, en última instancia, como algo aterrador porque conduce, no a la destrucción del ego, sino al abandono de este a la luz del Espíritu. (T-4.I.3:2)

Muchos montan guardia en torno a sus ideas porque quieren conservar sus sistemas de pensamiento intactos, y aprender significa cambiar. (T-4.I.2:1)

Aprender y enseñar son los mayores recursos de que dispones ahora porque te permiten cambiar de mentalidad y ayudar a otros a hacer lo mismo. (T-4.I.4:1)

Aprender es placentero si te conduce por la senda que te resulta natural, y facilita el desarrollo de lo que ya tienes. Mas si se te enseña de una manera contraria a tu naturaleza, lo que aprendas supondrá una pérdida para ti porque te aprisionará. (T-8.II.2:7-8)

Vivir aquí significa aprender, de la misma manera en que crear es estar en el Cielo. (T-14.III.3:2)

Lo que te has enseñado a ti mismo constituye una hazaña de aprendizaje tan gigantesca que es ciertamente increíble. (T-31.I.2:7)

Nadie que entienda lo que has aprendido, con cuánto esmero lo aprendiste, y los sacrificios que llevaste a cabo para practicar y repetir las lecciones una y otra vez, en toda forma concebible, podría jamás dudar del poder de tu capacidad para aprender. No hay un poder más grande en todo el mundo. El mundo se construyó mediante él, y aún ahora no depende de nada más. Las lecciones que te has enseñado a ti mismo las aprendiste con tanto esmero y se encuentran tan arraigadas en ti que se alzan como pesadas cortinas para nublar lo simple y lo obvio. No digas que no puedes aprender. Pues tu capacidad para aprender es tan grande que te ha enseñado cosas tan difíciles como que tu voluntad no es tu voluntad, que tus pensamientos no te pertenecen, e incluso, que no eres Quien eres. (T-31.I:3)

Aprender es una capacidad que tú inventaste y te otorgaste a ti mismo. No fue concebida para hacer la Voluntad de Dios, sino para apoyar el deseo de que fuese posible oponerse a ella y para que una voluntad ajena fuese incluso más real. (T-31.I.5:1-2)

Aprender significa cambiar. (T-31.VII.1:1)

Es difícil enseñarle a la mente miles de nombres extraños, y luego mil más. No obstante, crees que eso es lo que significa aprender y que es el objetivo principal por medio del cual se puede entablar comunicación y compartir conceptos de manera que tengan sentido. (L-184.5:2-3)

Aprendizaje:
El aprendizaje en sí, al igual que las aulas donde tiene lugar, es temporal. (T-2.II.5:3)

El aprendizaje que verdaderamente corrige comienza siempre con el despertar del Espíritu y con el rechazo de la fe en la visión física. (T-2.V.7:1)

El verdadero aprendizaje es constante, y tan vital en su poder de producir cambios, que un Hijo de Dios puede reconocer su propio poder en un instante y cambiar el mundo en el siguiente. (T-7.V.7:5)

aprendizaje

Los milagros demuestran que el aprendizaje ha tenido lugar bajo la debida dirección, pues el aprendizaje es invisible y lo que se ha aprendido solo se puede reconocer por sus resultados. (T-12.VII.1:1)

El aprendizaje se ocupa únicamente de la condición en la que ello ocurre por su cuenta. (T-14.IV.2:7)

El aprendizaje tiene lugar antes de que sus efectos se pongan de manifiesto. Por lo tanto, es algo propio del pasado, pero su influencia determina el presente al darle a este el significado que tenga para ti. *Tu* aprendizaje no obstante no le aporta al presente significado alguno. Nada que hayas aprendido te puede ayudar a entender el presente o enseñarte a des-hacer el pasado. Tu pasado es lo que tú te has enseñado a ti mismo. (T-14.XI.3:2-6)

Allí donde acaba el aprendizaje, allí comienza Dios, pues el aprendizaje termina ante Aquel que es completo donde El Mismo comienza y donde no hay final. (T-18.IX.11:4)

El aprendizaje finaliza una vez que has reconocido todo lo que *no* es amor. (T-18.IX.12:3)

El aprendizaje no tiene objeto ante la Presencia de tu Creador, Cuyo reconocimiento de ti y el tuyo de Él transciende el aprendizaje en tal medida, que todo lo que has aprendido no significa nada en comparación, y queda reemplazado para siempre por el conocimiento del amor y su único significado. (T-18.IX.12:6)

Todo aprendizaje o bien es una ayuda para llegar a las puertas del Cielo o bien un obstáculo. No hay nada entre medias. (T-26.V.1:5)

La finalidad de todo aprendizaje es la transferencia, la cual se consuma cuando dos situaciones distintas se ven como la misma, ya que lo único que se puede encontrar en ellas son elementos comunes. Esto, no obstante, solo lo puede lograr Uno que no ve las diferencias que tú ves. No eres tú quien lleva a cabo la transferencia de lo que has aprendido. (T-27.V.8:8-10)

Deja, pues, la transferencia de tu aprendizaje en manos de Aquel que realmente entiende sus leyes y que se asegurará de que permanezcan invioladas e ilimitadas. (T-27.V.10:1)

El aprendizaje es lo único que puede producir cambios. (T-31.III.4:8)

No obstante, todo aprendizaje que el mundo dirige, comienza y finaliza con el solo propósito de que aprendas este concepto de ti mismo (el concepto del yo), de forma que elijas acatar las leyes de este mundo y nunca te aventures más allá de sus sendas ni te des cuenta de cómo te consideras a ti mismo. (T-31.V.8:2)

El propósito de tu aprendizaje es capacitarte para que la quietud te acompañe dondequiera que vayas, y para que cures toda aflicción e inquietud. Esto no se consigue evadiendo tales situaciones y buscando un refugio donde poder aislarte.
(L- Primer repaso intro.4:4-5)

La idea de aprender es algo que le es ajeno a Dios. (L-193.1:1)

Pues el aprendizaje, como el Espíritu Santo lo utiliza a fin de alcanzar el resultado que Él percibe para él, se convierte en el medio que se transciende a sí mismo, de manera que pueda ser reemplazado por la Verdad Eterna.
(L-punto7 ¿Qué es el Espíritu Santo?.2:4)

Arrogancia:
Cualquier intento que hagas por corregir a un hermano significa que crees que puedes corregir, y eso no es otra cosa que la arrogancia del ego. La corrección le corresponde a Dios, Quien no conoce la arrogancia. (T-9.III.7:8-9)

La arrogancia es la negación del amor porque el amor comparte y la arrogancia, no. (T-10.V.14:1)

arrogancia

De tu aprendizaje depende el bienestar del mundo. Y es solo la arrogancia lo que negaría el poder de tu voluntad. (T-22.VI.10:1)

¿Qué otra cosa sino la arrogancia podría pensar que la Justicia del Cielo no puede cancelar tus insignificantes errores? (T-25.IX.1:1)

No es arrogancia ser como Él te creó ni hacer uso de lo que te dio como respuesta a todos los errores de Su Hijo para así liberarlo. Pero sí es arrogancia despreciar el poder que Él te dio y elegir un nimio e insensato deseo en vez de lo que Su Voluntad dispone. (T-26.VII.18:2-3)

Solo la arrogancia podría hacerte pensar que tienes que allanar el camino que conduce al Cielo. (T-31.VI.4:1)

No es humildad insistir que no puedes ser la luz del mundo si esa es la función que Dios Mismo te asignó. Es solo la arrogancia la que afirmaría que esa no puede ser tu función, y la arrogancia es algo propio del ego. (L-61.2:4)

Pensar que Dios creó el caos, que contradice Su Propia Voluntad, que inventó opuestos a la verdad y que le permite a la muerte triunfar sobre la vida es arrogancia. La humildad se daría cuenta de inmediato de que estas cosas no proceden de Él. Y ¿sería acaso posible ver lo que Dios no creó? Pensar que puedes, es creer que puedes percibir lo que la Voluntad de Dios no dispuso que existiera, Y ¿qué podría ser más arrogante que eso? (L-152.7)

Dejemos a un lado la arrogancia, que afirma que somos pecadores, culpables, temerosos y que estamos avergonzados de lo que somos; y en lugar de ello, elevaremos nuestros corazones con verdadera humildad hasta Aquel que nos creó inmaculados y semejantes a Él en poder y en amor. (L-152.9:4)

Y lo que pensamos que es debilidad puede ser fortaleza; y lo que creemos que es nuestra fortaleza a menudo es arrogancia. (L-154.1:7)

La arrogancia forja una imagen de ti que no es real. Esa es la imagen que se estremece y huye aterrorizada cuando la Voz que habla por Dios te asegura que posees la fuerza, la sabiduría y la santidad necesarias para ir más allá de toda imagen. (L-186.6:1-2)

Pues la arrogancia se opone a la verdad. Mas cuando la arrogancia desaparece, la verdad viene inmediatamente y ocupa el espacio que, al irse el ego, quedó libre de mentiras. (L-319.1:2-3)

Asesinato:
Lo que no es amor es asesinato. (T-23.IV.1:10)

Armonía:
La armonía es perpetua, y perpetua es también la gozosa concordia de amor que eternamente Ambos se profesan el Uno al Otro. (O-intro.1:3)

Atacar:
Cuando crees en lo que Dios no conoce, tu pensamiento parece contradecir al Suyo y esto hace que parezca que Lo estás atacando. (T-7.VI.7:8)

Atacar a los que necesitan que les enseñes es perder la oportunidad de poder aprender de ellos. (T-14.V.5:8)

Ataque:
El pecado, la enfermedad y el ataque, se consideran ahora percepciones falsas que claman por el remedio que procede de la ternura y del amor. (Prefacio. ¿Qué postula?)

Aunque solo puedes amar a la Filiación como una sola, la puedes percibir como fragmentada. Mas es imposible ver algo en alguna parte de ella y no atribuírselo a toda ella. Por eso es por lo que los ataques no son nunca parciales y por lo que hay que renunciar a ellos completamente. Si no se renunciaba ellos completamente, no se renuncia a ellos en absoluto. (T-7.VI.1:1-4)

ataque

Mas el ataque tiene que ser ciego porque no hay nada que atacar. Por lo tanto, inventan imágenes, las perciben como despreciables y luego las atacan por su falta de valor. (T-7.VI.11:2-3)

Todo ataque es un llamamiento a Su paciencia, puesto que Su paciencia puede transformar los ataques en bendiciones. (T-7.VII.7:4)

Los que atacan no saben que son benditos. Atacan porque creen que les falta algo. (T-7.VII.7:5)

El ataque nunca podría suscitar más ataques si no lo percibieras como un medio para privarte de algo que deseas. (T-7.VII.8:1)

Los ataques son siempre físicos. (T-8.VII.1:1)

Comunicar es unir y atacar es separar. (T-8.VII.12:1)

El ataque tan solo puede ser un propósito que se ha asumido para el cuerpo, ya que separado de la mente, no tiene propósito alguno. (T-8.VII.13:6)

Pasa a la perversidad cuando decides no tolerar más tu auto-degradación e ir en busca de ayuda. Entonces te ofrece como "solución" la ilusión del ataque. (T-9.VIII.2:9-10)

Todo ataque es un ataque contra uno mismo. No puede ser otra cosa. Al proceder de tu propia decisión de no ser quien eres, es un ataque contra tu Identidad. Atacar es, por lo tanto, la manera en que pierdes conciencia de tu Identidad, pues cuando atacas es señal inequívoca de que has olvidado Quien eres.
(T-10.II.5:1-4)

Si el ataque es lo único que da miedo, y consideras al ataque como la petición de ayuda que realmente es, te darás cuenta de la irrealidad del miedo. (T-12.I.8:12)

Si se pone en duda su realidad crees que se pone en duda la tuya, pues crees que el ataque es tu realidad, y que tu destrucción es la prueba final de que tenías razón. (T-13.IV.2:4-5)

Mas hacer sentir culpable a otros *es* un ataque directo, aunque no parezca serlo. Pues los que se sienten culpables esperan ser atacados, y habiendo pedido eso, se sienten atraídos por el ataque. (T-15.VII.6:5-6)

El ataque no es ni peligroso ni inocuo. Sencillamente es imposible. Y esto es así porque el universo es uno. (T-22.VI.12:8)

¿No es cierto acaso que no reconoces algunas de las formas en las que el ataque se puede manifestar? (T-23.III.1:1)

Cualquier forma de ataque es igualmente destructiva. Su propósito es siempre el mismo. Su única intención es asesinar. (T-23.III.1:3/5)

Si la intención del ataque es la muerte, ¿qué importa la forma que adopte? (T-23.III.1:9)

Niégale el perdón a tu hermano y lo estarás atacando. (T-23.III.2:5)

Lo que no es amoroso no puede sino ser un ataque. (T-23.IV.1:11)

El ataque y el pecado son una misma ilusión, pues cada uno es la causa, el objetivo y la justificación del otro. (T-25.V.1:3)

El ataque convierte a Cristo en tu enemigo y a Dios junto con Él. (T-25.V.2:1)

Pues el dolor y el pecado son la misma ilusión, tal como el odio y el miedo, y el ataque y la culpa son uno. (T-29.II.3:3)

Dicho llanamente, el ataque es la respuesta a una función que no se ha llevado a cabo tal como tú la percibes. Puede que ello tenga que ver contigo o con otro; sin embargo, allí donde se perciba, allí se atacará. La depresión o el ataque no pueden sino ser los temas de todos los sueños, pues el miedo es el elemento del que se componen. (T-29.IV.3:1-3)

El ataque tiene el poder de hacer que las ilusiones parezcan reales. Mas en realidad no hace nada. (T-30.IV.5:5)

La ira *nunca* está justificada. El ataque *no* tiene fundamento. (T-30.VI.1:1)

Sea cual sea la forma que sus pecados parezcan adoptar, lo único que hacen es nublar el hecho de que crees que son tus pecados y, por lo tanto, que el ataque es su "justo" merecido. (T-31.III.1:6)

Hoy trataremos de disminuir aún más su debilitado agarre, y de darnos cuenta de que el dolor no tiene objeto, ni causa, ni poder alguno con que lograr nada. No puede aportarte nada en absoluto. No te ofrece nada y no existe. Y todo lo que crees que te ofrece es tan inexistente como él. Has sido esclavo de algo que no es nada. (L-102.2:1-5)

El ataque que lanzas contra él es lo que es tu enemigo, pues te impide percibir que en sus manos está tu salvación. (L-161.9:5)

Se nos ha restituido la cordura, en la que comprendemos que la ira es una locura, el ataque algo demente y la venganza una mera fantasía pueril. (L-F. intr.5:4)

Dudar de la curación debido a que los síntomas siguen estando presentes es una de las tentaciones más difíciles de reconocer, pues no vemos que es un error que se manifiesta en forma de falta de confianza. Como tal, es un ataque. (M-7.4:1)

El Espíritu Santo comprende que un ataque es una petición de ayuda... (M-29.6.6)

Ateísmo:

Si una mente cree que su voluntad es diferente de la de Él, entonces solo puede concluir o bien que Dios no existe o bien que Su Voluntad es temible. La primera conclusión da lugar al ateo, y la segunda, al mártir, que cree que Dios exige sacrificios Cualquiera de esas dos conclusiones dementes producirá pánico, ya que el ateo cree estar solo, y el mártir que Dios lo está crucificando. (T-9.I.8:2-3)

Este mundo no es la Voluntad de Dios, por consiguiente, no es real. No obstante, aquellos que creen que lo es, no pueden sino creer que hay otra voluntad, la cual produce efectos opuestos a los que Él dispone. Esto es claramente imposible, mas la mente de aquel que contempla el mundo y lo juzga como real, sólido, digno de confianza y verdadero cree en dos creadores, o mejor dicho en uno: él mismo. Pero nunca en un solo Dios. (L-166.2:2-5)

Aterrorizar:

Aterrorizar es atacar, y como resultado de ello se produce un rechazo de lo que el maestro ofrece, malográndose así el aprendizaje. (T-3.I.4:6)

Atracción de la culpabilidad:

El instante santo es el recurso más útil de que Él dispone para protegerte de la atracción de la culpabilidad, que es el verdadero señuelo de la relación especial. No te das cuenta de que ese es el verdadero atractivo de la relación especial, debido a que el ego te ha enseñado que la libertad reside en ella. (T-16.VI.3:2-3)

Pero recuerda esto: la atracción de la culpabilidad es lo opuesto a la atracción de Dios. La atracción que Dios siente por ti sigue siendo ilimitada, pero puesto que tu poder es el Suyo, y, por lo tanto, tan grande como el de Él, puedes darle la espalda al amor. (T-15.IX.6:2-3)

Auto-concepto:

Solamente en este sentido no son Dios y Sus Creaciones co-creadores.

auto-concepto

La creencia de que lo son está implícita en el "auto-concepto", es decir, la tendencia del ser a forjar una imagen de sí mismo. (T-3.VII.4:2-3)

Autocondenación:
¿Quién podría escapar de esta auto-condenación? Solo a través de la Palabra de Dios es posible escapar, pues la auto-condenación es una decisión acerca de nuestra identidad y nadie duda de lo que cree ser. (M-13.3:4-6)

Autoengaño:
... y el autoengaño es deshonestidad. (M-4.II.2:4)

Autonomía:
Tuya es la independencia de la Creación, no la de la autonomía. Tu función creadora radica en tu completa dependencia de Dios, Quien comparte Su Función contigo. Al estar dispuesto a compartirla, se volvió tan dependiente de ti como tú lo eres de Él. No le adscribas la arrogancia del ego a Aquel cuya Voluntad no es ser independiente de ti. Él te ha incluido en Su Autonomía. ¿Puedes realmente creer que la autonomía significa algo aparte de Él? La creencia en la autonomía del ego te está costando el conocimiento de tu dependencia de Dios, en la cual reside tu libertad. El ego considera cualquier dependencia como una amenaza, e incluso ha tergiversado tu añoranza de Dios y la ha convertido en un medio para consolidarse a sí mismo. Pero no te dejes engañar por la interpretación que hace de tu conflicto. (T-11.V.6.1:9)

Dios depende de ti tanto como tú de Él porque Su Autonomía incluye la tuya, y, por lo tanto, está incompleta sin ella. (T-11.V.12:1)

Autoridad:
El problema de la autoridad es en realidad una cuestión de autoría. Cuando tienes un problema de autoridad es siempre porque crees ser tu propio autor y proyectas ese engaño sobre los demás. Percibes entonces la situación como una en que los demás están literalmente luchando contigo para arrebatarte tu autoría. Este es

el error fundamental de todos aquellos que creen haber usurpado el Poder de Dios. (T-3.VI.8:1-4)

¿Cómo iba a poder una parte de Dios separarse de Él sin creer que lo está atacando? Hablamos anteriormente del problema de la autoridad y dijimos que se basa en el concepto de que es posible usurpar el Poder de Dios. (T-5.V.3:2-3)

Ayudar:

Ayudar y curar son las expresiones naturales de la mente que está operando a través del cuerpo, pero no *en* él. (T-8.VII.11:2)

Azucenas:

Esta semana empieza con ramos y termina con azucenas, el signo puro y santo de que el Hijo de Dios es inocente. (T-20.I.2:1)

Hazle a tu hermano la ofrenda de las azucenas, no la de una corona de espinas; el regalo del amor, no el "regalo" del miedo. (T-20.I.2:5)

Tú me has perdonado ya. Sin embargo, no puedo hacer uso de tu regalo de azucenas, mientras tú no las veas. (T-20.II.6:2-3)

B

Bebé de Belén:

Contempla a ese tierno infante, al que diste un lugar de reposo al perdonar a tu hermano, y ve en él la Voluntad de Dios. He aquí el bebé de Belén renacido. Y todo aquel que le dé abrigo lo seguirá, no a la cruz, sino a la resurrección y a la vida. (T-19.IV.C.i.10:7-9)

Bendecir:

No tengas miedo de bendecir, pues Aquel que te bendice ama al mundo y no deja nada en él que pueda ser motivo de miedo. Pero si te niegas a dar tu bendición, el mundo te parecerá ciertamente temible, pues le habrás negado su paz y su consuelo, y lo habrás condenado a la muerte. (T-27.V.4:5-6)

Bendición:

Crear es lo opuesto a perder, tal como la bendición es lo opuesto al sacrificio. (T-7.IX.2:5)

Bien:

Tú crees que Él te quiere privar de algo por tu propio bien. Pero los términos "bien" y "privación" son opuestos, y no pueden reconciliarse de ninguna forma que tenga significado. (T-21.III.11:3-4)

Blasfemia, Blasfemar:

Son muchos los que tienen miedo de la blasfemia, mas no entienden lo que esta es. No se dan cuenta de que negar a Dios es negar su propia Identidad, y en ese sentido el costo del pecado es la muerte. (T-10.V.1:4-5)

Blasfemar significa que estás dispuesto a no conocerte a ti mismo a fin de estar enfermo. Esta es la ofrenda que tu dios exige, pues, al ser este producto de tu demencia, no es más que una idea demente. Y se manifiesta de muchas maneras, pero si bien puede parecer ser muchas cosas diferentes no es sino una misma idea: la negación de Dios. (T-10.V.3:6-8)

No estás enfermo ni tampoco puedes morir. Pero te puedes confundir a ti mismo con cosas que mueren. Recuerda, no obstante, que hacer eso es una blasfemia, pues significa que estás contemplando sin amor a Dios y a Su Creación, de la cual Él no puede estar separado. (T-10.V.8:3-5)

Si Dios sabe que Sus Hijos son completamente impecables (condición de no tener pecado), es una blasfemia percibirlos como culpables. Si Dios sabe que Sus Hijos no pueden sufrir dolor alguno, es una blasfemia percibir sufrimiento en cualquier parte. Si Dios sabe que Sus Hijos son completamente dichosos, es una blasfemia sentirse deprimido. Todas estas ilusiones y las múltiples formas que la blasfemia puede adoptar, son negativas a aceptar la Creación tal como es. (T-10.V.12:1-4)

Brecha:
Este velo, que la creencia en la muerte mantiene intacto y que su atracción protege, es el más tenebroso de todos. La dedicación a la muerte y a su soberanía no es más que el voto solemne, la promesa que en secreto le hiciste al ego de jamás descorrer ese velo, de no acercarte a él y de ni siquiera sospechar que está ahí. Este es el acuerdo secreto al que llegaste con el ego para mantener eternamente en el olvido lo que se encuentra más allá del velo. He aquí tu promesa de jamás permitir que la unión te haga abandonar la separación; la profunda amnesia en la que el recuerdo de Dios parece estar totalmente olvidado; la brecha entre tu Ser y tú: *el temor a Dios,* el último paso de tu disociación. (T-19 IV.D.3:1-4)

Mas bajo este sueño yace otro, en el que tú te vuelves el asesino, el enemigo secreto, el sepultador y destructor de tu hermano así como del mundo. He aquí la causa del sufrimiento, la brecha entre tus míseros sueños y tu realidad. La pequeña grieta que ni siquiera ves, la cuna de las ilusiones y del miedo, el momento de terror y de un odio ancestral, el instante del desastre, están todos aquí. He aquí la causa de la irrealidad. (T-27.VII.12:2-5)

Él no ha visto dónde reside la causa de su enfermedad, y tú has olvidado la brecha que os separa, que es donde la enfermedad se ha incubado. (T-28.III.3:4)

La brecha *es* diminuta. Sin embargo, contiene las semillas de la pestilencia y de toda suerte de males, puesto que es el deseo de perpetuar la separación e impedir la unión. Y así, parece conferirle a la enfermedad una causa que no es su causa. El propósito de la brecha es la única causa de la enfermedad. Pues se concibió a fin de mantenerte separado y dentro de un cuerpo que tú ves como si fuera la causa del dolor. (T-28.III.4:2-6)

Su cuerpo y sus sueños tan solo aparentan abrir una diminuta brecha en la que tus sueños se han unido a los suyos. (T-28.IV.3:7)

Y sueños de terror vendrán a rondar a la diminuta brecha, la cual está poblada únicamente por las ilusiones que habéis apoyado en la mente del otro. (T-28.IV.4:6)

Has concebido una diminuta brecha entre las ilusiones y la verdad para que sea el lugar donde reside tu seguridad y donde lo que has hecho mantiene celosamente oculto a tu Ser. Ahí es donde se ha establecido un mundo enfermizo, que es el que los ojos del cuerpo perciben. Ahí están los sonidos que oye, las voces para las que sus oídos fueron concebidos. Sin embargo, los panoramas y los sonidos que el cuerpo percibe y oye no significan nada. (T-28.V.4:1-4)

Tú que crees que entre tu hermano y tú hay una diminuta brecha, no te das cuenta de que ahí es donde os encontráis prisioneros en un mundo que se percibe como que existe aquí. (T-28.V.7:1)

La brecha se halla celosamente oculta entre las tinieblas, e imágenes nebulosas surgen para cubrirla con formas vagas e indefinidas y con siluetas cambiantes, por siempre insustanciales e inciertas. Sin embargo, en la brecha no hay nada. No hay secretos impresionantes ni tumbas tenebrosas desde las que el terror surge de los huesos de la muerte. Observa la diminuta brecha, y contemplarás la inocencia y la ausencia de pecado que verás dentro de ti cuando ya no tengas miedo de reconocer el amor. (T-28.V.7:3-6)

El que castiga al cuerpo está loco, pues ahí es donde se ve la diminuta brecha, que sin embargo, no está ahí. (T-28.VI.1:1-2)

El cuerpo representa la brecha que se percibe entre la pequeña porción de mente que consideras tu mente, y el resto de lo que realmente es tuyo. (T-28.VI.4:1)

Un espacio vacío o una diminuta brecha, supondría una insuficiencia. Y solo en esa condición podría él querer tener algo que no tiene. Un espacio donde Dios no se encuentra o una brecha entre el Padre e Hijo no es la Voluntad de ninguno de Ellos, que prometieron ser Uno. (T-28.VII.1:3-5)

No hay tiempo, lugar ni estado del que Dios esté ausente. No hay nada que temer. Es imposible que se pudiera concebir una brecha en la Plenitud de Dios. La transigencia que la más insignificante y diminuta de las brechas representaría en Su Amor eterno es completamente imposible. Pues ello querría decir que Su Amor puede albergar una sombra de odio, que Su Bondad puede a veces trocarse en ataque y que en ocasiones podría perder Su infinita Paciencia. Esto es lo que crees cuando percibes una brecha entre tu hermano y tú. ¿Cómo ibas a poder, entonces, confiar en Dios? Pues su amor debe ser un engaño. (T-29.I.1:1-8)

La brecha entre vosotros no es el espacio que hay entre vuestros cuerpos, pues ese espacio tan solo da la impresión de dividir vuestras mentes separadas. La brecha entre vosotros es el símbolo de

brecha

una promesa que os habéis hecho de encontraros cuando os parezca, y luego separaros hasta que los dos decidáis encontraros de nuevo. (T-29.I.4:1-3)

Buscar:

Mas buscar es lo mismo que encontrar, y si vas en pos de dos objetivos opuestos los encontrarás, pero no podrás reconocer ninguno de ellos. Creerás que son lo mismo porque deseas alcanzar ambos. La mente siempre busca su propia integración, mas si está dividida y quiere conservar la división, seguirá creyendo que solo tiene un objetivo haciendo que parezca uno solo. (T-12.VII.6:6-8)

Búsqueda de la verdad:

La búsqueda de la verdad no es más que un honesto examen de todo lo que la obstaculiza. (T-14.VII.2.1)

C

Caída:
Antes de la "separación", que es lo que significa la "caída" no se carecía de nada. (T-1.VI.1:6)

Cambiar:
La idea de "cambiar de imagen" reconoce el poder de la percepción, pero implica también que no hay nada estable en ti que se pueda conocer. (T-3.V.4:8)

Cambiar es alcanzar un estado distinto de aquel en el que antes te encontrabas. En la inmortalidad no hay cambios y en el Cielo se desconocen. Aquí en la Tierra, no obstante, los cambios tienen un doble propósito, pues se pueden utilizar para enseñar cosas contradictorias. (T-29.II.7:3-5)

Poder cambiar es el mayor regalo que Dios le dio a todo lo que tú quisieras hacer eterno, para asegurarte que el Cielo fuese lo único que no desapareciese. (T-29.VI.4:1)

No naciste para morir. Y no puedes cambiar, ya que tu función la fijó Dios. Todos los demás objetivos, excepto uno, operan en el tiempo y cambian de manera que este se pueda perpetuar. (T-29.VI.4:2-4)

Cambio de mentalidad:
Cambiar de mentalidad significa poner tu mente a disposición de la *verdadera* Autoridad. (T-1.V.5:7)

Cambiar de motivación es cambiar de mentalidad, y esto inevitablemente produce un cambio fundamental, ya que la mente *es* fundamental. (T-6.V.B.2:5)

cambio de mentalidad

Ello se debe a que al cambiar de mentalidad, se produce un cambio en el instrumento más poderoso que jamás se le haya dado para cambiar. Esto no contradice en modo alguno la inmutabilidad de la mente tal como Dios la creó, pero mientras sigas aprendiendo a través del ego creerás que has efectuado un cambio en ella. (T-7.V.7:6-7)

Ahora la fuente de los pensamientos ha cambiado, pues cambiar de mentalidad significa que has efectuado un cambio en la fuente de todas las ideas que tienes ahora, que alguna vez hayas tenido o que algún día puedas tener. Liberas al pasado de lo que pensabas antes. Liberas al futuro de todos tus antiguos pensamientos de ir en busca de lo que realmente no deseabas encontrar. (L-132.2:2-4)

Cambios:

Los que creen estar separados siempre temen cambiar porque no pueden concebir que los cambios sean un paso hacia delante en el proceso de subsanar la separación. Siempre los perciben como un paso hacia una mayor separación debido a que la separación fue su primera experiencia de cambio. (T-4.I.2:2)

Los cambios son ilusiones que enseñan los que no se pueden ver a sí mismos libres de culpa. En el Cielo no se producen cambios porque Dios es inmutable. (T-15.I.10:5-7)

Un cambio, no obstante, tiene que tener una causa duradera, pues de otro modo no perduraría. (T-28.I.6:5)

El cambio es lo único que se puede convertir en una bendición aquí, donde ningún propósito es fijo por muy inmutable que parezca ser. (T-29.VI.3:3)

Los cambios que el ego procura no son realmente cambios. Son solo sombras más profundas, o tal vez diferentes patrones de nubosidad. (P-2.I.2:6)

Caos:

La Creación acata las Leyes de Dios perfectamente, y lo caótico carece de significado porque Él no forma parte de ello. (T-10.IV.5:9)

El caos es la ausencia total del orden, y de leyes. Para que se pueda creer en él, sus aparentes leyes tienen que percibirse como reales. Su objetivo de demencia tiene que verse como cordura. (T-23.II.15:3-5)

Las leyes del caos gobiernan todas las ilusiones. (T-23.II.20:1)

La fe en el caos es la consecuencia inevitable de la creencia en el pecado. (T-23.II.21:1)

Solo el caos puede regir en un mundo que representa una manera de pensar caótica, y el caos es la ausencia total de leyes. (L-53.2.2:4)

Capacidades:

Las capacidades que ahora posees no son sino sombras de tu verdadera fuerza. (T-3.IV.1:1)

El origen de las capacidades representó el principio de la incertidumbre porque las capacidades son logros en potencia, pero todavía no son logros. Tus capacidades son inútiles en presencia de los logros de Dios y de los tuyos propios. (T-6.IV.8:1-2)

Características de Dios: Ver Dios.

Carencia:

La idea de carencia implica que crees que estarías mejor en un estado que de alguna manera fuera diferente de aquel en el que ahora te encuentras. Antes de la "separación", que es lo que significa la "caída", no se carecía de nada. No había necesidades de ninguna clase. Las necesidades surgen únicamente cuando tú te privas a ti mismo. Actúas de acuerdo con el orden particular de necesidades que tú mismo estableces. (T-1.VI.1:5-9)

carencia

La única carencia que realmente necesitas corregir es tu sensación de estar separado de Dios. (T-1.VI.2:1)

El uso inadecuado de la extensión -la proyección- tiene lugar cuando crees que existe en ti alguna carencia o vacuidad, y que puedes suplirla con tus propias ideas, en lugar de con la verdad. (T-2.I.1:7)

Cuando fabricas algo, lo haces como resultado de una sensación específica de carencia o de necesidad. (T-3.V.2:2)

El Espíritu Santo sabe que lo "tienes" todo y que lo "eres" todo. Cualquier distinción al respecto es significativa solamente cuando la idea de "obtener", que implica carencia, ha sido previamente aceptada. (T-4.III.9:5-6)

Careces de aquello que niegas, no porque haya carencia de ello, sino porque se lo has negado a otro, y, por lo tanto, no eres consciente de ello en ti. (T-7.VII.2:6)

Caridad:

Esto se debe a que la curación se basa en la caridad, y la caridad es una forma de percibir la perfección en el otro aun cuando no puedas percibirla en ti mismo. (T-2.V.9:4)

La caridad, en realidad, no es más que un pálido reflejo de un amor mucho más poderoso y todo-abarcador, que se encuentra mucho más allá de cualquier forma de caridad que te hayas podido imaginar hasta ahora. La caridad es esencial para la mentalidad recta aun en la pequeña medida en que ahora puedas alcanzarla. (T-2.V.9:6-7)

La caridad es una manera de ver a otro como si ya hubiese llegado mucho más allá de lo que en realidad ha logrado en el tiempo hasta hora. Puesto que su pensamiento tiene fallos, no puede ver que la Expiación es para él, pues, de otro modo, no tendría necesidad de caridad. La caridad que se le concede es a la vez una confirmación de que necesita ayuda, así como el reconocimiento de que la aceptará. (T-2.V.10:1-3)

El ego vive literalmente a base de comparaciones. La igualdad es algo que está más allá de lo que puede entender y, por lo tanto le es imposible ser caritativo. (T-4.II.7:1-2)

Y lo que en el mundo es caridad, más allá de la puerta del Cielo pasa a ser simple justicia. (T-26.IV.1:4)

Castigo:

El castigo es un concepto completamente opuesto a la mentalidad recta, y el objetivo del Juicio Final es restituirte tu mentalidad recta. (T-2.VIII.3:4)

Nadie es castigado por sus pecados, y los Hijos de Dios no son pecadores. Cualquier concepto de castigo significa que estás proyectando la responsabilidad de la culpa sobre otro, y ello refuerza la idea de que está justificado culpar. El resultado es una lección acerca de cómo culpar, pues todo comportamiento enseña las creencias que lo motivan. (T-6.I.16:4)

El pecado exige castigo del mismo modo en que el error exige corrección, y la creencia de que el castigo *es* corrección es claramente una locura. (T-19.II.1:6)

Mas el castigo no es sino otra forma de proteger la culpa, pues lo que merece castigo tuvo que haber sucedido realmente. El castigo es siempre el gran protector del pecado, al que trata con respeto y a quien honra por su perversidad. Lo que clama por castigo, tiene que ser verdad. Y lo que es verdad no puede ser sino eterno, y se seguirá repitiendo sin cesar. Pues deseas lo que consideras real, y no lo abandonas. (T-19.III.2:3-7)

Cuando se considera a alguien como un perdedor, se le ha condenado. Y el castigo, en vez de justicia, se convierte en su justo merecido. (T-25.IX.3:8)

castigo

No proclama que el castigo y la muerte vayan a ser el final del pecado. (L-156.6:3)

Causa y efecto:
El obrador de milagros debe poseer un genuino respeto por la verdadera ley de causa y efecto como condición previa para que se produzca el milagro. (T-2.VII.2:4)

En realidad "Causa" es un término que le corresponde propiamente a Dios, y Su "Efecto" es Su Hijo. (T-2.VII.3:11)

Causa y efecto no son dos cosas separadas, sino una sola. (T-26.VII.13:1)

Dicha Causa nunca ha dejado de ser lo que es. Y tú eres Su Efecto, tan inmutable y perfecto como Ella Misma. (T-28.I.9:5)

Su Causa *son Sus* Efectos. Jamás hubo otra causa aparte de Ella que pudiese generar un pasado o un futuro diferentes. Sus Efectos son por siempre inmutables y se encuentran enteramente más allá del miedo y del mundo del pecado. (T-28.I.14:5-7)

Verás lo que desees ver. Esta es la verdadera ley de causa y efecto tal como opera en el mundo. (L-20. 5:5-6)

Causa y efecto no son sino una réplica de la Creación. (M-5.II.4:10)

La causa sigue siendo el deseo de morir y de vencer a Cristo. (O-3.II.1:6)

Centinelas de la obscuridad:
Los centinelas de la obscuridad lo vigilan celosamente, y tú, que fabricaste de la nada a esos guardianes de lo ilusorio, tienes ahora miedo de ellos. (T-14.VI.2:5)

Certeza:
La certeza es siempre algo propio de Dios. (T-3.III.5:2)

La certeza es el regalo que Dios te hace. (T-6.V.C.8:8)

Chispa:

El poder de una mente puede irradiar hasta otra porque todas las lámparas de Dios fueron encendidas por la misma chispa, la cual está en todas partes y es eterna. (T-10.IV.7:5)

La chispa, no obstante, sigue siendo tan pura como la Luz Mayor porque es lo que queda de la llamada de la Creación. (T-10.IV.8:6)

Vuélvete hacia la luz, pues la pequeña chispa que se encuentra en ti es parte de una Luz tan espléndida que te puede liberar para siempre de las tinieblas. (T-11.III.5:6)

La pequeña chispa que contiene los Grandes Rayos también es visible, y no puede ser confinada a la pequeñez por mucho más tiempo. (T-16.VI.6:3)

En el sueño de cuerpos y muerte aún puede vislumbrarse un atisbo de verdad que tal vez no sea más que una pequeña chispa, un espacio de luz creado en la oscuridad donde Dios refulge todavía. (T-29.III.3:1) Y ahora la luz en ti tiene que ser tan brillante como la que refulge en él. Esta es la chispa que brilla en el sueño: que tú puedes ayudarle a despertar, y estar seguro de que sus ojos despiertos se posarán sobre ti. (T-29.III.5:5)

Cielo:

El Cielo es el estado natural de todos los Hijos de Dios tal como Él los creó. Esa es su realidad eternamente, la cual no ha cambiado porque nos hayamos olvidado de ella. (Prefacio. ¿Qué postula.)

Cuando la Voluntad de la Filiación y la del Padre son una, la perfecta armonía entre ellos es el Cielo. (T-3.II.4:6)

Y aunque no sabes lo que es el Cielo, ¿no sería este más deseable que la muerte? (T-13.IV.3:6)

cielo

El Cielo espera su retorno, pues fue credo para ser la morada del Hijo de Dios. (T-10.V.11:3)

El Cielo es tu hogar, y al estar en Dios tiene también que estar en ti. (T-12.VI.7:7)

Para ti el Cielo es el infierno y el olvido, y crees que el verdadero Cielo es la mayor amenaza que podrías experimentar. Pues el infierno y el olvido son ideas que tú mismo inventaste, y estás resuelto a demostrar su realidad para así establecer la tuya. (T-13.IV.2:2)

En el Cielo está todo lo que Dios valora y nada más. Allí nada es ambiguo. Todo es claro y luminoso, y suscita una sola respuesta. En el Cielo no hay tinieblas ni contrastes. Nada varía ni sufre interrupción alguna. Lo único que se experimenta es una sensación de paz tan profunda que ningún sueño de este mundo ha podido jamás proporcionarte ni siquiera el más leve indicio de lo que dicha paz es. (T-13.XI.3:7-13)

El Cielo en sí es la unión de toda la Creación Consigo Misma, y con su único Creador. Y el Cielo sigue siendo lo que la Voluntad de Dios dispone para ti. (T-14.VIII.5.2-3)

Para todo el mundo el Cielo es la compleción. (T-16.V.5:1)

Si el Cielo fuese algo externo a ti no podrías compartir su júbilo. (T-17.V.14:5)

El Cielo, no obstante, es algo seguro. (T-18.II.9:1)

El Reino de los Cielos es la morada del Hijo de Dios, quien no abandonó a su Padre ni mora separado de Él. El Cielo no es un lugar ni tampoco una condición. Es simplemente la conciencia de la perfecta Unicidad y el conocimiento de que no hay nada más: nada fuera de esa Unicidad ni nada dentro. (T-18.VI.1:4-6)

Ahí reside la Fuente de la Luz; ahí nada se percibe, se perdona o se transforma, sino que simplemente se conoce. (T-18.IX.10:6)

El Cielo es el regalo que le debes a tu hermano, la deuda de gratitud que le ofreces al Hijo de Dios como muestra de agradecimiento por lo que él es y por aquello para lo que su Padre lo creó. (T-19.4.D.19:6)

Pues ¿qué es el Cielo sino unión, directa y perfecta, y sin el velo del temor sobre ella? Ahí somos uno, y ahí nos contemplamos a nosotros mismos, y el uno al otro con perfecta dulzura. Ahí no es posible ningún pensamiento de separación entre nosotros. Tú que eras un prisionero en la separación eres ahora libre en el Paraíso. Y ahí me uniré a ti, que eres mi amigo, mi hermano y mi propio Ser. (T-20.III.10:3-7)

La razón te asegura que el Cielo es lo que quieres y lo único que quieres. (T-21.VI.8:5)

El Cielo es el hogar de la pureza perfecta. Y Dios lo creó para ti. (T-22.II.13.6-7)

El Cielo es completamente real. En él las diferencias no tienen cabida, y lo que es lo mismo, no puede estar en conflicto. (T-23.IV.1.5-6)

¿Qué es el Cielo, sino un himno de gratitud, de amor y de alabanza que todo lo creado le canta a la Fuente de su creación? (T-26.IV.3:5)

Y el Cielo mismo, donde todo lo creado es para ti, no representa otra cosa que tu voluntad. (T-30.II.1:8)

El paso final lo da Dios porque únicamente Él pudo crear un Hijo perfecto y compartir Su Paternidad con él. Nadie que no se encuentre en el Cielo puede entender esto, pues entenderlo es en sí el Cielo. (T-30.V.4:1)

cielo

Incluso esas cosas se intercambiarán finalmente por aquello de lo que no podemos hablar, pues pasarás de ese mundo donde las palabras son completamente inútiles, a un silencio en el que el lenguaje, si bien no es hablado, se entiende perfectamente. (L-129.3:3)

Mas esto no puede ser cierto si el Cielo es el lugar donde Dios dispone que Su Hijo esté. (L-131.6:4)

Cielo sigue siendo la única alternativa a este extraño mundo que construiste y a todas sus idiosincrasias; a sus patrones cambiantes y metas inciertas; a sus dolorosos placeres y trágicas alegrías. (L-131.7:1)

El cielo es la alternativa por la que me tengo que decidir. (L-138)

En este mundo, el Cielo es una alternativa porque aquí creemos que hay opciones entre las que podemos elegir. (L-138.1:1)

En este mundo de enajenante complejidad, el Cielo parece ser una alternativa por la que puedes decidirte en lugar de lo que meramente es. De todas las decisiones que has tratado de tomar, esta es la más sencilla, la definitiva, el prototipo del resto y la que hace que todas las demás queden resueltas también. Incluso si estas ya se hubiesen tomado, aquella seguiría pendiente. Mas cuando la tomas, todas las decisiones que estaban pendientes se resuelven con ellas. Pues todas las alternativas adoptan diferentes formas precisamente para ocultar la verdadera alternativa por la que te tienes que decidir. He aquí la última y única alternativa mediante la cual se acepta o se niega la verdad. (L-138.6:1:5)

El Cielo es algo que se elige conscientemente. (L-138.9:1)

Recordarlo a Él es el Cielo. Esto es lo que buscamos. Y esto es lo único que nos será dado hallar. (L-231.2:3-5)

Es imposible entonces que en la percepción del que pide, la oración del corazón no reciba respuesta. Si pide lo imposible, si desea lo que no existe o si lo que busca en su corazón son ilusiones, eso es lo que obtendrá. El poder de su decisión se lo ofrece tal como él lo pide. En esto estriba el Cielo o el infierno. (M-21.3:3-6)

Nadie en la Tierra puede entender plenamente lo que es el Cielo ni cuál es el verdadero significado de su Creador. (M-23.6:1)

El Cielo está aquí. No existe ningún otro lugar. El Cielo es ahora. (M-24.6:4)

¿Y quién no seguiría adelante un poco más, cuando le ha sido dado comprender que el camino es corto y que el Cielo es su meta? (C-2.10:6)

El Cielo está aquí y el Cielo es tu hogar. (O-IV.8:9)

Círculo de la Expiación:
Aquí todos estamos unidos en la Expiación, y no hay nada más en este mundo que pueda unirnos. Así es como desaparecerá el mundo de la separación, y como se restablecerá la plena comunicación entre Padre e Hijo. (T-14.V.5:1)

Une tus esfuerzos al Poder que no puede fracasar y solo puede conducir a la paz. (T-14.V.7:1)

El círculo de la Expiación no tiene fin. Y con cada hermano que incluyas dentro de los confines de seguridad y perfecta paz de dicho círculo, tu confianza de que estás incluido y a salvo dentro del mismo aumentará. (T-14.V.7:6-7)

Dentro de su santo círculo se encuentran todos los que Dios creó como Su Hijo. El júbilo es su atributo unificador, y no deja a nadie fuera solo, sufriendo el dolor de la culpa. (T-14.V.8.3)

Círculo de paz:

Hoy serás fiel a tu cometido, al no olvidarte de nadie e incluir a todos en el infinito círculo de tu paz, el sagrado santuario donde reposas. (L-109.8:2)

Círculo de temor (Subconsciente):

El círculo de temor yace justo debajo del nivel que el cuerpo percibe, y aparenta ser la base sobre la que el mundo descansa. Ahí se encuentran todas las ilusiones, todos los pensamientos distorsionados, todos los ataque dementes, la furia, la venganza y la traición que se concibieron para conservar la culpa intacta, de modo que el mundo pudiese alzarse desde él y mantenerla oculta. Su sombra se eleva hasta la superficie lo suficiente para conservar sus manifestaciones más externas en la oscuridad y para causarle al mundo desesperación y soledad y mantenerlo en la más profunda tristeza. La intensidad de la culpa, no obstante, está velada tras pesados cortinajes, y se mantiene aparte de lo que se concibió para ocultarla. El cuerpo es incapaz de ver esto, pues surgió de ello para ofrecerle protección, la cual depende de que esto no se vea. Los ojos del cuerpo nunca lo verán. Pero verán lo que dicta. (T-18.IX.4:1-7)

Coincidencia y casualidad:

Y ni las coincidencias ni las casualidades son posibles en el universo tal como Dios lo creó, fuera del cual no existe nada. (T-21.II.3:4)

Comparaciones:

El conocimiento nunca admite comparaciones. En eso estriba su diferencia principal con respecto a cualquier otra cosa que la mente pueda comprender. (T-4.II.11:12-13)

Hacer comparaciones es necesariamente un mecanismo del ego, pues el amor nunca las hace. Creerse especial siempre conlleva hacer comparaciones. (T-24.II.1:1-1)

Compartir:

Tú, que compartes Su Vida, tienes que compartirla para poder conocerla, pues compartir *es* conocer. (T-11.I.11.5)

... porque el acto de compartir es lo que produce la causa. (T-28.IV.5:5)

Compartir es hacer de manera semejante o hacer lo mismo (L-45.2:4)

Compasión:

Un hermano le sonríe a otro, y mi corazón se regocija. Alguien expresa su gratitud o su compasión, y mi mente recibe ese regalo y lo acepta como propio. (L-315.1:3-4)

Competencia:

Sin embargo, si perciben a cualquiera de sus hermanos de cualquier otra forma que no sea con perfecta igualdad, significa que la idea de la competencia se ha adentrado en sus mentes. (T-7.III.3:4)

Compleción:

Y comprendes que tu compleción es la de Dios, Cuya única necesidad es que tú estés completo. Pues tu compleción hace que cobres conciencia de que eres Suyo. Y en ese momento es cuando te experimentas a ti mismo tal como fuiste creado y tal como eres. (T-15.VII.14:8-10)

El Espíritu Santo sabe que la compleción reside en primer lugar en la unión, y luego en la extensión de esta. Para el ego, la compleción reside en el triunfo, y en la extensión de la "victoria" incluso hasta el triunfo definitivo sobre Dios. El ego cree que con esto el ser se libera finalmente, pues entonces no quedaría nada que pudiese ser un obstáculo para él. Esa es su idea del Cielo. Para el ego, pues, la unión -la condición en la que él no puede intervenir- tiene que ser el infierno. (T-16.V.5:4-8)

compleción

Alcanzar la compleción es la función del Hijo de Dios. Sin embargo no tiene necesidad de buscarla. (T-30.III.5:1-2)

Añade a todo lo que ya está completo, mas no en el sentido de añadir más, pues eso implicaría que antes era menos. Añade en el sentido de que permite que lo que no puede contenerse a sí mismo cumpla su cometido de dar todo lo que tiene, asegurándose así de que lo poseerá para siempre. (L-105.4:4-5)

Permite que Él se complete a Sí Mismo, tal como Él define lo que es estar completo. (L-105.4:5:2)

Complejidad:

La complejidad forma parte del ámbito del ego y no es más que un intento por su parte de querer nublar lo que es obvio. (T-15.IV.6:2)

La complejidad no forma parte de Dios. ¿Cómo podría formar parte de Él cuando solo conoce lo que es Uno? (T-26.III.1:1)

Toda esta complejidad no es más que un intento desesperado de no reconocer el problema y, por lo tanto, de no permitir que se resuelva. (L-79.6:1)

La complejidad no es más que una cortina de humo que oculta el simple hecho de que tomar decisiones no es algo difícil. (L-133.12:3)

Comunicar:

Lo opuesto a oír con los oídos del cuerpo es la comunicación a través de la Voz que habla en favor de Dios, el Espíritu Santo, el cual mora en cada uno de nosotros. (Prefacio. ¿Qué postula?)

Esta comunicación (la del Espíritu con lo creado) es la Voluntad de Dios. Creación y comunicación son sinónimos. (T.4.VII.3:5)

Esta comunicación (la del Espíritu con lo creado) es perfectamente abstracta, ya que su aplicación es de una calidad universal y no está sujeta a ningún juicio, excepción o alteración. (T-4.VII.3:9)

El Espíritu Santo lo ve solo como un medio de comunicación, y puesto que comunicar es compartir, comunicar se vuelve un acto de comunión. (T-6.5.A.5:5)

La comunicación es perfectamente directa y está perfectamente unificada. (T-7.II.7:7)

Solo las mentes pueden comunicarse. Puesto que el ego no puede destruir el impulso de comunicar porque es también el impulso de crear, solo puede enseñarte que el cuerpo puede comunicarse así como crear, y, por ende, que no tiene necesidad de la mente. (T-7.V.2:1-2)

Comunicar es unir, y atacar es separar. (T-8.VII.12:1)

Es imposible comunicarse utilizando lenguas diferentes. (T-9.I.6:1)

La única función del Espíritu Santo es facilitar la comunicación. (T-14.VI.8:1)

Mas recuerda esto: estar con un cuerpo no es estar en comunicación. Y si crees que lo es, te sentirás culpable con respecto a la comunicación y tendrás miedo de oír al Espíritu Santo, al reconocer en Su Voz tu propia necesidad de comunicarte. (T-15.VII.10:5-6)

La función docente del Espíritu Santo consiste en enseñar que la comunicación es la salvación a aquellos que creen que es condenación. (T-15.VII.13:2)

Estar dispuesto a entablar comunicación atrae a la comunicación y supera la soledad completamente. (T-15.VII.14:5)

comunicar

Pues la comunicación tiene que ser ilimitada para que tenga significado, ya que si no tuviera significado te dejaría insatisfecho. La comunicación sigue siendo, sin embargo, el único medio por el que puedes entablar auténticas relaciones, que al haber sido establecidas por Dios son ilimitadas. (T-15.IX.2:5-6)

Y si entiendes esta lección, te darás cuenta de que sacrificar el cuerpo no es sacrificar nada, y de que la comunicación, que es algo solo propio de la mente, no puede ser sacrificada. (T-15.XI.7:3)

El cuerpo es un límite que se le impone a la comunicación universal, la cual es un atributo eterno de la mente. Mas la comunicación es algo interno. La mente se extiende hasta sí misma. No se compone de diferentes partes que se extienden hasta otras. No sale afuera. Dentro de sí misma es ilimitada, y no hay nada externo a ella. Lo abarca todo. Te abarca completamente: tú te encuentras dentro de ella y ella dentro de ti. No hay nada más en ninguna parte ni jamás lo habrá. (T-18.VI.8:3-11)

La comunicación, inequívoca y clara como la luz del día, permanece ilimitada por toda la eternidad. Y Dios Mismo le habla a Su Hijo, así como Su Hijo le habla a Él. El lenguaje en el que se comunican no tiene palabras, pues lo que se dicen no se puede simbolizar. Su conocimiento es directo, perfectamente compartido y perfectamente uno. ¡Qué lejos te encuentras de esto tu que sigues encadenado a este mundo! Y, sin embargo, ¡qué cerca te encontrarás cuando lo intercambies por el mundo que sí deseas! (L-129.4:1-6)

Comunión:
El estado natural de los que gozan de conocimiento es la comunión, no la oración. (T-3.V.10:4)

La comunión es otra forma de compleción, que se extiende más allá de la culpa porque se extiende más allá del cuerpo.
(T-19.4.A.17:15)

Concepto:
Los conceptos se aprenden. No son naturales, ni existen a menos que se aprendan. No son algo que se te haya dado, de modo que tienen que haberse forjado. Ninguno de ellos es verdad, y muchos son el producto de imaginaciones febriles, que arden llenas de odio y de distorsiones nacidas del miedo. ¿Qué es un concepto, entonces, sino un pensamiento al que su hacedor le otorga un significado especial? Los conceptos mantienen vigente el mundo. Mas no se pueden usar para demostrar que sea real. Pues todos ellos se conciben dentro del mundo, nacen a su sombra, crecen amoldándose a sus costumbres y, finalmente, alcanzan la "madurez" de acuerdo con el pensar de este. Son ideas de ídolos, coloreadas con los pinceles del mundo, los cuales no pueden pintar ni una sola imagen que represente la verdad. (T-31.V.7:1-10)

No busques tu Ser en símbolos. No hay concepto que pueda representar lo que eres. (T-31.V.15:1)

Concepto de ti mismo:
El concepto del yo ha sido siempre la gran preocupación del mundo. Y cada individuo cree que tiene que encontrar la solución al enigma de lo que él es. (T-31.V.14:1)

El propósito de las enseñanzas del mundo es que cada individuo forje un concepto de sí mismo. Este es su propósito: que vengas sin un yo, y que fabriques uno a medida que creces. Y cuando hayas alcanzado la "madurez" ya lo habrás perfeccionado y así podrás enfrentarte al mundo en igualdad de condiciones y perfectamente adaptado a sus exigencias. (T-31.V.1:5-7)

Forjas un concepto de ti mismo, el cual no guarda semejanza alguna contigo. Es un ídolo, concebido con el propósito de que ocupe el lugar de tu realidad como Hijo de Dios. El concepto de ti mismo que el mundo te enseña no es lo que aparenta ser, pues se concibió para que tuviera dos propósitos, de los cuales la mente solo puede reconocer uno. El primero presenta la cara de inocencia, el aspecto con el que se actúa. Esta es la cara que sonríe y es amable, e incluso parece amar. Busca compañeros, contempla a veces con piedad a los que sufren, y de vez en cuando ofrece consuelo. Cree ser buena dentro de un mundo perverso.(T-31.V.2:1-9)

La idea de un concepto del yo no tiene sentido, pues nadie aquí sabe cuál es el propósito de tal concepto, y, por lo tanto, no puede ni imaginarse lo que es. No obstante todo aprendizaje que el mundo dirige, comienza y finaliza con un solo propósito de que aprendas este concepto de ti mismo, de forma que elijas acatar las leyes de este mundo y nunca te aventures más allá de sus sendas ni te des cuenta de cómo te consideras a ti mismo. (T-31.V.8:1)

El concepto del yo abarca todo lo que contemplas, y nada está excluido de esa percepción. (T-31.V.15:7)

El concepto que ahora tienes de ti mismo garantiza que tu función aquí sea por siempre irrealizable e imposible de llevar a cabo. Y así te condena a una amarga y profunda sensación de depresión y futilidad. (T-31.VII.6:1)

El concepto del yo se alza como un escudo, como una silenciosa barricada contra la verdad, y la oculta de tu vista. (T-31.VII.7:1)

Las extrañas distorsiones que de manera inextricable están entretejidas dentro del concepto del yo, que en sí no son más que una seudo-creación, hacen que ese feo sonido parezca realmente hermoso. Mas en lugar de esos estrepitosos y desagradables chillidos, podría oírse "el ritmo del universo", "el cántico del ángel heraldo", y otros más. (P-2.VI.2:5)

Conciencia:
La conciencia es el estado que induce a la acción, aunque no la inspira. (T-1.II.1:8)

La conciencia -el nivel de la percepción- fue la primera división que se introdujo en la mente después de la separación, convirtiendo la mente de esta manera en un instrumento perceptor en vez de un instrumento creador. La conciencia ha sido correctamente identificada como perteneciente al ámbito del ego. (T-3.IV.2:1-2)

El Espíritu sabe que la conciencia de todos sus hermanos está incluida en Su propia Conciencia, tal como está incluida en Dios. (T-7.IX.2:1)

La conciencia es el mecanismo receptor, y recibe mensajes tanto del plano superior como del plano inferior, del Espíritu Santo o del ego. La conciencia tiene niveles y puede cambiar drásticamente de uno a otro, pero no puede transcender el dominio de lo perceptual. En su nivel más elevado, se vuelve consciente del mundo real, y puede ser entrenada para que lo haga cada vez más. Sin embargo, el hecho mismo de que tenga niveles y de que pueda ser entrenada demuestra que no puede alcanzar el conocimiento. (C-1.7:3-6)

Conciencia de Ser:
Si te entregaras tal como tu Padre entrega Su Ser, entenderías lo que es la Conciencia de Ser. Y con ello entenderías el significado del amor. (T-15.VI.7:3)

Conciencia individual:
La estructura de la "conciencia individual" es esencialmente irrelevante, puesto que es un concepto que representa el "error original" o "pecado original". (C-intro1.4)

Condenación:
¿Cómo iba a condenarlo cuando estaba listo para probar que condenar es imposible? (T-6.I.15:9)

Te has condenado a ti mismo, pero la condenación no es algo que proceda de Dios. Por lo tanto, no es real. Ni tampoco lo son sus aparentes resultados. Cuando ves a tu hermano como un cuerpo, lo estás condenando porque te has condenado a ti mismo. No obstante, si toda condenación es irreal, y tiene que serlo puesto que

condenación

es una forma de ataque, entonces no puede *tener* consecuencias. (T-8.VII.15:4-8)

Si no te sintieras culpable no podrías atacar, pues la condenación es la raíz del ataque. La condenación es el juicio que una mente hace contra otra de que es indigna de amor y merecedora de castigo. (T-13 intro.1:1-2)

La idea de que el inocente Hijo de Dios puede atacarse a sí mismo y declararse culpable es una locura. No *creas esto* de nadie, en ninguna forma, pues la condenación y el pecado son lo mismo, y creer en uno es tener fe en el otro, lo cual invita al castigo en lugar de al amor. (T-13.IX.5:3-5)

La condenación es un juicio que emites acerca de ti mismo, y eso es lo que proyectas sobre el mundo. Si lo ves como algo condenado, lo único que verás es lo que tú has hecho para herir al Hijo de Dios. Si contemplas desastres y catástrofes, es que has tratado de crucificarlo. Si ves santidad y esperanza, es que te has unido a la Voluntad de Dios para liberarlo. Estas son las únicas alternativas que tienes ante ti. (T-21 intro-2:1-5)

Confianza:
Tu presente confianza en Él es la defensa que te promete un futuro tranquilo, sin ningún vestigio de sufrimiento y lleno de un júbilo que es cada vez mayor, a medida que esta vida se vuelve un instante santo, ubicado en el tiempo, pero enfocado solo en la inmortalidad. (L-135.19:1)

Confiar en tus hermanos es esencial para establecer y sustentar tu fe en tu propia capacidad para trascender tus dudas y tu falta de absoluta convicción en ti mismo. (L-181.1:1)

He aquí la base sobre la que descansa su capacidad (la del maestro de Dios) para llevar a cabo su función. (M-4.I.1:1)

Juzgar implica falta de confianza, y la confianza sigue siendo la piedra angular de todo el sistema de pensamiento del maestro de Dios. Si la pierde, todo su aprendizaje se malogra. (M-4.III.1:6-7)

La confianza es parte esencial del acto de dar; de hecho, es la parte que hace posible el compartir; la parte que garantiza que el dador no ha de perder sino que únicamente ganará. (M-6.3:6)

Haber abandonado toda preocupación por el regalo es lo que hace que sea verdaderamente dado. Y lo que hace posible dar de verdad es la confianza. (M-6.4:1-2)

Conflicto:
El primer paso correctivo para des-hacer el error es darse cuenta, antes que nada, de que todo conflicto es siempre una expresión de miedo. (T-2.VI.7:1)

El conflicto es, por lo tanto, entre el amor y el miedo. (T-2.VII.3:15)

He dicho anteriormente que el Espíritu Santo percibe el conflicto exactamente como es, y el conflicto *no tiene* sentido. El Espíritu Santo no quiere que entiendas el conflicto, quiere, no obstante, que te des cuenta de que el conflicto no es comprensible puesto que no tiene sentido. (T-7.VI.6:4-5)

...el primero es -estrictamente hablando- que el conflicto no puede ser proyectado porque no puede ser compartido. (T-7.VIII.3:2)

El conflicto es la raíz de todos los males, pues al ser ciego no ve a quien ataca. Siempre ataca, no obstante, al Hijo de Dios, y el Hijo de Dios eres tú. (T-11.III.1:7-8)

El conflicto es temible pues es la cuna del temor. (T-23.I.8:6)

Pues solo parece real si lo ves (al conflicto) como una guerra entre verdades conflictivas, en la que la vencedora es la más cierta, la

conflicto

más real y la que derrota a la ilusión que era menos real, que al ser vencida se convierte en una ilusión. A sí pues, el conflicto es la elección entre dos ilusiones, una a la que se coronará como real, y la otra que será derrotada y despreciada. (T-23.I.9:2-3)

Nada puede estar en conflicto con lo que es uno solo. ¿Cómo iba a poder haber entonces complejidad en Él? ¿Entre qué habría que elegir? Pues el conflicto es lo que da lugar a las alternativas. (T-26.III.1:4-7)

La Voluntad de Dios es la única Voluntad. Cuando hayas reconocido esto, habrás reconocido que tu voluntad es la Suya. La creencia de que el conflicto es posible habrá desaparecido. (L-74.1:2-4)

Sin ilusiones, el conflicto es imposible. (L-74.2:3)

El conflicto no existe, pues mi voluntad es la tuya. (L-331)

Estar en conflicto es estar dormido; estar en paz es haber despertado. (L-331.1:8)

El conflicto es el resultado inevitable del autoengaño, y el autoengaño es deshonestidad. (M-4.II.2:4)

Confusión:
Toda confusión procede de no extender vida, ya que esa no es la Voluntad de tu Creador. (T-7.VII.5:5)

La confusión de funciones es una característica tan típica del ego que a estas alturas ya deberías estar familiarizado con ella. El ego cree que es él quien debe llevar a cabo todas las funciones, si bien no tiene la menor idea de lo que estas son. Esto es algo más que una simple confusión. Es una combinación especialmente peligrosa de grandiosidad y confusión que predispone al ego a atacar a cualquier persona o a cualquier cosa sin ningún motivo aparente. (T-9.IV.7:1-4)

La confusión no es parcial. Si se presenta, es total. Y su presencia, en la forma que sea, ocultará la Presencia de Ellos, pues a Ellos o se les conoce claramente o no se les conoce en absoluto. Una percepción confusa obstruye el conocimiento. (T-26.X.1:5-9)

Confusión de niveles:

Es esencial hacer una clara distinción entre lo que se crea y lo que se fabrica. Toda forma de curación se basa en esta corrección fundamental de percepción de niveles. (T-2.V.12:1-2)

La presencia del miedo indica que has elevado pensamientos corporales al nivel de la mente. Eso los pone fuera de mi control y te hace sentir personalmente responsable de ellos, lo cual es una obvia confusión de niveles. (T-2.VI.1:6-8)

Tal vez creas que eres responsable de lo que haces, pero no de lo que piensas. La verdad es que eres responsable de lo que piensas porque es solamente en ese nivel donde puedes ejercer tu poder de decidir. Tus acciones son el resultado de tus pensamientos. No puedes separarte de la verdad "otorgándole" autonomía al comportamiento.(T-2.VI.2:5-8)

Cada vez que tienes miedo es porque has tomado una decisión equivocada. Esa es la razón por la que te sientes responsable de ello. Tienes que cambiar de mentalidad, no de comportamiento, y eso es cuestión de que estés dispuesto a hacerlo. No necesitas orientación alguna excepto a nivel mental. La corrección debe llevarse a cabo únicamente en el nivel en que el cambio es posible. El cambio no tiene ningún sentido en el nivel de los síntomas donde no puede producir resultados. (T-2.VI.3:2-7)

Conocimiento:

El conocimiento es la verdad y está regido por una sola ley: la ley del amor o Dios. (Prefacio. ¿Qué postula?)

El conocimiento es poder porque goza de certeza, y la certeza es fuerza. (T-3.III.1:5)

conocimiento

El conocimiento es intemporal porque la certeza es algo incuestionable. Cuando sabes dejas de hacer preguntas. (T-3.III.2.10-11)

El conocimiento es el resultado de la revelación y genera solo pensamiento. (T-3.III.5:10)

El conocimiento es siempre estable, y es evidente que tú no lo eres. (T-3.V.3:3)

El conocimiento no está sujeto a interpretaciones. (T-3.V.5:1)

El ingenio no tiene nada que ver con el conocimiento, pues el conocimiento no requiere ingeniosidad. (T-3.V.5:6)

El Conocimiento es Uno y no tiene partes separadas. (T-3.V.8:7)

El pensamiento abstracto es pertinente al conocimiento porque el conocimiento es algo completamente impersonal, y para entenderlo no se necesita ningún ejemplo. (T-4.II.1:4)

La crucifixión no puede ser compartida porque es el símbolo de la proyección, pero la resurrección es el símbolo del compartir, ya que para que la Filiación pueda conocer su plenitud, es necesario que cada uno de los Hijos de Dios experimente un redespertar. Solo esto es conocimiento. (T-6.I.12:1-2)

El conocimiento es total, y el ego no cree en totalidades. (T-7.VI.4:2)

El conocimiento *es Su* Voluntad. (T-8.I.1:7)

Percibir la bondad no es conocimiento, mas negar lo opuesto a la bondad te permite reconocer una condición en la que los opuestos no existen. Y esta es la condición del Conocimiento. Sin esta conciencia no habrás satisfecho sus condiciones, y hasta que no lo hagas no sabrás que ya dispones de él. (T-11.VII.4:1-3)

Al ser corregida (la percepción) da paso al conocimiento, que es la única realidad eternamente. (T-12.VIII.8:7)

El conocimiento no es algo que se pueda enseñar, pero sus condiciones se tienen que adquirir porque eso fue lo que se desechó. (T-14.I.1:2)

Darse a Sí Mismo es lo único que Él sabe, y así, todo conocimiento consiste en eso. Pues lo que Él desconoce no existe, y, por consiguiente, no se puede dar. (T-14.IV.3:2-3)

El conocimiento es poder y todo poder es de Dios. (T-14.XI.1:2)

Pero recuerda que el entendimiento es algo propio de la mente, y solo de la mente. El Conocimiento, por lo tanto, es algo propio de la mente y sus condiciones se encuentran en esta junto con él. (T-15.VI.7:5-6)

El triunfo de la debilidad no es lo que deseas ofrecerle a un hermano. Sin embargo, no reconoces otro triunfo que ese. Eso no es conocimiento, y la forma de empatía que suscitaría es tan distorsionada, que no haría sino aprisionar lo que quiere liberar. (T-16.I.5:1-3)

Constancia:
Pues la constancia es lo que ven aquellos cuyos ojos la salvación ha liberado de tener que contemplar el costo que supone conservar la culpa, ya que en lugar de ello eligieron abandonarla. (T-31.VI.2:7)

Contemplación: Ver; Meditación.

Contrastes y diferencias:
Los contrastes y las diferencias son recursos de aprendizaje necesarios, pues gracias a ellos aprendes lo que debes evitar y lo

contrastes y diferencias

que debes procurar. Cuando hayas aprendido eso, encontrarás la respuesta que elimina la necesidad de las diferencias. (T-13.XI.6:3)

Contrarios:

El Espíritu Santo des-hará por ti todo lo que has aprendido que enseña que lo que no es verdad tiene que ser reconciliado con la verdad. Esta es la reconciliación con la que el ego quisiera sustituir tu reconciliación con la cordura y con la paz. (T-13.XI.11:1)

Controversia:

Todos los términos son potencialmente polémicos, y quienes buscan controversia la encontrarán. Mas quienes buscan clarificación, también la encontrarán. Deben estar dispuestos, no obstante, a ignorar la controversia, reconociendo que es una defensa contra la verdad que se manifiesta en forma de maniobras dilatorias. (C-intro.2:1-3)

Corazón:

Sin nada en nuestras manos a lo que aferrarnos, y con el corazón exaltado y la mente atenta, oremos: (L-140.12:1)

Es esa única intención lo que buscamos hoy al unir nuestros deseos a la necesidad de cada corazón, al llamamiento de cada mente, a la esperanza que se encuentra más allá de toda desesperación, al amor que el ataque quisiera ocultar y a la hermandad que el odio ha intentado quebrantar, pero que aún sigue siendo tal como Dios la creó. (L-185.14:1)

Ahora venimos a Él teniendo únicamente Su Palabra en nuestras mentes y en nuestros corazones, y esperamos a que Él dé el paso hacia nosotros que nos ha dicho, a través de Su Voz, que no dejaría de dar una vez que lo invitásemos. (2ª Parte-L.intro.4:1)

Por fin la paz ha sido reconocida, y tú puedes sentir como su tierno abrazo envuelve tu corazón y tu mente con consuelo y amor. (L-200.9:6)

Y en la quietud de mi corazón -en lo más recóndito de mi mente-, espero y estoy a la escucha de Tu Voz. (L-221.1:3)

Mi corazón late tranquilo y mi mente se halla en reposo. (L-286.1:8)

Venimos llenos de gratitud y aprecio, con las manos vacías y con nuestras mentes y corazones abiertos, pidiendo tan solo lo que Tú concedes. (L-306.2:2)

¿Qué otra cosa, entonces, podría brindarle solaz, sino lo que Tú le ofreces a su desconcertada mente y a su atemorizado corazón, a fin de proporcionarle certeza y traerle paz? (L-334.2:3)

Cordura:
La cordura no es otra cosa que plenitud, y la cordura de tus hermanos es también la tuya. (T-5.VII.2:8)

Dios nunca dejará de amar a Su Hijo, y Su Hijo nunca dejará de amar a su Padre. Esa fue la condición bajo la que la creación de Su Hijo tuvo lugar, la cual quedó establecida para siempre en Su Mente. Reconocer esto es cordura. Negarlo, demencia. (T-10.V.10:6-9)

Y la cordura es el propósito de tu relación. Pues la relación que tienes ahora es una relación demente, reconocida como tal a la luz de su objetivo. (T-17.V.6:8-9)

Corregir:
La corrección le corresponde a Dios, Quien no conoce la arrogancia. (T-9.III.7:9)

Nadie puede perdonar hasta que aprende que corregir es tan solo perdonar, nunca acusar. Por tu cuenta, no podrás percatarte de que son lo mismo, y de que, por lo tanto, no es a ti a quien corresponde corregir. (T-27.II.10:4-5)

corregir

Para una mente tan dividida como la tuya, corregir, no es sino una manera de castigar a otro por los pecados que crees que son tus propios pecados. (T-27.II.11:3)

La corrección que *tú* quisieras llevar a cabo no puede sino causar separación, ya que esa es la función que *tú* le otorgaste. Cuando percibas que la corrección es lo mismo que el perdón, sabrás también que la Mente del Espíritu Santo y la tuya son una. (T-27.II.12:1-2)

De la idea de que el ser se compone de dos partes, surge necesariamente el punto de vista de que su función está dividida entre las dos. Pero lo que quieres corregir es solamente la mitad del error, que tú crees que es todo el error. Los pecados de tu hermano se convierten, de este modo, en el blanco central de la corrección, no vaya a ser que tus errores y los suyos se vean como el mismo error. (T-27.II.13:2-4)

Corregir es la función que se os ha dado a ambos, pero no a ninguno de vosotros por separado. Y cuando la lleváis a cabo reconociendo que es una función que compartís, no puede sino corregir los errores de ambos. No puede dejar errores sin corregir en uno y liberar a otro. (T-27.II.15:1-3)

La corrección debe dejarse en manos de Uno que sabe que la corrección y el perdón son lo mismo. Cuando solo se dispone de la mitad de la mente, esto es incomprensible. Deja, pues, la corrección en manos de la Mente que está unida y que opera cual una sola porque su propósito es indiviso y únicamente puede concebir como Suya una sola función. (T-27.II.16:1-3)

Cosa viviente:
Por consiguiente, todo ser vivo es parte de ti, así como de Él. (T-29.VIII.9:9)

No hay ningún ser vivo que no comparta la Voluntad universal de que goce de plenitud y de que tú no seas sordo a su llamada. (T-31.I.9:1)

Cosas externas:
Crees que lo que te sustenta en este mundo es todo menos Dios. Has depositado tu fe en los símbolos más triviales y absurdos: en píldoras, dinero, ropa "protectora", influencia, prestigio, caer bien, estar "bien" relacionado y en una lista interminable de cosas huecas y sin fundamento a las que dotas de poderes mágicos. (L-50.1:2-3)

Todas esas cosas son tus sustitutos del Amor de Dios. Todas esas cosas se atesoran para asegurar la identificación con el cuerpo. Son himnos de alabanza al ego. No deposites tu fe en lo que no tiene valor. No te sustentará. (L-50.2:1-5)

Las palabras, por consiguiente, son símbolos de las cosas que se piden, pero las cosas en sí no son sino la representación de las experiencias que se anhelan. (M-21.2:6)

No hay nada que un cambio de mentalidad no pueda hacer, pues todas las cosas externas no son sino sombras de una decisión ya tomada. (P-2.IV.2:4)

Creación y comunicación:
La Creación es plena, y la señal de la plenitud es la santidad. (T-1.V.4:5)

En este sentido la Creación incluye tanto la creación del Hijo por Dios como las creaciones del Hijo una vez que su mente ha sanado. (T-2.I.2:7)

El Primer Advenimiento de Cristo no es más que otro nombre para la Creación, pues Cristo es el Hijo de Dios. (T-4.IV.10:1)

creación y comunicación

Creación y comunicación son sinónimos. Dios creó a cada mente comunicándole Su Mente, y de este modo la estableció para siempre como un canal para Su Mente y Su Voluntad. (T-4.VII.3:6-7)

La Abstracción Divina se deleita compartiendo. Eso es lo que significa Creación. (T-4.VII.5:4-5)

Desear completamente es crear, y crear no puede ser difícil si se tiene en cuenta que Dios Mismo te creó para que fueras un creador. (T-6.5.B.8:8)

Crear es amar. (T-7.I.3:3)

La Creación, no la separación, es tu voluntad *porque* es también la Voluntad de Dios, y nada que se oponga a ella tiene sentido en absoluto. (T-7.VI.13:6)

La libertad es creación, porque es amor. (T-8.IV.8:2)

La Creación es la Voluntad de Dios. (T-8.VI.6:8)

Tú *y* tu Creador podéis comunicaros por medio de la Creación porque Ella, y solo Ella, es Vuestra Voluntad conjunta. (T-9.I.6:2)

Si la Creación es compartir, no puede crear lo que no es igual a Ella Misma. (T-10.V.5:6) La Creación es tu voluntad *porque* es Su Voluntad. (T-11.I.9:11)

La Creación es el medio por el que Dios se extiende a Sí Mismo, y lo que es Suyo no puede sino ser de Su Hijo también. (T-23.IV.3:5)

Dios es a la vez Medio y Fin. En el Cielo, los medios y el fin son uno y lo mismo y así como uno con Él. Este es el estado de la verdadera creación, el cual no se encuentra en el tiempo sino en la eternidad. Es algo indescriptible para cualquiera aquí. No hay modo de aprender lo que ese estado significa. No se comprenderá hasta que vayas más allá de aprendizaje hasta lo Dado y vuelvas a construir un santo hogar para tus creaciones. (T-24.VII.6:5-10)

La Creación es un poder que no se puede debilitar y que no tiene opuestos. Para esto no hay símbolos. (T-27.III.4:4-5)

La paternidad es creación. (T-28.II.2:1)

La Creación es la prueba de la realidad porque comparte la función que toda la Creación comparte. (T-28.V.6:1)

El único regalo que el Padre te pide es que no veas en la Creación más que la esplendorosa gloria del regalo que Él te hizo. (T-29.V.5:1)

La Creación es la Voluntad conjunta de Ambos. (L-73.3:4)

La Creación es eterna e inalterable. (L-93.7:4)

Dar verdaderamente equivale a crear. (L-105.4:2)

Lo que la Creación es no puede ni siquiera concebirse en el mundo. No tiene significado aquí. El perdón es lo que más se Le asemeja aquí en la Tierra. (L-192.3:1-3)

Mas la Creación sigue tal como siempre fue, pues Tu Creación es inmutable. (L-283.1:2)

La Creación es la suma de todos los Pensamientos de Dios, en número infinito y sin límite alguno en ninguna parte. (L. 11 ¿Qué es la Creación? 1:1)

La Creación es lo opuesto a todas las ilusiones porque es la verdad. La Creación es el Santo Hijo de Dios, pues en la Creación Su Voluntad es plena con respecto a todo, al hacer que cada parte contenga la Totalidad. (L-punto11 ¿Qué es la Creación? 3:1-2)

creación y comunicación

Nosotros, los Hijos de Dios somos la Creación.
(L-punto11 ¿Qué es la Creación? 4:1)

No se oculta avergonzada porque está satisfecha con lo que es, en el conocimiento de que la Creación es la Voluntad de Dios. (O-1.V.2:5)

Creaciones del Hijo, Las:

Tus creaciones son la conclusión lógica de Sus premisas. El Pensamiento de Dios las ha establecido para ti. Se encuentran exactamente donde les corresponde estar. Y donde les corresponde estar es en tu mente, como parte de tu identificación con la Suya. Sin embargo, tu estado mental, así como tu reconocimiento de lo que se encuentra en tu mente, dependen de lo que crees acerca de ella. Sean cuales sean estas creencias, constituyen las premisas que habrán de determinar lo que aceptes en tu mente. (T-7.X.1:7-11)

Tus creaciones son tu regalo a la Santísima Trinidad, creadas como muestra de agradecimiento por tu propia creación. De la misma manera en que tú no has abandonado a tu Creador, tus creaciones tampoco te han abandonado, sino que extienden tu creación de la misma forma en que Dios se extendió a Sí Mismo hasta ti. (T-8.VI.5:3-4)

¿Y qué es real sino las Creaciones de Dios y aquellas que son creadas como las Suyas? Tus creaciones te aman tal como tú amas a tu Padre por el regalo de tu creación. (T-8.VI.5:5-7)

Nuestras creaciones son tan santas como nosotros, y nosotros que somos los Hijos de Dios, somos tan santos como Él. Por medio de nuestras creaciones extendemos nuestro amor, aumentando así el gozo de la Santísima Trinidad. (T-8.VI.8:8-10)

Tus creaciones, al igual que tú, representan una aportación para Él, pero ni tú ni ellas le aportan nada que sea diferente porque todo ha existido siempre. (T-10- intro.2:4)

No conoces tus creaciones simplemente porque mientras tu mente siga estando dividida decidirás contra ellas, y es imposible atacar lo que has creado. (T-10.I.1:1)

Por eso es por lo que tus creaciones son tan reales como las Suyas. (T-10.V.13:4)

Tus creaciones son muy reales, pues forman parte del Ser que desconoces. Se comunican contigo a través del Espíritu Santo, y, para que aprendas a enseñar lo que eres gustosamente te ofrecen su poder y gratitud por su creación a ti, que eres su hogar. (T-16.III.5:7-8)

El Cielo aguarda silenciosamente, y tus creaciones extienden sus manos para ayudarte a cruzar y para que les des la bienvenida. Pues son ellas lo que andas buscando. Lo único que buscas es tu compleción, y son ellas las que te completan. (T-16.IV.8:1-4)

Las creaciones del Hijo son semejantes a las de su Padre. Mas al crearlas, el Hijo no se engaña a sí mismo pensando que él es independiente de su Fuente. (T-21.II.12:1-2)

Él (nuestro deseo de ser especial) es quien ocupa el lugar de tus creaciones, que sí son tu hijo, para que compartieras la Paternidad de Dios, no para que se la arrebatases. (24.VII.1:8)

Pues de esta manera se me conduce más allá de este mundo a mis creaciones -las criaturas de mi voluntad-, las cuales moran en el Cielo junto con mi santo Ser y con Aquel que me creó. (L-253.1:6)

Creaciones falsas:
Negar el error es una sólida defensa en favor de la verdad, pero negar la verdad da lugar a creaciones falsas: las proyecciones del ego. (T-2.II.2:5)

creaciones falsas

Tanto la separación como el miedo son creaciones falsas que tienen que des-hacerse a fin de que se pueda restaurar el templo y abrir el altar para que reciba la Expiación. (T-2.III.2:3)

Ninguno de esos errores es relevante, ya que las creaciones falsas de la mente en realidad no existen. (T-2.V.1:5)

Eres demasiado tolerante con las divagaciones de tu mente, y condonas pasivamente sus creaciones falsas. (T-2.VI.4:6)

Crear:
Desear completamente es crear, y crear no puede ser difícil si se tiene en cuenta que Dios Mismo te creó para que fueras un creador. (T-6.5.B.8:8)

Crear es amar. (T-7.I.3:3)

Crear es lo opuesto a perder, tal como la bendición es lo opuesto al sacrificio. El Ser *tiene que* ser extendido. Así es como conserva el conocimiento de sí mismo. (T-7.IX.2:5)

Recordarás todo en el instante en que lo desees de todo corazón, pues si desear de todo corazón es crear, tu voluntad habrá dispuesto el fin de la separación, y simultáneamente le habrás devuelto tu mente a tu Creador y a tus creaciones. (T-10.I.4:1)

Vivir aquí significa aprender, de la misma manera que crear es estar en el Cielo. (T-14.III.3:2)

Dar verdaderamente equivale a crear. Extiende lo que no tiene límites a lo ilimitado, la eternidad hasta la intemporalidad y el Amor hasta Sí Mismo. Añade a todo lo que ya está completo, mas no en el sentido de añadir más, pues eso implicaría que antes era menos. Añade en el sentido de que permite que lo que no puede contenerse a sí mismo cumpla su cometido de dar todo lo que tiene, asegurándose así de que lo poseerá para siempre. (L- 105.4:2-5)

Creencia:

Los pensamientos que comparte con Dios (Su Hijo) están más allá de sus creencias, pero los que concibió por su cuenta son sus propias creencias. Y son estas, y no la verdad, las que él ha elegido defender y amar. Al Hijo de Dios no se le despojará de sus creencias. Pero él *puede* renunciar a ellas, pues la Fuente para desvanecerlas mora en él. (T-14.I.3:4-7)

La fe, la creencia y la visión son los medios por los que se alcanza el objetivo de la santidad. (T-21.III.4:1)

Ninguna creencia es neutra. Cada una de ellas tiene el poder de dictar cada decisión que tomas. (T-24 intro.2:3-4)

Mas una creencia que no se haya reconocido es una decisión de batallar en secreto, en la que los resultados del conflicto se mantienen ocultos y nunca se llevan ante la razón para ver si son sensatos o no. (T-24.I.2:2)

Creer:

Creer en algo produce la aceptación de su existencia. Por eso puedes creer lo que nadie más piensa que es verdad. Para ti es verdad porque tú lo inventaste. (T-1.VI.4:4-5)

Creer es una función del ego, y mientras tu origen siga sujeto a interpretaciones lo seguirás viendo desde el punto de vista del ego. (T-4.II.4:8)

Creer es aceptar y también ponerse de parte de aquello que aceptas. Creer no es ser crédulo, sino aceptar y apreciar. (T-9.II.9:2-3)

Cristo:

Pues Cristo es el Hijo de Dios, que vive en Su Creador y refulge con Su Gloria. Cristo es la Extensión del Amor y de la Belleza de Dios, tan perfecto como Su Creador y en paz con Él. (T-11.IV.7:4)

Cristo

Acéptalo como su Padre lo acepta y cúrale en Cristo, pues Cristo es su curación así como la tuya. Cristo es el Hijo de Dios que no está en modo alguno separado de Su Padre y cuyos pensamientos son tan amorosos como el Pensamiento de Su Padre, mediante el cual fue creado. (T-11.VIII.9:3-4)

En el Nombre de Cristo, el eterno Anfitrión de Su Padre, no toques a nadie con la idea de la pequeñez. (T-15.III.6:9)

Y Cristo es invisible a causa de lo que has hecho que sea visible para ti. (T-12.VIII.6:11)

Pues Cristo es el Ser que la Filiación comparte, de la misma manera en que Dios comparte Su Ser con Cristo. (T-15.V.10:10)

Su santidad es la tuya porque Él es el único Poder que es real en ti. Su fortaleza es la tuya porque Él es el Ser que Dios creó como Su único Hijo. (T-31.VIII.3:6-7)

Cristo se convierte en nuestros ojos hoy. Y mediante Su visión le ofrecemos curación al mundo por medio de Él, el santo Hijo que Dios creó íntegro; el santo Hijo a quien Dios creó como uno solo. (L-270.2:2-3)

Trata ahora de llegar hasta el Hijo de Dios en ti. Este es el Ser que jamás pecó ni forjó una imagen para reemplazar a la realidad. Este es el Ser que jamás abandonó Su morada en Dios para irse a deambular indeciso por el mundo. Este es el Ser que no conoce el miedo, ni puede concebir lo que es la pérdida, el sufrimiento o la muerte. (L-94.3:5)

Cristo es el Hijo de Dios tal como Él lo creó. Cristo es el Ser que compartimos y que nos une a unos con otros, y también con Dios. Es el Pensamiento que todavía mora en la Mente que es Su Fuente. (L-punto 6 ¿Qué es el Cristo?1:1-3)

Cristo es el vínculo que te mantiene uno con Dios, y la garantía de que la separación no es más que una ilusión de desesperanza, pues toda esperanza morará por siempre en Él. (L-punto 6 ¿Qué es el Cristo? 2:1)

Al ser el hogar del Espíritu Santo y sentirse a gusto únicamente en Dios, Cristo permanece en paz en el Cielo de tu mente santa. Él es la única parte de ti que en verdad es real. (L-punto 6 ¿Qué es el Cristo? 3:1-2)

Pues, ¿quién es Cristo sino Tu Hijo tal como Tú lo creaste? (L-354.1:6)

En su completa identificación con el Cristo -el perfecto Hijo de Dios, Su única Creación y Su Felicidad, por siempre como Él y uno con Él- Jesús se convirtió en lo que todos vosotros no podéis sino ser. (C-5.3:1)

Crucifixión:

Lo único que se ha subrayado hasta ahora es que no fue una forma de castigo. (T-6.I.1:3)

La crucifixión no es más que un ejemplo extremo. Su valor, al igual que el valor de cualquier otro recurso de enseñanza, reside únicamente en la clase de aprendizaje que facilita. Se puede entender -y se ha entendido- incorrectamente. (T-6.I:2-3)

Te dije también que la crucifixión fue la última jornada inútil que la Filiación tuvo que emprender, y que para todo aquel que la entienda representa la manera de liberarse del miedo. (T-6.I.2:6)

El verdadero significado de la crucifixión radica en la *aparente* intensidad de la agresión cometida por algunos Hijos de Dios contra otro. Esto, por supuesto, es imposible, y se tiene que entender cabalmente *que es* imposible. De lo contrario, yo no puedo servir de modelo para el aprendizaje. (T-6.I.3:4-6)

crucifixión

El mensaje de la crucifixión fue precisamente enseñar que no fue necesario percibir ninguna forma de ataque en la persecución, pues no puedes ser perseguido. (T-6.I.4:6)

La crucifixión no puede ser compartida porque es el símbolo de la proyección, pero la resurrección es el símbolo del compartir, ya que para que la Filiación pueda conocer su plenitud, es necesario que cada uno de los Hijos de Dios experimente un redespertar. (T-6.I.12:1)

El mensaje de la crucifixión es inequívoco: Enseña solamente amor, pues eso es lo que eres. (T-6.I.13:1)

El mensaje de la crucifixión fue precisamente que yo no creía en la traición. (T-6.I.15:6)

La crucifixión fue el resultado de dos sistemas de pensamiento claramente opuestos entre sí: el símbolo perfecto del "conflicto" entre el ego y el Hijo de Dios. Este conflicto parece ser igualmente real ahora, y lo que enseña tiene que aprenderse ahora tal como se tuvo que aprender entonces. (T-6.I.16:7-8)

He dicho que la crucifixión es el símbolo del ego. (T-13.II.6:1)

Todos los trucos y estratagemas que le ofreces no pueden sanarla (la mente del Hijo de Dios), pues en eso radica la verdadera crucifixión del Hijo de Dios. (T-13.III.6:6)

La crucifixión es siempre la meta del ego, que considera a todo el mundo culpable, y mediante su condenación procura matar. (T-14.V.10:6)

Cuerpo:
De por sí, el cuerpo es neutro, como es todo en el mundo de la percepción. (Prefacio. ¿Qué postula?)

Solo la mente puede crear porque el Espíritu ya fue creado, y el cuerpo es un recurso de aprendizaje al servicio de la mente. (T-2.IV.3:1)

El cuerpo es sencillamente parte de tu experiencia en el mundo físico. Se puede exagerar el valor de sus capacidades y con frecuencia se hace. Sin embargo, es casi imposible negar su existencia en este mundo. (T-2.IV.3:8-10)

El cuerpo no existe, excepto como un recurso de aprendizaje al servicio de la mente. Este recurso de aprendizaje, de por sí, no comete errores porque no puede crear. (T-2.V.1:9)

El cuerpo es el hogar que el ego ha elegido para sí. Esta es la única identificación con la que se siente seguro, ya que la vulnerabilidad del cuerpo es su mejor argumento de que tú no puedes proceder de Dios. (T-4.V.4:1-2)

El cuerpo es el símbolo de lo que crees ser. Es a todas luces un mecanismo de separación y, por lo tanto, no existe. (T-6.V.A.2:2-3)

El cuerpo es algo separado, y, por lo tanto, no puede ser parte de ti. Ser de una sola mente tiene sentido, pero ser de un solo cuerpo no tiene ningún sentido. De acuerdo con las leyes de la mente, pues, el cuerpo no tiene sentido alguno. (T-6.V.A.3:3-5)

El cuerpo no es más que un marco para desarrollar capacidades, lo cual no tiene nada que ver con el uso que se hace de ellas. (T-7.V.1:1)

Recuerda que para el Espíritu Santo el cuerpo es únicamente un medio de comunicación. (T-8.VII.2:1)

No percibes a tus hermanos tal como el Espíritu Santo lo hace porque no crees que los cuerpos sean únicamente medios para unir mentes, y para unirlas con la tuya y con la mía. Esta interpretación del cuerpo te hará cambiar de parecer con respecto a su valor, de por sí, no tiene valor alguno. (T-8.VII.2:5-7)

El cuerpo es feo o hermoso, violento o apacible, perjudicial o útil, dependiendo del uso que se haga de él. Y en el cuerpo de otro verás el uso que has hecho del tuyo. (T-8.VII.4:3-4)

Ver un cuerpo de cualquier otra forma que no sea como un medio de comunicación es limitar a tu mente y hacerte daño a ti mismo. (T-8.VII.13:3)

Para el ego el cuerpo es algo con lo que atacar. (T-8.VIII.1:5)

El cuerpo es el símbolo del ego, tal como el ego es el símbolo de la separación. Y ambos no son más que intentos de entorpecer la comunicación, y, por lo tanto de imposibilitarla. (T-15.IX.2:3-4)

Pues el cuerpo es insignificante y limitado, y solo aquellos que desees ver libres de los límites que el ego quisiera imponerles, pueden ofrecerte el regalo de la libertad. (T-15.IX.5:5)

Y finalmente, esa es la razón por la que que todas las relaciones de ese tipo se convierten en intentos de unión a través del cuerpo, pues solo los cuerpos pueden considerarse medios de venganza. Es evidente que los cuerpos son el foco central de todas las relaciones no santas. (T-17.III.2:6-7)

¿Cómo puede el Espíritu Santo introducir Su interpretación de que el cuerpo es un medio de comunicación en las relaciones cuyo único propósito es separarse de la realidad? (T-17.III.5:1)

El cuerpo no es el fruto del amor. (T-18.VI.4:7)

Este es el anfitrión de Dios que *tú* has engendrado. Y ni Dios ni Su santísimo Hijo pueden hospedarse en una morada donde reina el odio, y donde tú has sembrado semillas de venganza, violencia y muerte. Esa cosa que engendraste para que estuviese al servicio de tu culpabilidad se interpone entre ti y otras mentes. Las mentes *están* unidas, pero tú no te identificas con ellas. Te ves a ti mismo encerrado en una celda aparte, aislado e inaccesible, y tan incapaz de establecer contacto con otros como de que otros lo establezcan contigo. Odias esta prisión que has construido, y procuras destruirla. Pero no quieres escaparte de ella ni dejarla indemne y libre de toda culpa. (T-18.VI.7:1-7)

El cuerpo es un límite que se le pone a la comunicación universal, la cual es un atributo eterno de la mente. (T-18.VI.8:3)

El cuerpo es algo externo a ti, y solo da la impresión de rodearte, de aislarte de los demás y de mantenerte separado de ellos y ellos de ti. Pero el cuerpo no existe. (T-18.VI.9.:1-2)

No hay un solo instante en el que el cuerpo exista en absoluto. Es siempre algo que se recuerda o se prevé, pero nunca se puede tener una experiencia de él *ahora*. Solo su pasado y su futuro hacen que parezca real. El tiempo lo controla enteramente pues el pecado nunca se encuentra totalmente en el presente. (T-18.VII.3:1-4)

Estar consciente del cuerpo es lo que hace que el amor parezca limitado, pues el cuerpo es un límite que se impone al amor. (T-18.VIII.1:1-2)

El cuerpo es una diminuta cerca que rodea a una pequeña parte de una idea que es completa y gloriosa. El cuerpo traza un círculo, infinitamente pequeño, alrededor de un minúsculo segmento del cielo, lo separa del resto, y proclama que tu reino se encuentra dentro de él, donde Dios no puede hacer acto de presencia. (T-18.VIII.2:5)

Cada cuerpo parece ser el albergue de una mente separada, de un pensamiento desconectado del resto, que vive solo y que de ningún modo está unido al Pensamiento mediante el cual fue creado. (T-18.VIII.5:2)

cuerpo

El cuerpo seguirá siendo el mensajero de la culpa y actuará tal como ella le dicte mientras tú sigas creyendo que la culpa es real. (T-18.IX.5:1)

Es obvio que un segmento de la mente puede verse así mismo separado del Propósito Universal. Cuando esto ocurre, el cuerpo se convierte en su arma, que usa contra ese Propósito para demostrar el "hecho" de que la separación ha tenido lugar. De este modo el cuerpo se convierte en el instrumento de lo ilusorio, actuando en conformidad con ello: viendo lo que no está allí, oyendo lo que la verdad nunca dijo y comportándose de forma demente, al estar aprisionado por la demencia. (T-19.I.3:4-6)

Dedicarte a ambas (la verdad y las ilusiones) es establecer un objetivo por siempre inalcanzable, pues parte de él se intenta alcanzar a través del cuerpo, al que se le considera el medio por el que se procura encontrar la realidad mediante el ataque. (T-19.I.5:10)

El cuerpo ciertamente parecerá ser el símbolo del pecado mientras creas que puede proporcionarte lo que deseas. Y mientras creas que puede darte placer, creerás también que puede causarte dolor. (T-19.IV.A.17:10)

El cuerpo no puede proporcionarte ni paz ni desasosiego, ni alegría ni dolor. Es un medio, no un fin. (T-19.IV.B.10:4)

El cuerpo parecerá ser aquello que constituya el medio para alcanzar el objetivo que tú le asignes. (T-19.IV.B.10:7)

El cuerpo es tan incapaz de morir como de sentir. No hace nada. De por sí, no es corruptible ni incorruptible. No *es* nada. Es el resultado de una insignificante y descabellada idea de corrupción que puede ser corregida. (T-19.IV.C.5:2-6)

El cuerpo es el arma predilecta del ego para obtener poder *mediante* las relaciones que entabla. Y sus relaciones solo pueden ser profanas, pues lo que verdaderamente son, él ni siquiera lo ve. (T-20.VI.4:3-4)

El cuerpo es una aislada mota de oscuridad; una alcoba secreta y oculta, una diminuta mancha de misterio que no tiene sentido, un recinto celosamente protegido, pero que aun así no oculta nada. (T-20.VI.5:2)

Tú no puedes hacer del cuerpo el templo del Espíritu Santo, y el cuerpo nunca podrá ser la sede del amor. Es la morada del idóla-tra, y de lo que condena al amor. Pues ahí el amor se vuelve algo, temible y se pierde toda esperanza.(T-20.VI.6:1-3)

Este es el templo consagrado a la negación de las relaciones y de la reciprocidad. (T-20.VI.6:5)

Ese lugar de sombras no es tu hogar. (T-20.VI.7.5)

El cuerpo es el ídolo del ego, la creencia en el pecado hecha carne y luego proyectada afuera. Esto produce lo que parece ser una muralla de carne alrededor de la mente, que la mantiene prisio-nera de un diminuto confín de espacio y tiempo hasta que llega la muerte, y disponiendo de solo un instante en el que suspirar, sufrir y morir en honor de su amo. (T-20.VI.11:1-2)

Es imposible ver un cuerpo libre de pecado, ya que la santidad es algo positivo y el cuerpo es simplemente neutral. No es pecamino-so, pero tampoco es impecable. Y como realmente no es nada, no se le puede revestir significativamente con los atributos de Cristo o del ego. (T-20.VII.4:4-6)

El cuerpo es el medio a través del cual el ego trata de hacer que la relación no santa parezca real. (T-20.VII.5:1)

Todo aquel que ve el cuerpo de un hermano ha juzgado a su her-mano y no lo ve. (T-20.VII.6.1)

cuerpo

El cuerpo no se puede ver, excepto a través de juicios. Ver el cuerpo es señal de que te falta visión y de que has negado los medios que el Espíritu Santo te ofrece para que sirvas a Su propósito. (T-20.VII.8.1-2)

El cuerpo es el símbolo de la debilidad, de la vulnerabilidad y de la pérdida de poder. (T-20.VIII.5:1)

El cuerpo se concibió para que sirviera de sacrificio al pecado, y así es como aún se le considera en las tinieblas. (T-21.III.12:1)

Pues vuestras creencias convergen en el cuerpo, el hogar elegido del ego y al que tú también consideras como el tuyo. (T-23.I.3:3)

Lo ocultó en su cuerpo, haciendo que este sirviera de refugio para su culpa, de escondrijo de lo que es tuyo. (T-23.II.11:6)

¿Qué otro propósito podría tener el cuerpo sino ser especial? Esto es lo que hace que sea frágil e incapaz de defenderse a sí mismo. Fue concebido para hacer que *tú* fueses frágil e impotente. La meta de la separación es su maldición. Los cuerpos, no obstante, no tienen metas (T-24.IV.2:1-5)

El cuerpo no puede hacer nada por su cuenta. Considéralo un medio para herir, y será herido. Considéralo un medio para sanar y sanará. (T-24.IV.2:10-12)

El cuerpo de por sí no tiene propósito alguno y no puede sino ser algo solitario. (T-23.IV.7:5)

He aquí la imagen que quieres tener de ti mismo; el medio para hacer que tu deseo se cumpla. Te proporciona los ojos con los que lo contemplas, las manos con las que lo sientes y los oídos con los que escuchas los sonidos que emite. De este modo te demuestra su realidad. (T-24.VII.9:5-8)

Así es como el cuerpo se convierte en una teoría de ti mismo, sin proveerte de nada que pueda probar que hay algo más allá de él, ni de ninguna posibilidad de escape a la vista. Cuando se contempla a través de sus propios ojos, su curso es inescapable. El cuerpo crece y se marchita, florece y muere. Y tú no puedes concebirte a ti mismo aparte de él. Lo tildas de pecaminoso y odias sus acciones, tachándolo de malvado. No obstante, tu deseo de ser especial susurra: "He aquí a mi amado hijo, en quien me complazco". (T-24.VII.10:1-6)

El cuerpo en sí es un sacrificio; una renuncia al poder en aras de conservar solo con un poco para ti. Ver a un hermano en otro cuerpo, separado del tuyo, es la expresión del deseo de ver únicamente una pequeña parte de él y de sacrificar el resto. (T-26.I.1:5-6)

El cuerpo *supone* una pérdida, por lo tanto, se puede usar para los fines del sacrificio. Y mientras veas a tu hermano como un cuerpo, aparte de ti y separado dentro de su celda, estarás exigiendo que tanto tú como él os sacrifiquéis. (T-26.I.4:1-2)

En tu percepción, esta separación está simbolizada por el cuerpo, que claramente está separado y es algo aparte. Lo que este símbolo representa, no obstante, es tu deseo de *estar* aparte y separado. (T-26.VII.8:9-10)

Tu cuerpo puede ser el medio para demostrarle que nunca has sufrido por su causa. Y al sanar puede ofrecerle un mudo testimonio de su inocencia. (T-27.II.5:6-7)

El cuerpo, que de por sí carece de propósito, contiene todas tus memorias y esperanzas. Te vales de sus ojos para ver y de sus oídos para oír, y dejas que te diga lo que siente. Mas él no lo sabe. (T-27.VI.3:1-3)

El cuerpo es el personaje central en el sueño del mundo. Sin él no hay sueño, ni él existe sin el sueño en el que actúa como si fuera una persona digna de ser vista y creída. Ocupa el lugar central de cada sueño en el que se narra la historia de cómo fue concebido por otros cuerpos, cómo vino a un mundo externo al cuerpo, cómo vive por un corto tiempo hasta que muere, para luego convertirse en polvo junto con otros cuerpos que, al igual que él, también mueren. En el breve lapso de vida que se le ha concedido busca otros cuerpos para que sean sus amigos o enemigos. Su seguridad es su mayor preocupación; su comodidad, la ley por la que se rige. Trata de buscar placer y de evitar todo lo que le pueda ocasionar dolor. Pero por encima de todo, trata de enseñarse a sí mismo que sus dolores y placeres son dos cosas diferentes, y que es posible distinguir entre ellos. (T-27.VIII.1:1-8)

El sueño del mundo adopta innumerables formas porque el cuerpo intenta probar de muchas maneras que es autónomo y real. Se engalana a sí mismo con objetos que ha comprado con discos de metal o con tiras de papel moneda que el mundo considera reales y de gran valor. Trabaja para adquirirlos, haciendo cosas que no tienen sentido y luego los despilfarra intercambiándolos por cosas que ni necesita ni quiere. Contrata a otros cuerpos para que lo protejan y para que coleccionen más cosas sin sentido que él pueda llamar suyas. Busca otros cuerpos especiales que puedan compartir su sueño. A veces sueña que es un conquistador de cuerpos más débiles que él. Pero en algunas fases del sueño, él es el esclavo de otros cuerpos que quieren hacerle sufrir y torturarlo. (T-27.VIII.2:1-7)

Las aventuras del cuerpo, desde que nace hasta que muere, son el tema de todo sueño que el mundo haya tenido jamás. El "héroe" de este sueño nunca cambiará, ni su propósito tampoco Esta es la lección que trata de enseñar una y otra vez: que el cuerpo es causa y no efecto. Y que tú que eres su efecto, no puedes ser su causa. (T-27.VIII.3:1-5)

Que esto es todo lo que el cuerpo hace, es cierto, pues no es más que una figura en un sueño. (T-27.VIII.4.3)

En el sueño, no obstante, esto se ha invertido, y las mentes separadas se ven como cuerpos, los cuales están separados y no pueden unirse. (T-28.III.3:2)

Lo que él sueña no es lo que lo convierte en tu hermano, ni tampoco su cuerpo, el "héroe" del sueño, es tu hermano. (T-28.IV.3:4)

El cuerpo no puede ver ni oír. No sabe lo que *es* ver, ni para qué sirve escuchar. Es tan incapaz de percibir, como de juzgar; de entender como de saber. Sus ojos son ciegos: Sus oídos sordos. No puede pensar, y, por lo tanto, no puede tener efectos. (T-28.V.4:5-9)

El cuerpo no sufre el castigo que le impones pues no tiene sensaciones. Se comporta tal como tú deseas que lo haga y nunca toma decisiones. No nace ni muere. Lo único que puede hacer es vagar sin rumbo por el camino que se le haya indicado. Y si cambias de rumbo, camina con igual facilidad por esa otra dirección. No se opone a nada, ni juzga el camino que recorre. No percibe brecha alguna porque no odia. Puede ponerse al servicio del odio, pero no puede por ello convertirse en algo odioso. (T-28.VI.2:2-9)

El cuerpo representa la brecha que se percibe entre la pequeña porción de mente que consideras tu mente y el resto de lo que realmente es tuyo. Lo odias, sin embargo crees que es tu ser, el cual perderías sin él. (T-28.VI.4:1-2)

Mas ¿quién puede edificar su hogar sobre pajas y esperar que lo proteja del viento? Ése es el tipo de hogar que se puede hacer del cuerpo porque no está cimentado en la Verdad. Sin embargo, por esa misma razón puede verse que no es tu hogar, sino simplemente un medio para ayudarte a llegar al Hogar donde mora Dios. (T-28.VII.3:4-6)

Desde aquí puede ver al cuerpo como lo que es, sin atribuirle más o menos valor del que tiene como medio para liberar al Hijo de Dios a fin de que pueda regresar a su hogar. Y con este santo propósito se convierte por un tiempo en un hogar de santidad, ya que comparte la Voluntad de tu Padre contigo. (T-28.VII.7:7-8)

Cuando se descubre que el cuerpo no es real, se suscita una cierta aprensión y se experimentan matices de aparente temor en torno al feliz mensaje de que "Dios es Amor". (T-29.I.8:6)

El cuerpo no cambia. Representa el sueño más amplio de que el cambio es posible. (T-29.II.7:1-2)

El cuerpo puede parecer cambiar con el tiempo, debido a las enfermedades o al estado de salud, o a eventos que parecen alterarlo. Mas esto solo significa que la mente aún no ha cambiado de parecer con respecto a cuál es el propósito del cuerpo. (T-29.II.7:7-8)

El cuerpo al que se le pide ser un dios es vulnerable al ataque, ya que su insustancialidad no se reconoce. Y así, parece ser algo con poder propio. Al ser algo, se puede percibir, y también se puede pensar que siente y actúa, y que te tiene prisionero en su puño. Y puede que no llegue a ser lo que le exigiste que fuera. Y lo odiarás por su insignificancia, sin darte cuenta de que el fracaso no se debe a que sea menos de lo que crees que debe ser, sino solo a que no te has dado cuenta de que no es nada. (T-29.II.9:1-5)

Mas es *cuerpo* el que es prisionero, no la mente. El cuerpo no tiene pensamientos. No tiene capacidad de aprender, perdonar o esclavizar. No da órdenes que la mente tenga que acatar, ni fija condiciones que esta tenga que obedecer. El cuerpo solo mantiene en prisión a la mente que está dispuesta a morar en él. Se enferma siguiendo las órdenes de la mente que quiere ser su prisionera. Y envejece y muere porque dicha mente está enferma. El aprendizaje es lo único que puede producir cambios. El cuerpo, por lo tanto, al que le es imposible aprender, jamás podría cambiar a menos que la mente prefiriese que él cambiase de apariencia para amoldarse al propósito que ella le confirió. (T-31.III.4:1-9)

El cuerpo fija los límites de lo que el Hijo de Dios puede hacer. Su poder es la única fuerza de la que el Hijo de Dios dispone y el dominio de este no puede exceder el reducido alcance del cuerpo. (T-31.VIII.1:3-5)

El cuerpo es lo que está fuera de nosotros, y no es algo que nos concierne. Estar sin un cuerpo es estar en nuestro estado natural. (L-72.9:2-3)

El cuerpo, que de por sí no tiene valor ni es merecedor de la más mínima defensa, solo requiere que se le perciba como algo completamente ajeno a ti, para convertirse en un instrumento saludable y por medio del cual la mente puede operar hasta que deje de tener utilidad. (L-135.8:2)

Sin embargo, los cuerpos no son sino símbolos de una forma concreta de miedo. (L-161.5:2)

El cuerpo es el blanco del ataque, ya que nadie piensa que lo que odia sea una mente. (L-161.6:5)

Quien ve a un hermano como un cuerpo lo está viendo como el símbolo del miedo. (L-161.8:1)

Y que el cuerpo es el Hijo de Dios, corruptible en la muerte y tan mortal como el Padre al que ha asesinado. (L-190.3:7)

El perdón permite que el cuerpo sea percibido como lo que es: un simple recurso de enseñanza del que se prescinde cuando el aprendizaje haya terminado, pero que es incapaz de efectuar cambio alguno en el que aprende. (L-192.4:3)

¿Qué temores podrían aún acosar a los que han perdido la fuente de todo ataque, el núcleo de la angustia y la sede del temor? Solo el perdón puede liberar a la mente de la idea de que el cuerpo es su hogar. (L-192.5:4-5)

cuerpo

El cuerpo constituye una limitación. (L-199.1:2)

El ego tiene en gran estima al cuerpo porque mora en él, y no puede sino vivir unido al hogar que ha construido. El cuerpo es parte de la ilusión que ha ayudado a mantener oculto el hecho de que él mismo es algo ilusorio. (L-199.3:3-4)

A tal fin, el cuerpo se percibirá como una forma útil para lo que la mente tiene que hacer. De este modo se convierte en un vehículo de ayuda para que el perdón se extienda hasta la meta todo abarcadora que debe alcanzar, de acuerdo con el plan de Dios. (L-199.4:4.5)

(El cuerpo) Sin el poder de esclavizar, se vuelve un digno servidor de la libertad que persigue la mente que mora en el Espíritu Santo persigue. (L-199.6:6)

El cuerpo es el instrumento que la mente fabricó en su afán por engañarse a sí misma. Su propósito es luchar.
(L- punto 4 ¿Qué es el pecado? 2:1-2)

El cuerpo es una cerca que el Hijo de Dios se imagina haber construido para separar a unas partes de su Ser de otras.
(L-punto 5 ¿Qué es el cuerpo? 1:1-2)

El cuerpo es un sueño. Al igual que otros sueños, a veces parece reflejar felicidad, pero puede súbitamente revertir al miedo, la cuna de todos los sueños. (L-punto 5 ¿Qué es el cuerpo? 3:1-2)

El cuerpo es el medio a través del cual el Hijo de Dios recobra la cordura. Aunque el cuerpo fue concebido para confinarlo en el infierno sin ninguna posibilidad de escape, el objetivo del Cielo ha sustituido la búsqueda del infierno.
(L-punto 5 ¿Qué es el cuerpo? 4:1-2)

Mi cuerpo es algo completamente neutro. (L-294)

Mi cuerpo, Padre, no puede ser Tu Hijo. (L-294.2:1)

El cuerpo es lo único que hace que el mundo parezca real, pues, al ser algo separado, no puede permanecer donde la separación es imposible. (C-4.5:9)

Cuestiones teóricas:
Debe aprender y enseñar que las cuestiones teóricas no son más que una pérdida de tiempo, puesto que desvían al tiempo del propósito que se le asignó. (M-24.4:5)

Culpabilidad:
Si te sigues sintiendo culpable es porque tu ego sigue al mando, ya que solo el ego puede experimentar culpabilidad. (T-4.IV.5:5)

La culpabilidad *siempre* altera. (T-5.V.2:6)

La culpabilidad es más que simplemente algo ajeno a Dios. Es el símbolo del ataque contra Dios. Este concepto no tiene ningún sentido, excepto para el ego, pero no subestimes el poder que el ego le aporta al creer en él. (T-5.V.2:9-11)

La culpabilidad es un signo inequívoco de que tu pensamiento no es natural. (T-5.V.4:8)

El pensamiento irracional es pensamiento desordenado. Dios Mismo pone orden en tu pensamiento porque tu pensamiento fue creado por Él. Los sentimientos de culpabilidad son siempre señal de que desconoces esto. (T-5.V.7:1-3)

Todo pensamiento desordenado va acompañado de culpabilidad desde su concepción, y mantiene su continuidad gracias a ella. La culpabilidad es ineludible para aquellos que creen que son ellos los que ordenan sus propios pensamientos, y que, por lo tanto, tienen que obedecer a sus dictados. (T-5.V.7:5-6)

culpabilidad

Los sentimientos de culpabilidad son los que perpetúan el tiempo. Inducen miedo a las represalias o al abandono, garantizando así que el futuro sea igual que el pasado. En esto consiste la continuidad del ego, la cual le proporciona una falsa sensación de seguridad al creer que tú no puedes escaparte de ella. (T-5.VI.2:1-4)

Cualquier concepto de castigo significa que estás proyectando la responsabilidad de la culpa sobre otro, y ello refuerza la idea de que está justificado culpar. (T-6.I.16:5)

Culparse uno a sí mismo es, por lo tanto, identificarse con el ego, y es una de sus defensas tal como culpar a los demás lo es. (T-11.IV.5:5)

Pues la culpa es lo que ha hecho que el Padre esté velado para ti y lo que te ha llevado a la demencia. (T-13 intro.1:7)

La aceptación de la culpa en la mente del Hijo de Dios fue el comienzo de la separación, de la misma manera en que la aceptación de la Expiación será su final. (T-13 intro.2:1)

La paz y la culpa son conceptos antitéticos, y al Padre solo se le puede recordar estando en paz. (T-13.I.1:3)

La culpa te impide ver a Cristo, pues es la negación de la irreprochabilidad del Hijo de Dios. (T-13.I.1:5)

Pues la idea de la culpa da lugar a la creencia de que algunas personas pueden condenar a otras y, como resultado, se proyecta la separación en vez de unidad. (T-13.I.6:3)

La culpa, entonces, es una forma de conservar el pasado y el futuro en tu mente para asegurar así la continuidad del ego. (T-13.I.8:6)

El ego te enseña a que te ataques a ti mismo porque eres culpable, lo cual no puede sino aumentar tu culpa, pues la culpa es el resultado del ataque. (T-13.I.11:1)

Pero el ego, como de costumbre, trata de deshacerse de ella exclusivamente desde su punto de vista, pues por mucho que él quiera conservarla, a ti te resulta intolerable, toda vez que la culpa te impide recordar a Dios, Cuya atracción es tan fuerte que te es irresistible. (T-13.II.1:2)

La culpabilidad sigue siendo lo único que oculta al Padre, pues la culpabilidad es el ataque que se comete contra Su Hijo. (T-13.IX.1:1)

La culpa se encuentra en tu mente, la cual se ha condenado a sí misma. (T-13.IX.6:7)

Tienes que aprender, por lo tanto, que la culpa es siempre demente y que no tiene razón de ser. (T-13.X.6:3)

En el momento en que te des cuenta de que la culpa es una locura totalmente injustificada y sin ninguna razón de ser, no tendrás miedo de contemplar la Expiación y de aceptarla totalmente. (T-13.X.8:6)

El alumno que está libre de culpa aprende con facilidad porque sus pensamientos son libres. Esto conlleva, no obstante, el reconocimiento de que la culpa no es la salvación, sino una interferencia que no tiene ningún propósito válido. (T-14.III.1:3-4)

El Espíritu Santo sabe que la salvación es escapar de la culpa. No tienes ningún otro "enemigo". (T-14.III.13:4-5)

La carga de la culpabilidad es pesada, pero Dios no quiere que sigas atado a ella. (T-14.V.2:4)

Aceptar que Su Hijo es culpable es una negación del Padre tan absoluta que impide que el conocimiento pueda ser reconocido por la misma mente en la que Dios Mismo lo depositó. (T-14.IV.7:5)

culpabilidad

Sin embargo, puesto que tú y el ego no podéis estar separados, y puesto que él no puede concebir su propia muerte, te seguirá persiguiendo porque la culpa es eterna. Tal es la versión que el ego tiene de la inmortalidad. (T-15.I.4:14-15)

La culpa es la única necesidad del ego, y mientras te sigas identificando con él, la culpa te seguirá atrayendo. (T-15.VII.10.4)

Y la culpabilidad, cuyo único propósito es interrumpir la comunicación, no tiene ningún propósito en él (Instante santo)
(T-15.VII.14.3)

La culpabilidad es la condición que da lugar al sacrificio, de la misma manera en que la paz es la condición que te permite ser consciente de tu relación con Dios. (T-15.XI.4:3)

No pensemos en su naturaleza aterradora, ni en la culpa que necesariamente conlleva, ni tampoco en la tristeza, ni en la soledad. Pues esos no son sino atributos de la doctrina de la separación, y de todo el contexto en que se cree que esta tiene lugar. (T-16.V.10:2-3)

Tampoco la revistas (a la proyección) de culpa, pues la culpa implica que realmente ocurrió. (T-18.I.6:8)

Proyecta (la mente) su culpabilidad, que es lo que la mantiene separada, sobre el cuerpo, el cual sufre y muere porque se le ataca a fin de mantener viva la separación en la mente e impedir que conozca su Identidad. (T-18.VI.3:4)

Tanto la paz como la culpabilidad son estados mentales que se pueden alcanzar. Y esos estados son el hogar de la emoción que los suscita, que por consiguiente, es compatible con ellos. (T-19.IV.B.10:9)

La culpa es asimismo algo temido y temible. (T-19.4.C.1:6)

Mas se te ha concedido poder mostrarle, mediante tu curación, que su culpabilidad no es sino la trama de un sueño absurdo. (T-27.II.6:11)

Pues el dolor y el pecado son la misma ilusión, tal como el odio y el miedo, y el ataque y la culpa son uno. (T-29.II.3:3)

En dicho mundo no se desean los ídolos, pues se entiende que la culpabilidad es la única causa de cualquier dolor. (T-30.V.2:4)

El velo que cubre la faz de Cristo, el temor a Dios y a la salvación, así como el amor a la culpa y a la muerte, no son sino diferentes nombres de un mismo error: que hay un espacio entre tu hermano y tú que os mantiene aparte debido a una ilusión de ti mismo que lo mantiene a él separado de ti y a ti alejado de él. (T-31.VII.9:1)

Si la culpa es el infierno, ¿cuál es su opuesto? (L-39.1:1)

Cuando te des cuenta de que la culpa es solo una invención de la mente, te darás cuenta también de que la culpa y la salvación tienen que encontrarse en el mismo lugar. (L-70.1:5)

En esto radica tu liberación de la culpa y de la enfermedad, pues ambas son una misma cosa. (M-5.II.3:11)

La culpabilidad es inevitable para aquellos que se valen de su propio juicio al tomar decisiones. Pero es imposible para aquellos a través de los cuales habla el Espíritu Santo. (P-2.VII.4:6-7)

Culpable:
Estar solo es ser culpable. (T-15.V.2:6)

Curación:
Toda curación es esencialmente una liberación del miedo. (T-2.IV.1:7)

curación

No entiendes lo que es la curación debido a tu propio miedo. (T-2.IV.1:9)

Curar es una habilidad que se desarrolló después de la separación, antes de la cual era innecesaria. Es temporal al igual que todos los aspectos de la creencia en el tiempo y en el espacio. Mientras el tiempo continúe, no obstante, la curación seguirá siendo necesaria como medio de protección. (T-2.V.9:1-3)

La curación es un pensamiento por medio del cual dos mentes perciben su unidad y se regocijan. (T-5.I.1:1)

La curación no procede directamente de Dios, Quien sabe que Sus Creaciones gozan de perfecta plenitud. Aun así, la curación sigue siendo parte del ámbito de Dios porque procede de Su Voz y de Sus Leyes. Es el resultado de Estas, en un estado mental que no conoce a Dios. (T-7.IV.1:4-6)

La curación no percibe nada en el sanador que todos los demás no compartan con él. (T-7.V.4:3)

Mas si la curación es consistente, tu entendimiento acerca de ella no puede ser inconsistente. El entendimiento significa consistencia porque Dios significa consistencia. (T-7.V.6:10-11)

Eso es exactamente lo que *estás* aprendiendo cuando llevas a cabo una curación. Estás reconociendo que la mente de tu hermano es inalterable, al darte cuenta de que es imposible que él hubiera podido cambiarla. (T-7.V.8:1-2)

Por eso es por lo que la curación es una empresa de colaboración. (T-8.IV.4:8)

La curación es un reflejo de nuestra voluntad conjunta. Esto resulta obvio cuando se examina el propósito de la curación. La curación es la manera de superar la separación. (T-8.IV.5:1-3)

La curación es el resultado de usar el cuerpo exclusivamente para los fines de la comunicación. (T-8.VII.10:1)

Comunicar es unir y atacar es separar. (T-8.VII.12:1)

La curación es la liberación del miedo a despertar, y la sustitución de ese miedo por la decisión de despertar. La decisión de despertar refleja la voluntad de amar, puesto que toda curación supone la sustitución del miedo por el amor. (T-8.IX.5:1-2)

Por eso es por lo que la curación representa el inicio del reconocimiento de que tu voluntad es la Suya. (T-11.I.11:9)

La curación es señal de que quieres reinstaurar la plenitud. (T-11.II.4:1)

¿Qué es la curación sino el acto de despejar todo lo que obstaculiza el Conocimiento? (T-11.V.2:1)

La curación es el Amor de Cristo por Su Padre y por Sí Mismo. (T-12.II.3:6)

En el tiempo, la curación es necesaria, pues el júbilo no puede establecer su eterno reino allí donde mora la aflicción. (T-13.VII.17:5)

Toda curación es una liberación del pasado. (T-13.VIII.1:1)

Unirse a Él en un propósito unificado es lo que hace que ese propósito sea real, porque tú lo completas. Y esto *es la* curación. El cuerpo se cura porque viniste sin él y te uniste a la Mente en la que reside toda curación. (T-19.I.2:5-7)

El cuerpo no puede curarse porque no puede causarse enfermedades a sí mismo. No *tiene necesidad* de que se le cure. El que goce de buena salud o esté enfermo depende enteramente de la forma en que la mente lo perciba y del propósito para el que lo use. (T-19.I.3:1-3)

curación

Y el cuerpo parecerá estar enfermo, pues lo habrás convertido en un "enemigo" de la curación y en lo opuesto a la verdad. (T-19.I.4:6)

La transigencia que inevitablemente se hace es creer que el cuerpo, y no la mente, es el que tiene que ser curado. Pues este objetivo dividido ha otorgado la misma realidad a ambos, lo cual sería posible solo si la mente estuviese limitada al cuerpo y dividida en pequeñas partes que aparentan ser íntegras, pero que no están conectadas entre sí. (T-19.I.6:1-2)

La mente, pues, es la que tiene necesidad de curación. Y en ella es donde se encuentra. Pues Dios no concedió la curación como algo aparte de la enfermedad, ni estableció el remedio donde la enfermedad no puede estar. (T-19.I.6:4-6)

Tu curación es su consuelo (el de tu hermano) y su salud porque demuestra que las ilusiones no son reales. (T-27.I.6:2)

El que perdona se cura. Y en su curación radica la prueba de que ha perdonado verdaderamente y de que no guarda traza alguna de condenación que todavía pudiese utilizar contra sí mismo o contra cualquier ser vivo. (T-27.II.3:10-11)

De esta manera, tu curación demuestra que tu mente ha sanado y que ha perdonado lo que tu hermano no hizo. (T-27.II.6:2)

La única manera de curar es ser curado. El milagro se extiende sin tu ayuda, pero tú eres esencial para que pueda dar comienzo. (T-27.V.1.1-2)

La curación, en cambio, es evidente en situaciones concretas y se generaliza para incluirlas a todas. Esto se debe a que todas ellas son realmente la misma situación, a pesar de sus diferentes formas. (T-27.V.8:6)

Dios te da las gracias por tu curación, pues Él sabe que es un regalo de amor para Su Hijo, y, por lo tanto, un regalo que se le hace a Él. (T-27.V.11:9)

No obstante, toda curación tiene lugar cuando se reconoce que la mente no está dentro del cuerpo, que su inocencia es algo completamente aparte de él y que está allí donde reside la curación. (T-28.II.2:8)

La curación es el efecto de mentes que se unen, tal como la enfermedad es la consecuencia de mentes que se separan. (T-28.III.2:6)

Y tú no estás excluido, pues la curación o bien será una o bien no tendrá lugar en absoluto, ya que en el hecho de que es una radica la curación. (T-28.VII.2:4)

Cuando ése se vuelve tu propósito (ser simplemente un medio para ayudarte a llegar al Hogar donde Dios mora), el cuerpo se cura, pues no se le utiliza para dar testimonio del sueño de separación y enfermedad. (T-28.VII.4:1)

Mas la curación es el regalo que se les hace a aquellos que están listos para aprender que el mundo no existe y que pueden aceptar esta lección ahora. (L-132.7:1)

Pues la curación es lo opuesto a todas las ideas del mundo que tienen que ver con la enfermedad y con los estados de separación. (L-137.1:2)

Mas la curación es el resultado de su decisión de volver a ser uno y de aceptar su Ser con todas Sus partes intactas e incólumes. (L-137.3:4)

Mas la curación se logra cuando comprende que el cuerpo no tiene poder para atacar la Unicidad universal del Hijo de Dios. (L-137.3:6)

curación

La curación podría considerarse, por lo tanto, como un contra-sueño que anula el sueño de enfermedad en nombre de la verdad, pero no en la verdad en sí. (L-137.5:1)

La curación es libertad. Pues demuestra que los sueños no prevalecerán contra la verdad. La curación es algo que se comparte. (L-137.8:1-3)

La curación es fuerza. (L-137.8:5)

La curación, el perdón y el feliz intercambio del mundo del dolor por uno en el que la tristeza no tiene cabida, son los medios por los que el Espíritu Santo te urge a que lo sigas. (L-137.9:1)

La Expiación no cura al enfermo, pues eso no es curación. Pero sí elimina la culpabilidad que hacía posible la enfermedad. Y eso es ciertamente curación. (L-140.4:4-6)

La curación no es sino otro nombre para Dios. (L-356)

La curación implica entender el propósito de la ilusión de la enfermedad. Sin ese entendimiento la curación es imposible. (M-5 intro.1:1-2)

La curación se logra en el instante en que el sufre deja de atribuirle valor al dolor. (M-5.I.1:1)

¿Y qué representa la curación dentro de esta loca convicción? Simboliza la derrota del Hijo de Dios y el triunfo de Su Padre sobre él. Representa directamente el máximo desafío que el Hijo se ve forzado a aceptar. Representa todo lo que él se ocultaría a sí mismo para proteger su "vida". (M-5.I.2:1-4)

La curación es directamente proporcional al grado de reconocimiento alcanzado con respecto a la falta de valor de la enfermedad. Solo con decir "con esto no gano nada" uno se curaría. (M-5.II.1:1)

La base fundamental de la curación es la aceptación del hecho de que la enfermedad es una decisión que la mente ha tomado a fin de lograr un propósito para el cual se vale del cuerpo. Y esto es cierto con respecto a cualquier clase de curación. El paciente que acepta esto se recupera. (M-5.II.2:1-3)

No obstante, tienen una función más específica con aquellos que no entienden lo que es la curación. Estos pacientes no se dan cuenta de que ellos mismos han elegido la enfermedad. Por el contrario, creen que la enfermedad los eligió a ellos. No tienen por tanto una mentalidad abierta al respecto. No tiene ni idea de cuán demente este concepto. Solo con que lo sospecharan se curarían. Pero no sospechan nada. Para ellos la separación es absolutamente real. (M-5.III.1:5-13)

La curación se hará a un lado siempre que pueda percibirse como una amenaza. (M-6.2:1)

La curación es el cambio de mentalidad que el Espíritu Santo procura que tenga lugar en la mente del paciente. (M-6.4:3)

La curación y la Expiación no están relacionadas: son lo mismo. (M-22.1:1)

La curación es el resultado del reconocimiento por parte del maestro de Dios de quién es el que necesita ser curado. (M-22.4:6)

Si la curación es una invitación que se le hace a Dios para que entre en Su Reino, ¿qué importa la manera cómo está escrita la invitación? (P-2.II.6:1)

Mas la curación es un proceso, no un hecho. (P-2.III.4:2)

La curación es terapia o corrección, y como hemos dicho y volvemos a repetir, toda terapia es psicoterapia. Curar al enfermo no es sino ofrecerle este entendimiento. (P-2.IV.3:6-7)

curación

La curación es santa. No hay nada más santo en este mundo que ayudar a alguien que pide ayuda. Este intento, aunque sea limitado, aunque carezca de sinceridad, lleva a ambos muy cerca de Dios. Donde dos se unen para lograr la curación, allí está Dios. Y Él ha garantizado que en verdad los escuchará y les responderá. Pueden estar seguros de que la curación es un proceso que Él dirige, porque se rige de acuerdo con Su Voluntad. Disponemos de Su Palabra para que nos guíe, mientras procuramos ayudar a nuestros hermanos. (P-2.V.4:1-7)

La curación es santa, ya que el Hijo de Dios retorna al Cielo a través de su tierno abrazo. Pues la curación le dice a través de la Voz que habla por Dios, que todos sus pecados le han sido perdonados. (P-2.V.8.9-10)

Pues la terapia es oración, y la curación es su mira y su resultado. (P-2.VII.2:2)

Testigo del perdón y ayudante en la oración, dadora de la certeza de que finalmente alcanzarás la meta, eso es lo que es la curación. Su importancia no debe enfatizarse demasiado, pues la curación es una señal o símbolo de la fuerza del perdón, y tan solo un efecto o sombra de un cambio de parecer con respecto a la meta de la oración. (O-3 intro.1:2-3)

En cuanto que testigo del perdón, ayuda en la oración y efecto de la misericordia verdaderamente enseñada, la curación es una bendición. (O-3.IV.2:1)

Curación, Don de la:
Cuando la verdad llega trae en sus alas el don de la perfecta constancia, así como un amor que no se amedrenta ante el dolor, sino que claridad y firmeza mira más allá de él. He aquí el don de la curación, pues la verdad no necesita defensa y, por lo tanto, ningún ataque es posible. (L-107.5:1-2)

Curación falsa:
La falsa curación no es más que un mísero intercambio de una ilusión por otra "más agradable"; un sueño de enfermedad por uno de salud. (O-3.II.1:1)

Curar
Curar es una habilidad que se desarrolló después de la separación, antes de la cual era innecesaria. Es temporal al igual que todos los aspectos de la creencia en el tiempo y en el espacio. (T-2.V.9:1-2)

Curar es hacer feliz. (T-5 intro.1:1)

Curar o hacer feliz es por lo tanto lo mismo que integrar y unificar. (T-5 intro.2:5)

Curar no es crear; es reparar. (T-5.II.1:1)

Curar es el único tipo de pensamiento en este mundo que se asemeja al Pensamiento de Dios, y por razón de los elementos que ambos tienen en común, puede transferirse fácilmente hasta Este. (T-7.II.1:1)

Curar es, por consiguiente, corregir la percepción de tu hermano y la tuya compartiendo con él el Espíritu Santo. (T-7.II.2:1)

Es también un reflejo de la Creación porque unifica al aumentar e integra al extender. (T-7.II.2:3)

Cuando curas, estás recordando las Leyes de Dios y olvidándote de las del ego. Dije anteriormente que olvidar es simplemente una forma de recordar mejor. Olvidar, por lo tanto, cuando se percibe correctamente, no es lo opuesto a recordar. (T-7.IV.2:6-8)

Al curar aprendes lo que es la plenitud, y al aprender lo que es la plenitud, aprendes a recordar a Dios. (T-7.IV.4.3)

curar

Curar es la manera de desvanecer la creencia de que existen diferencias, al ser la única manera de percibir a la Filiación como una sola entidad. (T-7.IV.5:5)

Curar, por consiguiente, es una manera de abordar el Conocimiento pensando de acuerdo con las leyes de Dios y reconociendo su universalidad. (T-7.IV.6:9)

Curar es una manera de olvidar la sensación de peligro que el ego ha sembrado en ti, al no reconocer la existencia de esta sensación en tu hermano. (T-7.IV.7:7)

La capacidad de curar es la única capacidad que cada persona puede y debe desarrollar si es que se ha de curar. Curar es el medio de comunicación del Espíritu Santo en este mundo, y el único que acepta. (T-7.V.3:1)

La curación no percibe nada en el sanador que todos los demás no compartan con él. (T-7.V.4:3)

Con todo, curar sigue siendo brindar plenitud. Por lo tanto, curar es unirse a los que son como tú, ya que percibir esta semejanza es reconocer al Padre. (T-8.V.2:4-5)

Ayudar y curar son las expresiones naturales de la mente que está operando a través del cuerpo, pero no *en* él. (T-8.VII.11:2)

No recurras al dios de la enfermedad para curar, sino solo al Dios del Amor, pues curar significa que Lo has reconocido. (T-10.V.8:1)

Curar, por lo tanto, se convierte en una lección de entendimiento, y cuanto más la practicas mejor maestro y alumno te vuelves. (T-11.II.2:1)

La curación es señal de que quieres reinstaurar la plenitud. Y el hecho de que estés dispuesto a ello es lo que te permite oír la Voz del Espíritu Santo, Cuyo mensaje es la plenitud. (T-11.II.4:1-2)

¿Qué es la curación sino el acto de despejar todo lo que obstaculiza el Conocimiento? (T-11.V.2:1)

La única manera de curarse es ser curado. (T-27.5.1:1)

Curar es hacer íntegro. (T-30.VI.8:3)

Curar es meramente aceptar lo que siempre fue la simple verdad, y que seguirá tal y como siempre ha sido. (L-137.4:4)

La curación es el resultado del reconocimiento por parte del maestro de Dios de quién es el que necesita ser curado. (M-22.4:6)

Curar es muy simple. (M-22.6:10)

El poder de curar es ahora el don que le ha concedido su Padre, pues a través de Su Voz Él puede todavía llegar hasta Su Hijo y recordarle que el cuerpo puede convertirse en su morada elegida, pero nunca será su hogar en verdad. (O-3.I.4:5)

Curar para separar:
Curar-para-separar puede parecer una extraña idea. Sin embargo, lo mismo se puede decir de toda forma de curación basada en una desigualdad. Estas formas pueden sanar el cuerpo y, de hecho, generalmente se limitan a eso. Alguien sabe más, se ha adiestrado mejor, o es quizá más talentoso y sabio. Por lo tanto, puede curar a alguien que se encuentra por debajo de él y bajo su amparo. El cuerpo se puede curar de esta manera porque, en sueños, la igualdad no puede ser permanente. El sueño se compone de modificaciones y cambios. Curarse parece consistir en encontrarse a alguien más sabio, quien, mediante sus artificios y conocimientos, lo consiga. (O-3.III.2:1-8)

Curso:
Este es un curso de milagros. Es un curso obligatorio.
(Introducción)

curso

Este es un curso de entrenamiento mental. Todo aprendizaje requiere atención y estudio en algún nivel. Algunas de las secciones posteriores de este curso se basan en tan gran medida en estas primeras secciones, que es necesario un estudio muy detallado de las mismas. (T-1.VII.4:1-3)

Este curso no tiene otro propósito que enseñarte que el ego es algo increíble y que siempre lo será. (T-7.VIII.7:1)

Seguramente habrás comenzado a darte cuenta de que este curso es muy práctico, y de que lo que dice es exactamente lo que quiere decir. (T-8.IX.8:1)

Si el propósito de este curso es ayudarte a recordar lo que eres, y tú crees que lo que eres es algo temible, de ello se deduce forzosamente que no aprenderás este curso. Sin embargo, la razón de que el curso exista es precisamente porque no sabes lo que eres. (T-9.I.2:4-5)

Tienes que recordar, no obstante, que el curso afirma, y repetidamente, que su propósito es ayudarte a escapar del miedo. (T-9.II.1:4)

Este curso ofrece un marco de enseñanza muy claro y muy simple, y te provee de un Guía que te dice lo que debes hacer. Si le obedeces, verás que lo que Él te dice es lo que da resultado. (T-9.V.9:1-2)

Este curso es muy claro. Si no lo ves así, es porque estás haciendo interpretaciones contra él, y, por lo tanto, no crees lo que dice. Y puesto que lo que crees determina tu percepción, no percibes el significado del curso y, consecuentemente, no lo aceptas. (T-11.VI.3:1-3)

Este curso es muy simple. Quizá pienses que no necesitas un curso que, en última instancia, enseña que solo la realidad es verdad. Pero ¿crees realmente esto? Cuando percibas el mundo real, reconocerás que no lo creías. (T-11.VIII.1:1-4)

Tal vez te quejes de que este curso no es lo suficientemente específico para poderse entender y aplicar. Mas tal vez no hayas hecho lo que específicamente propugna. Este no es un curso de especulación teórica, sino de aplicación práctica. Nada podría ser más específico que el que le digan a uno que, si pide, recibirá. (T-11.VIII.5:1-4)

Este curso ha afirmado explícitamente que su objetivo es tu felicidad y tu paz. A pesar de ello, le tienes miedo. Se te ha dicho una y otra vez que te liberará, sin embargo a veces, reaccionas como si estuviera tratando de aprisionarte. A menudo lo descartas con mayor diligencia de la que empleas para descartar los postulados del ego. En cierta medida, pues, debes creer que si no aprendes el curso te estás protegiendo a ti mismo. Y no te das cuenta de que lo único que puede protegerte es tu inocencia. (T-13.II.7:1-6)

Y ahora, la razón por la que tienes miedo de este curso debiera ser evidente. Pues este es un curso acerca del amor, ya que es un curso acerca de ti. (T-13.IV.1:1-2)

Dije antes que este curso te enseñará a recordar lo que eres y restituirá tu Identidad. Ya hemos aprendido que se trata de una Identidad compartida. (T-14.X.12:4-5)

Tú, que aún no has llevado ante la luz que mora en ti toda la tenebrosidad que te has enseñado a ti mismo, difícilmente puedes juzgar la verdad y el valor de este curso. (T-14.XI.4.1)

Es posible aprender este curso inmediatamente, a no ser que creas que lo que Dios dispone requiere tiempo. Y esto solo puede significar que prefieres seguir demorando reconocer el hecho de que lo que Su Voluntad dispone ya se ha cumplido. (T-15.IV.1:1-2)

La razón de que este curso sea simple es que la verdad es simple. La complejidad forma parte del ámbito del ego y no es más que un intento por su parte de querer nublar lo que es obvio. (T-15.IV.6:1-2)

curso

El propósito de este curso es que aprendas a conocerte a ti mismo. Has enseñado lo que eres, pero no has permitido que lo que eres te enseñe a ti. (T-16.III.4:1-2)

Decidir entre si escuchar o no las enseñanzas de este curso y seguirlas, no es sino elegir entre la verdad y las ilusiones. Pues en este curso se hace una clara distinción entre la verdad y las ilusiones, y no se confunden en absoluto. (T-16.V.16:1-3)

Son muchos los que se han pasado toda una vida preparándose y ciertamente han tenido sus momentos de éxito. Este curso no pretende enseñar más de lo que ellos aprendieron en el tiempo, pero sí se propone ahorrar tiempo. (T-18.VII.4:4-5)

He aquí la liberación final que todos hallarán algún día a su manera y a su debido tiempo. Tú no tienes necesidad de ese tiempo. Se te ha economizado tiempo porque tú y tu hermano estáis juntos. Este es el medio especial del que este curso se vale para economizarte tiempo. No aprovechas el curso si te empeñas en utilizar medios que les han resultado útiles a otros, y descuidas lo que se estableció *para ti.* Ahorra tiempo valiéndote únicamente de los medios que aquí se ofrecen, y no hagas nada más. "No tengo que hacer nada" es una declaración de fidelidad y de una lealtad verdaderamente inquebrantable. Créelo aunque solo sea por un instante, y lograrás más que con un siglo de contemplación o de lucha contra la tentación. (T-18.VII.6:1-8)

Este curso te conducirá al Conocimiento, pero el Conocimiento en sí está más allá del alcance de nuestro programa de estudios. Y no es necesario que tratemos de hablar de lo que por siempre ha de estar más allá de las palabras. (T-18.IX.11:1-2)

En vista de lo simple y directo que es este curso, no hay nada en él que no sea consistente. Las aparentes inconsistencias, o las partes que te resultan más difíciles de entender, apuntan meramente a aquellas áreas donde todavía hay discrepancias entre los medios y el fin. Y esto produce un gran desasosiego. Mas esto no tiene por qué ser así. Este curso apenas requiere nada de ti. Es imposible imaginarse algo que pida tan poco o que pueda ofrecer más. (T-20.VII.1:3-7)

Pero tú decides lo que quieres ver. Este es un curso acerca de causas, no de efectos. (T-21.VII.7:7-8)

De todos los mensajes que has recibido y que no has entendido, solo este curso está al alcance de tu entendimiento y puede ser entendido. Este es *tu* idioma. Aún no lo entiendes porque tu comunicación es todavía como la de un bebé. (T-22.I.6:1-3)

Este curso o bien se creerá enteramente o bien no se creerá en absoluto. Pues es completamente cierto o completamente falso, y no se puede creer en él solo parcialmente. (T-22.II.7:3-4)

No pienses que el ego te va a ayudar a escapar de lo que él desea para ti. Esa es la función de este curso, que no le concede ningún valor a lo que el ego tiene en gran estima. (T-23.II.8:6-7)

Este curso es fácil precisamente porque no transige en absoluto. Aun así, parece ser difícil para aquellos que todavía creen que es posible transigir. (T-23.III.4.1-2)

No olvides que la motivación de este curso es alcanzar y conservar el estado de paz. En ese estado la mente se acalla y se alcanza la condición en la que se recuerda a Dios. (T-24 intro.1:1-2)

Aprender este curso requiere que estés dispuesto a cuestionar cada uno de los valores que abrigas. Ni uno solo debe quedar oculto y encubierto, pues ello pondría en peligro tu aprendizaje. (T-24 intro.2:1-2)

Te resistes a aceptar este curso porque te enseña que tú y tu hermano sois iguales. (T-24.I.8:6)

Este curso no pretende enseñar lo que no se puede aprender fácilmente. Su alcance no excede el tuyo, excepto para señalar que lo que es tuyo te llegará cuando estés listo. (T-24.VII.8:1-2)

La salvación se detiene justo antes del umbral del Cielo, pues solo la percepción necesita salvación. El Cielo jamás se perdió, por lo tanto, no se puede salvar. Mas ¿quién puede elegir entre su deseo del Cielo y su deseo del infierno a menos que reconozca que no son lo mismo? Reconocer la diferencia es la meta de aprendizaje que este curso se ha propuesto. No irá más allá de este objetivo. Su único propósito es enseñar lo que es mismo y lo que es diferente, sentando así las bases sobre las que hacer la única elección posible. (T-26.III.5:1-6)

Un pequeño obstáculo les puede parecer muy grande a los que aún no comprenden que los milagros son todos el mismo milagro. Mas enseñar esto es la finalidad de este curso. Ése es su único propósito, pues es lo único que hay que aprender. Y lo puedes aprender de muchas maneras. Todo aprendizaje o bien es una ayuda para llegar a las puertas del Cielo o bien un obstáculo. No hay nada entremedias. (T-26.V.1:1-7)

Este es un curso de milagros. Como tal, las leyes de la curación deben entenderse antes de que se pueda alcanzar su propósito. (T-26.VII.1:1-2)

Tú, que piensas que este curso es demasiado difícil de aprender, déjame repetirte que para alcanzar una meta tienes que proceder en dirección a ella, no en dirección contraria. Y todo camino que vaya en dirección contraria te impedirá avanzar hacia la meta que te has propuesto alcanzar. Si esto fuese difícil de entender, entonces sería imposible aprender este curso. Mas solo en ese caso. Pues, de lo contrario, este curso es la simple enseñanza de lo obvio. (T-31.IV.7:3-7)

Este curso solo intenta enseñarte que el poder de decisión no radica en elegir entre diferentes formas de lo que aún sigue siendo la misma ilusión y el mismo error. Todas las alternativas que el mundo ofrece se basan en esto: que eliges entre tu hermano y tú; que ganas en la misma medida en que él pierde; y que lo que pierdes se le da a él. ¡Cuán rotundamente opuesto a la verdad es esto, toda vez que el único propósito de la lección es enseñarte que lo que tu hermano pierde, tú lo pierdes también, y que lo que él gana es lo que se te da a ti! (T-31.IV.8:3.5)

La idea de hoy (Dios es mi fortaleza. La visión es Su regalo) es uno de los pasos iniciales en el proceso de unificar tus pensamientos y de enseñarte que estás estudiando un sistema de pensamiento unificado que no carece de nada que sea necesario, y en el que no se incluye nada contradictorio o irrelevante. (L-42.7:2)

¡El mundo no existe! Este es el pensamiento básico que este curso se propone enseñar. (L-132.6:2-3)

Este curso no pretende despojarte de lo poco que posees. Tampoco trata de sustituir las satisfacciones que el mundo ofrece por ideas utópicas. (L-133.2:3-4)

Este curso elimina toda duda que hayas interpuesto entre Él y tu certeza de Él. (L-165.7:6)

Levantemos nuestros corazones de las cenizas y dirijámoslos hacia la Vida, recordando que eso es lo que se nos promete, y que este curso nos fue enviado para allanar el sendero de la luz y enseñarnos -paso a paso- cómo regresar al eterno Ser que creíamos haber perdido. (Quinto repaso 5:4)

Este curso es un comienzo, no un final. (Epílogo 1:1)

Este curso es siempre práctico. (M-16.4:1)

curso

Este curso procede de él (Jesús) porque sus palabras llegan a ti en un lenguaje que puedes amar y comprender. (M-23.7:1)

D

Dar:

Para el Espíritu, obtener no significa nada, y dar lo es todo. (T-5.I.1:7)

Dar no es más bendito que recibir, pero tampoco es menos. (T-21.VI.9:8)

De este modo aprende que la salvación es algo que él tiene que ofrecer. Pues, a menos que se la conceda a otro, no sabrá que dispone de ella, ya que dar es la prueba de que se tiene. (T-29.III.1:7)

Dar verdaderamente equivale a crear. Extiende lo que no tiene límites a lo ilimitado, la eternidad hasta la intemporalidad y el amor hasta sí mismo. Añade a todo lo que ya está completo, mas no en el sentido de añadir más, pues eso implicaría que antes era menos. Añade en el sentido de que permite que lo que no puede contenerse a sí mismo cumpla su cometido de dar todo lo que tiene, asegurándose así de que lo poseerá para siempre. (L-105.4:2-5)

Dar y recibir son en verdad lo mismo. (L-108)

Dar es recibir. (L-108.7:3)

Dando es como reconoces que has recibido. Es la prueba de que lo que tienes es tuyo. (L-159.1:7-8)

Dar gracias:

Darle las gracias a tu hermano es apreciar el instante santo, y permitir, por lo tanto, que sus resultados sean aceptados y compartidos. (T-17.V.12:5)

daño

Daño:
El daño es imposible. (L-198.1:1)

Debilidad:
El Espíritu Santo siempre se pone de tu parte y de parte de tu fortaleza. Mientras de una u otra forma rehúses seguir las directrices que te da, es que quieres ser débil. Mas la debilidad es atemorizante: ¿Qué otra cosa, entonces, podría significar esta decisión, excepto que quieres estar atemorizado? (T-7.X.5:1-4)

Y esta es la que ve a través de los ojos del cuerpo, escudriñando la obscuridad para contemplar lo que es semejante a ella misma: los mezquinos y los débiles, los enfermizos y los moribundos; los necesitados, los desvalidos y los amedrentados; los afligidos y los pobres, los hambrientos y los melancólicos. Esto es lo que se ve a través de los ojos que no pueden ver ni bendecir. (L-92.3:3-4)

La fortaleza es lo que es verdad con respecto a ti, mas la debilidad es un ídolo al que se honra y se venera falsamente a fin de disipar la fortaleza y permitir que la obscuridad reine allí donde Dios dispuso que hubiera luz. (L-92.4:7)

Mi debilidad es la oscuridad que Su regalo disipa, al ofrecerme Su fortaleza para que ocupe su lugar. (L-111.2:3)

Recuerda que tu debilidad es Su fortaleza. Pero no interpretes esto a la ligera o erróneamente. Si Su fortaleza está en ti, lo que percibes como tu debilidad no es más que una ilusión. (M-29.7:2-4)

Debilitar:
El ego siempre utiliza la empatía para debilitar, y debilitar es atacar. (T-16.I.2:5)

Debilitar es limitar e imponer un opuesto que contradice al concepto que ataca. Y eso añade al concepto algo que es ajeno a él, y lo hace ininteligible. ¿Quién podría entender conceptos tan contradictorios como "un poder-débil" o un "amor-odioso"? (T-27.III.1:7-9)

Decisión:
La contestas cada minuto y cada segundo, y cada decisión que tomas es un juicio que no puede por menos que tener consecuencias. (T-5.V.6:3)

El poder de decidir es la única libertad que te queda como prisionero de este mundo. Puedes decidir ver el mundo correctamente. (T-12.VII.9:1)

Decidir parece ser algo difícil debido únicamente a tu propia volición. (T-14.IV.6:3)

Pues una decisión es una conclusión basada en todo lo que crees. Es el resultado de lo que se cree y emana de ello tal como el sufrimiento es la consecuencia inevitable de la culpa, y la libertad, de la falta del pecado. (T-24 intro.2:5-6)

Tus decisiones son el resultado de lo que has aprendido, al estar basadas en lo que has aceptado como la verdad con respecto a lo que eres y a lo que son tus necesidades. (L-138.5:6)

Defensa propia:
La traición que él ha cometido exige su muerte para que tú puedas vivir. Y así, solo atacas en defensa propia. (T-23.II.11:8)

¿Cómo es posible que algunas formas de asesinato no signifiquen muerte? ¿Puede acaso un ataque, sea cual sea la forma en que se manifieste, ser amor? ¿Qué forma de condena podría ser una bendición? ¿Quién puede incapacitar a su salvador y hallar la salvación? No dejes que la forma que adopta el ataque contra tu hermano te engañe. No puedes intentar herirlo y al mismo tiempo salvarte. (T-23.II.17:1-6)

defensa propia

Cuando piensas que atacas en defensa propia estás afirmando que ser cruel te protege; que la crueldad te mantiene a salvo. Estás afirmando tu creencia de que herir a otro te brinda libertad. Y también que al atacar intercambia el estado en el que te encuentras por otro mejor, más seguro, donde estás más a salvo de peligrosas invasiones y del temor. (L-170.1:3-5)

¡Qué descabellada es la idea de que atacar es la manera de defenderse del miedo! (L-170.2:1)

Defensas:

Los dementes protegen sus sistemas de pensamiento, pero lo hacen de manera demente. Y todas sus defensas son tan dementes como lo que supuestamente tienen que proteger. (T-17.IV.5:4-5)

Las defensas son invenciones tuyas. (T-14.VII.5:4)

Es esencial darse cuenta de que todas las defensas *dan lugar* a lo que quieren defender. (T-17.IV.7:1)

Examina para qué desea las defensas el ego, y verás que siempre es para justificar lo que va en contra de la Verdad, lo que se esfuma en presencia de la razón y lo que no tiene sentido. (T-22.V.2:1)

Y esto es lo que haces cuando tratas de planificar el futuro, reactivar el pasado u organizar el presente de acuerdo con tus deseos. (L-135.1:4)

Las defensas son atemorizantes. Surgen del miedo, el cual se intensifica con cada defensa adicional. Crees que te ofrecen seguridad. Sin embargo, lo que hacen es proclamar que el miedo es real y que el terror está justificado. (L-135.3:1-4)

En esto radica la insensatez de las defensas, las cuales otorgan absoluta "realidad" a las ilusiones y luego intentan lidiar con ellas como si fueran reales. (L-135.1:2)

Las defensas hacen que los hechos sean irreconocibles. Ése es su propósito, y eso es lo que hacen. (L-136.5:5-6)

El precio de las defensas es el más alto de los que exige el ego. La locura que reina en ellas es tan nefasta que la esperanza de recobrar la cordura parece ser solo un sueño vano, más allá de lo que es posible. La sensación de amenaza que el mundo fomenta es mucho más profunda, y sobrepasa en tal medida cualquier intensidad o frenesí que puedas concebir, que no tienes idea de toda la devastación que ello ha ocasionado. (L-153.4:1-3)

Tal vez no sea fácil darse cuenta de que los planes que uno mismo inicia son tan solo defensas, que tienen el mismo propósito para el que fueron concebidas todas las defensas. Estos planes constituyen los medios mediante los cuales una mente atemorizada intenta hacerse cargo de su propia protección a costa de la verdad. Esto se puede reconocer fácilmente en algunas de las formas que adopta este auto-engaño, en las que la negación de la realidad es muy evidente. No obstante, rara vez se reconoce que hacer planes es en sí una defensa. (L-135.14:1-4)

Las defensas son los planes que decides poner en marcha para atacar la verdad. Su objetivo es seleccionar aquello a lo que le das tu conformidad, y descartar lo que consideras incompatible con lo que cree que es tu realidad. (L-135.17:1-2)

El objetivo de todas las defensas es impedir que la verdad sea íntegra. (L-136.2:4)

Las defensas no son involuntarias ni se forjan inconscientemente. Son como varitas mágicas secretas que agitas cuando la verdad parece amenazar lo que prefieres creer. (L-136.3:1-2)

defensas

Las defensas hacen que los hechos sean irreconocibles. (L-136.5:5)

Las defensas son planes para derrotar lo que no puede ser atacado. (L-136.11:6)

Una actitud defensiva, no obstante, supone una doble amenaza. Puesto que da testimonio de la debilidad, y establece un sistema de defensas que no puede funcionar. Ahora los débiles se debilitan aún más, pues hay traición fuera y una traición todavía mayor adentro. La mente se halla ahora confusa, y no sabe adónde dirigirse para escapar de sus propias imaginaciones. (L-153.2:3-5)

Estar a la defensiva implica debilidad. Proclama que has negado al Cristo y que ahora temes la ira de Su Padre. (L-153.7:1-2)

Nadie puede convertirse en un maestro de Dios avanzado mientras no comprenda plenamente que las defensas no son más que absurdos guardianes de ilusiones descabelladas. (M-4.VI.1:6)

Tus defensas son inservibles, pero tú no estás en peligro. (M-16.6-11)

Demencia:
Dios nunca dejará de amar a Su Hijo, y Su Hijo nunca dejará de amar a su Padre. Esa fue la condición bajo la que la creación de Su Hijo tuvo lugar, la cual quedó establecida para siempre en Su Mente. Reconocer esto es cordura. Negarlo, demencia. (T-10.V.10:6-9)

Puedes aceptar la demencia porque es obra tuya, pero no puedes aceptar el amor porque no fuiste tú quien lo creó. (T-13.III.5:1)

Puede que lo que hayas elegido sea la demencia, mas la demencia no es tu realidad. (T-14.III.15:6)

El Espíritu Santo restaurará tu cordura porque la demencia no es la Voluntad de Dios. (T-13.XI.7:4)

Usurpar el lugar de la verdad es la función de la demencia. Y para poder creer en ella tiene que considerarse la verdad. (T-23.II.14:3-4)

Lo que no tiene sentido ni significado es demente. Y lo que es demente no puede ser la verdad. (T-25.VII.3:5-6)

Para el mundo, la justicia y la venganza son lo mismo, pues los pecadores ven la justicia únicamente como el castigo que merecen, por el que tal vez otro debe pagar, pero del que no es posible escapar. (T-25.VIII.3:2)

Pero el costo no puede ser otro que la muerte, y tiene que pagarse. Esto no es justicia, sino demencia. (T-25.VIII.3:5)

La demencia es la que piensa estas cosas. Tú las llamas leyes y las anotas bajo diferentes nombres en un extenso catálogo de rituales que no sirven para nada ni tienen ningún propósito. Crees que debes obedecer las "leyes" de la medicina, de la economía y de la salud. Y que si proteges el cuerpo te salvarás. (L-76.4:1-4)

Si la enfermedad fuese real, en verdad no podría pasarse por alto, pues obviar la realidad es demencia. (P-2.IV.7:3)

Dementes:
Pero los dementes no conocen su propia voluntad, pues creen ver el cuerpo, y permiten que su propia locura les diga que este es real. (T-21.VI.4:3)

Los dementes, al creer que son Dios, no temen ofrecer debilidad al Hijo de Dios. (P-2.VII.7:1)

Demonio: (ver Diablo)

Demora:
Las demoras pertenecen al ámbito del ego porque el tiempo es un concepto suyo. En la eternidad, tanto el tiempo como las demoras carecen de sentido. (T-5.III.5:1)

depresión

Depresión:
Las depresiones proceden de la sensación de que careces de algo que deseas y no tienes. (T-4.IV.3:2)

Siempre que te equiparas con el cuerpo experimentas depresión. (T-8.VII.1:6)

No hay nada más frustrante para un alumno que un plan de estudios que no pueda aprender. Cuando eso ocurre, su sensación de ser competente se resiente, y no puede por menos que deprimirse. Enfrentarse a una situación de aprendizaje imposible es la cosa más deprimente del mundo. De hecho, es la razón por la que, en última instancia, el mundo en sí es deprimente. (T-8.VII.8:1-4)

Lo opuesto a la dicha es la depresión. (T-8.VII.13:1)

No puedes distorsionar la realidad y al mismo tiempo saber lo que es. Y si la distorsionas experimentarás ansiedad, depresión y finalmente pánico, pues estarás tratando de convertirte a ti mismo en algo irreal. (T-9.I.14:3-4)

Los ritos del dios de la enfermedad son extraños y muy estrictos. En ellos la alegría está prohibida, pues la depresión es la señal de tu lealtad a él. La depresión significa que has abjurado de Dios. (T-10.V.1:1-3)

La depresión o el ataque no pueden sino ser los temas de todos los sueños, pues el miedo es el elemento del que se componen. (T-29.IV.3:3)

La depresión es una consecuencia inevitable de la separación, como también lo son la ansiedad, las preocupaciones, una profunda sensación de desamparo, la infelicidad, el sufrimiento y el intenso miedo a perder. (L-41.1:2)

Derechos universales:
Tienes derecho a todo el universo, a la paz perfecta, a la com-

pleta absolución de todas las consecuencias del pecado, y a la vida eterna, gozosa y completa desde cualquier punto de vista, tal como la Voluntad de Dios dispuso que Su santo Hijo la tuviese. (T-25.VIII.14:1)

El derecho a vivir es algo por lo que nadie necesita luchar. Se le ha prometido y está garantizado por Dios. Por consiguiente, es un derecho que tanto terapeuta como paciente comparten por igual. (P-3.III.4:1-3)

Desamparo:
La depresión es una consecuencia inevitable de la separación, como también lo son la ansiedad, las preocupaciones, una profunda sensación de desamparo, la infelicidad, el sufrimiento y el intenso miedo a perder. (L-41.1:2)

Des-animado:
Estar fatigado es estar des-animado, mas estar inspirado es estar en el Espíritu. Ser egocéntrico es estar des-animado, mas estar centrado en Sí Mismo, en el buen sentido de la expresión, es estar inspirado o en el Espíritu. (T-4 Intro.1:6-7)

Descanso:
El descanso no se deriva de dormir sino de despertar. (T-5.II.10:4)

Desear:
Desear implica que ejercer la voluntad no es suficiente. (T-3.VI.11:6)

No obstante, pedirá porque desear algo es una solicitud, una petición, hecha por alguien a quien Dios Mismo nunca dejaría de responder. (T-21.VIII.3:6)

Desear otorga realidad tan irremediablemente como ejercer la voluntad crea. El poder de un deseo apoya a las ilusiones tan fuertemente como el amor se extiende a sí mismo. Excepto que uno de ellos engaña y el otro sana. (T-24.V.1:8-10)

desear

Desearlas (cualquier cosa terrenal) es orar por ellas. (O-1.III.6:3)

Deseo:
Los deseos no son hechos. Desear implica que ejercer la voluntad no es suficiente. (T-3.VI.11:5-6)

Deseo de morir:
El factor motivante de este mundo no es la voluntad de vivir, sino el deseo de morir. (T-27.I.6:3)

Deseo de ser especial. ver Especialismo:
La única creencia que se mantiene celosamente oculta y que se defiende aunque no se reconoce, es la fe en ser especial. (T-24.I.3:1)

El deseo de ser especial es el gran dictador de las decisiones erróneas. He aquí la gran ilusión de lo que tú eres y de lo que tu hermano es. He aquí también lo que hace que se ame al cuerpo y se le considere algo que vale la pena conservar. Ser especial es una postura que requiere defensa. (T-24.I.5:1-4)

Pues ser especial supone un triunfo, y esa victoria constituye la derrota y humillación de tu hermano. (T-24.I.5:8)

Tu deseo de ser especial te convierte en su enemigo (el de tu hermano); pero en un propósito compartido, eres su amigo. Ser especial jamás se puede compartir, pues depende de metas que solo tú puedes alcanzar. Y él jamás debe alcanzarlas pues de otro modo tu meta se vería en peligro. (T-24.I.6:5-7)

Pues ¿qué otra es el deseo de ser especial sino un ataque contra la Voluntad de Dios? (T-24.I.9:2)

El deseo de ser especial de tu hermano y el tuyo son enemigos, y en su mutuo odio están comprometidos a matarse el uno al otro y a negar que son lo mismo. (T-24.II.9:3)

El deseo de ser especial es el sello de la traición impreso sobre el regalo del amor. Todo lo que apoya sus propósitos no tiene otro objetivo que el de matar. (T-24.II.12:1-2)

La esperanza de ser especial hace que parezca posible que Dios hiciese el cuerpo para que fuese la prisión que mantiene a Su Hijo separado de Él. Pues el especialismo requiere un lugar especial donde Dios no pueda entrar, y un escondite donde a lo único que se da la bienvenida es a tu insignificante yo. (T-24.II.13:1-2)

Deseo de ser tratado injustamente:
El deseo de ser tratado injustamente es un intento de querer transigir combinando el ataque con la inocencia. (T-27.I.1:1)

Deseos secretos:
Si algo te puede herir, lo que estás viendo es una representación de tus deseos secretos. Eso es todo. Y lo que ves en cualquier clase de sufrimiento que padezcas es tu propio deseo oculto de matar. (T-31.V.15:8-10)

Despertar:
Despertar en Cristo es obedecer las leyes del amor libremente como resultado del sereno reconocimiento de la verdad que encierran. (T-13.VI.12:1)

El milagro es el primer paso en el proceso de devolverle a la Causa la función de ser causa y no efecto. Pues esta confusión ha dado lugar al sueño y, mientras no se resuelva, despertar seguirá siendo algo temible. Y la Llamada a despertar no será oída, pues parecerá ser la llamada al temor. (T-28.II.9:3-5)

Destrucción:
Si Dios conoce a Sus Hijos, y yo te aseguro que los conoce, ¿cómo iba a ponerles en una situación en la que su propia destrucción fuese posible? (T-3.VII.3:6)

destrucción

Sin embargo, si la destrucción en sí es imposible, cualquier cosa que pueda ser destruida no es real. (T-6.I.4:3)

Lo que crees ser puede ser muy odioso, y lo que esta extraña imagen te lleva a hacer puede ser muy destructivo. Mas la destrucción no es más real que la imagen, si bien los que inventan ídolos ciertamente los veneran. (T-10.III.1:6-7)

Mientras sigas creyendo que tienes otras funciones, seguirás teniendo necesidad de corrección, pues esta creencia supone la destrucción de la paz, objetivo este que está en directa oposición con propósito del Espíritu Santo. (T-12.VII.4:9-10)

Te atormentará mientras vivas, pero su odio no quedará saciado hasta que mueras, pues tu destrucción es el único fin que anhela, y el único que lo dejará satisfecho. (T-12.VII.13:5)

Pues el infierno y el olvido son ideas que tú mismo inventaste, y estás resuelto a demostrar su realidad para así establecer la tuya. Si se pone en duda su realidad crees que se pone en duda la tuya, pues crees que el ataque es tu realidad, y que tu destrucción es la prueba final de que tenías razón. (T-13.IV.2:3-5)

La muerte cede ante la vida, simplemente porque la destrucción no es verdad. (T-14.VI.4:1)

Se acuerda de todo lo que hiciste que lo ofendió, e intenta asegurarse que pagues por ello. Las fantasías que introduce en las relaciones que ha escogido para exteriorizar su odio, son fantasías de tu destrucción. (T-16.VII.3:3)

Al estar en peligro de destrucción tiene que matar, y tú te sientes atraído hacia él para matarlo primero. Tal es la atracción de la culpabilidad. Ahí se entrona a la muerte como el salvador; la crucifixión se convierte ahora en la redención, y la salvación no puede significar otra cosa que la destrucción del mundo con excepción de ti mismo. (T-24.IV.1:5-7)

Diablo:

El "diablo" es un concepto aterrador porque parece ser sumamente poderoso y sumamente dinámico. Se le percibe como una fuerza que lucha contra Dios por la posesión de Sus Creaciones. El diablo engaña con mentiras y erige reinos en los que todo está en directa oposición a Dios. (T-3.VII.2:4)

La mente puede hacer que la creencia en la separación sea muy real y aterradora, y esta creencia *es* lo que es el "diablo". Es una idea poderosa, dinámica y destructiva que está en clara oposición a Dios debido a que literalmente niega Su Paternidad. (T-3.VII.5:1-2)

Se han usado las facultades "psíquicas" para invocar al demonio, lo cual no hace otra cosa que reforzar al ego. (M-25.6:5)

Dicha:

Solo la dicha aumenta eternamente, pues la dicha y la eternidad son inseparables. (T-7.I.5:3)

Cuando hayas aprendido que tu voluntad es la de Dios, tu voluntad no dispondrá estar sin Él, tal como Su Voluntad no dispone estar sin ti. Esto es libertad y esto es dicha. (T-8.II.6:4-5)

La dicha es eterna. Puedes estar completamente seguro de que todo lo que aparenta ser felicidad y no es duradero es realmente miedo. (T-22.II.3:4-5)

La dicha es ilimitada porque cada pensamiento de amor radiante extiende su ser y crea más de sí mismo. (T-22.VI.14:8)

La dicha no cuesta nada. Es tu sagrado derecho, pues por lo que pagas no es felicidad. (T-30.V.9:9-10)

dicha

Hoy vamos a tratar de comprender que la dicha es nuestra función aquí. (L-100.6:1)

La dicha es justa, y el dolor no es sino la señal de que te has equivocado con respecto a ti mismo. (L-101.6:2)

La idea de hoy continúa con el tema de que la dicha y la paz no son sueños vanos. (L-104.1:1)

Busco únicamente lo que en verdad me pertenece, y la dicha y la paz son mi herencia. (L-104.3:3)

De esta manera, hoy despejamos el camino para Él al reconocer simplemente que Su Voluntad ya se ha cumplido y que la dicha y la paz nos pertenecen por ser Sus eternos regalos. (L-104.5:1)

El amor, al igual que la dicha, constituyen mi patrimonio. Éstos son los regalos que mi Padre me dio. (L-117.2:2-3)

Dinámica:
Comencemos esta lección acerca de la "dinámica del ego" dándonos cuenta de que la expresión en sí no significa nada. Dicha expresión encierra una contradicción intrínseca que la priva de todo sentido. "Dinámica" implica el poder para hacer algo, y toda la falacia de la separación radica en la creencia de que el ego *tiene* el poder de hacer algo. (T-11.V.3:1-2)

Dinero:
El dinero no es malo; sencillamente no es nada. (P-3.III.1:5-6)

Dios:
Los milagros -de por sí- no importan. Lo único que importa es su Fuente, la Cual está más allá de toda posible evaluación.
(T-1.I.2:1-2)

Dios es el Dador de la vida. (T-1.I.4:1)

Dios es imparcial. (T-1.V.3:2)

La capacidad de extenderse es un aspecto fundamental de Dios que Él le dio a Su Hijo. (T-2.I.1:1)

Aun así, el desenlace final es tan inevitable como Dios. (T-2.III.3:10)

En realidad, "Causa" es un término que le corresponde propiamente a Dios,... (T-2.VII.3:11)

Juzgar no es un atributo de Dios. (T-2.VIII.2:3)

Dios no cree en el castigo. (T-3.I.3:4)

El sacrificio es una noción que Dios desconoce por completo. (T-3.I.4:1)

La Inocencia de Dios es el verdadero estado mental de Su Hijo. En ese estado tu mente conoce a Dios, pues Dios no es algo simbólico; Dios es un Hecho. (T-3.I.8:1)

La certeza es siempre algo propio de Dios. (T-3.III.5:2)

Dios no es un extraño para Sus Hijos, ni Sus Hijos son extraños entre sí. (T-3.III.6:3)

Dios conoce a Sus Hijos con absoluta certeza. (T-3.III.7:9)

Dios y sus creaciones permanecen a salvo. (T-3.IV.7:1)

Dios ofrece únicamente misericordia. (T-3.VI.6:1)

Alcanzar a Dios es inevitable. (T-4.I.9:11)

Dios no es el autor del miedo. (T-4.I.9:1)

Dios

Escucha únicamente a Dios, que es tan incapaz de engañar como lo es el Espíritu que Él creó. (T-4.I.10:5)

En esto eres tan libre como Dios, y así será eternamente. (T-4.III.6:2)

Dios, que abarca todo lo que existe, creó seres que lo tienen todo individualmente, pero que quieren compartirlo para así incrementar su dicha. (T-4.VII.5:1)

Dios no tiene un ego con el que aceptar tal alabanza, ni percepción con qué juzgarla. (T-4.VII.6:3)

Dios no guía porque lo único que puede hacer es compartir Su perfecto Conocimiento. (T-5.II.5:1)

Dios no está dentro de ti en un sentido literal; más bien, tú formas parte de Él. (T-5.II.5:5)

Dios crea compartiendo, y así es como tú creas también. (T-5.IV.3:3)

La Mente que estaba en mi *está* en ti, pues Dios crea con absoluta imparcialidad. (T-5.VI.3:2)

Dios, que sabe que Sus Creaciones son perfectas, no las humilla. (T-6.IV.10:5)

Dios no enseña, pues enseñar implica una insuficiencia que Dios sabe que no existe. Dios no está en conflicto. El propósito de enseñar es producir cambios, pero Dios solo creó lo inmutable. (T-6.IV.12:1-3)

Esto (la separación) no podía alterar la Paz de Dios, pero sí podía alterar *la tuya*. Dios no la acalló porque erradicarla habría sido atacarla. Habiendo sido cuestionado Él no cuestionó. (T-6.IV.12:7-9)

La Extensión de Dios, aunque no Su Compleción, se obstruye cuando la Filiación no se comunica con Él cual una sola. Así que Dios pensó: "Mis hijos duermen y hay que despertarlos". (T-6.V.1:7-8)

Dios no da pasos porque Sus obras no se realizan de forma gradual. No enseña, porque Sus Creaciones son inalterables. No hace nada al final, porque Él creó primero y para siempre. (T-7.I.7:1-3)

Él es el Creador Principal, porque creó a sus co-creadores. (T-7.I.7:6)

La enfermedad y la separación no son de Dios. (T-7.II.1:4)

En el Reino no hay confusión porque solo hay un significado. Este significado procede de Dios y *es* Dios. (T-7.II.7:3)

El significado de Dios espera en el Reino porque es allí donde Él lo ubicó. (T-7.III.2:1)

Dios es el Todo del todo en un sentido muy literal. Todo ser existe en Él, que es todo Ser. (T-7.IV.7:4-5)

Cuando crees en lo que Dios no conoce, tu pensamiento parece contradecir al Suyo y esto hace que parezca que Lo estás atacando. (T-7.VI.7:8)

Dios no puede estar en desacuerdo Consigo Mismo... (T-7.V.6:14.)

Dios significa consistencia. (T-7.V.6:11)

Dios le da todo Su Poder a todo lo que creó porque forma parte de Él y comparte Su Ser con Él. (T-7.IX.2:4)

... pero Dios no conoce la insatisfacción.... (T-7.IX.3:6)

Sin embargo, Dios dispone, no desea. (T-7.X.4:6)

Dios

Dios Mismo confía en ti... (T-7.X.6:2)

Dios solo da de manera equitativa. (T-7.XI.5:5)

..., pues Dios no hace tratos. (T-8.I.1:5)

No es nunca Dios el que te coacciona, ya que comparte Su Voluntad contigo. (T-8.II.3:4)

Solo puedes encontrarte con parte de ti mismo porque eres parte de Dios, Quien Lo es todo. (T-8.III.7:1)

Mas Él es el Todo de todo. (T-8.IV.1:4)

Su Voluntad no fluctúa, pues es eternamente inmutable. (T-8.IV.1:2)

Nuestra jornada es simplemente la de regreso a Dios, que es nuestro hogar. (T-8.V.5:4)

Dios no se contradice a Sí Mismo, y Sus Hijos, que son como Él, no pueden contradecirse a sí mismos ni contradecirle a Él. (T-8.VI.7:5)

Dios no desea que estemos solos porque *Su* Voluntad no es estar solo. Por eso creó a Su Hijo, y le dio el poder de crear junto con Él. (T-8.VI.8:6-7)

El miedo no puede ser real sin una causa, y Dios es la única Causa. (T-9.I.9:6)

La corrección le corresponde a Dios, Quien no conoce la arrogancia. (T-9.III.7:9)

Y yo te aseguro que Dios está en lo cierto. (T-9.IV.10:4)

El Hijo, sin embargo, *se encuentra* desamparado sin su Padre,

Quien constituye su única Ayuda. (T-10.V.4:4)

... de la misma manera en que Dios no puede equivocarse. (T-9.IV.10:6)

Dios es más que tú únicamente porque Él te creó, pero ni siquiera la capacidad de crear se reservó solo para Sí. (T-9.VI.4:1)

..., pues Dios se encuentra en tu memoria. (T-10.II.2:4)

Dios creó el amor, no la idolatría. (T-10.III.4:2)

... Dios, que es todo poder. (T-10.III.4:5)

Interferir en tus decisiones sería atacarse a Sí Mismo, y Dios no está loco. (T-10.V.10:3)

... la Voluntad de Dios no es estar solo. (T-11.I.1:6)

En Dios no hay principios ni finales, pues Su universo es Él Mismo. ¿Cómo ibas a poder excluirte a ti mismo del universo, o de Dios que *es* el universo? (T-11.I.2:3-4)

Dios no está incompleto ni desprovisto de Hijos. (T-11.I.5:6)

Dios es tu patrimonio porque Su único regalo es Él Mismo. (T-11.I.7:2)

Dios no le oculta nada a Su Hijo, aun cuando Su Hijo quiere ocultarse a sí mismo. (T-11.III.5:1)

Dios es mi vida y la tuya, y Él no le niega nada a Su Hijo. (T-11.IV.6:7)

... pues Dios es misericordioso con Su Hijo y lo acepta sin reservas como Suyo. (T-11.VI.6:4)

Dios

Dios solo da; nunca quita. (T-11.VIII.5:9)

El ego no traiciona a Dios, a Quien es imposible traicionar. (T-12.VII.14:1)

El Padre no es cruel, y Su Hijo no puede herirse a sí mismo. (T-13.I.4:2)

Él es tan estable, como la paz en la que moras, la cual el Espíritu Santo te recuerda. (T-13.XI.5:6)

... pues Dios es algo seguro... (T-13.XI.8:9)

Dios está en todas partes y Su Hijo mora en Él junto con todo lo demás. (T-14.II.8:7)

Dios es la única Causa, y la culpa es algo ajeno a Él. (T-14.III.8:1)

Dios no rompe barreras, pues no las creó. (T-14.IV.4:2)

Dios no puede fracasar, ya que jamás ha fracasado en nada. (T-14.IV.4:4)

Las defensas son invenciones tuyas. Dios las desconoce. (T-14.VII.5:4)

No dotes a Dios de atributos que tú no comprendes. Tú no Lo creaste, y cualquier cosa que comprendas no forma parte de Él. (T-14.IV.7:7-8)

¿No te gustaría conocer a Uno que da para siempre, y que lo único que sabe es dar? (T-14.IV.8:7)

Para Dios, no saber es algo imposible. (T-14.VII.3:5)

Allí el miedo a la muerte será reemplazado por la alegría de vivir, pues Dios es Vida, y ellos moran en la Vida. (T-14.IX.4:4)

Dios no es una imagen, y Sus Creaciones, en cuanto que parte de Él, lo contienen dentro de Ellas mismas. (T-14.IX.8:6)

El poder de Dios es ilimitado. (T-14.X.6:12)

Es imposible recordar a Dios en secreto y a solas. (T-14.X.10:1)

Dios te conoce *ahora*. Él no recuerda nada, pues siempre te ha conocido exactamente como te conoce ahora. El instante santo refleja Su conocimiento al desvanecer todas tus percepciones del pasado, y de esta manera, eliminar el marco de referencia que inventaste para juzgar a tus hermanos. Una vez que este ha desaparecido, el Espíritu Santo lo sustituye con Su Propio marco de referencia, el cual es simplemente Dios. (T-15.V.9:1-4)

Dios ama a cada uno de tus hermanos como te ama a ti, ni más ni menos. (T-15.V.10:5)

Eso se debe a que reconoces, aunque sea vagamente, que Dios es una idea, y, por consiguiente, tu fe en Él se fortalece al compartirla. (T-15.VI.4:4)

Dios responderá a toda necesidad, sea cual fuere la forma en que esta se manifieste. (T-15.VIII.5:4)

Dios no entiende tu problema de comunicación, pues no lo comparte contigo. (T-15.VIII.5:6)

El reconocimiento de que la parte es igual al todo y de que el todo está en cada parte es perfectamente natural, pues así es como Dios piensa, y lo que es natural para Él es natural para ti. (T-18.II.3:3)

Dios no está enfadado. (T-16.V.12:7)

Dios

Dios no le guarda rencor a nadie, pues es incapaz de albergar ningún tipo de ilusión. (T-16.VII.9:4)

"Dios es Amor, no miedo", y desaparecerá. (T-18.I.7:1)

Allí donde acaba el aprendizaje, allí comienza Dios, pues el aprendizaje termina ante Aquel que es completo donde Él Mismo comienza y donde no *hay* final. No debemos ocuparnos de lo que es inalcanzable. (T-18.IX.11:4-5)

Simplemente recordarías a tu Padre. Recordarías al Creador de la Vida, la Fuente de todo lo que vive, al Padre del universo y del universo de los universos, así como de todo lo que se encuentra más allá de ellos. (T-19.4.D.1:3-4)

De esta manera, allanaremos juntos el camino que conduce a la resurrección del Hijo de Dios y le permitiremos elevarse de nuevo al feliz recuerdo de su Padre, Quien no conoce el pecado ni la muerte, sino solo la vida eterna. (T-19.4.D.18.5)

Dios no tiene otros Pensamientos excepto los que extienden Su Ser, y en esto tu voluntad tiene que estar incluida. (T-21.V.6:2)

Nadie puede pensar por separado, tal como Dios no piensa sin Su Hijo. (T-21.VI.3:1)

Dios no tiene secretos. Él no te conduce por un mundo de sufrimiento, esperando hasta el final de la jornada para decirte por qué razón te hizo pasar por eso. (T-22.I.3:10-11)

Sin embargo, Dios sigue siendo el único refugio. En Él no hay ataques, ni el Cielo se ve acechado por ninguna clase de ilusión. (T-23.IV.1:3-4)

Perdona al gran Creador del universo -la Fuente de la Vida, del Amor y de la Santidad, el Padre perfecto de un Hijo perfecto- por tus ilusiones de ser especial. (T-24.III.6:1)

Dios es a la vez Medio y Fin. (T-24.VII.6:5)

No obstante, este Hijo tiene que haber sido creado a semejanza de Él Mismo: como un ser perfecto, que todo lo abarca y es abarcado por todo, al que no hay nada que añadir ni nada que restar; un ser que no tiene tamaño, que no ha nacido en ningún lugar o tiempo ni está sujeto a límites o incertidumbres de ninguna clase. Ahí los medios y el fin se vuelven uno, y esta unidad no tiene fin. (T-24.VII.7:2-3)

Dios ama la Creación como el perfecto Padre que es. (T-25.II.9:4)

Y Dios se siente feliz y agradecido cuando le das las gracias a Su perfecto Hijo por razón de lo que es. (T-25.II.9:7)

Dios Mismo ofrece Su gratitud libremente a todo aquel que comparte Su Propósito. (T-25.II.9:11)

Sois lo mismo, tal como Dios Mismo es Uno, al no estar Su Voluntad dividida. (T-25.II.11:1)

Dios no sabe de injusticias. (T-25.VIII.10_3)

La complejidad no forma parte de Dios. (T-26.III.1:1)

Dios no pone límites. (T-26.X.2:8)

Dios es la Alternativa a los sueños de miedo. (T-28.V.1:6)

Dios no pide nada, y Su Hijo, al igual que Él, no necesita pedir nada, pues no le falta nada. (T-28.VII.1:1)

No hay tiempo, lugar ni estado del que Dios esté ausente. (T-29.I.1:1)

Dios mora en tu interior y tu plenitud reside en Él. (T-29.VII.6:3)

Dios

El temor a Dios no es el miedo de perder tu realidad sino el miedo de perder a tus ídolos. (T-29.VII.9:6)

Pues si Dios es la Suma de todo, entonces lo que no está en Él no existe y en Su Compleción radica la insubstancialidad del cuerpo. (T-29.II.10:3)

Un ídolo no es nada, ni se encuentra en ninguna parte, mientras que Dios lo es todo y se encuentra en todas partes. (T-29.VIII.7:6)

Dios no tiene muchos hijos, sino Uno solo. (T-29.VIII.9:1)

Dios sabe de justicia, no de castigos. (T-29.IX.3:6)

Dios no es tu enemigo. (T-30.II.1:11)

Dios no sabe nada de formas. (T-30.III.4:5)

Lo que Dios no conoce no existe. (T-30.III.6:1)

Pero Dios solo puede ser Amor si Su Hijo es inocente. Pues ciertamente sería miedo si aquel a quien Él creó inocente pudiera ser esclavo de la culpa. (T-31.I.9:4)

El Señor del Amor y de la Vida... (T-31.VII.8:2)

Juzgar no es un atributo de Dios. (T-2.VIII.2:3)

Dios no creó un mundo sin significado. (L-14)

Dios está en todo lo que veo. (L-29)

Dios está en todo lo que veo porque Dios está en mi mente. (L-30)

Dios no conoce lo profano. (L-39.4:5)

Es perfectamente posible llegar a Dios. De hecho, es muy fácil, ya que es la cosa más natural del mundo. Podría decirse incluso que es lo único que es natural en el mundo. (L-41.8:1-3)

Dios va conmigo dondequiera que yo voy. (L-41)

Dios es mi fortaleza. (L-42)

Dios es mi Fuente. (L-43)

La percepción no es un atributo de Dios. El ámbito de Dios es el del conocimiento. (L-43.1:1-2)

En Dios no puedes percibir. La percepción no tiene ninguna función en Dios, y no existe. (L-43.2:1-2)

Dios es la Luz en la que veo. (L-44)

Dios es la Mente con la que pienso. (L-45)

Dios es el Amor en el que perdono. (L-46)

Dios no perdona porque nunca ha condenado. (L-46.1:1)

Dios es la Fortaleza en la que confío. (L-47)

Dios es tu seguridad en toda circunstancia. (L-47.3:1)

En esto no hay excepciones porque en Dios no hay excepciones. (L-47.3:3)

Él es la Fuente de todo significado y todo lo que es real está en Su Mente. (L-53.4.2:3)

No obstante, el camino de Dios es seguro. (L-53.5.2:5)

Dios

Dios es la única luz. (L-59.4:3)

La Santidad me creó santo. (L-67.2:3)

La Bondad me creó bondadoso. (L-67.2:4)

La Asistencia me creó servicial. (L-67.2:5)

La Perfección me creó perfecto. (L-67.2:6)

Para Dios todo es posible. (L-71.7:3)

Dios, al ser Amor, es también felicidad. (L-103)

He de ser eternamente como siempre he sido, al haber sido creado por el Inmutable a Su Semejanza. Y soy uno con Él, tal como Él es uno conmigo (L-112.2:2-3)

Que mi débil voz se acalle, para así poder oír la poderosa Voz de la Verdad Misma y asegurarme de que soy el perfecto Hijo de Dios. (L-118.2:2)

Él no posee ningún atributo que no comparta con todas las cosas vivientes. Todo lo que vive es tan santo como Él, pues lo que comparte Su Vida es parte de la Santidad y no puede ser pecaminoso, de la misma manera en que el sol no puede decidir ser de hielo, el mar estar separado del agua o la hierba crecer con las raíces suspendidas en el aire. (L-156.3:2-3)

Nuestras luminosas huellas señalan el camino a la verdad, pues Dios es nuestro Compañero en nuestro breve recorrido por el mundo. (L-124.2:4)

Dios no creó contradicciones. (L-131.7:2)

Dios no está en conflicto. (L-131.8:1)

Dios mora en templos santos. (L-140.5:3)

De esta forma es como estarás en comunión con el Señor del Universo, tal como Él Mismo lo ha dispuesto. (4ª repaso 6:3)

Él es lo que tu vida es. Donde tú estás, Él está. Solo hay una vida, y esa es la vida que compartes con Él. Nada puede estar separado de Él y vivir. (L-156.2:5-9)

Dios no está confundido con respecto a Su Creación. Está seguro de lo que es Suyo. (L-160.7:5-6).

Dios no creó la muerte. (L-163.8:6)

Mas Dios es justo. (L-165.4:7)

... pues Dios es algo seguro. (L-165.7:3)

Dios nos habla. (L.168.1:1)

Dios no es algo distante. (L-168.1:3)

Nuestra fe radica en el Dador... (L-168.5:2)

En Dios no hay crueldad ni en mí tampoco. (L-170)

El Nombre de Dios es mi herencia. (L-184)

Dios no tiene nombre. Sin embargo, su Nombre se convierte en la lección final que muestra que todas las cosas son una (L-184.12:1)

Dios da solo con el propósito de unir. Para Él, quitar no tiene sentido. (L-185.13:2-3)

Esas son las formas que jamás pueden engañar, ya que proceden de la Amorfia Misma. (L-186.14:1)

Dios

La idea de aprender es algo que le es ajeno a Dios. (L-193.1:1)

Dios no ve contradicciones. (L-193.2:1)

Dios no percibe en absoluto. Él es, no obstante, Quien provee los medios para que la percepción se vuelva lo suficientemente hermosa y verdadera como para que la luz del Cielo pueda resplandecer sobre ella. Él es Quien responde a las contradicciones de Su Hijo y Quien mantiene su inocencia a salvo para siempre. (L-193.2:4-6)

Dios no quiere que siga sufriendo de esa manera. (L-193.8:1)

¿A quién podría ocurrírsele ofrecer perdón al Hijo de la Impecabilidad Misma, tan semejante a Aquel de Quien es Hijo, que contemplar al Hijo significa dejar de percibir y únicamente conocer al Padre? (L-198.12:5)

El Nombre de Dios es mi liberación de todo pensamiento de maldad y de pecado porque es mi nombre, así como el de Él. (L-203.1:1.2)

Dios está conmigo. Él es mi Fuente de Vida, la vida interior, el aire que respiro, el alimento que me sustenta y el agua que me renueva y me purifica. Él es mi hogar, en el que vivo y me muevo; el Espíritu que dirige todos mis actos, me ofrece Sus Pensamientos y garantiza mi perfecta inmunidad contra todo dolor. Él me prodiga bondad y cuidado, y contempla con amor al Hijo sobre el que resplandece, el cual a su vez resplandece sobre Él. (L-222.1:1-4)

Dios es mi vida. (L-223)

Dios es mi Padre. (L-224)

Dios, en su misericordia, dispone que yo me salve. (L-235)

Dios es nuestro único objetivo, nuestro único Amor. (L-258.1:4)

Tú eres la Fuente de todo lo que existe. Y todo lo que existe sigue estando Contigo, así como Tú con ello. (L-259.2:4-5)

Dios es mi refugio y seguridad. (L-261)

... tal como Dios Mismo, mi Padre y mi Fuente, me creó. (L-282.1:2)

Padre, Tu Nombre, al igual que el mío, es Amor. Esa es la verdad. (L-282.2:1)

... ya que Dios nuestro Padre es nuestra única Fuente, y todo lo creado forma parte de nosotros. (L-283.2:1)

... pues fui creado por la Santidad Misma, y puedo conocer mi Fuente porque Tu Voluntad es que se Te conozca. (L-299.2:8)

Yo soy tu Padre y tú eres Mi Hijo. (L-punto 10. ¿Qué es el Juicio Final? 5:3)

Oímos Su Voz y perdonamos a la Creación en Nombre de su Creador... (L-punto 11.5:2 ¿Qué es la Creación)

Cuán puros y santos somos y cuán a salvo nos encontramos nosotros, que moramos en Tu Sonrisa, y en quienes has volcado todo Tu Amor; nosotros que vivimos unidos a Ti, en completa hermandad y Paternidad, y en impecabilidad tan perfecta que el Señor de la Impecabilidad nos concibe como Su Hijo: un universo de Pensamiento que Lo completa le brinda Su plenitud. (L-341.1:3)

Tu Nombre es la Respuesta que le das a Tu Hijo porque al invocar Tu Nombre él invoca el suyo propio. (L-356.1:6)

Dios no se equivoca con respecto a Su Hijo. (M-3.4:7)

Dios

Sin embargo, Dios garantiza que las arcas estén siempre rebosantes. (M-6.4:10)

Dios no conoce el engaño. Sus promesas son seguras. (M-15.3:6)

Dios te ofrece Su Palabra, pues tiene necesidad de maestros. (M-13.8:11)

La vida no tiene opuesto, pues es Dios. (M-20.5:5)

Dios no entiende de palabras... (M-21.1:7)

Dios no hace favores especiales, y nadie posee ningún poder que no esté al alcance de los demás. (M-25.3:7)

Dios *es* eterno, y en Él todas las cosas creadas no pueden sino ser eternas. (M-27.6:10)

Dios no espera, pues esperar comporta tiempo y Él es intemporal. (M-29.7:8)

No se ve a Dios, sino que únicamente se Le comprende. (C- 3.8:5)

Dios no provee ayuda, pues no sabe de necesidades. (C-5.1:7)

Creer en Dios no es realmente un concepto significativo, puesto que a Dios solo puede conocérsele. (P-2.II.4-4)

Dios no sabe nada de separación. (P-2.VII.1:11)

Dios es la meta de toda oración, lo cual la hace eterna en vez de temporal. (O-1.II.8.1)

Dios no eligió esta amarga senda para ti. (O-2.III 4:2)

... pues la oración es misericordiosa y Dios es justo. (O-2.III.4:3)

Dioses, Tus:

Este dios (el de la enfermedad) es el símbolo de tu decisión de oponerte a Dios, y tienes miedo de él porque no se le puede reconciliar con la Voluntad de Dios. Si lo atacas, harás que sea real para ti. Pero si te niegas a adorarlo, sea cual sea la forma en que se presente ante ti, o el lugar donde creas verlo, desaparecerá en la nada de donde provino. (T-10.IV.1:7-9)

Tus dioses no son los causantes del caos; tú les adjudicas el caos y luego lo aceptas de ellos. (T-10.IV.5:3)

Tus dioses no son nada porque tu Padre no los creó. (T-10.V.5:4)

Discípulo:

Tengo que edificar Su iglesia sobre ti porque quienes me aceptan como modelo son literalmente mis discípulos. Los discípulos son seguidores, y si el modelo que siguen ha elegido evitarles dolor en relación con todo, serían ciertamente insensatos si no lo siguiesen. (T-6.I.8:6-7)

Disociación:

La disociación no es una solución; es algo ilusorio. (T-8.V.1:2)

A menos que primero conozcas algo no puedes disociarte de ello. El conocimiento, entonces, debe preceder a la disociación, de modo que esta no es otra cosa que la decisión de olvidar. Lo que se ha olvidado parece entonces temible, pero únicamente porque la disociación es un ataque contra la verdad. (T-10.II.1:1-3)

La disociación es un proceso de pensamiento distorsionado, en el que se abrigan dos sistemas de creencias que no pueden coexistir. Si se pone uno al lado del otro, resulta imposible aceptarlos a los dos. Pero si uno de ellos se mantiene oculto del otro, su separación parece mantenerlos vigentes a los dos y hace que parezcan ser igualmente reales. Poner uno al lado del otro, por lo tanto, se convierte en motivo de miedo, pues si haces eso, no podrás

disociación

por menos que dejar de aceptar uno de ellos. No puedes quedarte con los dos, pues cada uno supone la negación del otro. Si se mantienen separados, este hecho se pierde de vista, pues al estar entonces en lugares diferentes es posible creer firmemente en los dos. Ponlos uno al lado del otro, y su absoluta incompatibilidad resultará evidente de inmediato. Uno de ellos tiene que desaparecer porque el otro se ve en el mismo lugar. (T-14.VII.4:3-10)

Dolor:

Es más eficaz aprender a base de recompensas que a base de dolor porque el dolor es una ilusión del ego y no puede producir más que un efecto temporal. (T-4.VI.3:4)

El dolor es algo ajeno a Él, ya que no sabe de ataques, y Su Paz te rodea silenciosamente. (T-11.III.1:5)

A menos que aprendas que todo el dolor que sufriste en el pasado fue una ilusión, estarás optando por un futuro de ilusiones y echando a perder las múltiples oportunidades que el presente te ofrece para liberarte. (T-13.IV.6:5)

El ego premia la fidelidad que se le guarda con dolor, pues tener fe en él *es* dolor. (T-13.IX.2:3)

El dolor es el único "sacrificio" que el Espíritu Santo te pide y lo que quiere eliminar. (T-19.4.B.3:7)

Todo poder es de Dios; Él lo otorga, y el Espíritu Santo, que sabe que al dar no puedes sino ganar, lo revive. Él no le confiere poder alguno al pecado, que, por consiguiente, no tiene ninguno; tampoco le confiere poder a sus resultados tal como el mundo los ve: la enfermedad, la muerte, la aflicción y el dolor. Ninguna de estas cosas ha ocurrido porque el Espíritu Santo no las ve ni le otorga poder a su aparente fuente. (T-20.IV.1:4-6)

El dolor demuestra que el cuerpo no puede sino ser real. Es una voz estridente y ensordecedora, cuyos alaridos intentan ahogar lo que el Espíritu Santo dice e impedir que sus palabras lleguen hasta tu conciencia. El dolor exige atención, quitándosela así al Espíritu Santo y centrándola en sí mismo. Su propósito es el mismo que el del placer, pues ambos son medios de otorgar realidad al cuerpo. Lo que comparte un mismo propósito es lo mismo. (T-27.VI.1:1-5)

El placer y el dolor son igualmente ilusorios, ya que su propósito es inalcanzable. Por lo tanto, son medios que no llevan a ninguna parte, pues su objetivo no tiene sentido. (T-27.VI.1:7-8)

El pecado oscila entre el dolor y el placer, y de nuevo al dolor. Pues cualquiera de esos testigos es el mismo, y solo tiene un mensaje: "Te encuentras aquí dentro de este cuerpo y se te puede hacer daño". (T-27.VI.2:1-2)

No obstante, para Aquel que envía los milagros a fin de bendecir el mundo, una leve punzada de dolor, un pequeño placer mundano o la agonía de la muerte, no son sino el mismo estribillo: una petición de curación, una llamada de socorro en un mundo de sufrimiento. (T-27.VI.6:6)

Pues el dolor y el pecado son la misma ilusión, tal como el odio y el miedo, el ataque y la culpa son uno. (T-29.II.3:3)

Lo que percibes como enfermedad, dolor, debilidad, sufrimiento y pérdida, no es sino la tentación de percibirte a ti mismo indefenso y en el infierno. No sucumbas a esta tentación y verás desaparecer toda clase de dolor, no importa dónde se presente, en forma similar a como el sol disipa la neblina. (T-31.VIII.6:2-3)

El dolor es el costo del pecado, y si el pecado es real, el sufrimiento es inevitable. (L-101.3:2)

La dicha es justa y el dolor no es sino la señal de que te has equivocado con respecto a ti mismo. (L-101.6:2)

dolor

El dolor es una perspectiva errónea. Cuando se experimenta de cualquier forma que sea, es señal de que nos hemos engañado a nosotros mismos. El dolor no es un hecho en absoluto. Sea cual sea la forma que adopte, desaparece una vez que se percibe correctamente. Pues el dolor proclama que Dios es cruel. ¿Cómo podría entonces ser real en cualquiera de las formas que adopta? El dolor da testimonio del odio que Dios el Padre le tiene a su Hijo, de la pecaminosidad que ve en él y de su demente deseo de venganza y muerte. (L-190.1:1-7)

El dolor no es sino un testigo de los errores del Hijo con respecto a lo que cree ser. Es un sueño de una encarnizada represalia por un crimen que no pudo haberse cometido; por un ataque contra lo que es completamente inexpugnable. Es una pesadilla de la que hemos sido abandonados por el Amor Eterno, el Cual nunca habría podido abandonar al Hijo que creó como fruto de Su Amor. (L-190.2:3-5)

El dolor es señal de que las ilusiones reinan en lugar de la verdad. Demuestra que Dios ha sido negado, confundido con el miedo, percibido como demente y considerado como un traidor a Sí Mismo. Si Dios es real, el dolor no existe. Mas si el dolor es real, entonces es Dios Quien no existe. Pues la venganza no forma parte del amor. Y el miedo, negando al amor y valiéndose del dolor para probar que Dios está muerto, ha demostrado que la muerte ha triunfado sobre la vida. (L-190.3:1-7)

El dolor es la forma en la que se manifiesta el pensamiento del mal, causando estragos en tu santa mente. El dolor es el rescate que gustosamente has pagado para no ser libre. En el dolor se le niega a Dios el Hijo que Él ama. En el dolor el miedo parece triunfar sobre el amor, y el tiempo reemplaza a la eternidad y al Cielo. (L-190.8:1-4)

Este es el día en que te es dado comprender plenamente la lección que encierra dentro de sí todo el poder de la salvación: el dolor es una ilusión; el júbilo es real. El dolor es dormir; el júbilo, despertar.

El dolor es un engaño, y solo el júbilo es verdad. (L-190.10:3-5)

El dolor es mi propia invención. No es un Pensamiento de Dios, sino uno que pensé aparte de Él y de su Voluntad. (L-210.1:2-3)

Lo que experimenta dolor no es sino una ilusión de mi mente. (L-248.1.5)

El dolor es imposible. No hay pesar que tenga causa alguna. (L-284.1:2-3)

Padre, lo que Tú me has dado no puede hacerme daño, por lo tanto, el sufrimiento y el dolor son imposibles. (L-284.2:1)

No es difícil renunciar al hábito de los juicios. Lo que sí es difícil es aferrarse a él. (M-10.6:1-2)

Toda la fealdad que ve a su alrededor es el resultado de sus juicios, al igual que todo el dolor que contempla. (M-10.6:4)

Ahora se reconoce que la vida es la salvación, y cualquier clase de dolor o aflicción se percibe como el infierno. (M-28.2:3)

Domingo de Ramos:
Hoy es domingo de Ramos, la celebración de la Victoria y la aceptación de la verdad. (T-20.I.1:1)

Don de vida:
El don de la vida es tuyo para que lo des, ya que fue algo que se te dio. No eres consciente de él porque no lo das. No puedes hacer que lo que no es nada tenga vida, puesto que es imposible darle vida a lo que no es nada. Por lo tanto, no estás extendiendo el don que a la vez *tienes y eres, y* consecuentemente no puedes conocer tu propio Ser. (T-7.VII.5:1-4)

dones de Dios

Dones de Dios:
Sus regalos son los que en verdad son nuestros. Sus regalos son los que heredamos desde antes de que el tiempo comenzara, y los que seguirán siendo nuestros después de que este haya pasado a ser eternidad. Sus regalos son los que se encuentran en nosotros ahora, pues son intemporales. Y no tenemos que esperar a que sean nuestros. Son nuestros hoy. (L-104.2:2-6)

Dones especiales:
Dios concede dones especiales a Sus maestros porque tienen un papel especial que desempeñar en Su plan para la Expiación. El que sean especiales es, por supuesto, una condición estrictamente temporal, establecida en el tiempo a fin de que los conduzca más allá de él. Estos dones especiales, nacidos de la relación santa hacia la que se encamina la situación de aprendizaje-enseñanza, se convierten en algo característico de todos los maestros de Dios que han progresado en su aprendizaje. (M-4.1:4-6)

Dormir:
Dormir es aislarse; despertar, unirse. (T-8.IX.3:6)

Dormir no es una forma de muerte de la misma manera en que la muerte no es una forma de inconsciencia. (T-8.IX.4:7)

Dormir no es estar muerto. (T-11.I.9:7)

Duda:
La duda es el resultado de deseos conflictivos. (M-7.6:8)

E

Educación:

De todos los mensajes que has recibido y que no has entendido, solo este curso está al alcance de tu entendimiento y puede ser entendido. Este es *tu* idioma. Aún no lo entiendes porque tu comunicación es todavía como la de un bebé. No se puede dar credibilidad a los balbuceos de un bebé ni a lo que oye, ya que los sonidos tienen un significado diferente para él, según la ocasión. Y ni los sonidos que oye ni las cosas que ve son aún estables. Pero lo que oye y todavía no comprende será algún día su lengua materna, a través de la cual se comunicará con los que le rodean y ellos con él. Y esos seres extraños y cambiantes que se mueven a su alrededor serán quienes lo consuelen, y él reconocerá su hogar y los verá allí junto con él. (T-22.I.6:1-7)

Esta es la suma total de la herencia que el mundo dispensa. Y todo aquel que aprende a pensar que eso es así, acepta los signos y los símbolos que afirman que el mundo es real. Eso es lo que propugnan. No dan lugar a que se dude de que a lo que se le ha dado nombre no esté ahí. Se puede ver, tal como es de esperar. Lo que niega que sea verdad es lo que es una ilusión, pues lo que tiene nombre es la "realidad suprema". Cuestionarlo es demencia, pero aceptar su presencia es prueba de cordura. (L-184.6:1-7)

Tal es la enseñanza del mundo. No obstante, es una fase de aprendizaje por la que todo el que viene aquí tiene que pasar. Mas cuanto antes se perciba su base, lo cuestionable de sus premisas y cuán dudosos son sus resultados, cuanto antes pondrá en duda sus efectos. El aprendizaje que se limita a lo que el mundo enseña se queda corto con respecto al significado. Debidamente empleado, puede servir como punto de partida desde donde se puede comenzar otro tipo de aprendizaje y adquirirse una nueva percepción, desde donde se pueden erradicar todos los nombres arbitrarios que el mundo confiere al ser puestos en duda. (L-184.7:1-5)

Así pues, lo que necesitas cada día son intervalos en los que las enseñanzas del mundo se convierten en una fase transitoria: una prisión desde la que puedes salir a la luz del sol y olvidarte de la oscuridad. (L-184.10:1)

Ego:
El ego es un intento de la mente errada para que te percibas a ti mismo tal como deseas ser, en vez de como realmente eres. (T-3.IV.2:3)

El ego es el aspecto inquisitivo del ser que surgió después de la separación, el cual fue fabricado en vez de creado. Es capaz de hacer preguntas, pero no de recibir respuestas significativas, ya que estas entrañan conocimiento y no se pueden percibir. (T-3.IV.3:1-2)

El ego en sí *es* una contradicción. (T-4.I.2:8)

Todo el mundo inventa un ego o un yo para sí mismo, el cual está sujeto a enormes variaciones debido a su inestabilidad. (T-4.II.2:1)

El ego cree que tiene que valerse por sí mismo para todo, lo cual no es más que otra forma de describir cómo cree que él mismo se originó. (T.4.II.8.1:1)

... El ego es la creencia de la mente según la cual él tiene que valerse completamente por sí mismo. (T.4.II.8.1:4)

El ego no es más que una parte de lo que crees acerca de ti. Tu otra vida ha continuado sin ninguna interrupción, y ha sido, y será siempre, completamente inmune a tus intentos de disociarte de ella. (T-4.VI.1:6-7)

El ego es aquella parte de la mente que cree que lo que define tu existencia es la separación. (T-4.VII.1:5)

El ego es un mecanismo para seguir albergando esta creencia (la de que tú eres una cosa separada), pero sigue siendo únicamente tu decisión de usar tal mecanismo lo que lo perpetúa. (T-4.VI.4:4)

El ego se hace más fuerte en la lucha. (T-5.III.8:8)

El ego es el símbolo de la separación tal como el Espíritu Santo es el símbolo de la paz. (T-5.III.9:4)

Si el ego es el símbolo de la separación, es también el símbolo de la culpabilidad. (T-5.V.2:8)

El ego es la parte de la mente que cree en la división. (T-5.V.3:1)

El ego es literalmente un pensamiento aterrador. (T-5.V.3:7)

El ego es legión, pero el Espíritu Santo es Uno. (T-6.II.13:2)

El ego siempre habla primero. Es caprichoso y no le desea el bien a su hacedor. (T-6.IV.1:2-3)

El ego no se considera a sí mismo parte de ti. (T-6.IV.1:6)

Hiciste al ego sin amor, y, por consiguiente, él no te ama. (T-6.IV.2:3)

... el ego no sabe nada. (T-6.IV.3:1)

El ego se vale del cuerpo para conspirar contra tu mente... (T-6.IV.5:1)

El ego, que no es real, trata de persuadir a la mente, que sí *es* real, de que ella es un recurso de aprendizaje; y, lo que es más, de que el cuerpo es más real que ella. (T-6.IV.5:3)

ego

La voz del ego surgió entonces como una forma de comunicación estridente y áspera. (T-6.IV.12:6)

El ego, por otra parte, siempre exige derechos recíprocos, ya que es competitivo en vez de amoroso. (T-7.I.4:1)

Por esto es por lo que el ego es demente: te enseña que no eres lo que eres. (T-7.III.2:6)

El ego, que es un producto del miedo, reproduce miedo. (T-7.VI.4:5)

Puesto que el ego es aquella parte de tu mente que no cree ser responsable de sí misma, y dado que no le es leal a Dios, es incapaz de tener confianza. (T-7.VII.9:1)

Su existencia, sin embargo, depende de tu mente porque el ego es una creencia tuya. El ego es una confusión con respecto a tu identidad. Al no haber tenido nunca un modelo consistente, no se desarrolló nunca de manera consistente. Es el resultado de la aplicación incorrecta de las Leyes de Dios, llevada a cabo por mentes distorsionadas que están usando indebidamente su poder. (T-7.VIII.4:6-9)

Este curso no tiene otro propósito que enseñarte que el ego no es creíble y nunca lo será. (T-7.VIII.7:1)

El ego es una confusión con respecto a tu identidad. (T-7.VIII.4:7)

La voz del ego es una alucinación. (T-8.I.2:2)

El ego no es más que un experto en crear confusión. (T-8.II.1:6)

El ego no te puede enseñar nada mientras tu voluntad sea libre porque no le escucharías. Tu voluntad no es estar aprisionado porque tu voluntad es libre. Esa es la razón de que el ego sea la negación del libre albedrío. (T-8.II.3:1-3)

El ego, por lo tanto, es capaz de ser desconfiado en el mejor de los casos, y cruel en el peor. Esa es la gama de sus posibilidades. No puede excederla debido a su incertidumbre. Y no puede ir más allá de ella porque nunca puede *estar* seguro de nada. (T-9.VII.3:7-10)

... porque el ego se originó como consecuencia del deseo del Hijo de Dios de ser el padre de su Padre. El ego, por lo tanto, no es más que un sistema ilusorio en el que tú concebiste a tu propio padre. (T-11. Intro.2:3-4)

El objetivo del ego es claramente alcanzar su propia autonomía. Desde un principio, pues, su propósito es estar separado, ser auto-suficiente e independiente de cualquier poder que no sea el suyo. Por eso es por lo que es el símbolo de la separación. (T-11.V.4:4-6)

El ego, al ser incapaz de amar, se sentiría totalmente perdido en presencia del amor, pues no podría responder en absoluto. (T-12.IV.3:2)

Por lo tanto el ego distorsionará el amor, y te enseñará que el amor en realidad suscita las respuestas que él *puede* enseñar. Si sigues sus enseñanzas, pues, irás en busca del amor, pero serás incapaz de reconocerlo. (T-12.IV.3:4-5)

La búsqueda es inevitable porque el ego es parte de tu mente, y, debido a su origen, no está totalmente dividido, ya que, de lo contrario, carecería por completo de credibilidad. (T-12.IV.2:4)

Para el ego, el *ego* es Dios, y la inocencia tiene que ser interpreta-da como la máxima expresión de culpa que justifica plenamente el asesinato. (T-13.II.6:3)

El ego es la elección a favor de la culpabilidad; el Espíritu Santo, la elección a favor de la inocencia. (T-14.III.4:2)

Pues el ego *es* caos, y si eso fuera lo único que hay en ti, te resulta-ría imposible imponer ningún tipo de orden. (T-14.X.5:6)

ego

El ego es incapaz de entender lo que es el contenido, y no se interesa por él en absoluto. Para el ego, si la forma es aceptable, el contenido lo es también. (T-14.X.8:1-2)

El ego es un aliado del tiempo pero no un amigo. (T-15.I.3:1)

Pues el ego en sí es una ilusión, y solo las ilusiones pueden dar testimonio de su "realidad". (T-16.V.9:5)

El ego es absolutamente cruel y completamente demente. Se acuerda de todo lo que le hiciste que le ofendió, e intenta asegurarse de que pagues por ello. (T-16.VII.3:2-3)

Concebida por el ego (la muerte), su tenebrosa sombra se extiende sobre toda cosa viviente porque el ego es el "enemigo" de la vida. (T-19.IV.C.1.9)

Tu miedo a la muerte no es mayor que el que le tienes al ego. Ambos son los amigos que has elegido, ya que en tu secreta alianza con ellos has acordado no permitir jamás que el temor a Dios se revoque, de manera que pudieras contemplar la faz de Cristo y unirte a Él en Su Padre. (T-19.IV.D.4.4-5)

El ego se ha nombrado a sí mismo mediador de todas las relaciones, y hace todos los ajustes que cree necesarios y los interpone entre aquellos que se han de conocer, a fin de mantenerlos separados e impedir su unión. (T-20.III.2:4)

El ego no es más que la idea de que es posible que al Hijo de Dios le puedan suceder cosas en contra de su voluntad, y, por ende, en contra de la Voluntad de su Creador, la cual no puede estar separada de la suya. Y con esta idea fue con la que el Hijo de Dios reemplazó su voluntad, en rebelión demente contra lo que no puede sino ser eterno. Dicha idea es la declaración de que él puede privar a Dios de Su Poder y quedarse con él para sí mismo, privándose de este modo de lo que Dios dispuso para él. Y es esta descabellada idea la que has entronado en sus tus altares y a la que rindes culto. (T-21.II.6:4-7)

No ve nada que pueda ser corregido. El ego, por lo tanto, condena, y la razón salva. (T-22.III.2:7-8)

El ego quiere conservar todos los errores y convertirlos en pecados. (T-22.III.4.6)

Lo que le permite al ego seguir existiendo es su creencia de que tú no puedes aprender este curso. (T-22.III:2.1)

El deseo fundamental del ego es suplantar a Dios. De hecho, el ego es la encarnación física de ese deseo. (L-72.2:1-2)

Hay un extraño entre nosotros que procede de una idea tan ajena a la verdad que habla un idioma distinto, percibe un mundo que la verdad desconoce y entiende aquello que la verdad considera como carente de sentido. Pero aún más extraño es el hecho de que no reconoce a aquel a quien visita, y sin embargo, sostiene que el hogar de este es suyo, mientras que el que está en su hogar es el que es el extraño. No obstante, qué fácil sería decir: "Este es mi hogar. Es donde me corresponde estar y no me iré porque un loco me diga que tengo que hacerlo". (L-160.2:1-4)

El ego tiene en gran estima al cuerpo porque mora en él, y no puede sino vivir unido al hogar que ha construido. Es una de las partes de la ilusión que ha ayudado a mantener oculto el hecho de que él mismo es algo ilusorio. (L-199.3:4)

El ego no es otra cosa que idolatría; el símbolo de un yo limitado y separado, nacido en un cuerpo, condenado a sufrir y a que su vida acabe en la muerte. Es la "voluntad" que ve a la Voluntad de Dios como su enemigo, y que adopta una forma en la que Esta es negada. El ego es la "prueba" de que la fuerza es débil y el amor temible, la vida en realidad es la muerte y solo lo que se opone a Dios es verdad. (L-Punto 12. ¿Qué es el ego? 1:1-3)

ego

El ego es demente. Lleno de miedo, se alza más allá de lo Omnipresente, apartado de la Totalidad y separado de lo Infinito. (L-Punto 12 ¿Qué es el ego? 2:1-2)

El ego es el único que pregunta, puesto que es el único que duda. (C-intro 3:4)

El ego no es más que un sueño de lo que en realidad eres. Un pensamiento de que estás separado de tu Creador y un deseo de ser lo que Él no creó. El ego es un producto de la locura, no de la realidad. Es tan solo un nombre para lo innombrable. Un símbolo de lo imposible; una elección de opciones que no existen. (C-2.1:5-9)

¿Qué es el ego? El ego no es nada, pero se manifiesta de tal forma que parece algo. En un mundo de formas no se puede negar al ego, pues solo él parece real. (C-2.2:1-2)

¿Dónde está el ego? Donde antes estaba la oscuridad. ¿Qué es ahora y dónde puede encontrársele? No es nada y no se le puede encontrar en ninguna parte. Ahora la luz ha llegado, y su opuesto se ha ido sin dejar ni rastro. Donde antes había maldad, ahora hay santidad. ¿Qué es el ego? Lo que antes era la maldad. ¿Dónde está el ego? En una pesadilla que solo parecía ser real mientras la estabas soñando. Donde antes había crucifixión ahora está el Hijo de Dios. ¿Qué es el ego? ¿Quién tiene necesidad de preguntar? ¿Dónde está el ego? ¿Quién necesita ir en busca de ilusiones ahora que los sueños han desaparecido? (C-2.6:4-18)

Esto es lo que era el ego: el odio cruel, la necesidad de venganza y los gritos de dolor, el miedo a la muerte y el deseo de matar, la ilusión de no tener hermanos, y el yo que parecía estar solo en el universo. (C-2.8:1)

Egoísmo:
Estar fatigado es estar des-animado, mas estar inspirado es estar en el Espíritu. Ser egocéntrico es estar des-animado, mas estar

centrado en Sí Mismo, en el buen sentido de la expresión, es estar inspirado o en el Espíritu. (T-4. Intro.1:6-7)

El egoísmo es cosa del ego... (T-7.IX.1:4)

Elegir:
El poder de elegir es el mismo que el de crear, pero su aplicación es diferente. Elegir implica que la mente está dividida. (T-5.II.6:5-6)

Sin embargo, tu elección es a la vez libre y modificable. (T-5.VI.1:5)

Mientras ambas cosas (la arrogancia y el amor) te parezcan deseables, el concepto de elección, que no procede de Dios, seguirá contigo. (T-10.V.14:2)

Con todo, la única alternativa para la Voz del Espíritu Santo es el ego. (L-66.9:8)

Elegir es obviamente la manera de poder escapar de lo que aparentemente son opuestos. (L-138.3.1)

¿Y qué significa tener alternativas entre las que elegir sino incertidumbre con respecto a lo que somos? No hay duda que no esté enraizada en esto. (L-139.1:3-4)

Empatía:
Cuando un hermano se comporta de forma demente solo lo puedes sanar percibiendo cordura en él. Si percibes sus errores y los aceptas, estás aceptando los tuyos. Si quieres entregarle tus errores al Espíritu Santo, tienes que hacer lo mismo con los suyos. (T-9.III.5:1-3)

Percibir errores en alguien, y reaccionar ante ellos como si fueran reales, es hacer que sean reales para ti. No podrás evitar pagar las consecuencias de esto, no porque se te vaya a castigar, sino porque estarás siguiendo al guía equivocado, y, por lo tanto, te extraviarás. (T-9.III.6:7-8)

empatía

Si consideras sus errores reales, te habrás atacado a ti mismo. Mas si quieres encontrar tu camino y seguirlo, ve solo la verdad a tu lado, pues camináis juntos. (T-9.III.7:2-3)

Sentir empatía no significa que debas unirte al sufrimiento, pues el sufrimiento es precisamente lo que debes *negarte* a comprender. Unirse al sufrimiento de otro es la interpretación que el ego hace de la empatía, de la cual siempre se vale para entablar relaciones especiales en las que el sufrimiento se comparte. La capacidad de sentir empatía le es muy útil al Espíritu Santo, siempre que permitas que la use a Su manera. La manera en que Él la usa es muy diferente. Él no comprende el sufrimiento, y Su deseo es que enseñes que no es comprensible. Cuando se relaciona a través de ti, Él no se relaciona con otro ego a través del tuyo. No se une en el dolor, pues comprende que curar el dolor no se logra con intentos ilusorios de unirte a él y de aliviarlo compartiendo el desvarío. (T-16.I.1:1-7)

Tú no sabes lo que es la empatía. Pero de esto puedes estar seguro: solo con que te sentases calmadamente y permitieses que el Espíritu Santo se relacionase a través de ti, sentirías empatía por la fortaleza, y, de este modo, tu fortaleza aumentaría, y no tu debilidad. (T-16.I.2:6-7)

La verdadera empatía procede de Aquel que sabe lo que es. Tú aprenderás a hacer la misma interpretación que Él hace de ella si le permites que se valga de tu capacidad para ser fuerte y no débil. Él no te abandonará, pero asegúrate de que tú no lo abandonas a Él. (T-16.I.4:1-3)

El triunfo de la debilidad no es lo que deseas ofrecerle a un hermano. Sin embargo, no reconoces otro triunfo que ese. Eso no es conocimiento, y la forma de empatía que suscitaría es tan distorsionada, que no haría sino aprisionar lo que quiere liberar. (T-16.I.5:1-3)

Encuentro santo:
Cuando te encuentras con alguien, recuerda que se trata de un encuentro santo. (T-8.III.4:1)

Enemigos:
Creer en enemigos es, por lo tanto, creer en la debilidad, y lo que es débil no es la Voluntad de Dios. Y al oponerse a Esta, se ha vuelto el "enemigo" de Dios. (T-23.Intro.1:6-7)

Ahora son diferentes, y, por ende, enemigos. (T-23.II.5:4)

Un enemigo es el símbolo de un Cristo prisionero. ¿Y quién podría ser Él sino tú mismo? (O-1.II.5:1-2)

El ataque que lanzas contra él (tu hermano) es lo que es tu enemigo, pues te impide percibir que en sus manos está tu salvación. (L-161.9:5)

El enemigo eres tú al igual que eres el Cristo. (O-1.II.6:3)

Enemigos secretos de la paz:
Los enemigos secretos de la paz -tu más mínima decisión de elegir el ataque en vez del amor- se encuentran ahí por tu propia elección, sin ser reconocidos y prestos a desafiarte a combatir y a llevarte a una violencia mucho más grande de lo que te puedes imaginar. (T-24.I.2:6)

Enfado:
Cada vez que te enfadas con un hermano, por la razón que sea, crees que tienes que proteger al ego, y que tienes que protegerlo atacando. (T-12.III.3:1)

Cada vez que te enfadas, puedes estar seguro de que has entablado una relación especial que el ego ha "bendecido", pues la ira *es* su bendición. (T-15.VII.10:1)

enfermar

Enfermar:

Ninguna mente puede estar enferma a menos que otra mente esté de acuerdo en que están separadas. Por lo tanto, su decisión conjunta es estar enfermas. (T-28.III.2:1-2)

Enfermedad:

El pecado, la enfermedad y el ataque, se consideran ahora percepciones falsas que claman por el remedio que procede de la ternura y del amor. (Prefacio. ¿Qué postula?)

Esto cura, ya que toda enfermedad es el resultado de una confusión de niveles. (T-1.I.23:2)

Los milagros te capacitan para curar a los enfermos y resucitar a los muertos porque tanto la enfermedad como la muerte son invenciones tuyas, y, por lo tanto, las puedes abolir. (T-1.I.24:1-2)

La enfermedad es una forma de búsqueda externa. La salud es paz interior. (T-2.I.5:10-11)

La enfermedad o "mentalidad no recta" es el resultado de una confusión de niveles, pues siempre comporta la creencia de que lo que está mal en un nivel puede afectar adversamente a otro. (T-2.IV.2:2)

Las enfermedades son inconcebibles para la mente sana, ya que no puede concebir atacar a nada ni a nadie. Dije antes que la enfermedad es una forma de magia. Quizá sería mejor decir que es una forma de solución mágica. (T-5.V.5:3-5)

La enfermedad y la separación no son de Dios, pero el Reino sí. Si enturbias el Reino estarás percibiendo lo que no es de Dios. (T-7.II.1:4-5)

Es difícil percibir que la enfermedad es un testigo falso, ya que no te das cuenta de que está en total desacuerdo con lo que quieres.

Este testigo, por consiguiente, parece ser inocente y digno de confianza debido a que no lo has sometido a un riguroso interrogatorio. (T-8.VIII.4:1-2)

La enfermedad es una forma de demostrar que puedes ser herido. Da testimonio de tu fragilidad, de tu vulnerabilidad y tu extrema necesidad de depender de dirección externa. (T-8.VIII.6:1-2)

La enfermedad no es más que otro ejemplo de tu insistencia en querer pedirle dirección a un maestro que no sabe la respuesta. (T-8.VIII.7:4)

Cuando te limitas a ti mismo, no somos de un mismo sentir, y eso es lo que es la enfermedad. (T-8.IX.8:5)

Toda clase de enfermedad, incluso la muerte, son expresiones físicas del miedo a despertar. Son intentos de reforzar el sueño debido al miedo a despertar. Esta es una forma patética de tratar de no ver inutilizando la facultad de ver. (T-8.IX.3:2-4)

No puede tener sentido porque la enfermedad no es el propósito del cuerpo. (T-8.VIII.5:6)

Cuando te limitas a ti mismo, no somos de un mismo sentir, y eso es lo que es la enfermedad. La enfermedad, no obstante, no es algo propio del cuerpo, sino de la mente. Toda forma de enfermedad es un signo de que la mente está dividida y de que no está aceptando un propósito unificado. (T-8.IX.8:5-7)

Creer que un Hijo de Dios puede estar enfermo es creer que parte de Dios puede sufrir. (T-10.III.3:1)

La enfermedad es idolatría porque es la creencia de que se te puede desposeer de tu poder. (T-10.III.4:4)

Aceptar la paz es negar lo ilusorio, y la enfermedad *es* una ilusión. (T-10.III.7:2)

enfermedad

Si la enfermedad es separación, la decisión de curar y de ser curado es entonces el primer paso en el proceso de reconocer lo que verdaderamente quieres. (T-11.II.1:1)

No percibas en la enfermedad más que una súplica de amor, y ofrécele a tu hermano lo que él cree que no se puede ofrecer a sí mismo. (T-12.II.3:1)

Todo poder es de Dios; Él lo otorga, y el Espíritu Santo, que sabe que al dar no puedes sino ganar, lo revive. Él no le confiere poder alguno al pecado, que, por consiguiente, no tiene ninguno; tampoco le confiere poder a sus resultados tal como el mundo los ve: la enfermedad, la muerte, la aflicción y el dolor. Ninguna de estas cosas ha ocurrido porque el Espíritu Santo no las ve ni le otorga poder a su aparente fuente. (T-20.IV.1:4-6)

Tu sufrimiento y tus enfermedades no reflejan otra cosa que la culpabilidad de tu hermano, y son los testigos que le presentas no sea que se olvide del daño que te ocasionó, del que juras jamás escapará. (T-27.I.4:3)

Pues la enfermedad da testimonio de la culpabilidad de tu hermano, y la muerte probaría que sus errores fueron realmente pecados. La enfermedad no es sino una "leve" forma de muerte; una forma de venganza que todavía no es total. (T-27.I.4:7)

La enfermedad, no importa en qué forma se manifieste, es el testigo más convincente de la futilidad y el que refuerza a todos los demás y les ayuda a pintar un cuadro en el que el pecado está justificado. (T-27.I.7:1)

La enfermedad es siempre un intento por parte del Hijo de Dios de ser él su propia causa y de no permitirse a sí mismo ser el Hijo de Su Padre. (T-28.II.3:1)

La curación es el efecto de mentes que se unen, tal como la enfermedad es la consecuencia de mentes que se separan. (T-28.III.2:6)

Él no ha visto dónde reside la causa de su enfermedad, y tú has obviado la brecha que os separa, que es donde la enfermedad se ha incubado. (T-28.III.3:4)

¿Qué puede ser la sensación de estar enfermo, sino una sensación de estar limitado, o de estar desunido de algo y separado de ello? ¿O de una brecha que percibes entre tu hermano y tú y lo que ahora consideras la salud? De este modo, lo bueno se ve como si estuviese fuera, y lo malo, dentro. Y así, la enfermedad aparta al ser de lo bueno, y conserva dentro lo malo. (T-28.V.1:1-4)

El compromiso de estar enfermo se encuentra en tu conciencia, aunque sin expresarse ni oírse. Sin embargo, es una promesa que le haces a otro de que él te herirá y de que en su respuesta tú lo atacarás. (T-28.VI.4:6-7)

La enfermedad no es sino la ira que se ha descargado contra el cuerpo para que sufra. Es la consecuencia natural de lo que se hizo en secreto, en conformidad con el secreto de otro de estar separado de ti, tal como el tuyo de estar separado de él. (T-28.VI.5:1-2)

La decisión de estar enfermo parece ser una decisión entre diferentes formas de enfermedad. Sin embargo, la enfermedad es una, al igual que su opuesto. Por consiguiente, o estás enfermo, o estás sano. (T-28.VII.4:7-9)

Estar solo significa que estás separado, y si lo estás, no puedes por menos que estar enfermo. Esto parece probar que definitivamente estás separado. No obstante, lo único que significa es que has tratado de mantener la promesa de serle fiel a la infidelidad. Mas la infidelidad significa enfermedad. (T-28.VII.5:3-5)

Enfermará (el cuerpo) porque no sabes lo que es amar. (T-29.I.6:4)

La enfermedad es la exigencia de que el cuerpo sea lo que no es. Su insustancialidad, no obstante, garantiza que *no* puede enfer-

enfermedad

mar. En tu exigencia de que sea más de lo que es radica la idea de la enfermedad. (T-29.II.8:1-3)

Lo que percibes como enfermedad, dolor, debilidad, sufrimiento y pérdida, no es sino la tentación de percibirte a ti mismo indefenso y en el infierno. No sucumbas a esta tentación y verás desaparecer toda clase de dolor, no importa dónde se presente, en forma similar a como el sol disipa la neblina. (T-31.VIII.6:2-3)

La enfermedad no es un accidente. Al igual que toda defensa es un mecanismo demente de auto engaño. (L-136.2:1-2)

La enfermedad es una decisión. No es algo que te suceda sin tú mismo haberlo pedido, que te debilita y te hace sufrir. Es una decisión que tú mismo tomas, un plan que trazas cuando por un instante la verdad alborea en tu mente engañada y todo el mundo parece dar tumbos y estar a punto de derrumbarse. (L-136.7:1-3)

Aislarse uno de los demás y rehusar la unión es lo que da lugar a la enfermedad. (L-137.1:3)

La enfermedad es aislamiento. Pues parece mantener a un ser separado del resto, para que sufra lo que otros no sienten. Le otorga al cuerpo poder absoluto para hacer que la separación sea real y mantener a la mente en un confinamiento solitario, fraccionada, y cuyas partes se mantienen sujetas por una sólida muralla de carne enfermiza que no puede superar. (L-137.2:1-3)

Pues la mente que entiende que la enfermedad no es más que un sueño no se deja engañar por ninguna de las formas que el sueño pueda adoptar. Donde no hay culpa no puede haber enfermedad, pues esta no es sino otra forma de culpa. (L-140.4:2-3)

La enfermedad no es sino otro nombre para el pecado. (L-356)

... pues la enfermedad es una elección, una decisión. (M-5.I.1:4)

La enfermedad es un método, concebido en la locura, para sentar al Hijo de Dios en el trono de su Padre. (M-5.I.1:7)

Si la enfermedad no es más que un enfoque defectuoso de solventar problemas, tiene que ser entonces una decisión. (M-5.II.1:5)

La base fundamental de la curación es la aceptación del hecho de que la enfermedad es una decisión que la mente ha tomado a fin de lograr un propósito para el cual se vale del cuerpo. Y esto es cierto con respecto a cualquier clase de curación. El paciente que acepta esto se recupera. (M- 5.II.2:1-2)

Simplemente esto: El reconocimiento de que la enfermedad es algo propio de la mente, y de que no tiene nada que ver con el cuerpo. (M-5.II.3:2)

En esto radica tu liberación de la culpa y de la enfermedad, pues ambas son una misma cosa (culpabilidad y enfermedad). (M-5.II.3:11)

Ciertamente no parece que la enfermedad sea una decisión. (M-22.4:1)

De la misma manera en que toda terapia es psicoterapia, del mismo modo toda enfermedad es enfermedad mental. (P-2.IV.1:1)

¿Qué otra cosa, entonces, puede ser la enfermedad sino una expresión de aflicción y culpa? ¿Y por qué sollozaría alguien sino por su inocencia? (P-2.IV.1:6-7)

Una vez que al Hijo de Dios se le considera culpable, la enfermedad es inevitable. (P-2.IV.2:1)

La enfermedad no es más que la sombra de la culpa, grotesca y fea, puesto que imita la deformidad. (P-2.IV.2:6)

enfermedad

Cualquier clase de enfermedad puede definirse como el resultado de uno verse a sí mismo débil, vulnerable, malvado y en peligro y, por ende, en constante necesidad de defensa. (P-2.IV.6:1)

La enfermedad es por lo tanto un error que necesita corrección. (P-2.IV.7:1)

La enfermedad es demencia porque toda enfermedad es enfermedad mental, y en esto no hay grados. (P-2.IV.8:1)

La enfermedad es una señal, la sombra de un pensamiento malvado que parece ser real y justo, de acuerdo con las normas de este mundo. Es la prueba externa de "pecados" internos, y da testimonio de pensamientos rencorosos que hieren y procuran hacerle daño al Hijo de Dios. (O-3.I.1:2)

El perdón no puede sino ser concedido por la mente que comprende que debe pasar por alto todas las sombras que cubren la santa faz de Cristo, entre las cuales la enfermedad se debe considerar una de ellas. (O-3.I.3:3)

Enfermos:
Los enfermos no sienten compasión por nadie e intentan matar por contagio. (T-27.I.4:5)

Los enfermos creen que todas sus extrañas necesidades y todos sus deseos antinaturales están justificados. (T-27.I.7:2)

Pues la acusación es un obstáculo para el amor, y los cuerpos enfermos son ciertamente acusadores. Obstruyen completamente el camino de la confianza y de la paz, proclamando que los débiles no pueden tener confianza y que los lesionados no tienen motivos para gozar de paz. (T-27.II.1:3-4)

Los que no han sanado no pueden perdonar. Pues son los testigos de que el perdón es injusto. Prefieren conservar las consecuencias de la culpa que no reconocen. (T-27.II.2:1-3)

Los enfermos siguen siendo acusadores. No pueden perdonar a sus hermanos, ni perdonarse a sí mismos. (T-27.II.3:4-5)

Engalanar el cuerpo:
Engalanar el cuerpo es una forma de mostrar cuán hermosos son los testigos de la *culpa*. Preocuparte por el cuerpo demuestra cuán frágil y vulnerable es tu vida; cuán fácilmente puede quedar destruido lo que amas. (T-27.I.6:9-1)

Engaño del mundo:
Jamás pienses que puedes ver pecado en nadie excepto en ti mismo. (O-2.I.4:8)

Este es el gran engaño del mundo, y tú, el que más se engaña a sí mismo. (O-2.I.5:1)

Enseñar:
Aprender y enseñar son los mayores recursos de que dispones ahora porque te permiten cambiar de mentalidad y ayudar a otros a hacer lo mismo. (T-4.I.4:1)

Enseñar debe ser curativo, ya que consiste en compartir ideas y en el reconocimiento de que compartir ideas es reforzarlas. (T-5.IV.5:2).

Todavía tienes necesidad de usar los símbolos del mundo por algún tiempo. Mas no te dejes engañar por ellos. No representan nada en absoluto, y este será el pensamiento que en tus prácticas te liberará de ellos. Los símbolos no son sino medios a través de los cuales puedes comunicarte de manera que el mundo te pueda entender, pero que reconoces que no son la unidad en la que puede hallarse la verdadera comunicación. (L-184.9:2-5)

El curso subraya, por otra parte, que enseñar *es* aprender, y por consiguiente, que el maestro y el alumno son lo mismo. Subraya, asimismo, que enseñar es un proceso continuo, que ocurre en

enseñar

todo momento del día y que continúa igualmente en los pensamientos que se tienen durante las horas de sueño. (M-intro.1:5-6)

Enseñar es demostrar. (M- intro. 2:1)

Enseñar no es otra cosa que convocar testigos para que den fe de
lo que crees. Es un método de conversión que no se lleva a cabo
solo con palabras. (M-intro.2:7-8)

La enseñanza que yace tras lo que dices es lo que te enseña. Enseñar no hace sino reforzar lo que crees acerca de ti. Su propósito
fundamental es aplacar las dudas que albergamos acerca de nosotros mismos. (M-intro 3:6-7)

Entender:
Entender es apreciar porque te puedes identificar con lo que entiendes, y al hacerlo parte de ti, lo aceptas con amor. (T-7.V.9.4)

Entendimiento:
El entendimiento es luz, y la luz conduce al Conocimiento. (T-5.III.7:5)

Mas si la curación es consistente, tu entendimiento acerca de ella
no puede ser inconsistente. El entendimiento significa consistencia porque Dios significa consistencia. (T-7.V.6:10-11)

No sabes cuál es el significado de nada de lo que percibes. Ni uno
solo de los pensamientos que albergas es completamente verdadero. Reconocer esto sienta las bases para un buen comienzo. No
es que estés desencaminado, es que no has aceptado ningún guía.
Tu mayor necesidad es aprender a percibir, pues no entiendes
nada. Reconoce esto, pero no lo aceptes, pues el entendimiento
es tu herencia. (T-11.VIII.3:1-6)

Pero recuerda que el entendimiento es algo propio de la mente,
y solo de la mente. El conocimiento, por lo tanto, es algo propio
de la mente y sus condiciones se encuentran en esta junto con él.
(T-15.VI.7:5-6)

Y al no tener miedo, todos compartirán mi entendimiento, que es el regalo que Dios me hizo a mí y al mundo. (L-58.4.2:5)

Nuestro entendimiento es tan limitado que aquello que creemos comprender no es más que confusión nacida del error. (L-192.7:3)

Envidia:
El que él se crea privado de algo no le da derecho a ser juez de lo que le corresponde a otro. Pues en tal caso, no puede sino sentir envidia y tratar de apoderarse de lo que le pertenece a aquel a quien juzga. (T-25.VIII.13:8-9)

Error:
Así se establece la verdadera función de la mente y se corrigen sus errores, que son simplemente carencias de amor. (T-1.IV.2:7)

Pues lleva todos los errores ante la luz, y puesto que el error es lo mismo que la oscuridad, corrige todos los errores automáticamente. (T-2.II.1:14)

Los errores pertenecen al ámbito del ego, y la corrección de los mismos estriba en el rechazo del ego. (T-9.III.2:3)

Un error en cambio no ejerce atracción. (T-19.III.3:1)

Todo error es *necesariamente* una petición de amor. (T-19.III.4:7)

¿Qué podría mantenerse oculto de la Voluntad de Dios? Sin embargo, tú crees tener secretos. ¿Qué podrían ser esos secretos sino otra "voluntad" tuya propia, separada de la Suya? La razón te diría que esto no es un secreto que deba ocultarse como si se tratase de un pecado. Pero ciertamente es un error. (T-22.I.4:1-5)

El Hijo de Dios no puede pecar, pero puede desear lo que le haría daño. Y tiene el poder de creer que puede ser herido. ¿Qué podría ser todo esto, sino una percepción falsa de sí mismo? ¿Y es esto acaso un pecado o simplemente un error? (T-25.III.9:1-4)

error

Y todo error es una percepción en la que, como mínimo, se ve a uno de los hijos de Dios injustamente. (T-25.IX.3:6)

Pues solo *hay* un error: la idea de que es posible perder y de que alguien pueda ganar como resultado de ello. (T-26.II.2:5)

Para este único error, en cualquiera de sus formas, solo hay una corrección. Es imposible perder, y creer lo contrario es un error. (T-26.II.3:1-2)

Y todo problema es un error. Es una injusticia contra el Hijo de Dios, por lo tanto no puede ser verdad. (T-26.II.4:2-3)

Deja atrás todos estos errores reconociéndolos simplemente como lo que son: intentos de mantener alejado de tu *conciencia* el hecho de que eres un solo Ser, unido a tu Creador, uno con cada aspecto de la Creación y dotado de una paz y un poder infinitos. (L-95.10:1-2)

¿Y qué son los errores sino ilusiones que aún no se han reconocido como tales? (L-107.1:2)

Mas un error no es un pecado ni tus errores han derrocado a la realidad de su trono. (M-18.3:9)

El error es siempre una forma de preocupación por uno mismo, a costa de la exclusión del paciente. Es no reconocer al paciente como parte del Ser, lo cual representa, por lo tanto, una confusión de identidad. (M-7.6:1-2)

Los errores no son sino diminutas sombras que desaparecen rápidamente, y que solo por un instante parecen ocultar la faz de Cristo, la cual continúa inmutable tras todas ellas. (O-2.I.6:5)

Errores ajenos:
Pues sus errores, si te concentras en ellos, no son sino testigos de tus propios pecados. (L-181.2:7)

Errores propios:
Mis errores acerca de mí mismo son sueños. (L-228.2:4)

"Escogidos":
Los "escogidos" son sencillamente los que eligen correctamente más pronto. (T-3.IV.7:14)

Esfuerzo:
La única reacción apropiada hacia un hermano es apreciarlo. Debes estarle agradecido tanto por sus pensamientos de amor como por sus peticiones de ayuda, pues ambas cosas, si las percibes correctamente, son capaces de traer amor a tu conciencia. Toda sensación de esfuerzo procede de tus intentos de no hacer simplemente eso. (T-12.I.6:1-3)

Espacio:
En última instancia, ni el espacio ni el tiempo tienen sentido alguno. Ambos son meramente creencias. (T-1.VI.3-5)

Pues el tiempo y el espacio son la misma ilusión, pero se manifiestan de forma diferente. Si se ha proyectado más allá de tu mente, piensas que es el tiempo. Cuanto más cerca se trae a tu mente, más crees que es el espacio. (T-26.VIII.1:3-4)

Especialismo:
Es esencial para la supervivencia del ego que tú creas que el especialismo no es el infierno, sino el Cielo. (T-16.V.4:3)

Hay que atacar a aquel que es "peor" que tú, de forma que tu especialismo pueda perpetuarse a costa de su derrota. (T-24.I.5:7)

Los que se creen especiales se ven obligados a defender las ilusiones contra la Verdad, pues ¿qué otra cosa es el deseo de ser especial sino un ataque contra la Voluntad de Dios? (T-24.I.9:1-3)

Atribuir valor a ser especial es apreciar una voluntad ajena, para la cual las ilusiones acerca de ti son más importantes que la Verdad. (T-24.II.2:9)

especialismo

El deseo de ser especial es el sello de la traición impreso sobre el regalo del amor. (T-24.II.12:1)

Pues el especialismo requiere un lugar especial donde Dios no pueda entrar y un escondite donde a lo único que se le da la bienvenida es tu insignificante yo. (T-24.II.13:2)

Cualquier forma de especialismo que aún valores, la has convertido en un pecado. Se alza inviolable, y la defiendes acérrimamente con toda tu endeble fuerza contra la Voluntad de Dios. Y así, se alza contra ti, como enemiga *tuya,* no de Dios. De este modo, parece escindirte de Dios y hacer que estés separado de Él en cuanto que defensor de ella. Prefieres proteger lo que Dios no creó. Sin embargo, este ídolo que parece conferirte poder, en realidad te lo ha arrebatado. Pues le has dado el patrimonio de tu hermano, dejando a este solo y condenado, y quedando tú hundido en el pecado y en el sufrimiento junto con él ante el ídolo que no puede salvaros. (T-24.III.2:1-7)

Ser especial implica una falta de confianza en todo el mundo excepto en ti mismo. (T-24.IV.1:1)

Los pecados de tu hermano justificarían tu especialismo y le darían el sentido que la verdad le niega. (T-24.IV.4:5)

Ser especial es la función que tú te asignaste a ti mismo. (T-24.VI.11:1)

Ante los ojos del especialismo tú eres un universo separado, capaz de mantenerse completo en sí mismo, con todas las puertas aseguradas contra cualquier intromisión y todas las ventanas cerradas herméticamente para no dejar pasar la luz. (T-24.VI.11:3)

¡Cuán tenazmente defiende su especialismo -deseando que sea verdad- todo aquel que se encuentra encadenado a este mundo! Su deseo es ley para él, y él lo obedece. Todo lo que su deseo de ser especial exige, él se lo concede. Nada que este amado deseo necesite, él se lo niega. Y mientras este deseo lo llame, él no oirá otra Voz. Ningún esfuerzo es demasiado grande, ningún costo excesivo ni ningún precio prohibitivo a la hora de salvar su deseo de ser especial del más leve desaire, del más mínimo ataque, de la menor duda, del menor indicio de amenaza, o de lo que sea, excepto de la reverencia más absoluta. Este es tu hijo, amado por ti como tú lo eres por tu Padre. Él es quien ocupa el lugar de tus creaciones, que sí *son* tu hijo, para que compartieras la Paternidad de Dios, no para que se la arrebatases. ¿Quién es este hijo que has hecho para que sea tu fortaleza? ¿Qué criatura de la Tierra es esta sobre la que se vuelca tanto amor? ¿Qué parodia de la Creación de Dios es esta que ocupa el lugar de tus creaciones? ¿Y dónde se encuentran estas, ahora que el anfitrión de Dios ha encontrado otro hijo al que prefiere en lugar de ellas? (T-24.VII.1:1-12)

Espíritu:
Tu mente puede estar poseída por ilusiones, pero el Espíritu es eternamente libre. (T-1.IV.2:8)

El Espíritu es, por lo tanto, inalterable porque ya es perfecto, pero la mente puede elegir a quién desea servir. (T-1.V.5:2)

Para ampliar algo que ya se mencionó anteriormente, el Espíritu ya es perfecto, y, por lo tanto, no requiere corrección. (T-2.V.1:8)

Porque el Espíritu es voluntad y la voluntad es "el precio" del Reino. (T-12.IV.7:4)

El Espíritu es el Pensamiento de Dios que Él creó semejante a Sí Mismo. El Espíritu unificado es el único Hijo de Dios, o Cristo. (C-1.1:3-4)

El Espíritu es la parte que aún se mantiene en contacto con Dios a través del Espíritu Santo, Quien, aunque mora en esa parte, también ve la otra. (C-1.3:1)

Espíritu unificado

Espíritu Unificado:
El Espíritu unificado es el único Hijo de Dios, o Cristo. (C-1.1:4)

Espíritu Santo:
La función de Su Voz – Su Espíritu Santo- es mediar entre dos mundos. (Prefacio. ¿Qué postula?)

El Espíritu Santo es el mecanismo de los milagros. (T-1.I.38:1)

El Espíritu Santo es el medio de comunicación más elevado (T-1.I.46:1)

El Espíritu Santo es el mediador entre la comunicación superior y la inferior, y mantiene abierto para la revelación el canal directo de Dios hacia ti. (T-1.II.5:3)

El Espíritu Santo -la Inspiración que toda la Filiación comparte- induce a una clase de percepción en la que muchos elementos son como los del Reino de los Cielos: (T-5.I.7:1)

El Espíritu Santo es la motivación para alcanzar la mentalidad milagrosa; la decisión de subsanar la separación renunciando a ella. (T-5.II.1:4)

El Espíritu Santo es la única parte de la Santísima Trinidad que tiene una función simbólica. Se le ha llamado el Sanador, el Consolador y el Guía. Se le ha descrito también como algo "separado", aparte del Padre y del Hijo. (T-5.I.4:1-3)

Su función simbólica hace que Él sea difícil de entender, ya que todo simbolismo se presta a diferentes interpretaciones. (T-5.I.4:5)

El Espíritu Santo es la Mente de Cristo, la cual es consciente del conocimiento que yace más allá de la percepción. El Espíritu Santo comenzó a existir como medio de protección al producirse la separación, lo cual inspiró simultáneamente el principio que rige a la Expiación. Antes de eso no había necesidad de curación, pues nadie estaba desconsolado. La Voz del Espíritu Santo es la Llamada a la Expiación, es decir, a la restitución de la integridad de la mente. (T-5.I.5:1-4)

El Espíritu Santo es la Mente de la Expiación. (T-5.I.6:3)

El Espíritu Santo es la motivación para alcanzar la mentalidad milagrosa; la decisión de subsanar la separación renunciando a ella. (T-5.II.1:4)

El Espíritu Santo es el Espíritu del júbilo. Es la Llamada a retornar con la que Dios bendijo las mentes de Sus Hijos separados. Esa es la vocación de la mente. (T-5.II.2.1)

El Espíritu Santo es la Respuesta de Dios a la separación; el medio a través del cual la Expiación cura hasta que la mente en su totalidad se reincorpore al proceso de creación. (T-5.II.2:5)

El Espíritu Santo es el resplandor al que debes permitir que desvanezca la idea de la oscuridad. (T-5.II.4:2)

Cuando elegiste abandonarlo te dio una Voz para que hablase por Él, pues ya no podía compartir Su Conocimiento contigo libremente. (T-5.II.5:6)

El Espíritu Santo es tu Guía a la hora de elegir. (T-5.II.8:1)

El Espíritu Santo es el vehículo mediante el cual la Voluntad de Dios se cumple así en la Tierra como en el Cielo. (T-5.II.8:4)

El Espíritu Santo es la llamada al despertar y a regocijarse. (T-5.II.10:5)

He dicho ya que el Espíritu Santo es el puente para la transferencia de la percepción al Conocimiento, de modo que podemos usar los términos como si en verdad estuvieran relacionados, pues en Su Mente lo están. (T-5.III.1:2)

El Espíritu Santo forma parte de la Santísima Trinidad porque Su Mente es parcialmente tuya y también parcialmente de Dios. Esto necesita aclararse, no con palabras, sino con la experiencia. (T-5.III.1:4-5)

El Espíritu Santo es la idea de la curación. (T-5.III.2:1)

El Espíritu Santo es el mediador entre las interpretaciones del ego y el Conocimiento del Espíritu. (T-5.III.7:1)

El ego es el símbolo de la separación, tal como el Espíritu Santo es el símbolo de la paz. (T-5.III.9:4)

El Espíritu Santo es el Maestro perfecto. Se vale únicamente de lo que tu mente ya comprende para enseñarte que tú no lo comprendes. (T-5.III.10:1)

El ego construyó el mundo tal como lo percibe, pero el Espíritu Santo -el reintérprete de lo que el ego construyó- ve el mundo como un recurso de enseñanza para llevarte a tu hogar. (T-5.III.11:1)

Nada que sea bueno se puede perder, pues procede del Espíritu Santo, la Voz que habla en favor de la Creación. (T-5.IV.1:7)

El Espíritu Santo, al igual que el ego, es una elección que uno hace. Ambos constituyen las únicas alternativas que la mente puede aceptar y obedecer. El Espíritu Santo y el ego son las únicas opciones que tienes. (T-5.V.6:6-8)

Recuerda que el Espíritu Santo es el vínculo de comunicación entre Dios el Padre y Sus Hijos separados. (T-6.I.19:1)

La percepción del ego no tiene equivalente en Dios, pero el Espíritu Santo sigue siendo el puente entre la percepción y el Conocimiento. (T-6.II.7:2)

Recuerda que el Espíritu Santo es la Respuesta, no la pregunta. (T-6.IV.1:1)

Simplemente dio la Respuesta. Su Respuesta es tu Maestro. (T-6.IV.12:10-11)

He dicho que el Espíritu Santo es la motivación de los milagros. (T-6.V.A.3:1)

En la mente del pensador, por lo tanto, el Espíritu Santo *es* enjuiciador, pero solo a fin de unificar la mente de modo que pueda percibir sin emitir juicios. (T-6.V.C.2:3)

El Espíritu Santo, no obstante, tiene la tarea de traducir lo inútil a lo útil, lo que no tiene significado a lo significativo y lo temporal a lo eterno. (T-7.I.6:5)

El Espíritu Santo es el traductor de las Leyes de Dios para aquellos que no las entienden. (T-7.II.4:5)

El Espíritu Santo, al igual que tú, es digno de toda confianza. (T-7.X.6:1)

Al ser el Espíritu Santo el nexo de comunicación entre Dios y Sus Hijos separados, el Espíritu Santo interpreta todo lo que has hecho a la luz de lo que Él es. (T-8.VII.2:2)

Dije antes que el Espíritu Santo es la Respuesta. Y es la Respuesta a todo porque conoce la respuesta a todo. (T-8.IX.1:1-2)

Cuando dije que la función del Espíritu Santo es separar lo falso de lo verdadero en tu mente, quise decir que Él tiene el poder de ver lo que has ocultado y reconocer en ello la Voluntad de Dios. Gracias a este reconocimiento, Él puede hacer que la Voluntad de Dios sea real para ti porque Él está en tu mente, y, por lo tanto, Él es tu realidad. (T-9.I.4:2-3)

El Espíritu Santo es el único Terapeuta. (T-9.V.8:4)

El Espíritu Santo es tu fortaleza porque solo te conoce como Espíritu. Él es perfectamente consciente de que no te conoces a ti mismo y perfectamente consciente de cómo enseñarte a recordar lo que eres. (T-12.VI.2:1-2)

El Espíritu Santo es invisible, pero puedes ver los resultados de Su presencia, y por ellos te darás cuenta de que Él está ahí. (T-12.VII.3:1)

El Espíritu Santo es la Luz en la que Cristo se alza revelado. (T-13.V.11:1) ·

Por ser el Mediador entre dos mundos, Él sabe lo que necesitas y lo que no te hará daño. (T-13.VII.10:9)

El Espíritu Santo es un Pensamiento de Dios, y Dios te lo dio porque no tiene ningún Pensamiento que no comparta. (T-13.VIII.4:3)

No tienes ningún otro "enemigo", y el Espíritu Santo es el único Amigo que te puede ayudar contra esta absurda distorsión de la pureza del Hijo de Dios. (T-14.III.13:5)

El Espíritu Santo es el intento de Dios de liberarte de lo que Él no entiende. (T-15.VIII.5:1)

La conciencia de lo que Dios no puede saber y de lo que tú no entiendes reside únicamente en el Espíritu Santo. (T-15.VIII.6:1)

Lo que has enseñado ya ha logrado esto, pues el Espíritu Santo es parte de ti. Al haber sido creado por Dios, Él no ha abandonado a

Dios ni a Su Creación. Él es a la vez Dios y tú, del mismo modo en que tú eres a la vez Dios y Él. Pues la Respuesta de Dios a la separación te aportó más que lo que tú quisiste arrebatar. (T-16.III.5:1-4)

El Espíritu Santo es el puente que conduce hasta Él, el cual fue construido mediante tu voluntad de unirte a Él, y creado por Su Júbilo en unión contigo. (T-16.IV.12:2)

En cierto sentido, la relación especial fue la respuesta del ego a la creación del Espíritu Santo, Quien a Su vez fue la Respuesta de Dios a la separación. (T-17.IV.4:1)

El Espíritu Santo es el vínculo entre la otra parte -el diminuto y demente deseo de estar separado, de ser diferente y especial- y el Cristo, para hacer que la unicidad le resulte clara a lo que es realmente uno. En este mundo esto no se entiende, pero se puede enseñar. (T-25.I.5:5-6)

El Espíritu Santo es el marco que Dios ha puesto alrededor de aquella parte de Él que tú quisieras ver como algo separado. Ese marco, no obstante, está unido a su Creador y es uno con Él y con Su obra maestra. (T-25.II.6:1-2)

El mundo tiene otro Hacedor, el Corrector simultáneo de la creencia desquiciada de que es posible establecer y sostener algo sin un vínculo que lo mantenga dentro de las Leyes de Dios, no como la Ley en sí conserva al universo tal como Dios lo creó, sino en una forma que se adapte a las necesidades que el Hijo de Dios cree tener. (T-25.III.4-1)

El Espíritu Santo tiene el poder de transformar todos los cimientos del mundo que ves en algo distinto: en una base que no sea demente, sobre la que se puedan sentar los cimientos de una percepción sana y desde la que se puede percibir otro mundo: un mundo en el que nada se opone a lo que conduciría al Hijo de Dios a la cordura y a la felicidad; un mundo en el que nada da testimonio de la muerte ni de la crueldad; de la separación o de las diferencias. (T-25.VII.5:1-3)

Sin embargo, Él ha creado al Espíritu Santo para que sirva de Mediador entre la percepción y el Conocimiento. Sin este vínculo con Dios, la percepción habría reemplazado al conocimiento en tu mente para siempre. Gracias a este vínculo con Dios, la percepción se transformará y se purificará en tal medida que te conducirá al Conocimiento. (L-43.1:3-5)

Él es tu Hermano, y tan parecido a ti que tu Padre sabe que ambos sois lo mismo. Es a tu propio Ser al que le pides que te acompañe, y ¿cómo podría Él no estar donde tú estás? (L-107.8:3-4)

No trataremos de mantener nuestras mentes separadas de Aquel que habla por nosotros, pues es nuestra propia voz la que oímos cuando le prestamos atención. (L-154.10:2)

Pero el Santísimo, el Dador de los sueños felices de la vida, el Traductor de la percepción a la verdad, el santo Guía al Cielo que se te ha dado, ha soñado por ti esta jornada que emprendes y das comienzo hoy, con la experiencia que este día te ofrece para que sea tuya. (L-157.8:2)

Dios, sin embargo, creó a Uno con el poder de traducir a formas lo que no tiene forma en absoluto. Él es un hacedor de sueños, pero de una clase tan similar al acto de despertar que la luz del día ya refulge en ellos, y los ojos que ya empiezan a abrirse contemplan los felices panoramas que esos sueños les ofrecen. (L-192.3:5-6)

El Espíritu Santo es el hogar de las mentes que buscan la libertad. (L-199.6:1)

El Espíritu Santo es mi único guía. (L-215.1:2)

Y así, el Pensamiento que tiene el poder de subsanar la división pasó a formar parte de cada fragmento de la mente que seguía siendo una, pero no reconocía su unidad.
(L-punto 2 ¿Qué es la salvación? 2:4-5)

El Espíritu Santo es el mediador entre las ilusiones y la verdad.
(L-punto 7 ¿Qué es el Espíritu Santo? 1:1)

El Espíritu Santo es el regalo de Dios mediante el cual se le restituye la quietud del Cielo al bienamado Hijo de Dios.
(L-punto 7 ¿Qué es el Espíritu Santo? 5:3)

El texto explica que el Espíritu Santo es la Respuesta a todos los problemas a los que tú has dado lugar. (M-11.3:1)

El Espíritu Santo es incapaz de engañar, y solo puede valerse de facultades genuinas. (M-25.4:2)

Al ser el Espíritu Santo Una Creación del Único Creador y al crear junto con Él y a Su Semejanza o Espíritu, es eterno y nunca ha cambiado. (C-6.1:2)

Al Espíritu Santo se le describe a lo largo del curso como Aquel que nos ofrece la respuesta a la separación: el que nos trae el plan de la Expiación, nos asigna el papel especial que nos corresponde desempeñar en él y exactamente en qué consiste. (C-6.2:1)

Al Espíritu Santo se le describe como el último vínculo de comunicación entre Dios y Sus Hijos separados. (C-6.3:1)

El Espíritu Santo parece ser una Voz, pues de esa forma es como te comunica la Palabra de Dios. Parece ser un Guía por tierras lejanas, pues esa es la clase de ayuda que necesitas. Y parece ser también cualquier cosa que satisfaga las necesidades que creas tener. (C-6.4:5)

Espíritu Santo

Espíritu Santo, Seguir las directrices de:
Seguir las directrices del Espíritu Santo es permitirte a ti mismo quedar absuelto de toda culpa. Es la esencia de la Expiación. Es el núcleo central del programa de estudios. (M-29.3:3)

No pienses, entonces, que necesitas seguir la dirección del Espíritu Santo solo por razón de tus insuficiencias. Necesitas seguirlas porque es la manera de escaparte del infierno. (M-29.3:11)

Estado de ser:
Tanto la existencia como el estado de ser se basan en la comunicación. La existencia, sin embargo, es específica en cuanto a qué, cómo y con quién vale la pena entablar comunicación. El estado de ser carece por completo de estas distinciones. Es un estado en el que la mente está en comunicación con todo lo que es real. En la medida en que permitas que ese estado se vea coartado, en esa misma medida estarás limitando la idea que tienes acerca de tu propia realidad, la cual se vuelve total únicamente cuando reconoces a toda la realidad en el glorioso contexto de la verdadera relación que tiene contigo. Esa es tu realidad. No la profanes ni la rechaces. Es tu verdadero hogar, tu verdadero templo y tu verdadero Ser. (T-4.VII.4:1-6)

... Esa es tu realidad. (T-4.VII.4:6)

Estados transitorios:
Tal como Dios te creó, no puedes sino seguir siendo inmutable; y los estados transitorios son, por definición, falsos. Eso incluye cualquier cambio en tus sentimientos, cualquier alteración en las condiciones de tu cuerpo o de tu mente; así como cualquier cambio de conciencia o en tus reacciones. Esta es la condición todo-abarcadora que distingue a la verdad de la mentira, y que mantiene a lo falso separado de la verdad, y como lo que es. (L-152.5:1-3)

Estar listo:
Estar listo es solo el requisito previo para que se pueda lograr algo. (T-2.VII.7:2)

Dicha condición de estar listo no es más que el potencial para que pueda tener lugar un cambio de mentalidad. (T-2.VII.7.5)

Estar listo es solo el comienzo de la confianza. (T-2.VII.7:8)

Estudiante, Mal:
Todo aquel que concibe el cuerpo como un medio de ataque y cree que de ello puede derivar dicha, demuestra inequívocamente que es un mal estudiante. (T-8.VII.14:5)

Eternidad:
La eternidad es la única función que el ego ha tratado de desarrollar, si bien ha fracasado repetidamente. (T-4.V.6:2)

La eternidad es una idea de Dios, por lo tanto el Espíritu Santo la comprende perfectamente. El tiempo es una creencia del ego, por lo tanto la mente inferior -el dominio del ego- la acepta sin reservas. El único aspecto del tiempo que es eterno es el *ahora*. (T-5.III.6:3-5)

La eternidad es el sello indeleble de la Creación. (T-7.I.5:5)

La eternidad es un solo tiempo, y su única dimensión es "siempre". Esto no tendrá ningún sentido para ti hasta que no recuerdes los Brazos abiertos de Dios, y finalmente conozcas Su Mente receptiva. (T-9.VI.7:1-2)

Lo que es *siempre* no tiene dirección. (T-13.I.3:4)

Es motivo de risa pensar que el tiempo pudiera llegar a circunscribir a la eternidad, cuando lo que esta *significa* es que el tiempo no existe. (T-27.VIII.6:5)

eternidad

La eternidad sigue siendo un estado constante. (L-169.6:7)

Eterno:
Los eternos son felices y viven en paz eternamente. (T-7.I.5:6)

Si se ha olvidado de todo, excepto los pensamientos amorosos, lo que queda es eterno. Y el pasado transformado se vuelve como el presente. (T-17.III.5:3-4)

Tener fe en lo eterno está siempre justificado, pues lo eterno es siempre benévolo, infinitamente paciente y completamente amoroso. (T-19.4.B.10:1)

Eterno presente:
Lo que es eterno está siempre presente porque su estado de ser es por siempre inmutable. No cambia al aumentar porque fue creado para expandirse eternamente. Si no percibes su expansión significa que no sabes lo que es, ni tampoco Quién lo creó. (T-7.I.7:9)

Esta experiencia hace que la mente retorne al eterno presente, donde el pasado y el futuro son inconcebibles. Yace más allá de la salvación; más allá de todo pensamiento de tiempo, de perdón y de la santa faz de Cristo. El Hijo de Dios simplemente ha desaparecido en su Padre, tal como su Padre ha desaparecido en él. El mundo nunca existió. La eternidad sigue siendo un estado constante. (L-169.6:3-7)

Evaluar:
Evaluar es un aspecto esencial de la percepción, ya que para poder seleccionar es necesario juzgar. (T-3.V.7:8)

Evolución:
La evolución es un proceso en el que aparentemente pasas de un nivel al siguiente. Corriges tus previos tropiezos yendo hacia delante. Este proceso es realmente incomprensible en términos temporales, puesto que retornas a medida que avanzas. (T-2.II.6:1-3)

Excepciones:
Las excepciones son amedrentadoras porque las engendra el miedo. (T-7.V.5:9)

Exclusión:
Exclusión y separación son sinónimos, al igual que separación y disociación. (T-6.II.1:4)

Existencia:
Tanto la existencia como el estado de ser se basan en la comunicación. La existencia, sin embargo, es específica en cuanto a qué, cómo y con quién vale la pena entablar comunicación. (T-4.VII.4:1-2)

Experiencia:
La experiencia, a diferencia de la visión, no puede compartirse de manera directa. (L-158.2:7)

Un maestro no puede dar su experiencia, pues no es algo que haya aprendido. Esta se reveló a sí misma a él en el momento señalado. (L-158.5:1-2)

La experiencia que la gracia proporciona es temporal, pues la gracia es un preludio del Cielo, pero solo reemplaza a la idea de tiempo por un breve lapso. (L-169.12:3)

Esperamos la experiencia, y reconocemos que solo en ella radica la convicción. (5º repaso-12:3)

La experiencia de lo que existe más allá de toda actitud defensiva sigue siendo inalcanzable mientras se siga negando. Quizá esté ahí, pero tú no puedes aceptar su presencia. (L-181. Intro.3:2-3)

Nadie que busque el significado del Nombre del Dios puede fracasar. La experiencia es necesaria como complemento de la Palabra. (L-184.13:1-2)

Expiación

Expiación:

Los milagros son parte de una cadena eslabonada de perdón que, una vez completa, es la Expiación. (T-1.I.25:1)

Expiar significa "des-hacer". (T-1.I.26:2)

El propósito de la Expiación es devolverlo todo, o más bien, devolverlo a tu conciencia. (T-1.IV.3:6)

Te liberas cuando aceptas la Expiación, lo cual permite que te des cuenta de que en realidad tus errores nunca ocurrieron. (T-2.I.4:4)

La Expiación es la única defensa que no puede usarse destructivamente porque no es un recurso que tú mismo hayas inventado. (T-2.II.4:1)

... La Expiación fue un *acto* de amor. (T-2.II.4.:3)

La Expiación, pues, resulta ser la única defensa que no es una espada de dos filos. Tan solo puede sanar. (T-2.II.4:8)

La Expiación es la lección final. (T-2.II.5:2)

La Expiación es el medio a través del cual puedes liberarte del pasado a medida que avanzas. Pues desvanece los errores que cometiste en el pasado, haciendo de ese modo innecesario el que sigas volviendo sobre tus pasos sin avanzar hacia tu retorno. (T-2.II.6:4-5)

La Expiación es un compromiso total. Puede que aún asocies esto con perder, equivocación esta que todos los Hijos de Dios separados cometen de una u otra forma. (T-2.II.7:1-2)

La Expiación es la única ofrenda digna de ser ofrecida en el Altar de Dios, debido al valor que el altar en sí tiene. (T-2.III.5:4)

Tienen (Sus Hijos) que aprender a ver el mundo como un medio para poner fin a la separación. La Expiación es la garantía de que finalmente lo lograrán. (T-2.III.5:12-13)

La Expiación -el último milagro- es un remedio, y cualquier clase de curación es su resultado. (T-2.IV.1:5)

Un paso importante en el plan de la Expiación es des-hacer el error en todos los niveles. (T-2.IV.2:1)

A partir de ahí, todo el proceso correctivo se reduce a una serie de pasos pragmáticos dentro del proceso más amplio de aceptar que la Expiación es el remedio. Estos pasos pueden resumirse de la siguiente forma:

Reconoce en primer lugar que lo que estás experimentando es miedo.

El miedo procede de una falta de amor.

El único remedio para la falta de amor es el amor perfecto.

El amor perfecto es la Expiación. (T-2.VI.7:3-8)

Cualquier parte de la Filiación puede creer en el error o en la in-compleción (lo que está incompleto) si así lo elige. Sin embargo, si lo hace, estará creyendo en la existencia de algo que no existe. Lo que corrige este error es la Expiación. (T-2.VII.6:7)

La Expiación de por sí solo irradia verdad. Es, por lo tanto, el epíto-me (resumen de lo fundamental) de la mansedumbre y derrama únicamente bendiciones. (T-3.I.7:1-2)

La Expiación es, por lo tanto, la lección perfecta. Es la demostra-ción concluyente de que todas las demás lecciones que enseñé son ciertas. (T-3.I.7:8)

Expiación

Tú eres el Reino de los Cielos. ¿Qué otra cosa *sino* a ti creó el Creador?, y ¿qué otra cosa sino *tú* es Su Reino? Este es el mensaje de la Expiación, mensaje que, en su totalidad, transciende la suma de sus partes. (T-4.III.1:4-6)

La Voz del Espíritu Santo es la llamada a la Expiación, es decir, a la restitución de la integridad de la mente. (T-5.I.5:4)

Unirse a la Expiación es la manera de escapar del miedo. (T-5.IV.1:2)

Tú no puedes cancelar tus propios errores pasados por tu cuenta. No desaparecerán de tu mente sin la Expiación, remedio este que no es obra tuya. La Expiación debe entenderse exclusivamente como un simple acto de compartir. (T-5.IV.2:9-11)

En el Cielo no hay culpabilidad porque el Reino se alcanza por medio de la Expiación, la cual te libera para que puedas crear. (T-5.V.2:1)

El propósito de la Expiación es conservar del pasado únicamente aquello que ha sido purificado. (T-5.V.7:11)

Esto invita automáticamente a la Expiación, porque la Expiación es la necesidad universal de este mundo. (T-6.II.5:5)

Tener plena conciencia de la Expiación es, por lo tanto, reconocer que *la separación nunca tuvo lugar*. (T-6.II.10:7)

El plan de estudios de la Expiación es el opuesto al que tú elaboraste para ti, y lo mismo se puede decir de su resultado. (T-8.I.5:1)

La Expiación es para todos porque es la forma de desvanecer la creencia de que algo pueda ser solo para ti. (T-9.IV.1:1)

La Expiación es una lección acerca de cómo compartir, que se te da porque *te has olvidado de cómo hacerlo*. (T-9.IV.3:1)

Pero no puedes morar en paz a menos que aceptes la Expiación porque la Expiación *es* el camino que conduce a la paz. (T-9.VII.2:5)

La Expiación no es el precio de tu plenitud; *es*, no obstante, el precio de ser consciente de ella. (T-12.IV.7:1)

La Expiación no es sino el camino de regreso a lo que nunca se había perdido. El Padre nunca pudo haber dejado de amar a Su Hijo. (T-12.VIII.8:8-9)

La aceptación de la culpa en la mente del Hijo de Dios fue el comienzo de la separación, de la misma manera en que la aceptación de la Expiación será su final. (T-13 intro.2:1)

La Expiación es la última lección que necesita aprender, pues le enseña que, puesto que nunca pecó, no tiene necesidad de salvación. (T-13-intro.4:6)

La Expiación se ha interpretado siempre como lo que libera de la culpa, y eso es cierto si se entiende debidamente. (T-13.II.8:1)

La Expiación se alza entre ellos (pasado y futuro), como una lámpara que resplandece con tal fulgor, que la cadena de oscuridad a la que te ataste a ti mismo desaparece. (T-13.IX.1:8)

La Expiación conlleva una reevaluación de todo lo que tienes en gran estima, pues es el medio a través del cual el Espíritu Santo puede separar lo falso de lo verdadero, lo cual has aceptado en tu mente sin hacer ninguna distinción entre ambos. (T-13.IX.4:1)

El propósito de la Expiación es desvanecer las ilusiones, no considerarlas reales y luego perdonarlas. (T-13.X.6:6)

Mas no verás el símbolo de la inocencia en tu hermano refulgiendo en él mientras todavía creas que no se encuentra en él. Su inocencia es *tu* Expiación. (T-14.IV.1:3)

Expiación

La Expiación se vuelve real y visible para los que la ponen en práctica. (T-14.IV.3:6)

La Expiación fue establecida como un medio de restaurar la inocencia en las mentes que la habían negado, y que, por lo tanto se habían negado el Cielo a sí mismas. La Expiación te muestra la verdadera condición del Hijo de Dios. (T-14.IV.9:2-3)

La Expiación no te hace santo. Fuiste creado santo. La Expiación lleva simplemente lo que no es santo ante la santidad; o lo que inventaste ante lo que eres. (T-14.IX.1:1-3)

La Expiación es tan dulce, que basta con que la llames con un leve susurro para que todo su poder acuda en tu ayuda y te preste apoyo. (T-14.IX.3:2)

La Expiación te enseña cómo escapar para siempre de todo lo que te has enseñado a ti mismo en el pasado, al mostrarte únicamente lo que eres *ahora*. (T-14.XI.3:1)

La Expiación tiene lugar en el tiempo, pero no es *para* el tiempo. Puesto que se encuentra en ti, es eterna. (T-15.II.1:1)

Aceptar la Expiación para ti mismo significa no prestar apoyo a los sueños de enfermedad y muerte de nadie. Significa que no compartes con ningún individuo su deseo de estar separado ni dejas que vuelque sus ilusiones contra sí mismo. Tampoco deseas que estas se vuelquen contra ti. (T-28.IV.1:1-3)

La Expiación pone fin a la extraña idea de que puedes dudar de ti mismo y no estar seguro de lo que realmente eres. (L-139.6:1)

La Expiación cura absolutamente, y cura toda clase de enfermedad. (L-140.4:1)

La Expiación corrige las ilusiones, no lo que es verdad. Corrige, por lo tanto, lo que nunca existió. (M-2.2:2-3)

La Expiación es para ti. Tu aprendizaje la reclama y tu aprendizaje la provee. El mundo no te la ofrece, pero aprende este curso y será tuya. (M-13.8:7-10)

La Expiación es sencillamente la corrección o anulación de los errores. (M-18.4:6)

La curación y la Expiación no están relacionadas: son lo mismo. No hay grados de dificultad en los milagros porque no hay grados de Expiación. Este es el único concepto total que es posible en este mundo porque es la fuente de una percepción completamente unificada. La idea de una Expiación parcial no tiene sentido, del mismo modo como es imposible que haya ciertas áreas en el Cielo reservadas para el infierno. Acepta la Expiación y te curarás. La Expiación es la Palabra de Dios. (M-22.1:1-6)

La ofrenda de la Expiación es universal. (M-22.6:1)

La Expiación se puede equiparar al escape total del pasado y a la total falta de interés por el futuro. (M-24.6:3)

El medio de la Expiación es el perdón. (C-intro1.3)

El perdón, la salvación, la Expiación y la percepción verdadera son todos una misma cosa. Son el comienzo de un proceso cuyo fin es conducir a la Unicidad que los transciende a todos. (C-4.3:6-7)

El principio de la Expiación le fue dado al Espíritu Santo mucho antes de que Jesús la pusiese en marcha. (C-6.2:4)

Expiar (con minúsculas):
En el tiempo, el futuro siempre se asocia con expiar, y solo la culpa podría producir la sensación de que expiar es necesario. (T-13.I.9:2)

F

Fabricar:
Cuando fabricas algo, lo haces como resultado de una sensación específica o de necesidad. (T-3.V.2:2)

Debido a que los pensamientos que piensas que piensas aparecen como imágenes, no te das cuenta de que no son nada. Piensas que los piensas, y por eso piensas que los ves. Así es como se forjó tu "manera de ver". Esta es la función que le has atribuido a los ojos del cuerpo. Eso no es ver. Eso es fabricar imágenes, lo cual ocupa el lugar de la visión, reemplazándola con ilusiones. (L-15.1:1-7)

Falta de fe:
La falta de fe es la sierva de lo ilusorio y es totalmente fiel a su amo. (T-17.VII.5:5)

No pases por alto nuestra afirmación anterior de que la falta de fe conduce directamente a las ilusiones. Pues percibir a un hermano como si fuera un cuerpo es falta de fe, y el cuerpo no puede ser usado para alcanzar la unión. (T-19.I.4:2)

No comprendes la magnitud de la devastación que tu falta de fe ha ocasionado, pues la falta de fe es un ataque que parece estar justificado por sus resultados. Pues al negar la fe ves lo que no es digno de ella, y no puedes mirar más allá de esta barrera a lo que se encuentra unido a ti. (T-19.1.8:2-3)

No pienses que te falta fe, pues tu creencia y confianza en dicha idea (el ego) son ciertamente firmes. (T-21.II.6:9)

La falta de fe siempre limita y ataca; la fe desvanece toda limitación y brinda plenitud. La falta de fe siempre destruye y separa; la fe siempre une y sana. La falta de fe interpone ilusiones entre el Hijo de Dios y su Creador; la fe elimina todos los obstáculos que parecen interponerse entre ellos. La falta de fe está totalmente dedicada a las ilusiones; la fe, totalmente a la verdad. (T-19.5:3-6)

La falta de fe no es realmente falta de fe, sino fe que se ha depositado en lo que no es nada. La fe que se deposita en ilusiones no carece de poder, pues debido a ello el Hijo de Dios cree ser impotente. (T-21.III.5:2-3)

Falta de perdón:
La falta de perdón del Hijo de Dios es la causa del cuerpo. No ha abandonado su fuente, y esto queda claramente demostrado por su dolor y envejecimiento, y por la marca de la muerte que pesa sobre sí. (O-3.I2:1)

Fantasías:
Las fantasías son una forma distorsionada de visión. Todas ellas, no importa de qué clase sean, son distorsiones, ya que siempre tergiversan la percepción hasta convertirla en algo irreal. (T-1.VII.3:1-2)

Las fantasías son un intento de controlar la realidad de acuerdo con necesidades falsas. (T-1.VII.3:4)

Las fantasías son un medio para hacer asociaciones falsas y tratar de derivar placer de ellas. (T-1.VII.3:6)

Cada fantasía, ya sea de amor o de odio, te priva del Conocimiento, pues las fantasías son el velo tras el cual la verdad yace oculta. (T-16.IV.10:3)

No hay fantasía que no encierre un sueño de represalias por lo ocurrido en el pasado. (T-16.VII.4:2)

fantasías

Es imposible exteriorizar fantasías, pues estas siguen siendo lo que tú deseas y no tienen nada que ver con lo que el cuerpo hace. (T-18.VI.6:2)

Permite que estos periodos de descanso y respiro le aseguren a tu mente que todas sus frenéticas fantasías no eran sino los sueños de un delirio febril que ya pasó. (L-109.5:5)

Fatiga:
Estar fatigado es estar des-animado, mas estar inspirado es estar en el Espíritu. Ser egocéntrico es estar des-animado, mas estar centrado en Sí Mismo, en el buen sentido de la expresión, es estar inspirado o en el Espíritu. (T-4 intro.1:6-7)

Faz de Cristo:
¿Qué es la faz de Cristo sino la de aquel que, habiéndose adentrado por un momento en la intemporalidad, trae de vuelta -para bendecir al mundo- el claro reflejo de la unidad que allí experimentó? (L-169.13:3)

Pues cuando el perdón descanse sobre el mundo y cada uno de los Hijos de Dios goce de paz, ¿qué podría seguir manteniendo las cosas separadas, cuando lo único que aún queda por verse es la faz de Cristo? (L-punto.6 ¿Qué es el Cristo? 4.3)

Pero la faz de Cristo es el gran símbolo del perdón. Es la salvación. Es el símbolo del mundo real. El que la ve, deja de ver el mundo. (C-3.4:5-7)

Fe:
Tener fe es sanar. Es la señal de que has aceptado la Expiación, y, por consiguiente, de que deseas compartirla. (T-19.I.9:1-2)

La fe es lo opuesto al miedo y forma parte del amor tal como el miedo forma parte del ataque. La fe es el reconocimiento de la unión. Es el benévolo reconocimiento de que cada hermano es un Hijo de tu amorosísimo Padre, amado por Él como lo eres tú y, por lo tanto, amado por ti como si fueses tú mismo. (T-19.I.10:1-3)

La fe es el regalo de Dios, a través de Aquel que Él te ha dado. (T-19.I.11:1)

La fe es el heraldo de la nueva percepción, enviada para congregar testigos que den testimonio de su llegada y para devolverte sus mensajes. (T-19.I.11:6)

Pues la fe surge de la percepción del Espíritu Santo, y es señal de que compartes esa percepción con Él. La fe es un regalo que le ofreces al Hijo de Dios a través del Espíritu Santo, y es tan aceptable para el Padre como para el Hijo. (T-19.I.12:2-3)

Pues la fe sigue siendo una de las metas del aprendizaje, que deja de ser necesaria una vez que la lección se ha aprendido. (T-19.I.15:4)

La fe, la creencia y la visión son los medios por los que se alcanza el objetivo de la santidad. (T-21.III.4:1)

La fe es la confianza que el maestro de Dios tiene de que la Palabra de Dios ha de resolver todas las cosas perfectamente. (M- 4.IX.1:4)

Someter todos los problemas a una sola Respuesta es invertir completamente la manera de pensar del mundo. Y solo eso es fe. (M- 4.IX.1:6-7)

La verdadera fe, sin embargo, no se desvía. Al ser consistente, es completamente honesta. Al ser consecuente, goza de absoluta confianza. Al estar basada en la ausencia del temor, es mansa. Al gozar de certeza, rebosa júbilo, y al tener confianza, es tolerante. (M-4.IX.2:1-6)

Fealdad:

No es difícil renunciar al hábito de juzgar. Lo que sí es difícil es aferrarse a él. (M-10.6:1)

Toda la fealdad que ve a su alrededor es el resultado de sus juicios, al igual que todo el dolor que contempla. (M-10.6:4)

Felicidad:

El Espíritu Santo comienza percibiendo tu perfección. (T-6.II.5:1)

Percibirte a ti mismo de esa manera (igual a todos) es la única forma de hallar felicidad en el mundo. (T-6.II.5:6)

Pero te ha sido dado conocer que la función de Dios es la tuya y que la felicidad no se puede encontrar aparte de vuestra Voluntad conjunta. (T-11.V.12:4)

Y si él ve su felicidad como algo que cambia constantemente, es decir, ahora esto, luego otra cosa y más tarde una sombra elusiva que no está vinculada a nada, no podrá sino decidir en contra de ella. (T-21.VII.12:6)

La felicidad elusiva, la que cambia de forma según el tiempo o el lugar, es una ilusión que no significa nada. La felicidad tiene que ser constante porque se alcanza mediante el abandono del deseo de lo que *no es* constante. La dicha no se puede percibir excepto a través de una visión constante. (T-21.VII.13:1-2)

Mas no la deseó *porque* la felicidad es la verdad y, por lo tanto, no puede sino ser constante. (T-21.VIII.1:7)

Una dicha constante es una condición completamente ajena a tu entendimiento. Sin embargo, si pudieras imaginar cómo sería, la desearías aunque no la entendieses. En esa condición de constante dicha no hay excepciones ni cambios de ninguna clase. Es tan inquebrantable como lo es el Amor de Dios por Su Creación.

Al estar tan segura de su visión como su Creador lo está de lo que Él sabe, la felicidad contempla todo y ve que todo es uno. No ve lo efímero, pues desea que todo sea como ella misma, y así lo ve. Nada tiene el poder de alterar su constancia porque su propio deseo no puede ser conmovido. (T-21.VIII.2:1-7)

La razón te dirá que no puedes pedir felicidad de una manera inconsistente. Pues si lo que deseas se te concede, y la felicidad es constante, entonces no necesitas pedirla más que una sola vez para gozar de ella eternamente. Y si siendo lo que es no gozas de ella para siempre, es que no la pediste. (T-21.VIII.3:1-3)

La dicha es eterna. Puedes estar completamente seguro de que todo lo que aparenta ser felicidad y no es duradero es realmente miedo. (T-22.II.3:4-5)

La dicha no cuesta nada. Es tu sagrado derecho, pues por lo que pagas no es felicidad. (T-30.V.9:9-10)

El mundo que ves es el resultado inevitable de la lección que enseña que el Hijo de Dios es culpable. Es un mundo de terror y desesperación. En él no hay la más mínima esperanza de hallar felicidad. Ningún plan que puedas idear para tu seguridad tendrá jamás éxito. No puedes buscar dicha en él y esperar encontrarla. (T-31.I.7:4-8)

El sufrimiento no es felicidad, y la felicidad es lo que realmente deseas. (L-73.6:5)

La felicidad es un atributo del Amor. (L-103.1:1)

Y también pone de relieve que la felicidad es tu patrimonio por razón de lo que Dios es. (L-103.2:7)

La curación, el perdón y el feliz intercambio del mundo del dolor por uno en el que la tristeza no tiene cabida, son los medios por los que el Espíritu Santo te urge a que lo sigas. (L-137.9:1) filiación

Filiación:
Se basan en la cooperación porque la Filiación es la suma de todo lo que Dios creó. (T-1.I.19:2)

Cuando esto ocurre, toda la familia de Dios -la Filiación- sufre un deterioro en sus relaciones. (T-1.V.3:8)

Los milagros son afirmaciones de Filiación, que es un estado de compleción y abundancia. (T-1.V.4:6)

De este modo habrá cada vez más armonía entre la Creación y tú, pero la Filiación en sí es una creación perfecta y la perfección no tiene grados. (T-2.II.5:7)

La voluntad conjunta de la Filiación es el único creador que puede crear como el Padre, ya que solo lo que es íntegro puede pensar íntegramente, y al Pensamiento de Dios no le falta nada. (T-5.IV.7:4)

He dicho que únicamente la Filiación en su totalidad es digna de ser co-creadora con Dios, ya que únicamente la Filiación en su totalidad puede crear como Él. (T-7.XI.6:4)

La voluntad indivisa de la Filiación -la Voluntad de Dios- es el creador perfecto por ser completamente semejante a Dios y por ser Su Voluntad. (T-8.V.2:1)

Si la Filiación es una, es una desde cualquier punto de vista. (T-10.IV.3:2)

Nunca olvides que la Filiación es tu salvación, pues la Filiación es tu Ser. Al ser la Creación de Dios, es tuya, y al pertenecerte a ti, es Suya. (T-11.IV.1:1-2)

Piensa en esto por un instante: Dios te dio la Filiación para asegurar tu perfecta Creación. Ése fue Su regalo, pues tal como Él no se negó a darse a Sí Mismo a ti, tampoco se negó a darte Su Creación. (T-15.VIII.4:1-2)

Forma:

Observa cómo se detienen ante lo que no es nada, incapaces de comprender el significado que se encuentra tras la forma. Nada es tan cegador como la percepción de la forma. Pues ver la forma significa que el entendimiento ha quedado velado. (T-22.III.6:6-7)

Solo los errores varían de forma, y a eso se debe que puedan engañar. Tú puedes cambiar la forma *porque* esta no es verdad. Y no puede ser la realidad *precisamente* porque puede cambiar. La razón te diría que si la forma no es la realidad, tiene que ser entonces una ilusión, y que no se puede ver porque no existe. Y si la ves debes estar equivocado, pues estás viendo lo que no puede ser real como si lo fuera. Lo que no puede ver más allá de lo que no existe no puede sino ser una percepción distorsionada, y no puede por menos que percibir a las ilusiones como si fueran la verdad. (T-22.III.7:1-6)

No confundas la forma con el contenido, pues la forma no es más que un medio para el contenido. Y el marco no es sino el medio para sostener el cuadro de manera que este se pueda ver. (T-25.II.4:3-4)

Fortaleza:

La Fortaleza de Dios que mora en ti es la luz en la que ves, de la misma manera como es Su Mente con la que piensas. (L-92.3:1) (ver Debilidad)

La fortaleza es lo que es verdad con respecto a ti, mas la debilidad es un ídolo al que se honra y se venera falsamente a fin de disipar la fortaleza y permitir que la obscuridad reine allí donde Dios dispuso que hubiese luz. (L-92.4:7)

La verdadera luz es fortaleza, y la fortaleza es impecabilidad. (L-94.2:1)

fracaso

Fracaso:

El fracaso es cosa del ego, no de Dios. No puedes alejarte de Él y es imposible que el plan que el Espíritu Santo le ofrece *a* todo el mundo para la salvación *de* todos, no sea perfectamente consumado. (T-13.XI.11:4-5)

Acepta tu sensación de fracaso como una simple equivocación con respecto a quién eres. (T-15.VIII.3:6)

Fragmentar:

Existe una tendencia a fragmentar, y luego a ocuparse de la verdad de una pequeña porción del todo. Eso no es más que un intento de evitar el todo o de no querer contemplarlo, concentrándote en lo que crees que te sería más fácil de entender, lo cual no es sino otra manera en la que aún tratas de limitarte a tu propio entendimiento. (T-16.II.2:1-2)

Fragmentar es excluir, y la substitución es la defensa más potente que el ego tiene para mantener vigente la separación. (T-18.I:6)

Función:

Las funciones son algo inherente al estado de ser, pues surgen de él, mas su relación no es recíproca. (T-8.VIII.1:9)

Tu función consiste en mostrarle a tu hermano que el pecado carece de causa. (T-27.I.9.1)

Tu función no es corregir. La función de corregir le corresponde a Uno que conoce la justicia, no la culpabilidad. (T-27.II.10:1-2)

Identidad y función son una misma cosa, y mediante tu función te conoces a ti mismo. (T-27.II.10:6-7)

Solo desempeñando la función que Dios te dio podrás ser feliz. Esto se debe a que tu función es ser feliz valiéndote de los medios mediante los cuales la felicidad se vuelve inevitable. (L-64.4:1-2)

función especial

La salvación es mi única función aquí. (L-99)

Luego comprende que tu papel es ser feliz. (L-100.7:3)

Tu función es encontrarla aquí (la dicha), y encontrarla ahora. (L-100.8:2)

Mi función aquí es perdonar al mundo por todos los errores que yo he cometido. (L-115.1:2)

Cuando el reloj marque la hora, recordaremos que nuestra función es permitir que nuestras mentes sean curadas, para que podamos llevar la curación al mundo e intercambiar la maldición por bendiciones, el dolor por la alegría y la separación por la Paz de Dios. (L-137.13:1)

Nuestra función es recordarlo a Él aquí en la Tierra, tal como se nos ha dado ser Su Propia compleción en la realidad. (L-F.4:1)

Función especial:
Esta es la percepción benévola que el Espíritu Santo tiene del deseo de ser especial: valerse de lo que tú hiciste, para sanar en vez de para hacer daño Él le asigna a cada cual una función especial en la salvación que solo él puede desempeñar, un papel exclusivamente para él. (T-25.VI.4:1-2)

Cada cual *tiene* un papel especial en el tiempo, pues eso fue lo que eligió, y al elegirlo, hizo que fuese así para él. No se le negó su deseo, sino que se modificó la forma del mismo, de manera que redundara en beneficio de su hermano y de él, y se convirtiera de ese modo en un medio para salvar en vez de para llevar a la perdición. (T-25.VI.5:10-11)

Tu función especial es aquella forma en particular que a ti te parece más significativa y sensata para demostrar el hecho de que Dios no es demente. El contenido es el mismo. La forma se adapta

223

función especial

a tus necesidades particulares; al tiempo y lugar concretos en los que crees encontrarte, y donde puedes ser liberado de estos conceptos, así como de todo lo que crees que te limita. (T-25.VII.7:1-3)

La función especial de cada uno está diseñada de modo que se perciba como algo factible, como algo que se desea cada vez más a medida que se le demuestra que es una alternativa que realmente desea. (T-25.VII.9:2)

Cada función especial que Él asigna es solo para que cada uno aprenda que el amor y la justicia no están separados y que su unión los fortalece a ambos. (T-25.VIII.11:5)

Tu función especial es invocarlo, para que te sonría a ti cuya inocencia Él comparte. Su entendimiento será el tuyo.
(T-25.VIII.12:5)

Tu función especial te muestra que solo la justicia perfecta puede prevalecer sobre ti. Y así, estás a salvo de cualquier forma de venganza. (T-25.VIII.14:3-4)

Mi función y mi felicidad son una. (L-66)

Funciones, Confusión de:
La confusión de funciones es una característica tan típica del ego que a estas alturas ya deberías estar familiarizado con ella. El ego cree que es él quien debe llevar a cabo todas las funciones, si bien no tiene la menor idea de lo que estas son. Esto es algo más que una simple confusión. Es una combinación especialmente peligrosa de grandiosidad y confusión que predispone al ego a atacar a cualquier persona o a cualquier cosa sin ningún motivo aparente. Esto es exactamente lo que el ego hace. Sus reacciones son imprevisibles porque no tiene idea de lo que percibe. (T-9.IV.7:1-6)

Futuro:

Esta convergencia parece encontrarse en un futuro lejano solo porque tu mente no está en perfecta armonía con esta idea y, consecuentemente, no la desea ahora. (T-6.II.9:8)

En el tiempo, el futuro siempre se asocia con expiar, y solo la culpa podría producir la sensación de que expiar es necesario. (T-13.I.9:2)

El ego enseña que el Cielo está aquí y ahora porque el futuro es el infierno. (T-15.I.5:1)

Pues el pasado ya pasó y el futuro es tan solo algo imaginario. (L-181.5:2)

G

Generosidad:
Para el mundo, generosidad significa "dar" en el sentido de "perder". Para los maestros de Dios, generosidad significa dar en el sentido de conservar. (M- 4.VII.1.4)

De la manera más clara posible y en el más simple de los niveles, la palabra significa exactamente lo opuesto para los maestros de Dios que para el mundo. (M- 4.VII.1:8)

Gloria:
La gloria es el regalo que Dios te hace porque eso es lo que Él es. (T-8.III.8:7)

La gloria es tu herencia, que tu Creador te dio para que la extendieras. (T-11.IV.1:5)

La pequeñez y la gloria son las únicas alternativas de que dispones para dedicarles todos tus esfuerzos y toda tu vigilancia. (T-15.III.1:7)

Tu gloria es la luz que salva al mundo. (L-191.10:5)

Gracia:
El cordero "quita los pecados del mundo" en el sentido de que el estado de inocencia, o gracia, es uno en que el significado de la Expiación es perfectamente obvio. (T-3.I.6:4)

La gracia es el estado natural de todos los Hijos de Dios. Cuando no están en estado de gracia, están fuera de su medio ambiente y, por lo tanto, no se desenvuelven bien. (T-7.XI.2:1-2)

Se me da la bienvenida en un estado de gracia, lo cual quiere decir que finalmente me has perdonado. (T-19.4.A.17.1)

La Gracia de Dios descansa dulcemente sobre los ojos que perdonan, y todo lo que éstos contemplan le habla de Dios al espectador. Él no ve maldad ni nada que temer en el mundo o nadie que sea diferente de él. Y de la misma manera en que ama a otros con amor y con dulzura, así se contempla a sí mismo. No se condenaría a sí mismo por sus errores tal como tampoco condenaría a otro. No es un árbitro de venganzas ni un castigador de pecadores. La dulzura de su mirada descansa sobre sí mismo con toda la ternura que les ofrece a los demás. Pues solo quiere curar y bendecir. Y puesto que actúa en armonía con la Voluntad de Dios, tiene el poder de curar y bendecir a todos los que contempla con la gracia de Dios en su mirada. (T-25.VI.1:1-8)

Su Gracia es Su respuesta para toda desesperación, pues en Ella radica el recuerdo de Su Amor. (L-168.2:3)

Se trata del don mediante el cual Dios se inclina hasta nosotros y nos eleva, dando así Él Mismo el último paso para la salvación. (L-168.3:2)

Hoy le pedimos a Dios el don que con más celo ha conservado dentro de nuestros corazones, esperando ser reconocido. Se trata del don mediante el cual Dios se inclina hasta nosotros y nos eleva, dando así Él Mismo el último paso de la salvación. (L-168.3:1-2)

Su don de Gracia es algo más que una simple respuesta, pues restaura todas las memorias que la mente que duerme había olvidado, y toda la certeza acerca del significado del amor. (L-168.3:5)

La gracia es el aspecto del Amor de Dios que más se asemeja al estado que prevalece en la Unidad de la Verdad. Es la aspiración más elevada que se puede tener en este mundo, pues conduce más allá de él. Se encuentra más allá del aprendizaje, aunque es su objetivo, pues la gracia no puede arribar hasta que la mente se haya preparado así misma para aceptarla de verdad. (L-169.1:1)

La gracia es la aceptación del Amor de Dios en un mundo de aparente odio y miedo. Solo mediante la gracia pueden éstos desaparecer, pues la gracia da lugar a un estado tan opuesto a todo lo que el mundo ofrece, que aquellos cuyas mentes están iluminadas por el don de la gracia no pueden creer que el mundo del miedo sea real. (L-169.2:1-2)

La gracia no es algo que se aprende. El último paso tiene que ir más allá de todo aprendizaje. La gracia no es la meta que este curso aspira a alcanzar. (L-169.3:1-3)

Y ahora pedimos que se nos conceda la gracia, el último don que la salvación puede otorgar. La experiencia que la gracia proporciona es temporal, pues la gracia es un preludio del Cielo, pero solo reemplaza a la idea de tiempo por un breve lapso. (L-169.12.2-3)

Para aquellos que contemplan el mundo desde una perspectiva errónea, la gratitud es una lección muy difícil de aprender. (L-195.1:1)

Debes estarle agradecido únicamente a Aquel que hizo desaparecer todo motivo de sufrimiento del mundo. (L-195.1:7)

Y la gratitud solo puede ser sincera si va acompañada de amor. (L-195.4:3)

La Gracia de Dios nos basta para hacer todo lo que Él quiere que hagamos. Y eso es lo único que elegimos como nuestra voluntad, que es también la Suya. (L-348.2:1-2)

Grados de dificultad:

Cuando sostienes que es imposible que no haya grados de dificultad en los milagros, lo único que estás diciendo es que hay algunas cosas que no quieres entregarle a la verdad. (T-17.I.3:1)

El concepto de grados de realidad es un enfoque que denota falta de entendimiento; un marco de referencia para la realidad con el que realmente no se la puede comparar en absoluto. (T-17.I.4:5)

La creencia de que existen grados de dificultad es la base de la percepción del mundo. Dicha creencia se basa en diferencias: ambientes distintos y en un primer plano cambiante; en alturas desparejas y en tamaños diversos; en grados variables de oscuridad y luz, y en miles de contrastes en los que cada cosa percibida compite con las demás para sobresalir. Un objeto más grande eclipsa a otro más pequeño. Una cosa más brillante llama más la atención que otra con menos poder de atracción. Y una idea más amenazante o una que se considera más deseable de acuerdo con las normas del mundo, trastorna completamente el equilibrio mental. Lo único que los ojos del cuerpo pueden contemplar son conflictos. (M-8.1:1-6)

La ilusión de que hay grados de dificultad es un obstáculo que el maestro de Dios tiene que aprender a pasar de largo y dejar atrás. (M-14.3:6)

Guerra:
La paz es el mayor enemigo del ego porque, de acuerdo con su interpretación de la realidad, la guerra es la garantía de su propia supervivencia. (T-5.III.8:7)

Mas solo con que se diera cuenta de que la guerra es entre un poder real y uno irreal, podría mirar en su interior y ver su libertad. (T-13.XI.1:4)

El encuentro de las ilusiones conduce a la guerra. (T-23.I.12:2)

La guerra es la condición en la que el miedo nace, crece e intenta dominarlo todo. (T-23.I.12:4)

Grandes Rayos

Grandes Rayos:
Todo lo que Dios creó es semejante a Él. La extensión, tal como Dios la emprendió, es similar al resplandor interior que los Hijos del Padre han heredado de Él. Su verdadera fuente se encuentra en su interior. (T-2.I.2:3-5)

Tal como el ego quiere que la percepción que tienes de tus hermanos se limite a sus cuerpos, de igual modo el Espíritu Santo quiere liberar tu visión para que puedas ver los Grandes Rayos que refulgen desde ellos, los cuales son tan ilimitados que llegan hasta Dios. (T-15.IX.1:1)

En el instante santo, en el que los Grandes Rayos reemplazan al cuerpo en tu conciencia, se te concede poder reconocer lo que son las relaciones ilimitadas. (T-15.IX.3:1)

Si pudieses ver los Grandes Rayos, estos te demostrarían que la relación especial no tiene absolutamente ningún valor. Pues al verlos, el cuerpo desaparecería, ya que perdería su valor. Y de este modo perderías todo tu interés en verlo. (T-16.VI.4:5)

Y partiendo de esa luz, los Grandes Rayos se extenderán hacia atrás hasta la oscuridad y hacia delante hasta Dios para desvanecer con su resplandor el pasado, y así dar lugar a Su eterna Presencia, en la que todo resplandece en la luz. (T-18.III.8:7)

La visión de Cristo está regida por una sola ley. No ve el cuerpo, ni lo confunde con el Hijo que Dios creó. Contempla una luz que se encuentra más allá del cuerpo; una idea que yace más allá de lo que se puede palpar; una pureza que no se ve menoscabada por errores, por lamentables equivocaciones o por aterradores pensamientos de culpabilidad nacidos de los sueños de pecado. No ve separación alguna. Y contempla a todo el mundo, en toda circunstancia, evento o suceso, sin que la luz que ve se atenúe en lo más mínimo. (L-158.7:1-5)

Grandeza:
La grandeza es de Dios y solo de Él. Por lo tanto, se encuentra en ti. (T-9.VIII.1:1)

La grandeza está totalmente desprovista de ilusiones y, puesto que es real, es extremadamente convincente. Mas la convicción de que es real te abandonará a menos que impidas que el ego la ataque. El ego no escatimará esfuerzo alguno por rehacerse y movilizar sus recursos en contra de tu liberación. Te dirá que estás loco, y alegará que la grandeza no puede ser realmente parte de ti debido a la pequeñez en la que él cree. Pero tu grandeza no es ilusoria porque no fue invención tuya. Inventaste la grandiosidad y le tienes miedo porque es una forma de ataque, pero tu grandeza es de Dios, Quien la creó como expresión de Su Amor. (T-9.VIII.4:3-8)

Tu grandeza es la Respuesta de Dios al ego porque es verdad. (T-9.VIII.6:3)

La verdad y la pequeñez se niegan mutuamente porque la grandeza es verdad. (T-9.VIII.7:1)

Y al percibirla le darás la bienvenida y dispondrás de ella, pues la grandeza es el derecho del Hijo de Dios y no hay ilusión que pueda satisfacerle o impedirle ser lo que él es. (T-13.III.8:5)

Pues solo en la grandeza, que es tu hogar, podrás sentirte satisfecho. (T-15.III.2:6)

Grandiosidad:
La grandiosidad del ego es la alternativa que él ofrece a la Grandeza de Dios. (T-9.VIII.1:6)

La esencia de la grandiosidad es la competencia porque la grandiosidad siempre implica ataque. (T-9.VIII.2:5)

La grandiosidad es algo ilusorio porque su propósito es reemplazar a tu grandeza. (T-9.VIII.9:6)

gratitud

Gratitud:

Cuando tu perdón sea total, tu gratitud lo será también, pues te darás cuenta de que todas las cosas se han ganado el derecho a ser amadas por ser amorosas, incluido tu propio Ser. (L-195.8:6)

La gratitud se convierte en el único pensamiento con el que sustituimos estas percepciones descabelladas (ira, malicia y venganza). (L-195.9:4)

Pues la gratitud no es sino un aspecto del Amor que es la Fuente de toda Creación. (L-195.10:3)

Tu gratitud es todo lo que requieren tus regalos para convertirse en la ofrenda duradera de un corazón agradecido, liberado del infierno para siempre. (L-197.3:3)

La gratitud que Ambos sienten por todo lo que han creado es infinita, pues la gratitud sigue siendo parte del amor. (L-197.7:5)

H

Hechos:
Los deseos no son hechos. (T-3.VI.11:5)

Cualquier problema de identificación, independientemente del nivel en que se perciba, no es un problema que tenga que ver con hechos reales. Es un problema que procede de una falta de entendimiento, puesto que su sola presencia implica que albergas la creencia de que es a ti a quien le corresponde decidir lo que eres. (T-7.VI.9:4-5)

Herencia del Hijo de Dios:
Habrás notado que la lista de atributos de los maestros de Dios no incluye las características que constituyen la herencia del Hijo de Dios. Términos tales como amor, impecabilidad, perfección, conocimiento y verdad eterna no aparecen en este contexto, pues no serían apropiados aquí. (M-4.X.3:1)

Hermanos:
Tu hermano es el espejo en el que ves reflejada la imagen que tienes de ti mismo mientras perdure la percepción. (T-7.VII.3:9)

Muéstrales el aprecio que Dios siempre les concede, pues son Sus Hijos amados en quienes Él se complace. (T-7.VII.6:2)

La fe es el reconocimiento de la unión. Es el benévolo reconocimiento de que cada hermano es un Hijo de tu amorosísimo Padre, amado por Él como lo eres tú, y, por lo tanto, amado por ti como si fueses tú mismo. (T-19.10:2-3)

hermanos

¿Has reconocido acaso a tu hermano como el eterno regalo que Dios te dio? (T-20.III.8:7)

Tu hermano es tu amigo porque su Padre lo creó semejante a ti. No hay diferencia alguna entre vosotros. (T-24.I.7:1)

Vislumbra dentro de la oscuridad al que te salva *de* las tinieblas, y entiende a tu hermano tal como te lo muestra la Mente de tu Padre. Al contemplarlo, él emergerá de las tinieblas y ya nunca más verás la oscuridad. Las tinieblas no lo afectaron, como tampoco te afectaron a ti, que lo extrajiste de ellas para poderlo contemplar. Su impecabilidad no hace sino reflejar la tuya. Su mansedumbre se vuelve tu fortaleza, y ambos miraréis en vuestro interior gustosamente y veréis la santidad que debe estar ahí por razón de lo que viste en él. Él es el marco en el que está montada tu santidad, y lo que Dios le dio a él tuvo que habérsete dado a ti. (T-25.II.8:1-6)

Este hermano es el perfecto regalo que te hace. (T-25.II.9:6)

Ves en tu hermano la imagen de lo que crees es la Voluntad de Dios para ti. (T-25.V.6:3)

Mira a tu hermano otra vez, pero con el entendimiento de que él es el camino al Cielo o al infierno, según lo percibas. Y no te olvides de esto: el papel que le adjudiques se te adjudicará a ti, y por el camino que le señales caminarás tú también porque ése es tu juicio acerca de ti mismo. (T-25.V.6:5-6)

He aquí a tu hermano, el blanco de tu odio, quien no es digno de formar parte de ti, y es, por lo tanto, algo externo a ti: la otra mitad, la que se repudia. (T-27.II.14:4)

Tu hermano es para ti, pues, el símbolo de tus propios pecados, y lo condenas silenciosamente, aunque con tenaz insistencia, por esa cosa odiosa que eres. (T-31.V.6:8)

Un hermano es todos los hermanos. (L-161.4:1)

Mi hermano es mi salvador. (L-288.1:7)

Mi hermano impecable es mi guía a la paz: Mi hermano pecador es mi guía al dolor. (L-351)

¿Quién es mi hermano sino Tu santo Hijo? (L-351.1:1)

¿Cómo no vamos a perdonar a nuestro hermano, que es quien nos puede ofrecer esto? Él es el camino, la verdad y la vida que nos muestra el sendero. En él reside la salvación, que se nos ofrece a través del perdón que le concedemos. (L-F-4:3-5)

Hijo de Dios:
El que los Hijos de Dios sean especiales no procede de una condición de exclusión sino de una de inclusión. Todos mis hermanos son especiales. (T-1.V.3:5)

Nadie es castigado por sus pecados, y los Hijos de Dios no son pecadores. (T-6.I.16:4)

Puesto que los Hijos de Dios gozan de perfecta igualdad, no pueden competir porque lo tienen todo. (T-7.III.3:3)

El inocente Hijo de Dios es únicamente luz. En él no hay obscuridad, pues goza de plenitud. (T-13.VI.8:4-5)

El Hijo de Dios conserva aún la Voluntad del Padre. El hijo del hombre percibe una voluntad ajena y desea que sea verdad. (T-24.VII.11:7-8)

El Hijo de Dios es perfecto, ya que de otro modo no podría ser el Hijo de Dios. Y no lo podrás conocer mientras creas que no merece librarse de todas las consecuencias y manifestaciones de la culpa. (T-30.VI.9:1-2)

Hijo de Dios

Dios tiene un solo Hijo, y él es la resurrección y la vida. (L-20.3:6)

El Hijo de Dios no puede sino ser tal como Tú lo creaste. (L-272.1:8)

Tu Hijo es libre, Padre mío. (L-277.1:1)

Él no está sujeto a ninguna de las leyes que he promulgado para ofrecerle más seguridad al cuerpo. Lo que cambia no puede alterar a Tu Hijo en absoluto. Él no es esclavo de ninguna de las leyes del tiempo. Él es tal como Tú lo creaste porque no conoce otra ley que la del amor. (L-277.1:3-6)

Padre, Tu Hijo es perfecto. (L-281.1:1)

Tu Hijo es el Ser que Tú me has dado. Él es lo que yo soy en verdad. Él es el Hijo que Tú amas por encima de todas las cosas. Él es mi Ser tal como Tú me creaste. No es Cristo Quien puede ser crucificado. A salvo en Tus Brazos, recibiré a Tu Hijo. (L-303.2:3-8)

El Hijo de Dios no tiene límites. Su fortaleza es ilimitada, así como su paz, su júbilo, y todos los atributos con los que su Padre lo dotó al crearlo. (L-320.1:1-2)

Cuán puros y santos somos y cuán a salvo nos encontramos nosotros, que moramos en Tu Sonrisa, y en quienes has volcado todo Tu Amor; nosotros, que vivimos unidos a Ti, en completa hermandad y Paternidad, y en impecabilidad tan perfecta que el Señor de la Impecabilidad nos concibe como Su Hijo: un universo de Pensamiento que le brinda Su plenitud. (L-341.1:3)

¿O más bien se apresuraría a contestar de inmediato, diciendo: "Este es Mi Hijo, y todo lo que tengo le pertenece"? (L-F intro- 6.3)

El Hijo de Dios es libre. Y en su libertad radica el fin del miedo. (M-28.4:3-4)

Hombre:
Tú eres la obra de Dios, y Su obra es totalmente digna de amor y totalmente amorosa. Así es como el hombre debiera pensar de sí mismo en su corazón, pues eso es lo que realmente es. (T-1.III.2:3-4)

La puerta está abierta, no para que entren ladrones, sino tus hermanos hambrientos, quienes confundieron el brillo de una piedrecilla con oro y almacenaron un puñado de nieve reluciente creyendo que era plata. Sin embargo, a este lado de la puerta abierta no tienen nada. ¿Qué es el mundo, sino una diminuta brecha que parece desgarrar la eternidad y fragmentarla en días, meses y años? ¿Y qué sois vosotros, que vivís en el mundo, sino una imagen fragmentada del Hijo de Dios, donde cada uno de los fragmentos está oculto dentro de un trocito de barro separado e incierto? (T-28.III.7:2-5)

Honestidad:
La honestidad no se limita únicamente a lo que dices. El verdadero significado del término es congruencia: nada de lo que dices está en contradicción con lo que piensas o haces; ningún pensamiento se opone a otro; ningún acto contradice tu palabra, ni ninguna palabra está en desacuerdo con otra. (M-4.II.1:4-5)

Honrar:
Tan solo puede honrar a otras mentes porque honrar a otros es el saludo natural de los verdaderamente amados hacia los que son como ellos. (T-3.I.6:3)

Hora de Cristo, La:
La hora de Cristo es la hora señalada para el regalo de la libertad que se le ofrece a todo el mundo. (T-15.X.3:6)

No permitas que la desesperanza opaque la alegría de la Navidad, pues la hora de Cristo no tiene sentido si no va acompañada de alegría. (T-15.XI.8:1)

humildad

Humildad:

La humildad es una lección para el ego, no para el Espíritu. El Espíritu está más allá de la humildad porque reconoce su esplendor y gustosamente irradia luz por todas las partes. (T-4.I.12:2-3)

La humildad es fuerza solo en ese sentido: reconocer y aceptar el hecho de que no sabes, es reconocer y aceptar el hecho de que Él *sí* sabe. (T-16.I.4:4)

La humildad jamás te pedirá que te conformes con la pequeñez. Pero sí requiere que no te conformes con nada que no sea la grandeza que procede de ti. (T-18.IV.3:1)

La humildad consiste en aceptar el papel que te corresponde en la salvación y en no aceptar ningún otro. (L-61.2:3)

No es humildad insistir que no puedes ser la luz del mundo si esa es la función que Dios Mismo te asignó. (L-61.2:4)

Pero el ego no sabe lo que es la humildad y la confunde con la autodegradación. La verdadera humildad requiere que aceptes la idea de hoy (Yo soy la luz del mundo) porque es la Voz de Dios la que te dice que es verdad. (L-61.2:1)

No te pide que seas en modo alguno diferente de cómo eres. ¿Qué otra cosa sino esto podría pedir la humildad? ¿Y qué otra cosa sino esto podría negar la arrogancia? (L-186.3:3-5)

Los humildes, en cambio, son libres para oír la Voz que les dice lo que son y lo que deben hacer. (L-186.5:6)

La humildad trae paz porque no afirma que tú debas regir el universo ni juzgar las cosas en función de cómo tú quisieras que fuesen. (O-1.V.1:4)

Los que son verdaderamente humildes no tienen otra meta que Dios, porque no necesitan ídolos, y las defensas no tienen objeto.

Los enemigos son inútiles ahora, pues la humildad no es confrontativa. No se oculta avergonzada porque está satisfecha con lo que es, en el conocimiento de que la Creación es la Voluntad de Dios. Su falta de egoísmo es el Ser, y esto es lo que ve en cada encuentro, en los que gustosamente se une a cada Hijo de Dios, cuya pureza reconoce comparte con él. (O-1.V.2:3-6)

I

Idea:
Pues las ideas son fuerzas poderosísimas que deben ponerse en práctica y no dejar en desuso. Ya se te han dado suficientes pruebas de su poder como para que desees depositar tu fe en ellas y no en su negación. (T-16.II.9:5-6)

Puedes esclavizar a un cuerpo, pero las ideas son libres, y no pueden ser aprisionadas o limitadas en modo alguno excepto por la mente que las concibió. (T-19.I.16:4)

Identidad de Cristo:
Se reconoce plenamente que la Identidad de Cristo es algo eterno, incorruptible y más allá de todo cambio. (O-1.II.7:5)

Identidad:
Recuerda siempre que tu Identidad es una Identidad compartida, y que en eso reside Su realidad. (T-9.IV.1:6)

Identidad y función son una misma cosa, y mediante tu función te conoces a ti mismo. De modo que si confundes tu función con la función de Otro, es que estás confundido con respecto a ti mismo y con respecto a quién eres. (T-27.II.10:6-7)

Idólatra
Los ídolos no son nada, pero sus adoradores son los Hijos enfermos de Dios. (T-10.III.1:8)

Todo idólatra abriga la esperanza de que sus deidades especiales le han de dar más de lo que otras personas poseen. (T-29.VIII.8:6)

Idolatría:

Creer que un Hijo de Dios está enfermo es adorar al mismo ídolo que él adora. Dios creó el amor, no la idolatría. Todas las formas de idolatría son caricaturas de la Creación, y las enseñan mentes enfermizas que están demasiado divididas como para saber que la Creación comparte el poder y nunca lo usurpa. La enfermedad es idolatría porque es la creencia de que se te puede desposeer de tu poder. (T-10.III.4:1-4)

Ninguna relación de la que el cuerpo forma parte está basada en el amor, sino en la idolatría. (T-20.VI.2:4)

La idolatría pertenece al pasado y no tiene significado. (T-20.VI.12:7)

No hay prueba más contundente de que lo que deseas es la idolatría, que la creencia de que hay algunas clases de enfermedad y de desdicha que el perdón no puede sanar. (T-30.VI.6:1)

Ídolo:

Los ídolos no son nada, pero sus adoradores son los Hijos enfermos de Dios. (T-10.III.1:8)

Mas los ídolos no comparten. Aceptan, pero lo que aceptan no es correspondido. Se les puede amar, pero ellos no pueden amar. No entienden lo que se les ofrece, y cualquier relación en la que entran a formar parte deja de tener significado. El amor que se les tiene ha hecho que el amor no tenga significado. Viven en secreto, detestando la luz del sol, felices, no obstante, en la penumbra del cuerpo, donde pueden ocultarse y mantener sus secretos ocultos junto con ellos mismos. Y no tienen relaciones, pues allí no se le da la bienvenida a nadie. No le sonríen a nadie, ni ven a los que les sonríen a ellos. (T-20.VI.3:1-8)

Los ídolos no pueden sino desmoronarse *precisamente porque* no tienen vida, y lo que no tiene vida es un símbolo de muerte. (T-29.VII.5:1)

ídolo

Todos los ídolos de este mundo fueron concebidos para impedirte conocer la verdad que se encuentra en tu interior y para que fueses leal al sueño de que para ser íntegro y feliz tienes que encontrar lo que se encuentra fuera de ti mismo. (T-29.VII.6:1)

¿Qué es un ídolo? ¿Crees saberlo? Pues los ídolos no se reconocen como tales y nunca se ven como realmente son. Este es su único poder. Su propósito es turbio, y son a la vez temidos y venerados *precisamente porque* no sabes para qué son, ni para qué se concibieron. Un ídolo es una imagen de tu hermano a la que le atribuyes más valor que a él. (T-29.VIII.1:1-6)

No dejes que las formas que adopten te engañen, pues los ídolos no son sino substitutos de tu realidad. (T-29.VIII.2.1)

Crees que los ídolos tienen el poder de remediar tus deficiencias y de proporcionarte la valía que no tienes. (T-29.VIII.2:4)

Un ídolo es una falsa impresión o una creencia falsa; alguna forma de anti-Cristo que constituye una brecha entre el Cristo y lo que tú ves. Un ídolo es un deseo hecho tangible al que se le ha dado forma, que se percibe entonces como real y se ve como algo externo a la mente. No obstante, sigue siendo un pensamiento y no puede abandonar la mente de la que procede. (T-29.VIII.3:1-3)

¿Qué es un ídolo? ¡Un ídolo no es nada! Se necesita creer en él para que parezca cobrar vida, y se le tiene que dotar de poder para que pueda ser temido. (T-29.VIII.5:1-3)

Un ídolo se establece creyendo en él, y cuando la creencia se abandona, el ídolo "muere". (T-29.VIII.6:1)

Un ídolo no es nada, ni se encuentra en ninguna parte, mientras que Dios lo es todo y se encuentra en todas partes. (T-29.VIII.7:6)

Un ídolo es un medio para obtener más de algo. (T-29.VIII.8:12)

Todas las figuras del sueño son ídolos, concebidos para que te salven del sueño. (T-29.IX.3:1)

Pues los ídolos no pueden sino ser parte de él (sueño) para salvarte de lo que crees haber hecho y de lo que crees que hiciste para volverte un pecador y extinguir la luz interna. Criatura de Dios, la luz aún se encuentra en ti. No estás sino soñando, y los ídolos son los juguetes con los que sueñas que juegas. (T-29.IX.4:2-3)

Los ídolos son algo muy concreto. Mas tu voluntad es universal, puesto que es ilimitada. Y así no tiene forma, ni su contenido se puede expresar en función de la forma. Los ídolos son límites. Representan la creencia de que hay ciertas formas que pueden brindar felicidad, y de que, limitando, se consigue todo. (T-30.III.1:1-5)

Ningún ídolo puede concederte el regalo que buscas. (T-30.III.2:8)

El propósito de todo ídolo es este: que no mires más allá de él a la raíz de la creencia de que te falta algo. (T-30.III.3:5)

No olvides, por tanto, que los ídolos tienen que mantener oculto lo que eres, no de la Mente de Dios, sino de la tuya. (T-30.III.11:8)

La verdad jamás puede ser atacada. Y tú sabías esto cuando inventaste los ídolos. Los concebiste precisamente para olvidarte de ese hecho. Lo único que atacas son las ideas falsas, nunca las verdaderas. Los ídolos son todas las ideas que concebiste para llenar la brecha que tú crees que se formó entre lo que es verdad y tú. (T-30.IV.1:4-8)

Los dioses que inventaste -opresores e incapaces de satisfacerte- son como juguetes infantiles descomunales. (T-30.IV.2:1)

Igualdad:
Igualdad no quiere decir igualdad *ahora*. Cuando cada cual reconozca que lo tiene todo, las aportaciones individuales a la Filiación dejarán de ser necesarias. (T-1.V.2:5-6)

igualdad

El ego vive literalmente a base de comparaciones. La igualdad está más allá de lo que puede entender y, por lo tanto, le es imposible ser caritativo. (T-4.II.7:1-2)

Iluminación

Solo tú puedes privarte a ti mismo de algo. No resistas este hecho, pues es en verdad el comienzo de la iluminación. (T-11.IV.4:1-2)

La iluminación es simplemente un reconocimiento, no un cambio. (L-188.1:4)

Ilusión del Cielo:

Pero si el contenido de todas las ilusiones es el miedo, y solo el miedo, la ilusión del Cielo no es más que una forma "atractiva" de miedo en la que la culpabilidad está profundamente soterrada y se manifiesta en forma de "amor". (T-16.V.8.5)

Ilusiones:

Las ilusiones son inversiones. Perdurarán mientras les sigas atribuyendo valor. (T-7.VII.4:1)

Las ilusiones son engaños. (T-9.VIII.7:7)

Las ilusiones no son sino creencias en algo que no existe. (T-16.III.4:9)

Toda ilusión es una ilusión de miedo, sea cual sea la forma en que se manifieste. Y el intento de escapar de una ilusión refugiándose en otra no puede sino fracasar. (T-16.IV.6:3-4)

Pero si el contenido de todas las ilusiones es el miedo y solo el miedo, la ilusión del Cielo no es más que una forma "atractiva" de miedo en la que la culpa está profundamente soterrada y se manifiesta en forma de "amor". (T-16.V.8:5)

La verdad es la ausencia de ilusiones; las ilusiones, la ausencia de la verdad. (T-19.I.5:8)

Ya hemos dicho que hacerse ilusiones es la manera en que el ego lidia con lo que desea para tratar de convertirlo en realidad. (T-21.II.9:1)

Lo opuesto a las ilusiones no es la desilusión, sino la verdad. (T-22.II.1:1)

Las ilusiones no son sino formas. Su contenido nunca es verdad. (T-23.II.19:8-9)

Toda ilusión es un asalto contra la verdad y cada una de ellas es una agresión contra la idea del amor porque este parece ser tan verdadero como ellas. (T-23.IV.1:12)

La idea de que hay alternativas entre las que elegir es una ilusión. (T-26.III.6:4)

Las ilusiones son ilusiones, y son falsas. Tus preferencias no les otorgan realidad. Ninguna de ellas es verdad desde ningún punto de vista, y todas cederán con igual facilidad ante la respuesta que Dios proveyó para todas ellas. (T-26.VII.6:7-9)

Las ilusiones no tienen ni testigos ni efectos. El que las contempla no hace sino engañarse a sí mismo. (T-26.VII.8:3-4)

Las ilusiones apoyan el propósito para el que fueron concebidas. Y cualquier significado que parezcan tener se deriva de ese propósito. Dios dio a todas las ilusiones que se concibieron, sea cual fuere la forma, otro propósito que justificase un milagro. (T-26.VII.15:1-4)

Las ilusiones son sueños *precisamente* porque no son verdad. (T-29.IV.1:2)

Las ilusiones no deben apreciarse ni atacarse, sino que simplemente se deben considerar como juguetes infantiles, sin ningún significado intrínseco. (T-30.IV.4:9)

ilusiones

Para el ego, las ilusiones son dispositivos de seguridad, como deben serlo también para tí que te equiparas con él. (L-13.3:3)

Nadie que se aferra a una sola ilusión puede considerarse a sí mismo libre de pecado, pues, en tal caso, aún está afirmando que un error acerca de sí mismo es hermoso. (T-24.III.1:4)

No es un hecho para los que creen en ilusiones, mas las ilusiones no son hechos. (L-48.1:2)

¿Y qué son las ilusiones sino falsas ideas acerca de mí? (L-58.3:4)

Todas las ilusiones son falsas, y se pueden subsanar precisamente porque no son verdad. (L-140.9:5)

Comencemos nuestra preparación tratando de entender las múltiples formas tras las que se puede ocultar muy cuidadosamente la falta de verdadero perdón. Puesto que son ilusiones, no se perciben simplemente como lo que son: defensas que te impiden ver y reconocer tus pensamientos rencorosos. Su propósito es mostrarte otra cosa y demorar la corrección mediante autoengaños concebidos para que ocupen su lugar. (4º repaso 3:1-3)

Y para sustituirla (a la certeza) nacieron los mecanismos de la ilusión, que ahora van en pos de lo que se les ha encomendado buscar. Su finalidad es servir el propósito para el que se fabricó el mundo, de modo que diese testimonio de él y lo hiciera real. Dichos mecanismos ven en sus ilusiones una sólida base donde existe la verdad y donde se mantiene aparte de las mentiras. No obstante, no informan más que de ilusiones, las cuales se mantienen separadas de la verdad. (L-punto 3 ¿Qué es el mundo? 3:1-5)

El pecado es la morada de las ilusiones, las cuales representan cosas imaginarias procedentes de pensamientos falsos. Las ilusiones son la "prueba" de que lo que no es real lo es.
(L-punto 4 ¿Qué es el pecado? 3:1-2)

Todas las ilusiones son vanas, y los sueños desaparecen incluso mientras se van tejiendo con pensamientos basados en percepciones falsas. (L-334.1:2)

Las ilusiones son siempre ilusiones de diferencias. ¿Cómo podría ser de otra manera? Una ilusión es por definición un intento de que algo que se considera de suma importancia sea real, si bien reconoce que es falso. La mente, por consiguiente, trata de hacer que sea verdad debido a su intenso deseo de conseguirlo. Las ilusiones son parodias de la Creación; intentos de llevar la verdad a las mentiras. (M-8.2:1-5)

El origen de las ilusiones es la creencia de que tienen un propósito; que satisfacen alguna necesidad o de que colman algún deseo. (M-14.1:6)

Las ilusiones son ilusiones; la verdad, verdad. (P-2.I.2:9)

Ilusos:
Los ilusos creen que la verdad los va a agredir, y no la reconocen porque prefieren lo ilusorio. (T-8.V.1:3)

Imagen:
La palabra "imagen" está siempre ligada a la percepción y no forma parte del conocimiento. Las imágenes son simbólicas y representan algo diferente de ellas mismas. (T-3.V.4:6-7)

Las imágenes que veo reflejan mis pensamientos. (L-265.1:8)

Impecabilidad:
¿No te das cuenta de que lo opuesto a la flaqueza y a la debilidad es la impecabilidad? (T-23 intro.1:1)

Su impecabilidad es lo que los ojos que ven pueden contemplar. (T-24.VI.6:1)

impecabilidad

El estado de impecabilidad es simplemente esto: Todo deseo de atacar ha desaparecido, de modo que no hay razón para percibir el al Hijo de Dios de ninguna otra forma excepto como es. (T-25.V.1:1)

"Impecabilidad" quiere decir libre de pecado. No se puede estar libre de pecado solo un poco. O bien eres impecable o bien no lo eres. (L-36.1:4-6)

Nuestra impecabilidad no es sino la voluntad de Dios. (L-181.9:7)

El Espíritu Santo puede entonces hablar a través de ellos acerca de la realidad del Hijo de Dios y recordarle al mundo lo que es la impecabilidad: la única condición -inalterada e inalterable- de todo cuanto Dios creó. (M-18.2:3-4)

Ahora, sin necesidades de ninguna clase y revestida para siempre con la pura impecabilidad que es el regalo de Dios para ti, Su Hijo, la oración puede convertirse otra vez en aquello para lo que se concibió. (O-1.II.7:7)

Impotencia:
Ser impotente es el precio del pecado. La impotencia es la condición que impone el pecado, el requisito que exige para que se pueda creer en él. (T-21.VII.1:2-3)

Impulsos físicos:
Los impulsos físicos son impulsos milagrosos mal canalizados. (T-1.VII.1:3)

Incertidumbre:
Toda incertidumbre procede de la creencia de que es imprescindible juzgar. (T-3.VI.3:4)

Inconsciencia:
La inconsciencia total es imposible. (T-8.IX.4:8)

Indefensión:
No haremos planes sobre cómo se va a lograr, sino que nos daremos cuenta de que nuestra indefensión es lo único que se requiere para que la verdad alboree con absoluta certeza en nuestras mentes. (L-135.21:3)

La indefensión es fortaleza. Da testimonio de que has reconocido al Cristo en ti. (L-153.6:1-2)

La indefensión jamás puede ser atacada porque reconoce una fuerza tan inmensa, que ante ella el ataque es absurdo, o un juego tonto al que un niño cansado jugaría cuando tiene tanto sueño que ya ni se acuerda de lo que quiere. (L-153.6:4)

Infelicidad:
La depresión es una consecuencia inevitable de la separación, como también lo son la ansiedad, las preocupaciones, una profunda sensación de desamparo, la infelicidad, el sufrimiento y el intenso miedo a perder. (L-41.1:2-3)

Infidelidad:
Estar solo significa que estás separado, y si lo estás, no puedes por menos que estar enfermo. Esto parece probar que definitivamente estás separado. No obstante, lo único que significa es que has tratado de mantener la promesa de serle fiel a la infidelidad. Mas la infidelidad significa enfermedad. (T-28.VII.5:3-6)

Infierno:
Pues el infierno y el olvido son ideas que tú mismo inventaste, y estás resuelto a demostrar su realidad para así establecer la tuya. (T-13.IV.2:3)

El ego enseña que el Cielo está aquí y ahora y que el futuro es el infierno. (T-15.I.5:1)

El ego no hace alarde de su amenaza final, pues quiere que sus devotos sigan creyendo que les puede ofrecer una escapatoria. Pero

infierno

la creencia en la culpabilidad no puede sino conducir a la creencia en el infierno, y eso es lo que siempre hace. De la única manera que el ego permite que se experimente el miedo al infierno es trayendo el infierno aquí, pero siempre como una muestra de lo que te espera en el futuro. (T-15.I.6:4-6)

El infierno es únicamente lo que el ego ha hecho del presente. (T-15.I.7:2)

Sin embargo, puesto que tú y el ego no podéis estar separados, y puesto que él no puede concebir su propia muerte, te seguirá persiguiendo porque la culpa es eterna. Tal es la versión que el ego tiene de la inmortalidad. (T-15.I.4:14-15)

Perdona al Gran Creador del universo -la Fuente de la Vida, del Amor y de la Santidad, el Padre perfecto de un Hijo perfecto- por tus ilusiones de ser especial. He aquí el infierno que elegiste como tu hogar. (T-24.III.6:1-2)

Dios no pone límites. Y lo que tiene límites no puede ser el Cielo. Por lo tanto, tiene que ser el infierno. (T-26.X.2:8-10)

Todas las cosas que ves son imágenes porque las contemplas a través de una barrera que te empaña la vista y deforma tu visión, de manera que no puedes ver nada con claridad. La luz está ausente de todo lo que ves. Como máximo, vislumbras una sombra de lo que se encuentra más allá. Como mínimo, ves simplemente la obscuridad y percibes las aterradoras imaginaciones procedentes de pensamientos de culpa y de conceptos nacidos del miedo. Y lo que ves es el infierno, pues eso es lo que *es* el miedo. (T-31.VII.7:2-6)

Al practicar de esta manera, te desprendes de todo lo que ahora crees y de todos los pensamientos que has inventado. Propiamente dicho, esto (el entrenamiento de nuestra mente) constituye tu liberación del infierno. (L-44.5:4-5)

Acepta una pequeña parte del infierno como real, y habrás condenado tus ojos y maldecido tu vista, y lo que contemples será ciertamente el infierno. (L-130.11:1)

El pensamiento desesperante y deprimente de que puedes atacar a otros sin que ello te afecte a ti te ha clavado a la cruz. Tal vez pensaste que era tu salvación. Mas solo representaba la creencia de que el temor a Dios era real. ¿Y qué es esto sino el infierno? (L-196.5:1-4)

Es solo en el infierno donde se le necesita (al perdón) y donde tiene una formidable función que desempeñar. (L-200.6:4)

Los que se engañan a sí mismos tienen que engañar, ya que no pueden sino enseñar engaño. ¿Y qué otra cosa sino eso es el infierno? (M-intro 5:2-3)

Ahora se reconoce que la vida es la salvación, y cualquier clase de dolor o aflicción se percibe como el infierno. (M-28.2:3)

Ingenio, inventiva:
La inventiva, aun en su manifestación más ingeniosa, es un esfuerzo en vano. Su naturaleza sumamente específica apenas se compara con la creatividad abstracta de las creaciones de Dios. (T-3.V.2:2-3)

Tu mente podrá haber llegado a ser muy ingeniosa, pero como siempre ocurre cuando el método y el contenido están en desacuerdo, la usas en un fútil intento de escaparte de un callejón sin salida. La ingeniosidad no tiene nada que ver con el conocimiento, pues el conocimiento no requiere ingeniosidad. El pensamiento ingenioso no es la verdad que te hará libre, pero te librarás de la necesidad de usarlo una vez que estés dispuesto a prescindir de él. (T-3.V.5:5-7)

ingratitud

Ingratitud:
Su lección de curación se ve limitada por su propia ingratitud, que es una lección de enfermedad. (T-7.V.7:4)

Injusticia:
Quitar a uno para dar a otro es una injusticia contra ambos, pues los dos son iguales ante los ojos del Espíritu Santo. (T-25.VIII.13:5)

Emite un solo juicio: herir al Hijo de Dios sería una injusticia, por lo tanto, no puede ser verdad. (T-26.II.4:9)

La injusticia y el ataque son el mismo error, y están tan estrechamente vinculados que, donde uno se percibe, el otro se ve también. Tú no puedes ser tratado injustamente. La creencia de que puedes serlo es solo otra forma de la idea de que es otro, y no tú, quien te está privando de algo.(T-26.X.3:1-3)

La injusticia es la base de todos los juicios del mundo. (M-19.1:2)

Inmortalidad:
El Espíritu es inmortal, y la inmortalidad es un estado permanente. (T-4.II.11:9)

La inmortalidad es Su Voluntad para Su Hijo y la voluntad de Su Hijo para sí. (T-11.I.9:9)

La inmortalidad es lo opuesto al tiempo, pues el tiempo pasa, mientras que la inmortalidad es constante. (T-13.I.8:9)

Sin embargo, puesto que tú y el ego no podéis estar separados, y puesto que él no puede concebir su propia muerte, te seguirá persiguiendo porque la culpa es eterna. Tal es la versión que el ego tiene de la inmortalidad. (T-15.I.4:14-15)

Y brotan por doquier señales de vida para demostrar que lo que nace jamás puede morir, pues lo que tiene vida es inmortal. (L13 -¿Qué es un milagro.5:4)

El cuerpo puede sanar como efecto de un verdadero perdón. Solo eso puede traer el recuerdo de la inmortalidad, que es el don de la santidad y del amor. (O-3.I.3:1-2)

Inmunidad:
Enseña más bien tu perfecta inmunidad, que es la verdad acerca de ti, y date cuenta de que no puede *ser* atacada. (T-6.I.6:4)

Inocencia:
La inocencia es incapaz de sacrificar nada porque la mente inocente dispone de todo y solo se esfuerza por proteger su plenitud. (T-3.I.6:1)

La inocencia es sabiduría porque no tiene conciencia del mal; y el mal no existe. (T-3.I.7:4)

La inocencia de Dios es el verdadero estado mental de Su Hijo. En este estado tu mente conoce a Dios, pues Dios no es algo simbólico; Dios es un Hecho. (T-3.I.8:1-2)

El entendimiento de los inocentes es la verdad. (T-3.I.8:4)

La inocencia no es un atributo parcial. No es real *hasta* que es total. Los que son parcialmente inocentes a veces tienden a actuar de manera insensata. Su inocencia no pasa a ser sabiduría hasta que no se convierte en un punto de vista de aplicación universal. La percepción verdadera, o percepción inocente, significa que nunca percibes falsamente y que siempre ves correctamente. Dicho de una manera más llana, significa que nunca ves lo que no existe y pero siempre ves lo que sí existe. (T-3.II.2:1-6)

El estado de inocencia es solo la condición en la que lo que nunca estuvo ahí ha sido eliminado de la perturbada mente que creyó que estaba. (T-14.IV.2:2)

A Dios no se le puede conocer sin su Hijo, cuya inocencia es la condición en la que se Le puede conocer. (T-14.IV.7:4)

inocencia

Los felices aprendices de la Expiación se convierten en los maestros de la inocencia, la cual es el derecho de todo lo que Dios creó. (T-14.V.3:7)

La inocencia no es obra tuya. Se te da en el momento en que la desees. (T-15.IV.9:3)

La inocencia es fuerza, y nada más lo es. (T-23 intro.1:2)

La naturaleza del inocente es ser eternamente libre, sin barreras ni limitaciones. (T-28.II.2:4)

Puedo aceptar la inocencia que es la verdad con respecto a mí. (L-58.1:4)

En realidad, lo único que existe es la inocencia. (L-134.10:3)

Insistir:
Insistir significa invertir, y aquello en lo que inviertes está siempre relacionado con tu idea de lo que es la salvación. (T-12.III.2:5)

Inspiración:
El resultado de una dedicación genuina es la inspiración, palabra que es lo opuesto a la fatiga si se entiende correctamente. Estar fatigado es estar des-animado, mas estar inspirado es estar en el Espíritu. Ser egocéntrico es estar des-animado, mas estar centrado en Sí Mismo, en el buen sentido de la expresión, es estar inspirado o en el Espíritu. Los verdaderamente inspirados están iluminados y no pueden morar en las tinieblas. (T-4 intro.1.5-8)

Instante no santo:
El cuerpo es el ídolo del ego, la creencia en el pecado hecha carne y luego proyectada afuera. Esto produce lo que parece ser una muralla de carne alrededor de la mente, que la mantiene prisionera en un diminuto confín de espacio y tiempo hasta que llegue la muerte, y disponiendo de un solo instante en el que suspirar,

sufrir y morir en honor de su amo. Y este instante no santo es lo que parece ser la vida: un instante de desesperación, un pequeño islote de arena seca, desprovisto de agua y sepultado en el olvido. (T-20.VI.11:1-3)

El instante no santo es el tiempo de los cuerpos. (T-20.VII.5:2)

Instante santo:
Mas nunca le podrás dar al Espíritu Santo ese instante santo en favor de tu liberación, mientras no estés dispuesto a dárselo a tus hermanos en favor de la suya. Pues el instante de la santidad es un instante que se comparte, y no puede ser solo para ti. (T-15.I.12:1-2)

Pues el instante de la santidad es un instante que se comparte, y no puede ser solo para ti. Cuando te sientas tentado de atacar a un hermano, recuerda que su instante de liberación es el tuyo. (T-15.I.12:2-3)

El instante santo es este mismo instante y cada instante. El que deseas que sea santo, lo es. El que no lo deseas, lo desperdicias. En tus manos está decidir qué instante ha de ser santo. (T-15.IV.1:3-6)

Te darás cuenta de que eso es el instante santo, en el que gustosamente y de buena voluntad renuncias a todo plan que no sea el Suyo. Pues en el instante santo se encuentra la paz, perfectamente diáfana porque has estado dispuesto a satisfacer sus condiciones. (T-15.IV.4:2-3)

La simple razón, llanamente expuesta, es esta: El instante santo es un momento en el que se recibe y se da perfecta comunicación. Esto quiere decir que es un momento en el que tu mente es receptiva, tanto para recibir como para dar. El instante santo es el reconocimiento de que todas las mentes están en comunicación. Por lo tanto, tu mente no trata de cambiar nada, sino simplemente de aceptarlo todo. (T-15.IV.6:5-8)

instante santo

El instante santo es el recurso de aprendizaje más útil de que dispone el Espíritu Santo para enseñarte el significado del amor. Pues su propósito es la suspensión total de todo juicio. (T-15.V.1:1-2)

En el instante santo nadie es especial, pues no le impones a nadie tus necesidades personales para hacer que tus hermanos parezcan diferentes. (T-15.V.8:2)

En el instante santo ves lo que cada relación ha de ser cuando percibas únicamente el presente. (T-15.V.8:5)

El instante santo refleja Su Conocimiento al desvanecer todas tus percepciones del pasado y, de esa manera, eliminar el marco de referencia que inventaste para juzgar a tus hermanos... Pues en el instante santo, el cual está libre del pasado, ves que el amor se encuentra en ti y que no tienes necesidad de buscarlo en algo externo y de arrebatarlo culpablemente donde pensabas que se encontraba. (T-15.V.9:3-7)

En el instante santo compartimos la fe que tenemos en el Hijo de Dios porque juntos reconocemos que él es completamente digno de ella, y en nuestro aprecio de su valía no podemos dudar de su santidad. (T-15.VI.2:5)

En el instante santo reconoces que la idea del amor mora en ti, y unes esta idea a la Mente que la pensó y que jamás podría abandonarla. (T-15.VI.5:3)

En el instante santo prevalecen Sus Leyes, que son las únicas que tienen sentido. Las leyes de este mundo, por otra parte, dejan de tenerlo. (T-15.VI.5:8-9)

En el instante santo no ocurre nada que no haya estado ahí siempre. Lo único que sucede es que se descorre el velo que cubría la realidad. (T-15.VI.6:1-2)

El instante santo no reemplaza de tu necesidad de aprender, pues el Espíritu Santo no puede dejar de ser tu Maestro hasta que el instante santo se haya extendido mucho más allá del tiempo. (T-15.VIII.1:1)

En el instante santo no hay cuerpos, y lo único que se experimenta es la atracción de Dios. (T-15.IX.7:3)

El instante santo es verdaderamente la hora de Cristo. Pues en ese instante liberador, no se culpa al Hijo de Dios por nada y, de esa manera, se le restituye su poder ilimitado. (T-15.X.2:1)

En el instante santo se satisface la condición del amor, pues las mentes se unen sin la interferencia del cuerpo y allí donde hay comunicación hay paz. (T-15.XI.7:1)

El instante santo es el recurso más útil de que Él dispone para protegerte de la atracción de la culpabilidad, que es el verdadero señuelo de la relación especial. (T-16.VI.3:2)

El instante santo es lo opuesto a la creencia fija del ego de que la salvación se logra vengando el pasado. En el instante santo se comprende que el pasado ya pasó, y que, con su pasar, el impulso de venganza se arrancó de raíz y desapareció. (T-16.VII.6:3-4)

Libera a tus hermanos de la esclavitud de sus ilusiones, perdonándolos por las ilusiones que percibes en ellos. Así aprenderás que has sido perdonado, pues fuiste tú quien les ofreció ilusiones. En el instante santo esto es lo que se lleva a cabo por ti mientras estés en el tiempo, para de este modo brindarte la verdadera condición del Cielo. (T-16.VII.9:5-7)

Busca *y encuentra Su* mensaje en el instante santo, en el que se perdonan todas las ilusiones. Desde ahí, el milagro se extiende para bendecir a todo el mundo y resolver todo problema, percíbase como grande o pequeño, como que puede ser resuelto o como que no. (T-16.VII.11:1-2)

instante santo

Mas el instante santo es eterno, y las ilusiones que tienes acerca del tiempo no impedirán que lo intemporal sea lo que es ni que lo experimentes tal como es. (T-16.VII.7:5)

El instante santo es una miniatura del Cielo, que se te envía desde el Cielo. Es también un cuadro, montado en un marco. (T-17.IV.11:1-2)

El instante santo es una miniatura de la eternidad. Es un cuadro de intemporalidad, montado en un marco de tiempo. Si te concentras en el cuadro, te darás cuenta que de que era únicamente el marco lo que te hacía pensar que *era* un cuadro. Sin el marco el cuadro se ve como lo que representa. Pues de la misma manera en que todo el sistema de pensamiento del ego radica en sus regalos, del mismo modo el Cielo en su totalidad radica en este instante, que se tomó prestado de la eternidad y se montó en el tiempo para ti. (T-17.IV.11:4-8)

El instante santo refulge por igual sobre todas las relaciones, pues en él todas las relaciones son una. En el instante santo solo hay curación, ya completa y perfecta, pues Dios está en él, y donde Él está, solo lo que es perfecto y completo puede estar. (T-17.IV.16:8-10)

El instante santo no es más que un caso especial, un ejemplo extremo, de lo que toda situación está destinada a ser. (T-17.VIII.1:1)

El instante santo es el ejemplo supremo, la demostración clara e inequívoca del significado de toda relación y de toda situación cuando se ven como un todo. (T-17.VIII.1:4)

El instante santo es el resultado de tu decisión de ser santo. Es la *respuesta*. Desearlo y estar dispuesto a que llegue, precede su llegada. (T-18.IV.1:1-3)

El instante santo no procede únicamente de tu pequeña dosis de buena voluntad. Es siempre el resultado de combinar tu buena voluntad con el poder ilimitado de la Voluntad de Dios. (T-18.IV.4:1-2)

El instante santo, la relación santa y las enseñanzas del Espíritu Santo y todos los medios por los que se alcanza la salvación no tendrían ningún propósito. Pues todos ellos no son sino aspectos del plan cuyo fin es cambiar tus sueños de terror por sueños felices, desde los cuales puedas despertar fácilmente al conocimiento. (T-18.V.1:3-4)

En la súbita expansión de conciencia que tiene lugar solo con que tú lo desees reside el irresistible atractivo del instante santo. (T-18.VI.14:2)

El instante santo es la invitación que le haces al amor para que entre en tu desolado y pesaroso reino y lo transforme en un jardín de paz y de bienvenida. (T-18.VIII.11:1)

El instante santo en el que tú y tu hermano os unisteis no es más que el mensajero del amor, el cual se envió desde más allá del perdón para recordarte lo que se encuentra allende del perdón. (T-18.IX.13:3)

No *hay* más que uno. El pequeño aliento de eternidad que atraviesa el tiempo como una luz dorada es solo uno: no ha habido nada antes, ni nada después. (T-20.V.5:7-8)

Ves cada instante santo como un punto diferente en el tiempo. Mas es siempre el mismo instante. Todo lo que jamás hubo o habrá en él se encuentra aquí ahora mismo. El pasado no le resta nada, y el futuro no le añadirá más. En el instante santo, entonces se encuentra todo. En él se encuentra la belleza de tu relación, con los medios y el fin perfectamente armonizados ya. En él se te ha ofrecido ya la perfecta fe que algún día habrás de ofrecerle a tu hermano; en él se ha concedido ya el ilimitado perdón que le concederás; y en él es visible ya la faz de Cristo que algún día habrás de contemplar. (T-20.V.6:1-7)

instante santo

El instante santo no es un instante de creación sino de reconocimiento. (T-21.II.8:2)

¿Qué es el instante santo, sino el llamamiento de Dios a que reconozcas lo que Él te ha dado? He aquí el gran llamamiento a la razón; a la conciencia de lo que siempre está ahí a la vista; a la felicidad que podría ser siempre tuya. He aquí la paz constante que podrías experimentar siempre. He aquí revelado ante ti lo que la negación ha negado. Pues aquí la última pregunta ya está contestada, y lo que pides, concedido. Aquí el futuro es *ahora,* pues el tiempo es impotente ante tu deseo de lo que nunca ha de cambiar. Pues has pedido que nada se interponga entre la santidad de tu relación y tu *conciencia* de esa santidad. (T-21.VIII.5:1-7)

Dios tiene que haberte dado, por lo tanto, una manera de alcanzar otro estado mental en el que se encuentra la solución. Tal es el instante santo. Ahí es donde debes llevar y dejar todos tus problemas. (T-27.IV.2:3-5)

El instante santo es aquel en el que la mente está lo suficientemente serena como para poder escuchar una respuesta que no está implícita en la pregunta. (T-27.IV.6:9)

El instante santo es la morada de los milagros. (T-27.V.3:1)

El instante santo lleva el consuelo de la paz al campo de batalla, demostrando así que la guerra no tiene efectos. (T-27.V.3:3)

Instinto:
Términos tales como "instintos", "reflejos" y otros similares, representan intentos de dotar al cuerpo con motivadores no mentales. (M-5.II.1:8)

Interacción:
Todo el mundo inventa un ego o un yo para sí mismo, el cual está sujeto a enormes variaciones debido a su inestabilidad. También

inventa un ego para cada persona a la que percibe, el cual es igualmente variable. Su interacción es un proceso que los altera a ambos porque no fueron creados por el Inalterable o mediante Él. Es importante darse cuenta de que esta alteración ocurre con igual facilidad tanto si la interacción tiene lugar en la mente como si entraña proximidad física. Pensar acerca de otro ego es tan eficaz en el proceso de cambiar la percepción relativa como lo es la interacción física. (T-4.II.2:1-5)

Interpretar:

El Conocimiento no está sujeto a interpretaciones. Puedes tratar de "interpretar" el significado de algo, pero siempre existe la posibilidad de equivocarse porque se refiere a la *percepción* que se tiene del significado. Tales incongruencias son el resultado de tus intentos de considerarte a ti mismo separado y no-separado al mismo tiempo. Es imposible incurrir en una confusión tan fundamental sin aumentar aún más tu confusión general. Tu mente podrá haber llegado a ser muy ingeniosa, pero como siempre ocurre cuando el método y el contenido están en desacuerdo, la usas en un fútil intento de escaparte de un callejón sin salida. El ingenio no tiene nada que ver con el Conocimiento, pues el Conocimiento no requiere ingeniosidad. El pensamiento ingenioso *no* es la verdad que te hará libre, pero te librará de la necesidad de usarlo una vez que estés dispuesto a prescindir de él. (T-3.V.1:7)

Comprende que no reaccionas a nada directamente, sino a tu propia interpretación de ello. Tu interpretación, por lo tanto, se convierte en la justificación de tus reacciones. (T-12.I.1:4-5)

Interpretar el error es conferirle poder, y una vez que haces esto, pasas por alto la verdad. (T-12.I.1:8)

Invulnerabilidad:

Así es como se enseña esta simple lección: la ausencia de culpa es invulnerabilidad. (T-14.III.7:1)

invulnerabilidad

Los que aceptan la Expiación son invulnerables. (T-14.III.10:1)

Ira:

La ira siempre entraña la proyección de la separación, lo cual tenemos que aceptar, en última instancia, como nuestra propia responsabilidad, en vez de culpar a otros por ello. (T-6 intro.1:2)

La proyección implica ira; la ira alienta la agresión y la agresión fomenta el miedo. (T-6.I.3:3)

Cada vez que te enfadas, puedes estar seguro de que has entablado una relación especial que el ego ha "bendecido", pues la ira *es* su bendición. La ira se manifiesta de muchas formas, pero no puede seguir engañando por mucho tiempo a los que se han dado cuenta de que el amor no produce culpabilidad en absoluto, y de que lo que produce culpabilidad no puede ser amor sino ira. La ira no es más que un intento de hacer que otro se sienta culpable, y este intento constituye la única base que el ego acepta para las relaciones especiales. (T-15.VII.10:1-3)

Cuando te invade la ira, ¿no es acaso porque alguien no llevó a cabo la función que tú le habías asignado? ¿Y no se convierte esto en la "razón" que justifica tu ataque? (T-29.IV.4:1-2)

La ira *nunca* está justificada. El ataque no tiene fundamento. (T-30.VI.1:1)

La ira procede de los juicios. (L-347)

Se nos ha restituido la cordura, en la que comprendemos que la ira es una locura, el ataque algo demente y la venganza una mera fantasía pueril. (L-F intro 5:4)

Dado que la ira procede de una interpretación y no de un hecho, nunca está justificada. (M-17.8:6)

Recuerda, maestro de Dios, que la ira reconoce una realidad que no existe. No obstante, es un testigo fidedigno de que tú crees en ella como si se tratase de un hecho. (M-17.9:7-)

Permite que se te despoje de esa siniestra espada. La muerte no existe. La espada tampoco. (M-17.9:9-11)

J

Jardín del Edén, El:
El Jardín del Edén -la condición que existía antes de la separación- era un estado mental en el que no se necesitaba nada. (T-2.I.3:1)

Jesucristo:
El nombre de Jesucristo como tal no es más que un símbolo. Pero representa un amor que no es de este mundo. Es un símbolo que se puede usar sin riesgo para reemplazar a los innumerables nombres de todos los dioses que imploras. Constituye el símbolo resplandeciente de la palabra de Dios, tan próximo a aquello que representa, que el ínfimo espacio que hay entre ellos desaparece en el momento en que se evoca su nombre. (M-23.4:1-4).

Recordar el Nombre de Jesucristo es dar gracias por todos los dones que Dios te ha dado. (M-23.4:5)

Jesús:
Yo fui un hombre que recordó al Espíritu y su Conocimiento. Como hombre no traté de contrarrestar los errores con el Conocimiento, sino corregir el error de raíz. Demostré tanto la impotencia del cuerpo como el poder de la mente. Al unir mi voluntad con la de mi Creador, recordé naturalmente al Espíritu y su verdadero propósito. (T-3.IV.7:3-6)

Yo soy la manifestación del Espíritu Santo y, cuando me veas, será porque lo has invitado a Él. (T-12.VII.6:1)

Pues me convertí en el símbolo de tu pecado, y por esa razón tuve que morir en tu lugar. (T-19.IV.A.17:2)

Dirígete entonces hacia uno que abandonó todo límite y fue más allá del alcance más elevado que el aprendizaje puede ofrecer. Él te llevará consigo, pues no llegó hasta allí solo. Estabas con él entonces, tal como lo estás ahora (M-23.6:8-9)

El nombre de Jesús es el nombre de uno que, siendo hombre, vio la faz de Cristo en todos sus hermanos y recordó a Dios. Al identificarse con Cristo, dejó de ser un hombre y se volvió uno con Dios. El hombre era una ilusión, pues parecía ser un ser separado que caminaba por su cuenta, dentro de un cuerpo que aparentemente mantenía a su ser separado de su Ser, como hacen todas las ilusiones. Pero ¿quién puede salvar a menos que, al ver las ilusiones, las identifique como lo que son? Jesús sigue siendo un Salvador porque vio lo falso y no lo aceptó como la verdad. Cristo necesitó su forma para poder presentarse ante los hombres y salvarlos de sus ilusiones.(C-5.2:1-6)

Mas para ti, Jesús es el portador del único mensaje de Cristo acerca del Amor de Dios. No tienes necesidad de ningún otro. (C-5.6:4)

Jesús es la manifestación del Espíritu Santo, a quien él invocó para que descendiese sobre la Tierra después de su ascensión al Cielo, es decir, después de haberse identificado completamente con el Cristo, el Hijo de Dios tal como Él lo creó. (C-6.1:1)

Él ha designado a Jesús como el líder para llevar a cabo Su plan de la Expiación, ya que Jesús fue el primero en desempeñar perfectamente su papel. (C-6.2:2)

Jornada de la paz:
Aprende a mantenerte sereno en medio de la agitación, pues la quietud supone el final de la lucha y en esto consiste la jornada a la paz. (T-12.II.5:5)

Júbilo:
El júbilo (de la paz) es su atributo unificador, y no deja a nadie afuera solo, sufriendo el dolor de la culpa. (T-14.V.8:4)

júbilo

Así el júbilo de Dios se vuelve tuyo. Este es el día en que te es dado comprender plenamente la lección que encierra dentro de sí todo el poder de la salvación: el dolor es una ilusión; el júbilo es real. El dolor es dormir; el júbilo, despertar. El dolor es un engaño y solo el júbilo es verdad. (L-190.10:2-4)

El júbilo es el resultado inevitable de la mansedumbre. (M-4.V.1:1)

El júbilo (el de los maestros) es su canto de gratitud. (M-4.V.1:12)

Juicio Final:

El Juicio Final es una de las ideas más atemorizantes de tu sistema de pensamiento. Eso se debe a que no entiendes lo que es. Juzgar no es un atributo de Dios. El Juicio Final se originó a raíz de la separación como uno de los muchos recursos de aprendizaje que se incluyeron en el plan general. (T-2.VIII.2:1-4)

El Juicio Final es la última curación, en vez de un reparto de castigos, por mucho que pienses que los castigos son merecidos. (T-2.VIII.3:3)

Se podría decir que el Juicio Final es un proceso de correcta evaluación. Significa simplemente que todos llegarán por fin a entender qué es lo que tiene valor y qué es lo que no lo tiene. (T-2.VIII.3:5-6)

El término "Juicio Final" asusta no solo porque ha sido proyectado sobre Dios, sino también por la asociación de la palabra "final" con la muerte. Este es un ejemplo sobresaliente de la percepción invertida. Si se examina objetivamente el significado del Juicio Final, queda muy claro que en realidad es el umbral de la vida. (T-2.VIII.5:1-3)

El único propósito del tiempo es "darte tiempo" para alcanzar ese juicio, el cual no es otra cosa que el juicio perfecto con respecto a tus propias creaciones perfectas. (T-2.VIII.5:8-9)

Dicho Juicio es simbólico porque más allá de la percepción no hay juicios. (T-3.VI.1:3)

No tienes por qué temer que el Tribunal Supremo te vaya a condenar. Este simplemente desestimará el caso contra ti. (T-5.VI.10:1-2)

Ninguna creencia que el Hijo de Dios albergue puede ser destruida. Pero lo que es verdad para él tiene que llevarse ante la última comparación que él jamás tendrá que hacer; la última posible evaluación, el juicio final sobre este mundo. Se trata del juicio de la verdad con respecto a la ilusión; del Conocimiento con respecto a la percepción: "No tiene ningún significado y no existe". Esto no es algo que tú decides. Es la simple declaración de un simple hecho. (T-26.III.4:1-5)

Tú, que te creías que el juicio Final de Dios condenaría al mundo al infierno junto contigo, acepta esta santa verdad: el Juicio de Dios es el don de la Corrección que Él le concedió a todos tus errores. (L- segunda parte, punto10 ¿Qué es el Juicio Final? 3:1)

Este es el Juicio Final de Dios: "Tú sigues siendo Mi Santo Hijo, por siempre inocente, por siempre amoroso y por siempre amado, tan ilimitado como tu Creador, absolutamente inmutable y por siempre inmaculado. Despierta, pues, y regresa a Mí. Yo soy tu Padre y tú eres Mi Hijo".
(L-segunda parte, punto10 ¿Qué es el Juicio Final? 5:1-3)

El Juicio de Dios es Su Justicia. Sobre este Juicio -totalmente desprovisto de condenación al ser una evaluación enteramente basada en el amor- has proyectado tu injusticia, atribuyéndole a Dios la lente de percepción deformada a través de la que miras tú. Ahora la lente es Suya y no tuya. Ahora tienes miedo de Él, y no te das cuenta de que odias y temes a tu propio Ser como si de tu enemigo se tratase. (M-19.4:6-8)

Juicios:
Los juicios, al igual que cualquier otra defensa, se pueden utilizar para atacar o para proteger, para herir o para sanar. (T-4.IV.8:7)

juicios

Los juicios se basan siempre en el pasado, puesto que tus experiencias pasadas constituyen su base. Es imposible juzgar sin el pasado, ya que sin él no entiendes nada. Por lo tanto, no intentarías juzgar porque te resultaría obvio que no entiendes el significado de nada. Esto te da miedo, pues crees que sin el ego, todo sería caótico. Mas yo te aseguro que sin el ego, todo sería amor. (T-15.V.1:3-7)

Los juicios no son sino juguetes, caprichos, instrumentos insensatos para jugar al juego fútil de la muerte en tu imaginación. (T-20.VIII.7:1)

Todo juicio es una injusticia contra el Hijo de Dios, "por lo que *es* justo que el que le juzgue no eluda de la pena que se impuso a sí mismo dentro del sueño que forjó". (T-29.IX.3:5)

La espada del juicio es el arma que le entregas a esta ilusión (la de que estás separado) de ti mismo, para que pueda luchar e impedir que el amor llene el espacio que mantiene a tu hermano separado de ti. (T-31.VII.9:2)

Los juicios se inventaron para usarse como un arma contra la verdad. Separan aquello contra lo que se utilizan y hacen que se vea como si fuese algo aparte y separado. Luego hacen de ello lo que tú quieres que sea. Juzgan lo que no pueden comprender, ya que no pueden ver la totalidad y, por lo tanto juzgan falsamente. (L-311.1:1-4)

Y los juicios son el arma que utilizo contra mí mismo a fin de mantener el milagro alejado de mí. (L-347)

Los juicios son lo opuesto al amor. (L-352)

Juzgar, al igual que los demás mecanismos mediante los cuales se mantiene vigente el mundo de las ilusiones, es algo que el mundo no entiende en absoluto. De hecho, se les confunde con la sabiduría y se usan como sustituto de la verdad. (M-10.1:1-2)

De los juicios se deriva toda soledad y sensación de pérdida; el paso del tiempo y el creciente desaliento; la desesperación enfermiza y el miedo a la muerte. (M-10.6:6)

Es un juicio acerca del Hijo de Dios, y todo juicio es una actividad mental. Un juicio es una decisión que se toma una y otra vez contra la creación y su Creador. Es la decisión de percibir el universo como tú lo habrías creado. Es decidir que la verdad puede mentir y que es una mentira. (P-2.IV.1:2-5)

Justicia:
La justicia es un expediente temporal o un intento de enseñarte el significado de la misericordia. Es juzgadora únicamente porque tú eres capaz de cometer injusticias. (T-3.VI.6:3-4)

Para el mundo, la justicia y la venganza son lo mismo, pues los pecadores ven la justicia únicamente como el castigo que merecen, por el que tal vez otro deba pagar, pero del que es imposible escapar. (T-25.VIII.3:2)

El costo no puede ser otro que la muerte, y tiene que pagarse. Esto no es justicia, sino demencia. (T-25.VIII.3:5-6)

Tú, que no sabes lo que es la justicia puedes todavía preguntar lo que es y así aprenderlo. La justicia contempla a todos de la misma manera. No es justo que a alguien le falte lo que otro tiene. Pues eso es venganza, sea cual sea la forma que adopte. La justicia no exige ningún sacrificio, pues todo sacrificio se hace a fin de perpetuar y conservar el pecado, pero no es el costo total.
(T-25.VIII.4:1-5)

Ser justo es ser equitativo, no vengativo. (T-25.VIII.5:6)

¿Cómo iban a poder entender los que se creen especiales que la justicia es igual para todo el mundo? (T-25.VIII.13:4)

justicia

Mas el problema sigue sin resolverse, pues solo la justicia puede establecer un estado en el que nadie pierde y en el que a nadie es tratado injustamente o privado de algo, lo cual le daría motivos para vengarse. (T-25.IX.4:6)

El principio según el cual la justicia significa que nadie puede perder es crucial para el objetivo del curso. (T-25.IX.5:4)

Tú, que crees que entregarle al Espíritu Santo tan solo algunos errores y quedarte con el resto te mantiene a salvo, recuerda esto: la justicia es total. La justicia parcial no existe. (T-26.II.5:1-2)

La justicia es la corrección divina de la injusticia. (M-19.1:1)

La justicia es el veredicto que el Espíritu Santo emite acerca del mundo. La justicia es imposible excepto en Su juicio, pues nadie en el mundo es capaz de hacer únicamente interpretaciones justas y dejar a un lado toda injusticia. (M-19.1:6)

La justicia, al igual que su opuesto, es una interpretación. Sin embargo, es la única interpretación que conduce a la verdad. (M-19.2:1-2)

El Juicio de Dios es Su justicia. (M-19.4:6)

La justicia de Dios apunta hacia el Cielo precisamente porque es totalmente imparcial. La justicia de Dios acepta todas las pruebas que se le presentan, sin omitir nada y sin considerar nada como algo separado y ajeno a todo lo demás. La justicia de Dios juzga desde este punto de vista y solo desde él. Aquí todo ataque y toda condenación dejan de tener sentido y se hacen insostenibles. (M-19.5:5)

Juzgar:
Juzgar es el proceso en el que se basa la percepción, pero no el conocimiento. (T-3.VI.2:2)

Los juicios siempre entrañan rechazo. (T-3.VI.2:4)

... juzgar implica que abrigas la creencia de que la realidad está a tu disposición para que puedas seleccionar *de* ella lo que mejor te parezca. (T-3.VI.2:12)

He dicho que juzgar es la función del Espíritu Santo, para la cual Él está perfectamente capacitado. (T-8.VIII.4:7)

Por juzgar se tiene que pagar un precio porque juzgar es fijar un precio. Y el precio que fijes es el que pagarás. (T-9.II.9:5-6)

Nadie puede juzgar basándose en pruebas parciales. Eso no es juzgar. Es solo una opinión basada en la ignorancia y en la duda. Su aparente certeza no es más que una capa con la que pretende ocultar la incertidumbre. (L-151.1:1-4)

Crees que lo que tus dedos tocan es real y que contiene la verdad. Esto es lo que entiendes y lo que consideras más real que el testimonio que da la eterna Voz que habla por Dios Mismo.

¿A eso es a lo que llamas juzgar? (L-151.3:6-7 y 4:1)

Juzgar es ser deshonesto, pues es asumir un papel que no te corresponde. Es imposible juzgar sin engañarse uno a sí mismo. Juzgar implica que te has engañado con respecto a tus hermanos. ¿Cómo, entonces, no te ibas a haber engañado con respecto a ti mismo? Juzgar implica falta de confianza, y la confianza sigue siendo la piedra angular de todo el sistema de pensamiento del maestro de Dios. Si la pierde, todo su aprendizaje se malogra. Sin juicios todas las cosas son igualmente aceptables, pues, en tal caso, ¿quién podría juzgar de una manera u otra? Sin juicios todos los hombres son hermanos, pues en tal caso, ¿podría haber alguno que fuese diferente? Juzgar destruye la honestidad y quebranta la confianza. (M-4.III.1:2-10)

juzgar

El objetivo de nuestro programa de estudio, a diferencia de la meta del aprendizaje del mundo, es el reconocimiento de que juzgar, en el sentido usual, es imposible. Esto no es una opinión sino un hecho. (M-10.3:1-2)

Formar juicios no es muestra de sabiduría; la renuncia a todo juicio lo es. (M-10.4:5)

... que juzgar y limitar no son sino el mismo error. (M-22.7:7)

L

Lealtad:

Una lealtad dividida significa que le eres infiel a ambas, lo cual no hace sino ponerte a dar tumbos, sin que te quede otro remedio que agarrarte a cualquier brizna de paja que parezca ofrecerte apoyo. (T-28.VII.3:3)

Lección:

Una lección es un milagro que Dios me ofrece, en lugar de los pensamientos que concebí que me hacen daño. (L-213.2:1)

Ley de causa y efecto:

Verás lo que desees ver. Esta es la verdadera ley de causa y efecto tal como opera en el mundo. (L-20.5:5-6)

"Ley de vida":

En la naturaleza, el *devorarse* unos a otros es la "ley de vida". Dios está loco y solo el miedo es real. (M-27.3:7)

Ley del amor:

El conocimiento es la verdad y está regido por una sola ley: la ley del amor o Dios. (Prefacio. ¿Qué postula?)

Hoy aprendo la ley del amor: que lo que le doy a mi hermano es el regalo que me hago a mí mismo. (L-344)

Y cada uno (milagro) que concedo retorna a mí, recordándome que la ley del amor es universal. (L-345.2)

De esta manera, obedezco la ley del Amor, dando lo que quiero encontrar y hacer mío. (L-349.1:2)

ley fundamental

Ley fundamental de la mente (del compartir o de la extensión):
Hemos dicho que sin proyección no puede haber ira, pero también es verdad que sin extensión no puede haber amor. Todo ello refleja una ley fundamental de la mente y, por consiguiente, una ley que siempre está en vigor. Es la ley mediante la cual creas y mediante la cual fuiste creado. Es la ley que unifica al Reino y lo conserva en la Mente de Dios. El ego, sin embargo, percibe dicha ley como un medio para deshacerse de algo que no desea. Para el Espíritu Santo, es la ley fundamental del compartir, mediante la cual das lo que consideras valioso a fin de conservarlo en tu mente. Para el Espíritu Santo, es la ley de la extensión. Para el ego, la de la privación. Por lo tanto, produce abundancia o escasez, dependiendo de cómo eliges aplicarla. La manera en que eliges aplicarla depende de ti, pero no depende de ti decidir si vas a utilizar la ley o no. Toda mente tiene que proyectar o extender porque así es como vive, y toda mente es vida. (T-7.VIII.1:1-11)

Leyes de Dios:
Cuando un hermano actúa insensatamente, te está ofreciendo una oportunidad para que lo bendigas. Su necesidad es la tuya. Tú necesitas la bendición que puedes darle. No hay manera de que puedas disponer de ella excepto dándola. Esa es la ley de Dios, la cual no hace excepciones. (T-7.VII.2:1-5)

Las leyes de Dios son siempre justas y perfectamente consistentes. Al dar, recibes. (T-9.II.11:3-4)

Las leyes de Dios mantendrán a tu mente en paz porque la paz es Su Voluntad, y Sus leyes se promulgaron para sustentarla. *Sus* leyes son las leyes de la libertad, mas las tuyas son las leyes del cautiverio. Puesto que la libertad y el cautiverio son irreconciliables, sus respectivas leyes no se pueden entender simultáneamente. Las leyes de Dios operan exclusivamente para tu bien, y no hay más leyes que las Suyas. (T-10.IV.4:1-4)

Las leyes de Dios no pueden gobernar directamente en un mundo regido por la percepción, pues un mundo así no pudo haber sido creado por la Mente para la cual la percepción no tiene sentido. Sus leyes, no obstante, se ven reflejadas por todas partes. (T-25.III.2:1-2)

La realidad obedece las Leyes de Dios y no las reglas que tú estableces. Son Sus Leyes las que garantizan tu seguridad. (T-30.IV.4:1-2)

La magia aprisiona, pero las Leyes de Dios liberan. (L-76.7:5)

Estarás escuchando a Uno que te dice que de acuerdo con las Leyes de Dios las pérdida no existe. (L-76.9:3)

Las Leyes de Dios dan eternamente sin quitar nada nunca. (L-76.9:6)

Tu derecho a los milagros quedó establecido en tu creación y está garantizado por las Leyes de Dios. (L-77.2:5)

Da comienzo al día pensando en aquellos hermanos a quienes les has negado la paz y la dicha a las que tienen derecho de acuerdo con las equitativas Leyes de Dios. (L-105.6:2)

Se ha dicho correctamente que a aquel que tiene se le dará. Porque tiene, puede dar. Y porque da, se le dará. Esta es la Ley de Dios, no la del mundo. (P-3.III.5:1-4)

Leyes de la Creación:
La Ley de la Creación consiste en que ames a tus creaciones como a ti mismo porque forman parte de ti. (T-10.I.1:3)

Esta es la Ley de la Creación: que cada idea que la mente conciba solo sirva para aumentar su abundancia y nunca para disminuirla. Esto es tan cierto con respecto a lo que se desea vanamente como con respecto a lo que la voluntad dispone verdaderamente, ya que la mente puede desear ser engañada, pero no puede hacer de sí misma lo que no es. (T-26.VII.13:3-4)

Leyes de la percepción

Leyes de la percepción:
Esto concuerda con la ley fundamental de la percepción: ves lo que crees que está ahí, y crees que está ahí porque quieres que lo esté. (T-25.III.1:3)

Las leyes de la percepción son lo opuesto a la Verdad, y lo que es cierto con respecto al Conocimiento no lo es con respecto a nada que se encuentre aparte de él. (T-26.VII.4:1)

Las leyes de la percepción tienen que ser invertidas, pues son una inversión de las Leyes de la Verdad. (T-26.VII.5:2)

Condena y te vuelves prisionero. Perdona y te liberas. Esta es la ley que rige a la percepción. No es una ley que el conocimiento entienda, pues la libertad es parte del conocimiento. (L-198.2:1-4)

Leyes del caos:
"Las leyes del caos" es una expresión que no tiene sentido. (T-10.IV.4:8)

Estas son las leyes que rigen el mundo que tú fabricaste. Sin embargo, no gobiernan nada ni necesitan violarse; necesitan simplemente contemplarse y transcenderse. (T-23.II.1:6)

La *primera* ley caótica es que la verdad es diferente para cada persona. (T-23.II.2:1)

La *segunda* ley del caos, muy querida por todo aquel que venera el pecado, es que no hay nadie que *no peque,* y, por lo tanto, todo el mundo merece ataque y muerte. (T-23.II.4:1)

Esto conduce directamente a la *tercera* creencia descabellada que hace que el caos parezca ser eterno. Pues si Dios no puede estar equivocado, tiene entonces que aceptar la creencia que Su Hijo tiene de sí mismo y odiarlo por ello. (T-23.II.6:5-6)

Esto conduce a la *cuarta* ley del caos, que, si las demás son aceptadas, no puede sino ser verdad. Esta supuesta ley es la creencia de que haces tuyo aquello de lo que te apropias. (T-23.II.9:2-3)

Aquí es donde el "último" principio del caos acude en tu "auxilio". Este principio alega que hay un substituto para el amor. Esta es la magia que curará todo tu dolor, el elemento que falta que curaría tu locura. (T-23.II.12:3-5)

Tú, que crees ser cuerdo y caminar por tierra firme en un mundo en el que se puede encontrar significado, considera lo siguiente: Estas *son* las leyes en las que parece basarse tu "cordura". Estos *son* los principios que hacen que el suelo que pisas parezca firme. Y es ahí donde tratas de encontrar significado. Esas son las leyes que promulgaste para tu salvación. Apoyan firmemente al sustituto del Cielo que prefieres. Ése es su propósito, pues para eso es para lo que fueron promulgadas. No tiene objeto preguntar qué significado tienen. Eso es obvio. Los medios de la locura no pueden sino ser dementes. ¿Estás tú igualmente seguro de que comprendes que su objetivo es la locura? (T-23.II.13:4-13)

Leyes del ego:
Los que se sienten culpables siempre condenan, y una vez que han condenado lo siguen haciendo, vinculando el futuro al pasado tal como estipula la ley del ego. Guardarle fidelidad a esta ley impide el paso de la luz, pues exige que se le guarde fidelidad a la oscuridad y prohíbe el despertar. Las leyes del ego son estrictas y cualquier violación se castiga severamente. Por lo tanto, no las obedezcas, pues son las leyes del castigo. (T-13.IX.1:2-5)

Leyes del mundo:
Tú las llamas leyes y las anotas bajo diferentes nombres en un extenso catálogo de rituales que no sirven para nada ni tienen ningún propósito. Crees que debes obedecer las "leyes" de la medicina, de la economía y de la salud. Protege el cuerpo y te salvarás. (L-76.4:2-3)

leyes del mundo

Eso no son leyes, sino locura. (L-76.5:1)

Comenzaremos hoy las sesiones de práctica más largas con un breve repaso de las diferentes clases de "leyes" que hemos creído necesario acatar. Estas incluyen, por ejemplo, las "leyes" de la nutrición, de la inmunización, de la medicación y de la protección del cuerpo en las innumerables maneras en que se realiza. Crees también en las "leyes" de la amistad, de las "buenas" relaciones y de la reciprocidad. Puede que hasta incluso creas que hay leyes que regulan lo que es de Dios y lo que es tuyo. Muchas "religiones" se han basado en eso. Dichas religiones no salvan, sino que condenan en nombre del Cielo. En cualquier caso, sus leyes no son más extrañas que otras "leyes" que tú crees que debes obedecer para estar a salvo. (L-76.8:1-7)

"Libertad":
Hemos dicho que el Espíritu Santo te enseña la diferencia que existe entre el dolor y la dicha. Eso es lo mismo que decir que te enseña la diferencia que hay entre estar aprisionado y ser libre. No puedes hacer esta distinción sin Él porque te has enseñado a ti mismo que el aprisionamiento es libertad. (T-8.II.5:1-3)

Libertad:
Cuando hayas aprendido que tu voluntad es la de Dios, tu voluntad no dispondrá estar sin Él, tal como Su Voluntad no dispone estar sin ti. Esto es libertad y esto es dicha. (T-8.II.6:4-5)

La libertad es el único regalo que les puedes ofrecer a los Hijos de Dios, ya que es el reconocimiento de lo que ellos son y de lo que Él es. La libertad es creación porque es amor. (T-8.IV.8:1-2)

La auténtica libertad radica en darle la bienvenida a la realidad, y de tus invitados, solo el Espíritu Santo es real. (T-11.II.7:7)

Él (tu hermano) está tan libre de ello como tú, y en la libertad que ves en él ves la tuya. Pues la libertad es algo que compartís. (T-20.IV.3:4-5)

Debes preguntar qué es la libertad a aquellos que han aprendido lo que es. No le preguntes a un gorrión cómo se eleva el águila pues los alicortos no han aceptado para sí mismos el poder que pueden compartir contigo. (T-20.IV.4:6-7)

... tal como el sufrimiento es la consecuencia inevitablemente de la culpa, y la libertad de la falta de pecado. (T-24 intro.2:6)

¡Qué maravilloso es hacer tu voluntad! Pues eso es libertad. A nada más debería llamársele por ese nombre. A menos que hagas tu voluntad no serás libre. (T-30.II.2:1-4)

Condena y te vuelves un prisionero. Perdona y te liberas. Esta es la ley que rige a la percepción. No es una ley que el conocimiento entienda, pues la libertad es parte de él. (L-198.2:1-4)

Mas con el perdón, la luz brilla a través del sueño de tinieblas, ofreciéndole esperanzas y proporcionándole los medios para que tome conciencia de la libertad que es su herencia. (L-332.1:8)

La única libertad que aún nos queda en este mundo es la libertad de elegir, y la elección es siempre entre dos alternativas o dos voces. (C-1.7:1)

Líder y seguidor:
El líder y seguidor parecen desempeñar papeles diferentes, y cada uno de esos papeles parecen poseer ventajas que tú no quisieras perder. En su fusión, por lo tanto, parece haber esperanzas de satisfacción y de paz. (T-31.II.3:3-4)

Límites:
Vosotros en la Tierra no tenéis idea de lo que significa no tener límites, pues el mundo en el que aparentemente vivís es un mundo de límites. (T-14.X.2:4)

El ego es el que exige límites, y éstos representan sus exigencias de querer empequeñecer e incapacitar. (T-15.IX.4:3)

Llave del perdón:

La llave del perdón se encuentra en ella. -Mis pensamientos sin significado me están mostrando un mundo sin significado. (L-11)

Llenura:

Extender el Ser de Dios es la única función del Espíritu. Su llenura no puede ser contenida, de la misma manera en que la Llenura de Su Creador no se puede contener. Llenura significa extensión. (T-7.IX.3:1-3)

Locura:

Pero el pecado es la creencia de que tu percepción es inalterable y de que la mente tiene que aceptar como verdadero lo que le dicta la percepción. Si la mente no obedece, se la juzga como desquiciada. (T-19.III.5:7-8)

¿Dónde puede hallarse semejante oposición, sino en las mentes enfermizas de los desquiciados, que se han consagrado a la locura y se oponen firmemente a la paz del Cielo? (T-19.IV.C.3:2)

Tus desquiciadas leyes fueron promulgadas para garantizar que cometieses errores y que estos tuviesen poder sobre ti al aceptar sus consecuencias como tu justo merecido. ¿Qué puede ser esto sino una locura? (T-20.IV.3:1-2)

La locura es un ataque contra la razón que la expulsa de la mente, y ocupa su lugar. (T-21.VI.4:1)

Ver el cuerpo como una barrera que separa aquello que la razón te dice que no puede sino estar unido, solo puede ser una locura. (T-21.VI.5:3)

Nadie desea la locura, ni nadie se aferra a su propia locura si ve que eso es lo que es. Lo que protege a la locura es la creencia de que es la verdad. Usurpar el lugar de la verdad es la función de la demencia. ()(T-23.II.14:1-3)

(Crees realmente que estás solo a no ser que otro cuerpo esté contigo.) La demencia es la que piensa estas cosas. Tú las llamas leyes y las anotas bajo diferentes nombres en un extenso catálogo de rituales que no sirven para nada ni tienen ningún propósito. Crees que debes obedecer las "leyes" de la medicina, de la economía y de la salud. Y que si proteges el cuerpo, te salvarás. (L-76.4:1-4)

(Crees que debes obedecer las "leyes" de la medicina, de la economía y de la salud. Protege el cuerpo y te salvarás.) Eso no son leyes, sino locura. (L-76.5:1)

La Expiación pone fin a la extraña idea de que es posible dudar de ti mismo y no estar seguro de lo que realmente eres. Esto es el colmo de la locura. Sin embargo, es la pregunta universal del mundo. ¿Qué puede eso significar sino que el mundo está loco? ¿Por qué compartir su locura aceptando la desafortunada creencia de que lo que aquí es universal es verdad? (L-139.6:1-5)

Dejar que las ilusiones vayan delante de la verdad es una locura. (L-155.2:5)

No entiendo el mundo, por lo tanto, tratar de dirigir mi vida por mi cuenta es una locura. (L-242.1:2)

La locura tan solo aparenta ser algo terrible. En realidad no tiene poder para hacer nada. Al igual que la magia, que se convierte en su sierva, la locura ni ataca ni protege. (M-17.9:1-3)

Logros:
Los logros son resultados que ya se han alcanzado. (T-6.IV.8:3)

Lucha por la supervivencia:
La llamada "lucha por la supervivencia" no es más que la lucha del ego por prolongar su propia existencia, así como la interpretación que ha hecho con respecto a su comienzo. (T-4.II.9:3)

luz

Luz:
Tu luz es la luz de la dicha. (T-5.intro.1:4)

La luz es tan potente que irradia a través de toda la Filiación, la cual da gracias al Padre por irradiar Su Dicha sobre ella. (T-5. Intro.3:4)

Su luz es siempre la llamada a despertar, no importa lo que hayas estado soñando. (T-6.V.4:6)

Nada puede cambiar a menos que se entienda, ya que la luz *es* entendimiento.(T-9.V.6:5)

La luz es ilimitada y se extiende por todo ese mundo con serena dicha. (T-13.VI.11:8)

Puedes fabricar obscuridad y luego pensar que ves en ella, pero la luz refleja vida, y es, por consiguiente, un aspecto de la Creación. La Creación y la obscuridad no pueden coexistir, pero a Luz y la Vida son inseparables, pues no son sino diferentes aspectos de la Creación. (L-44.1:3-4)

La verdadera luz es fortaleza, y la fortaleza es impecabilidad. (L-94.2:1)

¿Y qué puede ser la luz sino la resolución, nacida de la paz, de fundir todos tus conflictos y pensamientos erróneos en un solo concepto que sea completamente cierto? (L-108.1:3)

La verdadera luz que hace posible la verdadera visión no es la luz que los ojos del cuerpo contemplan. Es un estado mental que se ha unificado en tal grado que la obscuridad no puede percibirse en absoluto. Y de esta manera, lo que es igual se ve como lo mismo, mientras que lo que es diferente ni se nota, pues no está ahí. (L-108.2:1-3)

Esta es la luz en la que no se pueden ver opuestos, y la visión, al haber sanado, tiene el poder de sanar. (L-108.3:1)

La luz es tranquilidad, y en esa paz se nos concede la visión, y entonces podemos ver. (L-108.7:5)

Hoy las luces del Cielo se inclinan ante ti, para derramar su luz sobre tus párpados mientras descansas más allá del mundo de las tinieblas. He aquí una luz que los ojos no pueden percibir. Y, sin embargo, la mente puede verla claramente, y entender. (L-129.8:1-3)

La luz es algo ajeno al mundo, y tú, en quien mora la luz, eres asimismo un extraño aquí. La luz vino contigo desde tu hogar natal, y permanece contigo, pues es tuya. Es lo único que trajiste contigo de Aquel que es tu Fuente. (L-188.1:5-7)

Luz de la fortaleza:
La luz de la fortaleza no es la luz que tú ves. No cambia, ni titila hasta finalmente extinguirse. No cambia de la obscuridad de la noche a la luz del día, y de vuelta a la oscuridad hasta que se hace de día otra vez. (L-92.7:4)

La luz de la fortaleza es constante, tan segura como el amor y eternamente feliz de darse a sí misma, ya que no puede sino darse a lo que ella misma es. (L-92.8:1)

M

Maestro de Dios:
Este es un manual para los maestros de Dios, quienes no son perfectos, pues, de lo contrario, no estarían aquí. Su misión, no obstante, es alcanzar la perfección aquí y, por lo tanto, la enseñan una y otra vez, de muchísimas maneras, hasta que la aprenden. Y después ya no se les ve más, si bien sus pensamientos siguen siendo una fuente de fortaleza y de verdad para siempre. (M-intro.5:4-7)

Un maestro de Dios es todo aquel que decide serlo. Sus atributos consisten únicamente en esto: de alguna manera y en algún lugar eligió deliberadamente no ver sus propios intereses como algo aparte de los intereses de los demás. Una vez que hizo esto, su camino quedó establecido y su dirección asegurada. Una luz penetró en las tinieblas. Tal vez haya sido una sola luz, pero con una basta. El maestro de Dios hizo un compromiso con Dios aunque todavía no crea en Él. Se convirtió en un portador de salvación. Se convirtió en un maestro de Dios. (M-1.1:1-8)

Los maestros de Dios son los que han respondido. La Llamada es universal, y está activa en todo momento y en todas partes. (M-1.2:3-5)

No importa lo que el maestro haya sido antes de oír la Llamada, al responder se ha convertido en un salvador. (M-1.3:7-8)

A los maestros de Dios se les ha encomendado la función de llevar al mundo las buenas nuevas del completo perdón. Bienaventurados son en verdad, pues son los portadores de la salvación. (M-4.X.3:8-9)

En cuanto que mensajeros de Dios, los maestros de Dios son los símbolos de la salvación. (M-5.III.2:4)

Ser conscientes de que están soñando es la verdadera función de los maestros de Dios... (M-12.6:6)

Maestros de los maestros:
Hay quienes han llegado a Dios directamente, al haber dejado atrás todo límite mundano y al haber recordado perfectamente su Identidad. A éstos se les podría llamar Maestros de maestros porque, aunque ya no se les puede ver, todavía se puede invocar su imagen. Y aparecerán en el momento y en el lugar en que pueda ser de utilidad que lo hagan. A quienes su aparición les podría atemorizar, les dan sus ideas. Nadie puede invocarlos en vano. (M-26.2:1-5)

Magia:
Sin convicción (los milagros) degeneran en magia, que es insensata y, por lo tanto, destructiva; o más bien, el uso no creativo de la mente. (T-1.I.14:3)

Las enfermedades físicas implican la creencia en la magia. La distorsión que dio lugar a la magia se basa en la creencia de que existe una capacidad creadora en la materia que la mente no puede controlar. (T-2.IV.2:7-8)

Todos los remedios materiales que aceptas como medicamento para los males corporales son reafirmaciones de principios mágicos. (T-2.IV.4:1)

La magia es el uso insensato o mal-creativo de la mente. (T-2.V.2:1)

Esta situación (la de confundir el cuerpo con la mente), no obstante, puede usarse en beneficio de la curación o de la magia, pero debes recordar que la magia siempre implica la creencia de que la curación es algo perjudicial. (T-7.V.3:6)

magia

La magia ve siempre algo "especial" en el sanador, que él cree que puede ofrecer como regalo a aquellos que no lo tienen. (T-7.V.4:4)

Toda magia es un intento de reconciliar lo irreconciliable. (T-10.IV.1:1)

La magia del mundo parece ocultar de los pecadores el dolor del pecado y engañar con falsos destellos y con ardides. (T-25.VII.1:5)

Tu magia no tiene sentido. Lo que pretende salvar no existe. (L-76.6:3-4)

Habrá ocasiones en que su certeza flaqueará y, en el momento en que esto ocurra, el maestro de Dios volverá a tratar, como antes, de depender únicamente de sí mismo. No olvides que eso es magia, y la magia es un pobre sustituto de la verdadera ayuda. No es lo suficientemente buena para el maestro de Dios porque no es lo suficientemente buena para el Hijo de Dios. (M-16.8:5-7)

Evitar la magia es evitar la tentación. Pues toda tentación no es más que el intento de substituir la Voluntad de Dios por otra. (M-16.9:1-2)

Cuando el maestro de Dios reconozca que la magia simplemente no es nada, habrá alcanzado el estado más avanzado. (M-16.9:5)

Pues cualquier tipo de magia -sea cual sea su forma- es simplemente impotente. Su impotencia explica por qué es tan fácil escaparse de ella. Es imposible que lo que no tiene efectos pueda aterrorizar. (M-16.9:7-9)

En cualquier caso, debe abandonar toda tentación de aceptar la magia como algo verdadero, y reconocer que no solo no es aterradora ni pecaminosa ni peligrosa, sino que simplemente no es nada. Al estar arraigada en el sacrificio y la separación -que no son más que dos aspectos de un mismo error- el maestro de Dios elige simplemente renunciar a todo lo que realmente nunca tuvo. (M-16.10:8-9)

No hay otro riesgo durante el día, excepto el de poner tu confianza en la magia, pues solo eso conduce al dolor. "No hay más voluntad que la de Dios". Sus maestros saben que esto es así y han aprendido que todo lo demás es magia. Lo que mantiene viva la creencia en la magia es la ilusión simplista de que la magia funciona. (M-16.11:5-8)

Un pensamiento mágico, por su mera presencia, da por sentado que existe una separación entre Dios y nosotros. Afirma, de la forma más clara posible, que la mente que cree tener una voluntad separada y capaz de oponerse a la Voluntad de Dios, cree también que puede triunfar en su empeño. (M-17.5:3-4)

La locura tan solo aparenta ser algo terrible. En realidad no tiene poder para hacer nada. Al igual que la magia, que se convierte en su sierva, la locura ni ataca ni protege. (M-17.9:1-3)

Los pensamientos mágicos no son sino ilusiones. (M-18.1:6)

No existen poderes "antinaturales", e inventar un poder que no existe es obviamente recurrir a la magia. (M-25.1:2)

Maldad:
El Amor no puede dispensar maldad, y lo que no es felicidad es maldad. Dios no puede dar lo que no tiene ni tener lo que Él no es. Si Dios no te diese únicamente felicidad, ciertamente sería malvado. Y esa es la definición que crees acerca de Él si no aceptas la primera premisa. (L-66.6:3-6)

Mansedumbre:
La mansedumbre significa que ahora el miedo es imposible. (M-4.V.1:2)

Mártir:
Si una mente cree que su voluntad es diferente de la de Él, entonces solo puede concluir o bien que Dios no existe o bien que Su Voluntad es temible. La primera conclusión da lugar al ateo, y la segunda, al mártir, que cree que Dios exige sacrificios. Cualquiera de esas dos conclusiones dementes producirá pánico, ya que el ateo cree estar solo, y el mártir que Dios lo está crucificando. (T-9.I.8:2-3)

Medicamentos:
Todos los remedios materiales que aceptas como medicamento para los males corporales son reafirmaciones de principios mágicos. (T-2.IV.4:1)

Los medicamentos físicos son una forma de "hechizo", pero si tienes miedo de usar la mente para curar, no debes intentar hacerlo. ... En tal caso, es menos arriesgado depender temporalmente de artificios curativos físicos, ya que no los puedes percibir erróneamente como una creación tuya. Mientras tu sensación de vulnerabilidad persista, no debes intentar obrar milagros. (T-2.V.2:2-5)

Lo que el ojo físico ve no es correctivo ni tampoco es posible corregir el error mediante ningún medio físicamente visible. (T-2.V.8:2)

Médico:
¿Quién es el médico entonces? La mente del propio paciente. El resultado acabará siendo el que él decida. (M-5.II.2:5)

Medios:
Los medios dan testimonio del propósito, pero no son de por sí la causa. (T-27.VII.5:3)

Meditación:
No es necesario tampoco que dediques toda tu vida a la contemplación ni que te pases largos períodos de tiempo meditando con objeto de romper tu atadura al cuerpo. Todos esos intentos ten-

drán éxito a la larga debido a su propósito. Pero los medios son tediosos y requieren mucho tiempo, pues todos ven la liberación de la condición actual de insuficiencia y falta de valor en el futuro. (T-18.VII.4:9-11)

"No tengo que hacer nada" es una declaración de fidelidad y de una lealtad verdaderamente inquebrantable. Créelo aunque solo sea por un instante, y lograrás más que con un siglo de contemplación o de lucha contra la tentación. (T-18.VII.6:7-8)

Un espacio vacío que no se percibe ocupado y un intervalo de tiempo que no se considere usado ni completamente empleado, se convierten en una silenciosa invitación a la verdad para que entre y se sienta como en su casa. No se puede hacer ningún preparativo que aumente el verdadero atractivo de esta invitación. Pues lo que se deja vacante Dios lo llena, y allí donde Él está tiene que morar la Verdad. (T-27.III.4:1-3)

En la quietud todas las cosas reciben respuesta y todo problema queda resuelto serenamente. (T-27.IV.1:1)

Memoria:
Y lo que elimina (el milagro) hace mucho que desapareció, pero puesto que se conserva en la memoria, sus efectos parecen estar teniendo lugar ahora. Hace mucho que este mundo desapareció. Los pensamientos que lo originaron ya no se encuentran en la mente que los concibió y los amó por un breve lapso de tiempo. (T-28.I.1:5-7)

La memoria, al igual que la percepción, es una facultad que tú inventaste para que ocupara el lugar de lo que Dios te dio en tu creación. Y al igual que todas las cosas que inventaste, se puede emplear para otros fines y como un medio para obtener algo distinto. Se puede utilizar para sanar y no para herir, si ése es tu deseo. (T-28.I.2:7-9)

memoria

El Espíritu Santo puede ciertamente hacer uso de la memoria, pues Dios Mismo se encuentra en ella. Mas no es esta una memoria de sucesos pasados, sino únicamente de un estado presente. Has estado acostumbrado por tanto tiempo a creer que la memoria contiene solo el pasado, que te resulta difícil darte cuenta de que es una facultad que puede recordar el *ahora*. Las limitaciones que el mundo le impone a ese recordar son tan vastas como las que permites que el mundo te imponga a ti. No existe vínculo alguno entre la memoria y el pasado. Si quieres que haya un vínculo, lo habrá. Mas es solo tu deseo lo que lo establece y solo tú quien lo limita a una parte del tiempo donde la culpabilidad aún parece persistir. (T-28.I.4:1-7)

La memoria retiene los mensajes que recibe y hace lo que se le encomienda hacer. No escribe el mensaje ni establece su propósito. Al igual que el cuerpo, no tiene un propósito intrínseco. Y si parece servir para abrigar un viejo odio y presentarte escenas de injusticias y de resentimientos que has estado guardando, eso fue lo que le pediste que fuera su mensaje, y ése fue el que te dio. La historia de todo el pasado del cuerpo se encuentra oculta en la memoria, confinada en sus bóvedas. Todas las extrañas asociaciones que se han hecho para mantener vivo el pasado y el presente muerto, están depositadas ahí, esperando tu orden de que se te traigan y vuelvan a revivirse. Y de este modo, sus efectos parecen haber aumentado con el tiempo, el cual eliminó su causa. (T-28.I.5:3-9)

De lo único que tu memoria quiere dar testimonio es del temor a Dios. (T-28.I.10:4)

Mensajeros de Dios:
Los mensajeros de Dios rebosan dicha, y su júbilo sana todo pesar y desesperación. Ellos son la prueba de que lo que la Voluntad de Dios dispone para todos los que aceptan los regalos de su Padre como propios es perfecta felicidad. (L-100.4:3-4)

Los mensajeros de Dios desempeñan su papel aceptando Sus mensajes como si fuesen para ellos mismos; y demuestran que han entendido los mensajes cuando se los transmiten a otros. No aceptan ningún papel que no les haya sido asignado por Su autoridad. Y de esta forma, se benefician con cada mensaje que transmiten. (L-154.7:2-4)

¿Queréis recibir los mensajes de Dios? Pues así es como os convertís en Sus mensajeros. Sois nombrados ahora. (L-154.8:1-3)

Ciérrate al mundo exterior y dales alas a tus pensamientos para que lleguen hasta la paz que yace dentro de ti. Ellos conocen el camino. Pues los pensamientos honestos, no mancillados por el sueño de cosas mundanas externas a ti, se convierten en los santos mensajeros de Dios Mismo. (L-188.6:4-6)

Mensajeros del miedo:
A los mensajeros del miedo se les adiestra mediante el terror, y tiemblan cuando su amo los llama para que le sirvan. Pues el miedo no tiene compasión ni siquiera con sus amigos. Sus mensajeros saquean culpablemente todo cuanto pueden en su desesperada búsqueda de culpa, pues su amo los deja hambrientos y a la intemperie, instigando en ellos la crueldad y permitiéndoles que se sacien únicamente de lo que le llevan. Ni el más leve atisbo de culpabilidad se escapa de sus ojos hambrientos. Y en su despiadada búsqueda de pecados se abalanzan sobre cualquier ser vivo que vean, y dando chillidos se lo llevan a su amo para que lo devore. (T-19.IV.A.i.12:3-7)

Solo los mensajeros del miedo ven el cuerpo, pues van en busca de lo que puede sufrir. (T-19.IV.B.3:3)

Mensajeros del amor:
El Espíritu Santo te ha dado los mensajeros del amor para que los envíes en lugar de aquellos que adiestraste mediante el terror. Están tan ansiosos de devolverte lo que tienen en gran estima como los otros. Si los envías, solo verán lo bello y lo puro, lo tierno y lo bondadoso. Tendrán el mismo cuidado de que no se les esca-

pe ningún acto de caridad, ninguna ínfima expresión de perdón ni ningún hálito de amor. Y retornarán con todas las cosas bellas que encuentren para compartirlas amorosamente contigo. No tengas miedo de ellos. Te ofrecen la salvación. Sus mensajes son mensajes de seguridad, pues ven el mundo como un lugar bondadoso. (T-19. IV.A.i.14:1-7)

Mentalidad abierta:
La mentalidad abierta procede de la ausencia de juicios. (M-4.X.1:2)

Mentalidad errada:
La mentalidad errada escucha al ego y teje ilusiones; percibe el pecado, justifica la ira, y considera que la culpabilidad, la enfermedad y la muerte son reales. (C-1.6:1)

Mentalidad milagrosa:
El Espíritu Santo es la motivación para alcanzar la mentalidad milagrosa; la decisión de subsanar la separación renunciando a ella. (T-5.II.1:4)

Mentalidad recta:
Toda forma de mentalidad no-recta es el resultado de negarte a aceptar la Expiación para ti mismo. Si la aceptases estarías en una posición desde la que podrías reconocer que los que tienen necesidad de curación son simplemente aquellos que aún no se han dado cuenta de que la mentalidad recta *es* en sí la curación. (T-2.V.4:4-5)

El término "mentalidad recta" se debe entender como aquello que corrige la "mentalidad errada", y se refiere al estado mental que induce a una percepción fidedigna. Es un estado de mentalidad milagrosa porque sana la percepción errónea, lo cual es ciertamente un milagro en vista de cómo te percibes a ti mismo. (T-3.IV.4:3-4)

Esto te haría dudar de tu mente recta, que es el único lugar donde puedes encontrar la cordura que Él te dio. (T-6.IV.11:10)

La mentalidad recta escucha al Espíritu Santo, perdona al mundo y, en su lugar, ve el mundo real a través de la visión de Cristo. Esta es la visión final, la última percepción, la condición en la que Dios Mismo da el paso final. (C-1.5:2-3)

Mentalidad uno:
Por lo tanto, la mentalidad recta no es la Mentalidad-Uno de la Mente de Cristo, Cuya Voluntad es una con la de Dios. (C-1.6:3)

Mente:
Cuando se comprende que la mente -el único nivel de creación- no puede crear más allá de sí misma, ninguno de esos dos tipos de confusión tiene por qué producirse. (T-2.IV.2:10)

La única responsabilidad del obrador de milagros es aceptar la Expiación para sí mismo. Esto significa que reconoces que la mente es el único nivel creativo y que la Expiación puede sanar sus errores. (T-2.V.5:1-2)

La mente es muy poderosa y jamás pierde su fuerza creadora. Nunca duerme. Está creando continuamente. Es difícil reconocer la oleada de poder que resulta de la combinación de pensamiento y creencia, la cual puede literalmente mover montañas. (T-2.VI.9:5-8)

La mente es muy activa. Cuando elije estar separada, elige percibir. (T-3.IV.5:2-3)

Las ilusiones del ego son muy concretas aunque la mente es naturalmente abstracta. Parte de la mente, no obstante, se vuelve concreta al dividirse. La parte concreta cree en el ego porque el ego depende de lo concreto. (T-4.VII.1:2-4)

Tu mente, que es semejante a la de Dios, jamás puede ser profanada. (T-6.III.1:6)

mente

Solo así puedes aprender que tu mente *es* inmutable. (T-7.V.7:9)

La mente es demasiado poderosa como para estar sujeta a ninguna exclusión. Nunca podrás excluirte a ti mismo de tus pensamientos. (T-7.VII.1:12-13)

Dios Mismo iluminó tu mente, y la mantiene iluminada con Su Luz porque Su Luz es lo que tu mente es. (T-7.III.5:1)

Tu mente es una luz tan potente que puedes contemplar las mentes de tus hermanos e iluminarlas, tal como yo puedo iluminar la tuya. (T-7.V.10:6)

Toda mente tiene que proyectar o extender porque así es como vive, y toda mente es vida. (T-7.VIII.1:11)

Tu mente es el medio por el cual determinas tu propia condición, ya que la mente es el mecanismo de decisión. Es el poder mediante el que te separas o te unes y, consecuentemente, experimentas dolor o alegría. (T-8.IV.5:7-8)

Toda mente es íntegra, y la creencia de que parte de la mente es física, o no mental, es una interpretación fragmentada o enfermiza. (T-8.VII.10:3)

Y ciertamente tienes control sobre tu mente, dado que la mente es el mecanismo de decisión. (T-12.III.9:10)

La mente se extiende hasta sí misma. No se compone de diferentes partes que se extienden hasta otras. No sale afuera. Dentro de sí misma es ilimitada, y no hay nada externo a ella. Lo abarca todo. Te abarca completamente: tú te encuentras dentro de ella y ella dentro de ti. No hay nada más en ninguna parte ni jamás lo habrá. (T-18.VI.8:5-11)

Tener propósitos es algo que es solo propio de la mente. Y las mentes pueden cambiar si así lo desean. (T-24.IV.2:6-7)

La mente no es algo limitado, y a eso se debe que cualquier propósito perjudicial le haga daño a toda ella cual una sola. (T-24.IV.3:6)

Tu santa mente es el altar a Dios, y donde Él está no puede haber ídolos. (T-29.VII.9:5)

La mente que se considera a sí misma un pecado solo tiene un propósito: que el cuerpo sea la fuente del pecado para que la mantenga en la prisión que ella misma eligió y que vigila, y donde se mantiene a sí misma separada, prisionera durmiente de los perros rabiosos del odio y de la maldad, de la enfermedad y del ataque, del dolor y de la vejez, de la angustia y del sufrimiento. Aquí es donde se conservan los pensamientos de sacrificio, pues ahí es donde la culpa impera y donde le ordena al mundo que sea como ella: un lugar donde nadie puede hallar misericordia ni sobrevivir a los estragos del temor, excepto mediante el asesinato y la muerte. (T-31.III.5:1-2)

La verdadera visión no solo no está limitada por el espacio ni la distancia, sino que no depende en absoluto de los ojos del cuerpo. La mente es su única fuente. (L-30.5:1-2)

Mi mente es parte de la de Dios. Soy muy santo. (L-35)

La mente es el medio del que el Espíritu se vale para expresarse a Sí Mismo. (L-96.4:1)

Ofréceselos a tu mente con esa misma confianza, seguridad y fe. Ella no fallará. Pues es el medio del que el Espíritu Santo se vale para tu salvación. Y, puesto que goza de Su confianza, debe ser sin duda merecedora de la tuya también. (3º repaso intro-7:2-5)

Y en cada mente se encuentran todas las mentes, pues todas las mentes son una. Esta es la verdad. (L-161.4:2)

Mas la mente es mente, tanto si está despierta como dormida. (L-167.7:4)

mente

La mente que está al servicio del Espíritu Santo es por siempre ilimitada y desde cualquier punto de vista; transciende las leyes del tiempo y del espacio, está libre de ideas preconcebidas y dispone de la fortaleza y del poder necesarios para hacer todo lo que se le pida. (L-199.2:1)

Y en la quietud de mi corazón -en lo más recóndito de mi mente- espero y estoy a la escucha de Tu Voz. (L-221.1:3)

Pero mi mente es una con la de Dios. (L-265.1:9)

El término mente se utiliza para representar el principio activo del Espíritu, el cual le suministra a la mente su energía creadora. (C-1.1:1)

En el curso, por lo tanto, se describe a la mente como si consistiera de dos partes: el Espíritu y el ego. (C-1.2:4)

Puesto que la mente es lo único que puede enfermar, es así mismo lo único que puede ser sanado. (P- intro.1:2)

Mente despierta:
Quiero, no obstante, compartir mi mente contigo porque somos de una misma Mente y esa Mente es nuestra. Contempla solo esa Mente en todas partes porque solo esa Mente está en todas partes y en todas las cosas. Dicha Mente lo es todo porque abarca a todas las cosas dentro de Sí. (T-7.V.10:9-11)

Puesto que nuestras mentes no están separadas, la Mente de Dios se establece en ellas como nuestra mente. Esta Mente es invencible porque es indivisa. (T-8.V.1:7)

La parte que está escuchando a la Voz de Dios es serena, está en continuo reposo y llena de absoluta seguridad. Es la única parte que realmente existe. (L-49.2:1-2)

Pues una mente despierta es aquella que conoce su Fuente, su Ser y su Santidad. (L-167.12:7)

Mente dividida:
Una mente separada o dividida no puede sino estar confundida. Tiene necesariamente que sentirse incierta acerca de lo que es. Y no puede sino estar en conflicto, puesto que está en desacuerdo consigo misma. (T-3.IV.3:4-6)

Es perfectamente obvio que si el Espíritu Santo contempla con amor todo lo que percibe, también te contempla a ti con amor. La evaluación que hace de ti se basa en Su conocimiento de lo que eres y es, por lo tanto, una evaluación correcta. Y esta evaluación tiene que estar en tu mente porque Él lo está. El ego está también en tu mente porque aceptaste que estuviese ahí. La evaluación que él hace de ti, no obstante, es exactamente la opuesta a la del Espíritu Santo, pues el ego no te ama. No es consciente de lo que eres, y debido a que sus percepciones son tan variables desconfía totalmente de todo lo que percibe. El ego, por lo tanto, es capaz de ser desconfiado en el mejor de los casos, y cruel en el peor. Esa es la gama de sus posibilidades. No puede excederla debido a su incertidumbre. Y no puede ir más allá de ella porque nunca puede estar seguro de nada. (T-9.VII.3:1-10)

Tienes, pues, dos evaluaciones conflictivas de ti mismo en tu mente y ambas no pueden ser ciertas. Todavía no te has dado cuenta de cuán extremadamente diferentes son porque no entiendes cuán elevada es realmente la percepción que el Espíritu Santo tiene de ti. (T-9.VII.4:1-2)

Mente dormida:
Es la otra parte de tu mente la que opera en el mundo y la que obedece sus leyes. Esa es la parte que está constantemente distraída, y que es desorganizada y sumamente insegura. (L-49.1:3-4)

La otra es una loca ilusión, frenética y perturbada, aunque desprovista de toda realidad. (L-49.2:3)

mente dormida

La mente puede pensar que duerme, pero eso es todo. No puede cambiar su estado de vigilia. (L-167.6:1)

Lo que parece morir no es sino la señal de que la mente está dormida. (L-167.6:7)

Mente en blanco:
Muy pocos se han dado cuenta de lo que realmente supone visualizar el pasado o prever el futuro. De hecho, la mente está en blanco al hacer eso, ya que en realidad no está pensando en nada. (L-8.2:3-4)

Mente inferior:
Yo no ataco a tu ego. Trato con tu mente superior -la morada del Espíritu Santo- tanto si estás dormido como si estás despierto, al igual como tu ego trata con tu mente inferior, que es su hogar. (T-4.IV.11:1-2)

Mente que no perdona:
La mente que no perdona es débil y presumida, tan temerosa de seguir adelante como de quedarse donde está, de despertar como de irse a dormir. Tiene miedo también de cada sonido que oye, pero todavía más del silencio; la oscuridad la aterra, mas la proximidad de la luz la aterra aún más. (L-121.3:1)

La mente que no perdona no ve errores, sino únicamente pecados. Mira al mundo con ojos invidentes y da alaridos al observar sus propias proyecciones alzarse para arremeter contra la miserable parodia que es su vida. Desea vivir, sin embargo, anhela estar muerta. Desea el perdón, sin embargo, ha perdido toda esperanza. Desea escapar, sin embargo, no puede ni siquiera concebir la manera de hacerlo, pues ve pecado por doquier. (L-121.4:1-5)

La mente que no perdona vive desesperada, sin la menor esperanza de que el futuro pueda ofrecerle nada que no sea mayor desesperación. No obstante, ve sus juicios con respecto al mundo como algo irreversible, sin darse cuenta de que se ha condenado a sí misma a esta desesperación. No cree que pueda cambiar, pues lo que ve da testimonio de que sus juicios son acertados. No pregunta, pues cree saber. No cuestiona, convencida de que tiene razón. (L-121.5)

Mente receptiva:

No obstante, nos preparamos para ella en el sentido de que una mente receptiva puede oír la Llamada a despertar. Dicha mente no se ha cerrado del todo a la Voz de Dios. Se ha dado cuenta de que hay cosas que no sabe y, por lo tanto, está lista para aceptar un estado completamente diferente de la experiencia que le es familiar. (L-169.3:4-6)

Mente superior:

Trato con tu mente superior -la morada del Espíritu Santo- tanto si estás dormido como si estás despierto, al igual como tu ego trata con tu mente inferior, que es su hogar. (T-4.IV.11:2)

Miedo:

Nunca podrás controlar por tu cuenta los efectos del miedo porque el miedo es tu propia invención y no puedes sino creer en lo que has inventado. (T-1.VI.4:2)

Todo miedo se reduce, en última instancia, a la básica percepción errónea de que tienes la capacidad de usurpar el Poder de Dios. (T-2.I.4:1)

Si tienes miedo es que estás equivocado con respecto a lo que es valioso. (T-2.II.1:7)

Tanto la separación como el miedo son creaciones falsas que tienen que des-hacerse a fin de que se pueda restaurar el templo y abrir el altar para que se reciba la Expiación. (T-2.III.2:3)

Tener miedo parece ser algo involuntario y no estar bajo tu control. (T-2.VI.1:1)

miedo

La presencia del miedo indica que has elevado pensamientos corporales al nivel de la mente. (T-2.VI.1:6)

Siempre que tienes miedo es señal inequívoca de que le has permitido a tu mente crear falsamente y de que no me has permitido guiarla. (T-2.VI.2:10)

Cada vez que tienes miedo es porque has tomado una decisión equivocada. (T-2.VI.3:2)

El miedo es siempre un signo de tensión que surge siempre cuando hay conflicto entre lo que deseas y lo que haces. (T-2.VI.5:1)

El miedo no es nada realmente y el amor lo es todo. (T-2.VII.5:3)

Todo miedo procede en última instancia, y a veces por rutas muy tortuosas, de negar la verdadera autoría. (T-3.VI.10:4)

Le atribuyes gran valor ahora porque el miedo es un testigo de la separación y tu ego se regocija cuando das testimonio de ella. (T-4.I.10:2)

El miedo no puede ser real sin una causa, y Dios es la única causa. (T-9.I.9:6)

Cualquier intento de negar lo que simplemente *es* tiene necesariamente que producir miedo, y si el *intento* es fuerte producirá pánico. (T-9.I.12:1)

No puedes crear lo irreal porque la ausencia de realidad es temible y el miedo no es algo que pueda ser creado. (T-9.I.13:4)

El miedo y la aflicción son tus invitados y moran en ti, acompañándote dondequiera que vas. (T-11.III.4:4)

¿Y de qué otra manera puede uno disipar las ilusiones, excepto examinándolas directamente y sin protegerlas? No tengas miedo, por lo tanto, pues lo que estarás viendo es la fuente del miedo, y estás comenzando a darte cuenta de que el miedo no es real. (T-11.V.2:2-3)

Al haberte enseñado a aceptar únicamente los pensamientos de amor de otros y a considerar todo lo demás como una petición de ayuda, te ha enseñado que el miedo en sí es una petición de ayuda. (T-12.I.8:7)

Pues el miedo *es* una súplica de amor, en la que se reconoce inconscientemente lo que se ha negado. (T-12.I.8:13)

El miedo es un síntoma de tu profunda sensación de pérdida. Si al percibirlo en otros aprendes a subsanar la sensación de pérdida, se elimina la causa básica del miedo. (T-12.I.9:1-2)

El miedo y el amor son las únicas emociones que eres capaz de experimentar. (T-12.I.9:5)

Al interpretar correctamente el miedo como una afirmación categórica de la creencia subyacente que enmascara, estás socavando su percibida utilidad al hacer que sea inservible. (T-12.I.9:7)

Habrás negado que puede ocultar al amor, lo cual era su único propósito. (T-12.I.9:10)

La otra (el miedo) adopta muchas formas, ya que el contenido de las fantasías individuales difiere enormemente. Mas todas ellas tienen algo en común: son todas dementes. Están compuestas de imágenes que no se pueden ver y de sonidos que no se pueden oír. Constituyen un mundo privado que no se puede compartir. Pues únicamente tienen sentido para su hacedor y, por consiguiente, no tienen sentido en absoluto. En este mundo su hacedor ronda solo, ya que únicamente él las percibe. (T-13.V.1:4-9)

Dije anteriormente que solo puedes experimentar dos emociones: amor y miedo. Una de ellas es inmutable aunque se intercambia continuamente, al ser ofrecida por lo Eterno a lo eterno. Por medio de este intercambio es como se extiende, pues aumenta al darse. La otra adopta muchas formas, ya que el contenido de las fantasías individuales difiere enormemente. Mas todas ellas tienen algo en común: son todas dementes. Están compuestas de imágenes que no se pueden ver y de sonidos que no se pueden oír. Constituyen un mundo privado que no se puede compartir. Pues únicamente tienen sentido para su hacedor y, por consiguiente, no tienen sentido en absoluto. (T-13.V.1:1-8)

El miedo, por definición, conlleva sustitución, pues es el substituto del amor. El miedo es una emoción fragmentada y fragmentadora. Parece adoptar muchas formas y cada una parece requerir que uno actúe de modo diferente para poder obtener satisfacción. (T-18.I.3:2)

El miedo parece habitar en la oscuridad, y cuando tienes miedo es que has retrocedido. (T-18.III.2:4)

No permitas que tu temor al pecado impida la corrección del error, pues la atracción que ejerce la culpabilidad es solo miedo. He aquí la única emoción que has inventado, independientemente de lo que aparente ser. He aquí la emoción de los secretos, de los pensamientos privados y del cuerpo. He aquí la emoción que se opone al amor y que siempre conduce a la percepción de diferencias y a la pérdida de la igualdad. He aquí la única emoción que te mantiene en las tinieblas, dependiente de ese otro ser que tú crees haber inventado para que te guíe por el mundo que él fabricó para ti. (T-22.I.4:6-10)

Puedes estar completamente seguro de que todo lo que aparenta ser felicidad y no es duradero es realmente miedo. (T-22.II.3:5)

¡Cuán débil es el miedo! ¡Cuán ínfimo e insensato! ¡Cuán insignificante ante la silenciosa fortaleza de aquellos a quienes el amor ha unido! Tal es "tu enemigo": un ratoncillo asustado que pretende enfrentarse al universo. (T-22.V.4:1-4)

Y el miedo, con labios mortecinos y ojos que no ven, obcecado y de aspecto horrible, es elevado al trono del amor, su moribundo conquistador, su substituto, el que te salva de la salvación. ¡Cuán bella hacen lucir a la muerte a las leyes del miedo! Dale gracias al héroe que se sentó en el trono del amor y que salvó al Hijo de Dios para entregárselo al miedo y a la muerte. (T-23.II.15:6-8)

Sea cual sea el término que hayas utilizado para referirte a tu sufrimiento, este ya no existe. Aquel que es portador del milagro percibe que todos esos términos son uno y lo mismo y los llama miedo. De la misma manera en que el miedo es el testigo de la muerte, el milagro es el testigo de la vida. (T-27.VI.5:4-7)

Pues el dolor y el pecado son la misma ilusión, tal como el odio y el miedo, el ataque y la culpa son uno. (T-29.II.3:3)

Pero nunca está ausente del sueño, pues el miedo es el elemento básico de todos los sueños. Puede que la forma en que éstos se manifiestan cambie, pero es imposible que se compongan de ninguna otra cosa. (T-29.IV.2:5-6)

Los sueños que crees que te gustan son aquellos en los que las funciones que asignaste se cumplieron y las necesidades que te adscribiste fueron satisfechas. No importa si esas necesidades se satisfacen o si son simplemente algo que se desea. Es la idea de que existen lo que produce miedo. (T-29.IV.4:3-5)

Siempre que tienes miedo, de la clase que sea -y *tienes* miedo si no estás experimentando una profunda felicidad, certeza de que dispones de ayuda y una serena confianza de que el Cielo te acompaña-, ten por seguro que has forjado un ídolo que crees que te va a traicionar. (T-29.IX.9:1)

El resultado de tu autotraición tiene que ser el miedo, pues el miedo es un juicio que inevitablemente conduce a la frenética búsqueda de ídolos y de la muerte. (T-29.IX.9:3)

miedo

El miedo es un juicio que nunca está justificado. Su presencia no significa nada, excepto que sirve para mostrarte que escribiste un guion tenebroso y que, como resultado, tienes miedo. (T-30.VII.3:8-9)

La presencia del miedo es señal inequívoca de que estás confiando en tu propia fortaleza. (L-48.3:1)

Yo estoy en mi hogar. El miedo es el que es un extraño aquí. (L-160)

El miedo es un extraño en los caminos del amor. Identifícate con el miedo y te vuelves un extraño ante tus propios ojos. Y de este modo, no te conocerás a ti mismo. (L-160.1:1-3)

Si tú eres real, el miedo tiene que ser una ilusión. Mas si el miedo es real, entonces eres tú el que no existe en absoluto. (L-160.4:7-8)

El miedo es insaciable y consume todo cuanto sus ojos contemplan, y al verse a sí mismo en todo, se siente impulsado a volverse contra sí mismo y a destruirse. (L-161.7:5)

Pues ahora el amor tiene un "enemigo", un opuesto; y el miedo, el extraño, necesita ahora que lo defiendas contra la amenaza de lo que realmente eres. (L-170.3:3)

El miedo es un engaño. Da testimonio de que te has visto a ti mismo como nunca podrías ser y, por lo tanto, contemplas un mundo que no puede ser real. (L-240.1:1-2)

El mundo se fabricó como un acto de agresión contra Dios. Es el símbolo del miedo. Mas ¿qué es el miedo sino la ausencia de amor? (L-punto 3 ¿Qué es el mundo? 2:1-3)

El cuerpo es un sueño. Al igual que otros sueños, a veces parece reflejar felicidad, pero puede súbitamente revertir al miedo, la cuna de todos los sueños. (L-punto.5 ¿Qué es el cuerpo? 3:1-2)

El miedo no existe. (L-punto.5 ¿Qué es el cuerpo? 5:5)

El nombre del miedo es simplemente un error. (L-282.2:4)

El miedo es un sueño y no tiene una voluntad que pueda estar en conflicto con la Tuya. (L- 331.1:7)

El miedo es una ilusión, pues tú eres como Dios. (M-18.3:12)

Los nuevos sueños perderán su atracción temporal y se convertirán en sueños de miedo, que es el contenido de todos los sueños. (P-3.II.6:6)

Miedo a la muerte:
Lo que parece ser el miedo a la muerte es realmente su atracción. (T-19.4.C.1:5)

Milagros:
No hay grados de dificultad en los milagros. No hay ninguno que sea más "difícil" o más "grande" que otro. Todos son iguales. Todas las expresiones de amor son máximas. (T-1.I.1:1-4)

Los milagros son hábitos y deben ser involuntarios. No deben controlarse conscientemente. Los milagros seleccionados conscientemente pueden proceder de un asesoramiento desacertado. (T-1.I.5:1-3)

Los milagros son naturales. Cuando no ocurren es que algo anda mal. (T-1.I.6:1-2)

Los milagros son una especie de intercambio. Como toda expresión de amor, que en el auténtico sentido de la palabra es siempre milagrosa, dicho intercambio invierte las leyes físicas. Brindan más amor tanto al que da como al que recibe. (T-1.I.9:1-3)

Los milagros son pensamientos. Los pensamientos pueden representar el nivel inferior o corporal de experiencia; o el nivel superior o espiritual de experiencia. Uno de ellos da lugar a lo físico, el otro crea lo espiritual. (T-1.I.12:1-3)

Los milagros son a la vez comienzos y finales y, así, alteran el orden temporal. Son siempre afirmaciones de renacimiento, que parecen ir hacia atrás, pero que en realidad van hacia delante. Cancelan el pasado en el presente y, de este modo, liberan el futuro. (T-1.I.13:1-3)

Los milagros dan fe de la verdad. Son convincentes porque proceden de la convicción. Sin convicción degeneran en magia, que es insensata y, por lo tanto, destructiva; o más bien, el uso no creativo de la mente. (T-1.I.14:1-3)

Los milagros son recursos de enseñanza para demostrar que dar es tan bienaventurado como recibir. Aumentan la fortaleza del que da y simultáneamente le dan fortaleza al que recibe. (T-1.I.16:1-2)

Los milagros transcienden el cuerpo. Son cambios súbitos al dominio de lo invisible, más allá del nivel corporal. Por eso es por lo que curan. (T-1.I.17:1-3)

El milagro es un servicio. Es el máximo servicio que le puedes prestar a otro. Es una manera de amar al prójimo como a ti mismo, en la que reconoces simultáneamente tu propia valía y la de él. (T-1.I.18:1)

Los milagros son expresiones naturales de perdón. Por medio de los milagros aceptas el perdón de Dios al extendérselo a otros. (T-1.I.21:1-4)

Tú mismo eres un milagro, capaz de crear a semejanza de tu Creador. (T-1.I.24:2)

Los milagros son parte de una cadena eslabonada de perdón que, una vez completada, es la Expiación. (T-1.I.25:1)

Un milagro es una bendición universal de Dios a todos mis hermanos por mediación mía. Perdonar es el privilegio de los perdonados. (T-1.I.27:1-2)

Los milagros son un modo de liberarse del miedo. La revelación produce un estado en el que el miedo ya ha sido abolido. Los milagros son, por lo tanto, un medio, y la revelación, un fin. (T-1.I.28:1-3)

Yo inspiro todos los milagros, que en realidad son intercesiones. Interceden en favor de tu santidad y santifican tus percepciones. Al ubicarte más allá de las leyes físicas te elevan a la esfera del orden celestial. En ese orden tú eres perfecto. (T-1.I.32:1-4)

Los milagros son expresiones de amor, pero puede que no siempre tengan efectos observables. (T-1.I.35:1)

Los milagros son ejemplos de un pensamiento recto, que armoniza tus percepciones con la verdad tal como Dios la creó. (T-1.I.36:1)

Un milagro es una corrección que yo introduzco en el pensamiento falso. Actúa como un catalizador, disolviendo la percepción errónea y reorganizándola debidamente. (T-1.I.37:1-2)

Los milagros son expresiones de una conciencia interna de Cristo y de haber aceptado Su Expiación. (T-1.I.44:1)

El milagro es un recurso de aprendizaje que reduce la necesidad del tiempo. Establece un intervalo temporal fuera de lo normal que no está sujeto a las leyes usuales del tiempo. En ese sentido es intemporal. (T-1.I.47:1-3)

El milagro es el único recurso que tienes a tu inmediata disposición para controlar el tiempo. Solo la revelación lo transciende al no tener absolutamente nada que ver con el tiempo. (T-1.I.48:1-2)

milagros

El milagro no distingue entre diferentes grados de percepción errónea. Es un recurso para sanar la percepción que es eficaz independientemente del grado o dirección del error. (T-1.I.49:1-2)

Los milagros, en cambio, son genuinamente interpersonales y conducen a un auténtico acercamiento a los demás. (T-1.II.1:4)

El milagro es, por lo tanto, un gesto de amor entre iguales. (T-1.II.3:4)

Los milagros son el medio a través del cual las mentes que sirven al Espíritu Santo se unen a mí para la salvación o liberación de todas las Creaciones de Dios. (T-1.III.3:4)

La naturaleza impersonal del milagro es una característica esencial del mismo, ya que me permite dirigir su aplicación, y bajo mi dirección, los milagros conducen a la experiencia altamente personal de la revelación. (T-1.III.4:5)

Los milagros son selectivos únicamente en el sentido de que se canalizan hacia aquellos que pueden usarlos en beneficio propio. (T-1.III.9:1)

El milagro es en gran medida como el cuerpo, en el sentido de que ambos son recursos de aprendizaje para facilitar un estado en el que finalmente se hacen innecesarios. (T-1.V.1:1)

Los milagros son afirmaciones de Filiación, que es un estado de compleción y abundancia. (T-1.V.4:6)

El milagro es señal de que la mente ha elegido dejarse guiar por mí en el servicio a Cristo. (T-1.V.6:1)

Te he pedido que obres milagros, y he dejado claro que los milagros son naturales, correctivos, sanadores y universales. (T-2.II.1:2)

El milagro es el medio; la Expiación, el principio y la curación, el resultado. (T-2.IV.1:2)

Nos hemos referido a los milagros como un medio de corregir la confusión de niveles, ya que todos los errores tienen que corregirse en el mismo nivel en el que ocurrieron. (T-2.IV.2:3)

Dije anteriormente que solo la revelación transciende el tiempo. El milagro, al ser una expresión de caridad, tan solo puede acortarlo. (T-2.V.10:5-6)

El milagro elimina la necesidad de tener preocupaciones de rango inferior. Puesto que es un intervalo de tiempo fuera del patrón habitual, las consideraciones normales con respecto al tiempo y al espacio no le aplican. (T-2.V.11:1-2)

El milagro es siempre la negación de ese error (el deseo de no sanar) y la afirmación de la verdad. (T-2.V.14:1)

Su duración, no obstante, puede acortarse enormemente mediante los milagros, el recurso que acorta el tiempo, pero que no lo abole. (T-2.VIII.2:6)

El milagro, al ser una manera de percibir, no es conocimiento. Es la respuesta correcta a una pregunta, mas cuando sabes no preguntas. El primer paso en el proceso de des-hacer lo ilusorio es cuestionar su realidad. El milagro -la respuesta correcta- lo corrige. (T-3.III.2:4-7)

Has perdido el conocimiento de que tú mismo eres un milagro de Dios. (T-3.V.6:7)

Yo comprendo que los milagros son acontecimientos naturales porque son expresiones de amor. (T-4.IV.11:11)

El milagro mismo es un reflejo de esta unión entre la Voluntad del Padre y la del Hijo. (T-5.II.1:7)

milagros

Si la mente puede curar al cuerpo, pero el cuerpo no puede curar a la mente, entonces la mente tiene que ser más fuerte que el cuerpo. Todo milagro es una demostración de esto. (T-6.5.A.2:6-7)

Todo milagro es la *conciencia* de que dar y recibir es lo mismo. (T-25.IX.10:6)

Ten por seguro que nunca perdiste tu Identidad ni tampoco las extensiones que la mantienen en un estado de plenitud y de paz. Los milagros son expresiones de esta certeza. Son a la vez reflejos de tu correcta identificación con tus hermanos, así como de tu conciencia de que esta identificación se conserva mediante la extensión. El milagro es una lección de percepción total. Al incluir cualquier parte de la totalidad en la lección, incluyes a la totalidad. (T-7.IX.7:1-5)

El milagro es, por lo tanto, una lección acerca de lo que es la dicha. Por tratarse de una lección en cómo compartir es una lección de amor, que *es* a su vez dicha. Todo milagro es, pues, una lección acerca de lo que es verdad, y al ofrecer lo que es verdad estás aprendiendo a distinguir entre la dicha y el dolor. (T-7.X.8:4-6)

Los milagros son simplemente la señal de que estás dispuesto a seguir el plan de salvación del Espíritu Santo y de que reconoces que no sabes lo que dicho plan es. (T-9.IV.6:3)

Los milagros no tienen cabida en la eternidad porque son reparadores. Sin embargo, mientras aún necesites curación, tus milagros son los únicos testigos de tu realidad que puedes reconocer. No puedes obrar un milagro para ti mismo porque los milagros son una forma de dar aceptación y de recibirla. (T-9.VI.6:1-3)

Un milagro es el acto de un Hijo de Dios que ha abandonado a todos los dioses falsos y exhorta a sus hermanos a que hagan lo mismo. Es un acto de fe porque es el reconocimiento de que su hermano puede hacerlo también. Es un llamamiento al Espíritu Santo en su mente, que se refuerza mediante la unión. (T-10.IV.7:1)

Los milagros son simplemente la transformación de la negación en verdad. (T-12.II.1:1)

El milagro, que no tiene ninguna función en el Cielo, es necesario aquí. (T-13.VIII.3:6)

Cada milagro que le ofreces al Hijo de Dios no es otra cosa que la verdadera percepción de un aspecto de la totalidad. (T-13.VIII.5:2)

El milagro no es causa, sino efecto. Es el resultado natural de haber elegido acertadamente, y da testimonio de tu felicidad, la cual procede de haber elegido estar libre de toda culpa. (T-14.III.5:2-3)

¿Por qué preocuparte por cómo se va a extender el milagro a toda la Filiación cuando no entiendes lo que es el milagro? (T-16.II.1:6)

Otra manera de considerar los milagros -que es mucho mejor y más útil- es esta: los milagros son algo que no entiendes ni total ni parcialmente. Pero se han manifestado a través de ti. Por lo tanto, tu entendimiento no es necesario. Mas sigue siendo imposible llevar a cabo lo que no entiendes. Así que debe haber Algo en ti que *sí* entiende. (T-16.II.2:4-8)

Los milagros son algo natural para Aquel que habla por Dios, pues Su tarea es traducir el milagro al conocimiento que representa, que para ti se encuentra oculto. (T-16.II.5:4-5)

No hay grados de dificultad en los milagros, pues todos ellos son el mismo. Cada uno supone una dulce victoria de la atracción del amor sobre la atracción de la culpabilidad. (T-19.4.A.5:3-4)

Todo milagro no es más que el final de una ilusión. (T-19.4.A.6:8)

Y contemplarán la visión del Hijo de Dios, al recordar Quién es Aquel al que cantan. ¿Qué es un milagro sino este recordar? (T-21.I.10:3-4)

milagros

Los milagros no son sino el resultado de cambiar del propósito de herir al de sanar. (T-24.IV.3:9)

Todo milagro es justo. No es un regalo especial que se les concede a algunos y se les niega a otros, por ser estos menos dignos o estar más condenados, y hallarse, por lo tanto, excluidos de la curación. (T-25.IX.6:6)

Si los milagros, que son el don del Espíritu Santo, se otorgaran exclusivamente a un grupo selecto y especial, pero se negaran a otros por ser estos menos merecedores de ellos, entonces Él sería el aliado del especialismo. (T-25.IX.7:2)

Cada milagro es un ejemplo de lo que la justicia puede lograr cuando se ofrece a todos por igual, pues se recibe en la misma medida en que se da. Todo milagro es la conciencia de que dar y recibir es lo mismo. (T-25.IX.10:4-6)

¿Qué otra cosa, salvo un milagro, podría hacerle cambiar de mentalidad de modo que comprenda que el amor no puede ser temido? ¿Qué otro milagro puede haber aparte de este? ¿Y qué otra cosa se podría necesitar para que el espacio entre vosotros desaparezca? (T-26.IV.4:6-8)

Un pequeño obstáculo les puede parecer muy grande a los que aún no comprenden que los milagros son todos el mismo milagro. (T-26.V.1:1)

El milagro se extiende sin tu ayuda, pero tú eres esencial para que pueda dar comienzo. (T-27.V.1:2)

Cada milagro que trae es un testigo de la irrealidad del cuerpo. (T-27.VI.4.8)

De la misma manera en que el miedo es el testigo de la muerte, el milagro es el testigo de la vida. (T-27.VI.5:7)

Desde la quietud de tu interior, ve en el milagro una lección en cómo permitir que la Causa tenga Sus efectos y en no hacer nada que pueda interferir. (T-28.I.10:9)

El milagro establece que estás teniendo un sueño y que su contenido no es real. (T-28.II.7:1)

El milagro es el primer paso en el proceso de devolverle a la Causa la función de ser causa y no efecto. Pues esta confusión ha dado lugar al sueño, y mientras no se resuelva, despertar seguirá siendo algo temible. Y la Llamada a despertar no será oída, pues parecerá ser la llamada al temor. (T-28.II.9:3-5)

Al igual que todas las lecciones que el Espíritu Santo te pide que aprendas, el milagro es inequívoco. El milagro es la demostración de lo que Él quiere que aprendas, y te enseña que lo que te interesa son sus efectos. (T-28.II.10:1-2)

Este mundo está repleto de milagros. Se alzan en radiante silencio junto a cada sueño de dolor y sufrimiento, de pecado y culpabilidad. Representan la alternativa al sueño, la elección de ser el soñador, en vez de negar el papel activo que has desempeñado en la fabricación del sueño. Los milagros son los felices efectos de devolver la enfermedad -la consecuencia- a su causa. (T-28.II.12:1-4)

El milagro no es un incidente aislado que ocurre de repente como si se tratara de un efecto sin causa. Ni tampoco es en sí una causa. Pero allí donde está su causa, allí tiene que estar el milagro. (T-29.II.2:3-5)

El milagro es un medio para demostrar que todas las apariencias pueden cambiar *precisamente* porque *son* apariencias y porque carecen del atributo de inmutabilidad que la realidad entraña. El milagro da fe de que te puedes salvar de las apariencias al demostrar que estas pueden cambiar. (T-30.VIII.2:1-2)

milagros

Los milagros no hacen sino demostrar que lo que tú has interpuesto entre la realidad y tu conciencia es ilusorio y que no es en modo alguno una interferencia. (T-30.VIII.4:2)

Que también comprenda que la solución es siempre un milagro al que le permito ocupar el lugar del resentimiento. (L-90.1:3)

Eres el Espíritu en cuya mente mora el milagro en el que el tiempo se detiene; el milagro en el que un minuto que se dedique a la práctica de estas ideas se convierte en un lapso de tiempo ilimitado e infinito. (L-97.4:1)

Él quiere hablarte. Viene a ti con milagros mil veces más jubilosos y más maravillosos que los que tú hayas podido jamás soñar o desear en tus sueños. Sus milagros son verdad. No se desvanecerán cuando al sueño le llegue su fin. Por el contrario, son los que le darán fin al sueño; y perdurarán eternamente, pues proceden de Dios para Su bienamado Hijo, cuyo otro Nombre eres tú. (L-106.4:3-7)

La visión de Cristo es un milagro. (L-159.3:1)

La visión de Cristo es el milagro del que emanan todos los demás milagros. (L-159.4:1)

Un milagro es una corrección. No crea ni cambia realmente nada en absoluto. Simplemente observa la devastación y le recuerda a la mente que lo que ve es falso.
(L-punto 13 ¿Qué es un milagro? 1:1-3)

Padre, todo milagro es un reflejo de los regalos que me haces a mí, Tu Hijo. (L-345.1:1)

Pero aquí en la Tierra, el milagro se parece más a Tus regalos que cualquier otro regalo que yo pueda dar. (L-345.1:6)

Los milagros reflejan el eterno Amor de Dios. (L-350)

El milagro es, por lo tanto, una invocación que se le hace a Él. (L-356)

El milagro es un reflejo de Tu Amor, por lo tanto, es la contestación que él recibe. (L-356.1:4)

A lo opuesto al ego, desde cualquier punto de vista -origen, efectos y consecuencias- le llamamos milagro. (C-2.5:1)

¿Qué es un milagro? Un milagro es un sueño también. Pero si observas todos los aspectos de ese sueño, jamás volverás a dudar. (C-2.7:1)

Misericordia:
Precisamente porque (el amor y la justicia) son lo mismo, la misericordia se encuentra a la derecha de Dios y le da a Su Hijo el poder de perdonarse a sí mismo sus pecados. (T-25.VIII.9:11)

Tal vez no entiendas en un principio cómo es posible que la misericordia, que es ilimitada y envuelve todas las cosas en su segura protección, pueda hallarse en la idea que hoy practicamos. (L-196.2:1)

La Misericordia y la Paz de Dios son gratuitas. (L-343.2.1)

Mitos:
Los mitos pertenecen exclusivamente al ámbito de la percepción, y las formas que adoptan son tan ambiguas y de una naturaleza tan marcada por la dicotomía entre el bien y el mal, que ni siquiera el más benévolo de ellos está exento de connotaciones aterradoras. (T-4.II.8:12)

Los mitos y la magia están íntimamente relacionados, ya que los mitos generalmente tienen que ver con el origen del ego, y la magia, con los poderes que el ego se atribuye a sí mismo. (T-4.II.9:1) muerte

Muerte:

Los milagros te capacitan para curar a los enfermos y resucitar a los muertos porque tanto la enfermedad como la muerte son invenciones tuyas y, por lo tanto, las puedes abolir. (T-1.I.24:1)

A medida que te acercas a tu Origen, experimentas el miedo a la destrucción de tu sistema de pensamiento como si se tratase del miedo a la muerte. Pero la muerte no existe; lo que existe es la creencia en la muerte. (T-3.VII.5:10)

Cuando tu cuerpo, tu ego y tus sueños hayan desaparecido, sabrás que eres eterno. Tal vez pienses que esto se logra con la muerte, pero con la muerte no se logra nada... La muerte es un intento de resolver conflictos no tomando ninguna decisión. (T-6.V.A.1.1-2/6)

Toda clase de enfermedad, e incluso la muerte, son expresiones físicas del miedo a despertar. Son intentos de reforzar el sueño debido al miedo a despertar. Esta es una forma patética de tratar de no ver inutilizando la facultad de ver. "Descansa en paz" es una bendición para los vivos, no para los muertos, ya que el descanso procede de despertar, no de dormir. (T-8.IX.3:2-5)

Dormir no es una forma de muerte de la misma manera en que la muerte no es una forma de inconsciencia. (T-8.IX.4:7)

Contempla el Guía que tu Padre te ha dado, para que puedas aprender que posees vida eterna, pues la muerte no es la Voluntad de tu Padre ni la tuya, y todo lo que es verdad es la Voluntad del Padre. (T-12.IV.6:1-2)

Si la muerte es tu tesoro, venderás todo lo demás para comprarla. Y creerás haberla comprado, al haber vendido todo lo demás. (T-12.IV.6:4-5)

La pena de muerte es la meta final del ego porque está convencido de que eres un criminal que merece la muerte, tal como Dios sabe que eres merecedor la vida. La pena de muerte nunca abandona la mente del ego, pues eso es lo que siempre tiene reservado para ti al final. (T-12.VII.13:2-3)

Pensarás que la muerte procede de Dios y no del ego porque, al confundirte a ti mismo con él, creerás que deseas la muerte. Y de lo que deseas, Dios no te puede salvar. (T-12.VII.14:5-6)

Aunque tal vez se podría argumentar que la muerte indica que antes *hubo* vida, nadie sostendría que prueba que la vida *existe*. Incluso la vida previa a la que la muerte parece señalar, habría sido inútil si tan solo hubiera desembocado en la muerte y necesitará de esta para probar que existió. Pones en duda el Cielo, pero no pones en duda la muerte. No obstante, podrías sanar y ser sanado si la pusieras en duda. (T-13.IV.3:2-5)

Las mejores alternativas que el ego ofrece para contrarrestar lo que se percibe como la ruda intromisión de la culpabilidad en la paz son: el olvido, el sueño y la muerte. (T-13.XI.1:1)

El objetivo del ego es la muerte, que *es su* propio fin. (T-15.I.2:8)

El ego enseña, por lo tanto, que la muerte es el final en lo que respecta a cualquier esperanza de alcanzar el Cielo. (T-15.I.4:13)

El ego no hace alarde de su amenaza final, pues quiere que sus devotos sigan creyendo que les puede ofrecer una escapatoria. (T-15.I.6:4)

A ti (el ego) te enseña que el placer corporal es felicidad. Mas a sí mismo se susurra: "Es la muerte". (T-19. 4.B.13:7)

Nadie puede morir a menos que elija la muerte. Lo que parece ser el miedo a la muerte es realmente su atracción. (T-19.4.C.1:4-5)

muerte

Y la muerte es el resultado del pensamiento al que llamamos ego, tan inequívocamente como la vida es el resultado del Pensamiento de Dios. (T-19.IV.C.2:15)

La muerte, de ser real, supondría la ruptura final y absoluta de la comunicación, lo cual es el objetivo del ego. (T-19.IV.C.6:5)

Pues consideran que la muerte es un refugio: el gran salvador tenebroso que libera de la luz de la verdad, la respuesta a la Respuesta, lo que acalla la Voz que habla en favor de Dios. (T-19.4.C.7:2)

El obstáculo que tu aparente amor por la muerte supone y que la paz debe superar parece ser muy grande. Pues en él yacen ocultos todos los secretos del ego, todas sus insólitas artimañas, todas sus ideas enfermizas y sus extrañas imaginaciones. En él radica la ruptura final de la unión, el triunfo de lo que el ego ha fabricado sobre la Creación de Dios, la victoria de lo que no tiene vida sobre la Vida Misma. (T-19.IV.C.7:5-7)

Este velo (temor a Dios), que la creencia en la muerte mantiene intacto y que su atracción protege, es el más tenebrosos de todos. La dedicación a la muerte y a su soberanía no es más que el voto solemne, la promesa que en secreto le hiciste al ego de jamás descorrer ese velo, de no acercarte a él y de ni siquiera sospechar que está ahí. Ése es el acuerdo secreto al que llegaste con el ego para mantener eternamente en el olvido lo que se encuentra más allá del velo. He aquí tu promesa de no permitir jamás que la unión te haga abandonar la separación; la profunda amnesia en la que el recuerdo de Dios parece estar totalmente olvidado; la brecha entre tu Ser y tú: *el temor a Dios,* el último paso de tu disociación. (T-19.IV.D.3:1-4)

Tu miedo a la muerte no es mayor que el que le tienes al ego. Ambos son los amigos que has elegido, ya que en tu secreta alianza con ellos has acordado no permitir jamás que el temor a Dios se revoque, de manera que pudieras contemplar la faz de Cristo y unirte a Él en Su padre. (T-19.4.D.4:4-5)

Todo poder es de Dios; Él lo otorga, y el Espíritu Santo, que sabe que al dar no puedes sino ganar, lo revive. Él no le confiere poder alguno al pecado, que, por consiguiente, no tiene ninguno; tampoco le confiere poder a sus resultados tal como el mundo los ve: la enfermedad, la muerte, la aflicción y el dolor. Ninguna de estas cosas ha ocurrido porque el Espíritu Santo no las ve ni le otorga poder a su aparente fuente. (T-20.IV.1:4-6)

Pasa de la vida a la muerte, la prueba final de que valoró lo efímero más que lo constante. (T-21.VIII.1:5)

Mas todo el mundo sabe que el costo del pecado es la muerte. (T-25.VII.1.6)

Ninguna ilusión del pasado tiene el poder de retenerte en un lugar de muerte; una bóveda en la que el Hijo de Dios entró por un instante, para ser restaurado instantáneamente al perfecto Amor de su Padre. (T-26.V.10:7)

Hermano, la muerte no existe. Y aprenderás esto cuando tu único deseo sea mostrarle a tu hermano que él jamás te hirió. (T-27.II.6:8-9)

¿Qué otras alternativas tienes ante ti sino la vida o la muerte, despertar o dormir, la guerra o la paz, tus sueños o tu realidad? Existe el riesgo de pensar que la muerte te puede brindar paz porque el mundo equipara el cuerpo con el Ser que Dios creó. No obstante, una cosa jamás puede ser su propio opuesto. Y la muerte es lo opuesto a la paz porque es lo opuesto a la vida. Y la vida es paz. (T-27.VII.10:1-5)

La muerte no existe porque todo lo que vive comparte la función que su Creador le asignó. (T-29.VI.4:9)

Y todos (los ídolos) le fallarán, excepto uno: pues morirá y no se dará cuenta de que el ídolo que buscaba *era* su muerte. La forma en que este ídolo se manifiesta parece ser algo externo a él. No obstante, su intención es destruir el Hijo de Dios que se encuentra en su interior y así probar que logró vencerlo. (T-29.VII.3:2-4)

Siempre que tratas de alcanzar un objetivo en el que el mejoramiento del cuerpo es el beneficiario principal, estás buscando la muerte. Pues crees que puedes experimentar insuficiencia, y la insuficiencia *es* muerte. (T-29.VII.4:1)

Ni la tristeza ni el sufrimiento proclaman otro mensaje que el de haber hallado un ídolo que representa una parodia de la vida, el cual, al no tener vida, es realmente la muerte, a la cual se considera real y se le da forma viviente. (T-29.VII.5:3)

El velo que cubre la faz de Cristo, el temor a Dios y a la salvación, así como el amor a la culpa y a la muerte no son sino diferentes nombres de un mismo error: que hay un espacio entre tu hermano y tú que os mantiene aparte debido a una ilusión de ti mismo que lo mantiene a él separado de ti y a ti alejado de él. (T-31.VII.9:1)

¿Por qué no habrías de dar saltos de alegría cuando se te asegura que todo el mal que crees haber hecho nunca ocurrió; que todos tus pecados no son nada; que sigues siendo tan puro y santo como fuiste creado, y que la luz, la dicha y la paz moran en ti? La imagen que tienes de ti mismo no puede resistir la Voluntad de Dios. Tú piensas que eso es la muerte, sin embargo, es la vida. Tú piensas que se te está destruyendo, sin embargo, se te está salvando. (L-93.4.1:4)

Tal es su santo propósito, diferente ahora del que tú le habías conferido: ser un medio para demostrar que el infierno era real, que toda esperanza acaba en desesperación y que la Vida Misma finalmente sucumbirá ante la muerte. Pues solo con la muerte se reconcilian los opuestos, ya que poner fin a la contradicción es morir. Y así, se considera que la salvación es la muerte, pues la vida se ve como un conflicto. Resolver el conflicto es, por lo tanto, poner fin a tu vida. (L-138.7:2-5)

No proclama que el castigo y la muerte vayan a ser el final del pecado. (L-156.6:3)

La muerte es un pensamiento que adopta muchas formas que a menudo no se reconocen. La muerte puede manifestarse en forma de tristeza, miedo, ansiedad o duda; en forma de ira, falta de fe y desconfianza; preocupación por el cuerpo, envidia, así como en todas aquellas formas en las que el deseo de ser como no eres pueda venir a tentarte. (L-163.1:1-2)

En cuanto que encarnación del miedo, anfitrión del pecado, dios de los culpables y señor de toda ilusión y engaño, el pensamiento de muerte parece ser muy poderoso. Pues parece encerrar a todo ser vivo en sus marchitas manos; a todo deseo y esperanza en su puño funesto, y percibir toda meta únicamente a través de sus ojos invidentes. (L-163.2:1-2)

¿Te postrarías ante ídolos como este? Aquí la Fortaleza y el Poderío de Dios Mismo se perciben dentro de un ídolo hecho de polvo. Aquí se proclama que lo opuesto a Dios es señor de toda la Creación, más fuerte que la Voluntad de Dios por la vida, más fuerte que la infinitud del amor y la perfecta e inmutable constancia del Cielo. Aquí la Voluntad del Padre y del Hijo es finalmente derrotada y enterrada bajo la lápida que la muerte ha colocado sobre el cuerpo de santo Hijo de Dios. (L-163.4:1-4)

Es imposible venerar a la muerte en cualquiera de las formas que adopta y, al mismo tiempo, seleccionar unas cuantas que no favoreces -y que incluso deseas evitar- mientras aún sigues creyendo en el resto. Pues la muerte es total. (L-163.6:1-2)

Es la idea subyacente a todos los sentimientos que no son de suprema felicidad. Es la alarma a la que respondes cuando reaccionas de cualquier forma que no sea con perfecta alegría. Todo pesar, toda pérdida y ansiedad, todo sufrimiento y dolor, e incluso el más leve suspiro de cansancio, ligera incomodidad o el menor fruncimiento de ceño dan testimonio de la muerte. Por lo tanto, niegan que vives. (L-167.2:4-7)

La muerte es el pensamiento de que estás separado de tu Creador. Es la creencia de que las condiciones cambian y de que las emociones varían debido a causas que no están bajo tu control, que no son obra tuya y que nunca podrás cambiar. Es la creencia fija de que las ideas pueden abandonar su fuente y adquirir cualidades que esta no posee, convirtiéndose así en algo diferente de su origen, aparte de este en lo relativo a su naturaleza, así como en lo relativo al tiempo, a la distancia y a la forma. (L-167.4:1-3)

Lo que parece morir no es sino la señal de que la mente está dormida. (L-167.6:7)

El pensamiento de muerte no es lo opuesto a los pensamientos de vida. (L-167.8:3)

Lo que parece ser lo opuesto a la vida es meramente un sueño. (L-167.9:1)

Este mundo parece tener muchos escondrijos donde la piedad no tiene sentido y el ataque parece estar justificado. Mas todos son uno: un lugar donde la muerte es la ofrenda que se le hace al Hijo de Dios así como a su Padre. (L-198.7:1)

Lo que muere, en realidad nunca vivió, y solo se burlaba de la verdad con respecto a mí. (L-248.1:6)

Y si él (el hijo) no muriese, ¿qué "prueba" habría de que el eterno Hijo de Dios puede ser destruido?
(L-punto.5 ¿Qué es el cuerpo? 2.9)

Este pensamiento se puede utilizar para expresar que la muerte y el pesar es lo que le espera a todo aquel que viene aquí, pues sus alegrías desaparecen antes de que las pueda disfrutar o incluso tener a su alcance. (L-300.1:1)

La muerte es una ilusión; la vida, la eterna verdad. (L-331.1:9)

Vivir es júbilo, pero la muerte no es sino llanto. Ves en la muerte tu escapatoria de lo que has hecho. Pero lo que no ves es que tú mismo inventaste la muerte, la cual no es más que la ilusión de un final. La muerte no puede ser una escapatoria porque el problema no radica en la vida. La Vida no tiene opuesto, pues es Dios. La vida parece ser lo opuesto a la muerte porque tú has decidido que la muerte acaba con la vida. (M-20.V.1:1-6)

La muerte es el sueño central de donde emanan todas las ilusiones. (M-27.1:1)

La muerte es el símbolo del temor a Dios. La idea de la muerte oculta Su Amor y lo mantiene al margen de la conciencia cual un escudo puesto en alto para bloquear el sol. Lo siniestro de este símbolo basta para demostrar que la muerte no puede coexistir con Dios. La muerte muestra una imagen del Hijo de Dios en la que este acaba "descansando en paz" en los brazos de la devastación, donde los gusanos lo esperan para darle la bienvenida y, gracias a su muerte, prolongar un poco más su propia existencia. (M-27.3:1-4)

La muerte niega la vida. Pero si la vida es real, lo que se niega es la muerte. En esto no puede haber transigencia alguna. (M-27.4:3-5)

La realidad de la muerte está firmemente arraigada en la creencia de que el Hijo de Dios es un cuerpo. Y si Dios hubiese creado cuerpos, la muerte sería ciertamente real. (M-27.5:1-2)

Si Dios es Amor, la muerte es, de hecho, la muerte de Dios. (M-27.5:5)

El perdón-para-destruir es la muerte... (O-2.I.2:5)

En este caso, el perdón se basa en una actitud de refinada altivez, tan lejana del amor que jamás podría dejar de ser arrogante.

muerte

¿Quién puede perdonar y despreciar al mismo tiempo? ¿Y quién puede acusar a otro de estar inmerso en el pecado y al mismo tiempo percibirlo como el Hijo de Dios? ¿Quién puede enseñar lo que es la libertad esclavizando? En esto no hay unión, sino aflicción. Eso no es realmente misericordia. Eso es la muerte. (O-2.II.2.2:2-7)

Todas las formas que el perdón adopta que no te apartan de la ira, de la condena y de comparaciones de cualquier clase son la muerte. Pues eso es lo que sus propósitos han establecido. (O-2.II.8:1-2)

Eso no es muerte de acuerdo con el pensar del mundo, pues la muerte es cruel ante sus atemorizados ojos y se presenta en forma de castigo por los pecados. (O-3.II.5:1)

Muerte aparente:
Y lo que buscamos es el final del sueño, no como nosotros queremos que dicho final sea, sino como lo quiere Dios. (LF.3:4)

No obstante, hay una clase de aparente muerte que tiene otra fuente. No es el resultado de pensamientos hirientes ni de una furia desenfrenada contra el universo. Significa simplemente que la utilidad del funcionamiento del cuerpo ha concluido, de manera que se elige abandonarlo, en forma similar a como uno se desprende de una vestimenta raída. (O-3.II.1:8)

Esto es lo que debiera ser la muerte: una elección tranquila, que se lleva a cabo felizmente y con una sensación de paz, pues el cuerpo se ha usado con bondad para ayudar al Hijo de Dios en el camino que lo lleva a Dios. Le damos gracias al cuerpo por el servicio que nos ha prestado. Pero nos sentimos agradecidos también de que ya no haya necesidad de seguir transitando por el mundo de las limitaciones ni de alcanzar al Cristo en formas borrosas y, a lo sumo, poder verlo claramente en amorosos destellos. Ahora podemos contemplarle sin velos, en la luz que hemos aprendido a ver de nuevo. (O-3.II.2:1-4)

Llamamos a eso muerte, pero es libertad. No se presenta en formas que parecen imponérsele con dolor a una carne renuente, sino como una dulce bienvenida a la liberación. Si ha habido una verdadera curación, esa puede ser la forma en que la muerte llegue cuando sea el momento de descansar por un rato de una labor gustosamente realizada y gustosamente concluida. (O-3.II.3:1-3)

Eso no es muerte de acuerdo con el pensar del mundo, pues la muerte es cruel ante sus atemorizados ojos y se presenta en forma de castigo por los pecados. ¿Cómo podría entonces ser una bendición? ¿Y cómo puede dársele la bienvenida cuando se le debe temer? ¿Qué curación ha tenido lugar en semejante visión de lo que no es sino la apertura del portal a un nivel de oración más elevado y a la dispensación de una amorosa justicia? La muerte es una recompensa, no un castigo. (O-3.II.5:1-5)

Mundo que percibes, El:
El mundo de la percepción, por otra parte, es el mundo del tiempo, de los cambios, de los comienzos y de los finales. Se basa en interpretaciones, no en hechos. Es un mundo de nacimientos y muertes, basado en nuestra creencia en la escasez, en la pérdida, en la separación y en la muerte. Es un mundo que aprendemos, en vez de algo que se nos da; es selectivo en cuanto al énfasis perceptual, inestable en su modo de operar e inexacto en sus interpretaciones. (Prefacio. ¿Qué postula?)

El mundo está muy cansado porque es la idea del cansancio. (T-5.II.10:6)

...pues el mundo es un lugar infeliz. (T-6.II.5:7)

Por lo tanto, inventan imágenes, las perciben como despreciables y luego las atacan por su falta de valor. Esto es todo lo que el mundo del ego es: nada. No tiene sentido. No existe. No trates de entenderlo, porque si tratas de entenderlo es que crees que se puede entender y, por lo tanto, que se puede apreciar y amar.

mundo que percibes

Eso justificaría su existencia; la cual es injustificable. Tú no puedes hacer que lo que no tiene sentido lo tenga. (T-7.VI.11:3-10)

Dicho mundo es, por lo tanto, una ilusión de aislamiento que se mantiene vigente por miedo a la misma soledad que *es* su ilusión: Os dije que estaría con vosotros siempre, incluso hasta el fin del mundo. (T-8.IV.2:3-5)

El mundo, por lo tanto, no puede sino aborrecerme y rechazarme, ya que el mundo *es* la creencia de que el amor es imposible. (T-8.IV.3:7)

Has concebido muchas ideas que has interpuesto entre tu Creador y tú, y estas creencias constituyen el mundo que percibes. (T-11.VII.4:4)

Todo lo que percibes como el mundo externo no es otra cosa que tu intento de mantener vigente tu identificación con el ego, pues todo el mundo cree que esa identificación es su salvación. (T-12.III.7:5)

Estás en conflicto con el mundo tal como lo percibes porque crees que el mundo es antagónico a ti. (T-12.III.7:7)

Dios te dio el mundo real a cambio del mundo que tú fabricaste como resultado de la división de tu mente, el cual es el símbolo de la muerte. (T-12.III.8:4)

El mundo que percibes es un mundo de separación. (T-12.III.9:1)

El mundo que has fabricado es, por lo tanto, completamente caótico, y está regido por "leyes" arbitrarias que no tienen sentido ni significado alguno. Se compone de lo que no deseas, lo cual has proyectado desde tu mente porque tienes miedo de ello. (T-12.III.9:6-7)

El mundo irreal *es* desesperante, pues nunca podrá ser real. (T-12.VIII.7:8)

El mundo que ves es el sistema ilusorio de aquellos a quienes la culpa ha enloquecido. Contempla detenidamente este mundo y te darás cuenta de que es así. Pues este mundo es el símbolo del castigo, y todas las leyes que parecen regirlo son las leyes de la muerte. (T-13 intro.2:2-4)

Este mundo *es* la imagen de la crucifixión del Hijo de Dios. Y hasta que no te des cuenta de que el Hijo de Dios no puede ser crucificado, este será el mundo que verás. (T-13 intro.4:1-2)

De esta manera, cada uno se aísla en su propio mundo, en el que reina el desorden y en el que lo que está dentro aparenta estar fuera. Mas no ven lo que está dentro, pues no pueden reconocer la realidad de sus hermanos. (T-13.V.4:3-4)

Tu mundo privado está lleno de figuras tétricas que tú mismo has invitado, por lo tanto, no puedes ver todo el amor que tus hermanos te ofrecen. (T-13.V.5:7)

Al contemplar con claridad el mundo que te rodea, no puedes sino darte cuenta de que estás sumergido en la demencia. Ves lo que no está ahí y oyes lo que no emite sonido. Las emociones que expresas reflejan lo opuesto de lo que sientes. No te comunicas con nadie, y te encuentras tan aislado de la realidad como si tú fueras lo único que existe en todo el universo. En tu demencia pasas por alto la realidad completamente, y dondequiera que tu mirada se posa no ves más que tu mente dividida. Dios te llama, mas tú no lo oyes, pues estás embebido en tu propia voz. Y no puedes ver la visión de Cristo, pues solo te ves a ti mismo. (T-13.V.6:1-7)

Tú no deseas realmente el mundo que ves, pues no ha hecho más que decepcionarte desde los orígenes del tiempo. Las casas que erigiste jamás te dieron cobijo. Los caminos que construiste no te llevaron a ninguna parte y ninguna de las ciudades que fundaste ha resistido el asalto demoledor del tiempo. Todo lo que has hecho lleva impreso sobre sí el estigma de la muerte. No lo tengas en tanta estima, pues es un mundo viejo y decrépito, e incluso según lo construías estaba ya listo para retornar al polvo. Este mundo doliente no tiene el poder de influenciar al mundo viviente en absoluto. Tú no puedes conferirle ese poder, y si bien lo abandonas con tristeza, en él no habrías podido encontrar el camino que conduce más allá de él hacia el otro mundo. (T-13.VII.3:1-7)

El mundo en el que te encuentras es un mundo de escasez *porque* estás necesitado. (T-13.VII.10:5)

El mundo te puede dar únicamente lo que tú le diste, pues al no ser otra cosa que tu propia proyección, no tiene ningún significado aparte del que tú viste en él y en el que depositaste tu fe. (T-13.IX.3:1)

Este es un mundo demente y no debes subestimas la magnitud de su demencia. No hay ningún área de tu percepción que no se haya visto afectada, y tu sueño *es* sagrado para ti. (T-14.I.2:6-7)

En el mundo de la escasez el amor no significa nada y la paz es imposible. (T-15.VI.5:1)

Pues este mundo es lo opuesto al Cielo al haber sido concebido para ser su opuesto, y todas las cosas aquí son exactamente lo opuesto a la verdad. (T-16.V.3:6)

Todo este sistema de pensamiento es una experiencia de aprendizaje cuidadosamente urdida, diseñada para apartarte de la verdad y conducirte a las fantasías. (T-16.V.15:4)

El Gran Transformador de la percepción emprenderá contigo un examen minucioso de la mente que dio lugar a este mundo y te revelará las aparentes razones por las que lo construiste. A la luz de la auténtica razón que Le caracteriza te darás cuenta, a medida que Lo sigas, de que ese mundo está totalmente desprovisto de razón. (T-17.II.5:2-3)

Esa fue la primera proyección del error al exterior. El mundo surgió para ocultarlo, y se convirtió en la pantalla sobre la que se proyectó, la cual se interpuso entre la verdad y tú. (T-18.I.6:1-2)

Mas he ahí un mundo, que aunque claramente existe solo en tu mente, parece estar fuera. (T-18.II.5:3)

Pero en ese banco de nubes es fácil ver todo un mundo. Las cordilleras, los lagos y las ciudades que ves son todos producto de tu imaginación; y desde las nubes, los mensajeros de tu percepción regresan a ti, asegurándote que todo eso se encuentra allí. Se destacan figuras que se mueven de un lado a otro; las acciones parecen reales, y aparecen formas que pasan de lo bello a lo grotesco. Y esto se repite una y otra vez, mientras quieras seguir jugando el juego infantil de pretender ser otra cosa. (T-18.IX.7:1-4)

El mundo que ves no es sino un juicio con respecto a ti mismo. No existe en absoluto. Tus juicios, no obstante, le imponen una sentencia, la justifican y hacen que sea real. Ése es el mundo que ves: un juicio contra ti, que tú mismo has emitido... Ese mundo *es* despiadado, y si se encontrara fuera de ti, tendrías ciertamente motivos para estar atemorizado. (T-20.III.5:2-5/8)

El mundo que ves a tu alrededor es la respuesta que te dio (lo único que es ciego), y tú le has conferido el poder de hacer los ajustes necesarios en el mundo para que su respuesta sea cierta. (20.III.8:3)

¿Qué pasaría si reconocieras que este mundo es tan solo una alucinación? ¿O si realmente entendieras que fuiste tú quien lo inventó? ¿Y qué pasaría si te dieras cuenta de que los que parecen deambular por él, para pecar y morir, atacar, asesinar y destruirse a sí mismos son totalmente irreales? ¿Podrías tener fe en lo que ves si aceptaras esto? ¿Y lo verías? (T-20.VIII.7:3-7)

El mundo que ves se compone de aquello con lo que tú lo dotaste. Nada más. Pero si bien no es nada más, tampoco es menos. Por ende, es importante para ti. Es el testimonio de tu estado mental, la imagen externa de una condición interna. Tal como el hombre piense, así percibirá. (T-21-intro.1:2-6)

El mundo que ves tan solo te muestra cuanta dicha te has permitido ver en ti y aceptar como tuya. Y si ése *es* su significado, el poder de dar dicha tiene entonces que encontrarse en ti. (T-21-intro. 2:7)

El mundo que ves no es sino el testigo fútil de que tenías razón. Es un testigo demente. (T-21.II.5:1-2)

Su mundo depende de la estabilidad del pecado. (T-25.VIII.6:7)

El mundo que ves está basado en el "sacrificio" de la unicidad. Es la imagen de una total desunión y de una absoluta falta de unidad. (T-26.I.2:1-2)

Este mundo es un intento de probar tu inocencia y, al mismo tiempo, atribuirle valor al ataque. (T-26.VII.12:5)

Aunque los problemas no son algo concreto, se manifiestan en formas concretas, y son estas formas las que configuran el mundo. (T-27.V.8:1)

El sueño del mundo no es sino una parte de tu propio sueño de la que te desprendiste y luego viste como si fuese el principio y el final del tuyo. No obstante, lo que dio comienzo al sueño del mundo fue tu propio sueño secreto, lo cual no percibes, si bien es lo que causó la parte que ves, de cuya realidad no dudas. ¿Cómo podrías dudar de ello si aún estás dormido, soñando en secreto que su causa es real? (T-27.VII.11:6-8)

El mundo que ves te muestra exactamente lo que creíste haber hecho. Excepto que ahora crees que lo que hiciste se te está haciendo a ti. (T-27.VIII.7:2-3)

El mundo no hace sino demostrar una verdad ancestral: creerás que otros te hacen a ti exactamente lo que tú crees haberles hecho a ellos. Y una vez que te hayas engañado a ti mismo culpándolos, no verás la causa de sus actos porque *desearás* que la culpa recaiga sobre ellos. (T-27.VIII.8:1-2)

Y lo que elimina hace mucho que desapareció, pero puesto que se conserva en la memoria, sus efectos parecen estar teniendo lugar ahora. Hace mucho que este mundo desapareció. Los pensamientos que lo originaron ya no se encuentran en la mente que los concibió y los amó por un breve lapso de tiempo. (T-28.I.1:5-7)

Este mundo carece de causa, al igual que todos los sueños que alguien haya tenido en él. Ningún plan es posible en él ni hay nada que sea comprensible. (T-28.II.6:1-2)

¿Qué es el mundo sino una diminuta brecha que parece desgarrar la eternidad y fragmentarla en días, meses y años? (T-28.III.7:4)

El mundo que ves no existe porque el lugar desde donde lo percibes no es real. (T-28.V.7:2)

Este mundo no es más que el sueño de que puedes estar solo y de que puedes pensar sin que ello afecte a los que están separados de ti. (T-28.VII.5:2)

Aquello a lo que tú has dado "vida" no está vivo, y solo simboliza tu deseo de vivir separado de la vida, de estar vivo en la muerte, y de percibir a esta como si fuera la vida, y al vivir como la muerte. Aquí las confusiones se suceden una tras otra, pues este mundo se basa en la confusión y en nada más. Su base es inmutable, si bien parece estar cambiando continuamente. Mas ¿qué podría ser eso sino lo que realmente es el estado de confusión? (T-29.II.6:2-5)

mundo que percibes

Pues aunque el mundo sea un sueño de muerte, no tienes por qué dejar que sea eso para ti. (T-29.VI.5:2)

Este mundo de ídolos *es* un velo que cubre la faz de Cristo porque su propósito es separarte de tu hermano. Es un propósito tenebroso y temible y, sin embargo, es un pensamiento que ni siquiera tiene el poder de cambiar una brizna de hierba de algo vivo a un signo de muerte. Su forma no está en ninguna parte, pues su fuente está en aquella parte de tu mente de la que Dios está ausente. ¿Dónde se encuentra este lugar del que se ha excluido y mantenido aislado lo que está en todas las partes? (T-29.VIII.4:1-4)

El mundo comenzó con una extraña lección, lo suficientemente poderosa como para dejar a Dios relegado al olvido y a Su Hijo convertido en un extraño ante sus propios ojos, exiliado del hogar donde Dios Mismo lo ubicó. (T-31.I.4:5)

El mundo que ves es el resultado inevitable de la lección que enseña que el Hijo de Dios es culpable. Es un mundo de terror y desesperación. En él no hay la más mínima esperanza de hallar felicidad. Ningún plan que puedas idear para tu seguridad tendrá jamás éxito. No puedes buscar dicha en él y esperar encontrarla. (T-31.I.7:4-8)

Existe una marcada tendencia a pensar que el mundo puede ofrecer consuelo y escape de los mismos problemas que tiene como propósito perpetuar. ¿A qué se debe esto? Se debe a que este es un lugar en el que elegir entre ilusiones parece ser la única opción, y a que tú estás en control de los resultados de tu elección. (T-31.IV.1:1-4)

Este aspecto puede disgustarse, pues el mundo es perverso e incapaz de proveer el amor y el amparo que la inocencia se merece. (T-31.V.3:1)

Tu mundo es lo que la salvación habrá de des-hacer, permitiéndote así ver otro que tus ojos jamás habrían podido encontrar. (T-31.VI.3:4)

El mundo que ves no tiene nada que ver con la Realidad. Es tu propia obra y no existe. (L-14.1.4)

Lo que veo es una forma de venganza. (L-22)

De nada sirve lamentarse del mundo. De nada sirve tratar de cambiarlo. No se puede cambiar porque no es más que un efecto. (L-23.2:2-4)

El mundo que ves es un mundo vengativo, y todo en él es un símbolo de venganza. Cada una de las percepciones que tienes de la "realidad externa" no es más que una representación gráfica de tus propios pensamientos de ataque. (L-23.3:1)

La idea de hoy, al igual que las anteriores, es aplicable tanto a tu mundo interno como al externo, que en realidad son lo mismo. (L-32.2:1)

Trata de introducir en los ejercicios de hoy el pensamiento de que ambos se encuentran en tu propia imaginación. (L-32.2:3)

Lo que veo da testimonio de lo que pienso. Si no pensara no existiría, ya que la Vida es Pensamiento. Que contemple al mundo que veo como la representación de mi propio estado de ánimo. (L-54.2:2-4)

Lo que ahora veo no son sino signos de enfermedad, desastre y muerte. (L-55.1.2)

Lo que veo me muestra que no sé quién soy. (L-55.1.6)

El mundo que veo no es en modo alguno la representación de pensamientos amorosos. Es un cuadro en el que todo se ve atacado por todo. Es cualquier cosa menos un reflejo del Amor de Dios y del de Su Hijo. Son mis propios pensamientos de ataque los que dan lugar a este cuadro. (L-55.2:2-5)

Debe ser, pues, que el mundo es realmente un lugar donde él (el Hijo) puede ser liberado. (L-57.III.5)

El mundo no es el lugar donde le corresponde estar (a la mente). (L-128.7:4)

El mundo que ves es ciertamente despiadado, inestable y cruel, indiferente en lo que a ti respecta, presto a la venganza y lleno de un odio despiadado. Da pero solo para más tarde quitar, y te despoja de todo aquello que por un tiempo creíste amar. En él no se puede encontrar amor duradero porque en él no hay amor. Ese es el mundo del tiempo, donde a todo le llega su fin. (L-129.2:3-6)

El mundo que ves es la prueba de que ya has elegido algo que es tan completamente abarcador como lo es su opuesto. Hoy queremos aprender algo más que la simple lección de que no puedes ver dos mundos al mismo tiempo. Esta lección te enseña también que el mundo que ves es completamente coherente con el punto de vista desde el que lo contemplas. Es un solo bloque porque proviene de una única emoción y su origen se ve reflejado en todo lo que ves. (L-130.6:2-5)

El mundo en sí no es nada. (L-132.4:1)

La idea de hoy es verdad porque el mundo no existe. Y si en verdad es un producto de tu imaginación, puedes entonces liberarlo de todo lo que has pensado que era cambiando simplemente todos aquellos pensamientos que le daban su apariencia. (L-132.8:2-3)

El mundo no existe porque es un pensamiento separado de Dios, concebido para separar al Padre del Hijo y segregar una parte de Dios Mismo, destruyendo de esta manera Su Completitud. (L-132.13:1)

Nada de lo que el mundo cree es verdad. Pues el mundo es un lugar cuyo propósito es servir de hogar para que los que dicen no conocerse a sí mismos puedan venir a cuestionar qué es lo que son. Y seguirán viniendo hasta que la Expiación sea aceptada y aprendan que es imposible dudar de uno mismo, así como no ser consciente de lo que uno es. (L-139.7:1-3)

Nadie puede sufrir pérdida alguna a menos que esa haya sido su decisión. Nadie sufre dolor salvo cuando él mismo así lo decide. Nadie puede estar afligido, sentir temor o creer que está enfermo a menos que eso sea lo que desee. Y nadie muere sin su propio consentimiento. Jamás ocurre nada que no sea una representación de tus deseos ni se te niega nada de lo que eliges. He aquí tu mundo, completo hasta el más ínfimo detalle. He aquí toda la realidad que tiene para ti. (L-152.1:1-7)

¿No es acaso extraño que consideres arrogante pensar que fuiste tú quien fabricó el mundo que ves? Dios no lo creó. De eso puedes estar seguro. ¿Qué puede saber Él de lo efímero, del pecado y la culpabilidad? ¿Qué puede saber de los temerosos, de los que sufren y de los solitarios, o de la mente que vive dentro de un cuerpo condenado a morir? Pensar que Él ha creado un mundo en el que tales cosas parecen ser reales es acusarlo de demente. (L-152.6:1-5)

El mundo es una ilusión. Los que eligen venir a él andan buscando un lugar donde poder ser ilusiones y eludir su propia realidad. (L-155.2:1-2)

Este mundo no es la Voluntad de Dios, por consiguiente, no es real. (L-166.2:2)

Este mundo en el que pareces vivir no es tu hogar. Y en algún recodo de tu mente sabes que esto es verdad. (L-182.1:1-2)

¿Qué son todos esos nombres mediante los cuales el mundo se convierte en una serie de acontecimientos independientes, de co-

mundo que percibes

sas desunidas y de cuerpos que se mantienen aparte y que contienen fragmentos de mente como si de conciencias separadas se tratase? Tú les diste esos nombres, dando lugar a la percepción tal como querías que fuese. A las cosas sin nombre se les dio nombre, y de esta manera se les dio también realidad. Pues a lo que se le da un nombre se le da significado y, de este modo, se considera significativo: una causa que produce efectos reales, con consecuencias inherentes a sí misma. (L-184.3:1-4)

Santo hermano mío, piensa en esto por un momento: el mundo que ves no hace nada. No tiene efectos. No es otra cosa que la representación de tus pensamientos. (L-190.6:1-3)

Y el mundo se convierte en un lugar amargo y cruel, donde reina el pesar y donde los pequeños gozos sucumben ante la embestida del brutal dolor que está al acecho para trocar toda alegría en sufrimiento. (L-190.8:5)

No te das cuenta de lo que has hecho al asignar al mundo el papel de carcelero del Hijo de Dios. ¿Qué podría ser entonces sino un mundo depravado y temeroso, amedrentado por las sombras, vengativo y salvaje, desprovisto de razón, ciego y enajenado por el odio? (L-191.1:3-4)

Niega tu verdadera identidad y no podrás escaparte de la locura que provocó este extraño, antinatural y fantasmal pensamiento que se burla de la Creación y se ríe de Dios. Niega tu verdadera identidad y te enfrentas al universo solo, sin ningún amigo, como una diminuta mota de polvo contra legiones de enemigos. Niega tu verdadera identidad y contemplarás la maldad, el pecado y la muerte; y verás la desesperanza arrebatarte de las manos todo vestigio de esperanza, dejándote solamente con ansias de morir. (L-191.3:1-3)

Este mundo parece tener muchos escondrijos donde la piedad no tiene sentido y el ataque parece estar justificado. Mas todos son uno: un lugar donde la muerte es la ofrenda que se le hace al Hijo de Dios así como a Su Padre. (L-198.7:1-2)

El mundo es una percepción falsa. Nació del error, y no ha abandonado su fuente. Persistirá mientras se siga abrigando el pensamiento que le dio vida. (L-punto 3 ¿Qué es el mundo? 1:1-3)

El mundo se fabricó como un acto de agresión contra Dios. Es el símbolo del miedo. (L-punto 3 ¿Qué es el mundo? 2:1)

El mundo, por lo tanto, se fabricó con la intención de que fuera un lugar en el que Dios no pudiese entrar y en el que Su Hijo pudiera estar separado el Él. Esa fue la cuna de la percepción, pues el Conocimiento no podría haber sido la causa de pensamientos tan descabellados. (L-punto 3 ¿Qué es el mundo? 2:4-5)

El mundo del tiempo es el mundo de lo ilusorio. Lo que ocurrió hace mucho parece estar ocurriendo ahora. (M-2.3:1-2)

El mundo que ves es lo que es imposible. (M-11.4:5)

Es el hogar donde nace el perdón, donde crece y donde se vuelve más fuerte y abarcador. (M-14.2:2)

El mundo acabará en alegría porque es un lugar triste. Cuando la alegría haya llegado, el propósito del mundo habrá terminado. El mundo acabará en paz porque es un campo de batalla. Cuando la paz haya llegado, ¿qué propósito podría tener el mundo? El mundo acabará entre risas porque es un valle de lágrimas. (M-14.5:1-5)

Tanto este mundo como el mundo real son ilusorios, pues la mentalidad recta simplemente pasa por alto o perdona lo que nunca ocurrió. (C-1.6:2)

El mundo que ves no es más que la ilusión de un mundo. (C-4.1:1)

mundo que percibes

El mundo se yergue como un sólido muro ante la faz de Cristo. (C-4.4:1)

Este es el mundo de los opuestos. Y tienes que elegir entre ellos a cada instante mientras el mundo siga siendo real para ti. (O-2.I.10:1)

Mundo real:

Haz que el mundo real sea real para ti, pues el mundo real es el regalo del Espíritu Santo, por lo tanto, te pertenece. (T-12.VI.3:6)

Dios te dio el mundo real en amoroso intercambio por el mundo que tú construiste y que ves. Recíbelo simplemente de la mano de Cristo y contémplalo. Su realidad hará que todo lo demás sea invisible, pues contemplarlo es una percepción total. (T-12.VIII.8)

Siéntate sosegadamente, y según contemplas el mundo que ves, repite para tus adentros: "El mundo real no es así. En él no hay edificios ni calles por donde sus habitantes caminan solos y separados. En él no hay tiendas donde la gente compra una infinidad de cosas innecesarias. No está iluminado por luces artificiales ni la noche desciende sobre él. No tiene días radiantes que luego se nublan. En el mundo real nadie sufre pérdidas de ninguna clase. En él todo resplandece, y resplandece eternamente". (T-13.VII.1)

El mundo real es el camino que te lleva a recordar la única cosa que es completamente verdadera y completamente tuya. (T-13.VII.8:4)

El amor espera la bienvenida, pero no en el tiempo, y el mundo real no es sino tu bienvenida a lo que siempre fue. (T-13.VII.9:7)

¡Imagínate cuán hermosos te parecerán todos aquellos a quienes hayas perdonado! En ninguna fantasía habrás visto nunca nada tan bello. Nada de lo que ves aquí, ya sea en sueños o despierto, puede compararse con semejante belleza. Y no habrá nada que valores tanto como esto ni nada que tengas en tanta estima. Nada que recuerdes que en alguna ocasión hiciera cantar a tu corazón de alegría te brindó ni una mínima parte de la felicidad que esta visión ha de brindarte. Pues gracias a ella podrás ver al Hijo de Dios. Contemplarás la belleza que el Espíritu Santo adora contemplar y por la que le da gracias al Padre. (T-17.II.1:1-7)

Esta belleza no es una fantasía. Es el mundo real, resplandeciente, puro y nuevo en el que todo refulge bajo la luz del sol. (T-17.II.2:1-2)

El mundo real, en toda su belleza, es algo que se aprende a alcanzar. (T-17.II.3:4)

El mundo real se alcanza simplemente mediante el completo perdón del viejo mundo, aquel que contemplas sin perdonar. (T-17.II.5:1)

El Espíritu Santo ha depositado dulcemente el mundo real en tu relación: el mundo de sueños felices, desde los cuales despertar es algo fácil y natural. (T-18.II.9:4)

Este mundo de luz, este círculo de luminosidad, es el mundo real, donde la culpabilidad se topa con el perdón. Ahí el mundo exterior se ve con ojos nuevos, libre de toda sombra de culpa. Ahí te encuentras perdonado, pues ahí has perdonado a todo el mundo. He aquí la nueva percepción donde todo es luminoso y brilla con inocencia; donde todo ha sido purificado con las aguas del perdón y se encuentra libre de cualquier pensamiento maligno que alguna vez hayas proyectado sobre él. Ahí no se ataca al Hijo de Dios y a ti se te da la bienvenida. Ahí se encuentra tu inocencia, esperando para envolverte, protegerte y prepararte para el paso final de tu viaje interno. Ahí se dejan de lado los sombríos y pesados cortinajes de la culpabilidad, los cuales quedan dulcemente reemplazados por la pureza y el amor. (T-18.IX.9:1-7)

mundo real

Este es el santo lugar de resurrección, al que venimos de nuevo y al que retornaremos hasta que la redención se haya consumado y recibido. (T-19.IV.D.16:1)

El mundo que ven los santos es hermoso porque lo que ven en él es su propia inocencia. (T-20.III.6:3)

Existe una zona fronteriza en el pensamiento que se encuentra entre este mundo y el Cielo. No es un lugar, y cuando llegas a ella, te das cuenta de que está fuera de los confines del tiempo. Ahí es donde se lleva todo pensamiento, donde se reconcilian los valores conflictivos y donde todas las ilusiones se depositan ante la verdad y se juzgan como falsas. Esta zona fronteriza está justo más allá de las puertas del Cielo. Ahí todo pensamiento se vuelve puro y totalmente simple. Ahí se niega el pecado y en su lugar se recibe todo lo que simplemente *es*. (T-26.III.2:1-6)

Este es el final de la jornada. Nos hemos referido a ese lugar como el mundo real. (T-26.III.3:1-2)

El mundo real es la esfera de la elección hecha realidad, no en el resultado final, sino en la percepción de las alternativas entre las que se puede elegir. (T-26.III.6:3)

El mundo real es la contrapartida a la alucinación de que el tiempo y la muerte son reales y de que tienen una existencia que puede ser percibida. (T-26.V.12:3)

El mundo real es también un sueño. Excepto que en él los personajes han cambiado y no se ven como ídolos traicioneros. El mundo real es un sueño en el que no se usa a nadie para que sea el sustituto de otra cosa ni tampoco se le interpone entre los pensamientos que la mente concibe y lo que ve. (T-29.IX.7:1-4)

El mundo real es el estado mental en el que el único propósito para el mundo es el perdón. (T-30.V.1:1)

El mundo real es un estado en el que la mente ha aprendido cuán fácilmente desparecen los ídolos, que, aunque todavía se perciben, ya no se desean más. (T-30.V.5:2)

El mundo real se alcanza cuando percibes que aquello en lo que el perdón se basa es completamente real y está plenamente justificado. (T-30.VI.3:3)

En el mundo que resulta de la lección que afirma que el Hijo de Dios es inocente no hay miedo, la esperanza lo ilumina todo y una gran afabilidad refulge por todas partes. (T-31.I.8:1)

Para el Espíritu Santo el mundo es un lugar en el que aprendes a perdonarte a ti mismo lo que consideras son tus pecados. De acuerdo con esta percepción, la apariencia física de la tentación se convierte en el reconocimiento espiritual de la salvación. (L-64.2:3-4)

Lo vemos en lo que aparenta ser doloroso, y el dolor da paso a la paz. Lo vemos en los que están desesperados; en los tristes y en los compungidos; en los que creen estar solos y amedrentados, y a todos se les devuelve la tranquilidad y la paz interior en la que fueron creados. Y lo vemos igualmente en los moribundos y en los muertos, restituyéndolos así a la vida. Y podemos ver todo esto porque primero lo vimos en nosotros mismos. (L-124.5:1-4)

¿Cómo podría ser una pérdida, entonces, encontrar un mundo en el que es imposible perder, en el que el amor perdura eternamente y en el que el odio no existe y la venganza no tiene sentido? ¿Cómo podría ser una pérdida hallar todas las cosas que realmente anhelas, y saber que no tienen fin y que perdurarán a través del tiempo exactamente tal como las deseas? (L-129.3:1-2)

No dudarás de lo que contemples, pues aunque se trate de una percepción, no se trata de una que tus ojos por sí solos hayan visto jamás. (L-130.9:4)

mundo real

El mundo real simboliza la pureza del Cielo. (L-159.3:5)

El mundo se convierte en un remanso de dicha, abundancia, caridad y generosidad sin fin. Se asemeja tanto al Cielo ahora que pronto se transforma en la luz que refleja. (L-249.1:5-6)

Un mundo perdonado significa que Tu Hijo reconoce a su Padre, permite que sus sueños sean llevados ante la verdad y aguarda con gran expectación el último instante de tiempo en el que este acaba para siempre, conforme Tu recuerdo aflora en su memoria. Ahora su voluntad es una con la Tuya. Ahora su función no es sino la Tuya Propia y todo pensamiento salvo el Tuyo ha desaparecido. (L-270.1:4-6)

El mundo de Dios es un mundo feliz. (L-301.2:1)

El mundo real es un símbolo, como todo lo demás que la percepción ofrece. No obstante, es lo opuesto a lo que tú fabricaste. (L-punto 8 ¿Qué es el mundo real? 1:1-2)

El mundo real es el símbolo de que al sueño de pecado y culpabilidad le ha llegado su fin y de que el Hijo de Dios ha despertado. (L-punto 8 ¿Qué es el mundo real? 4.1)

Tanto este mundo como el mundo real son ilusorios, pues la mentalidad recta simplemente pasa por alto o perdona lo que nunca ocurrió. (C-1.6.2)

N

Nacimiento físico:

El nacimiento físico no es un comienzo; es una continuación. (T-5.IV.2:4)

Necesidades:

Las necesidades surgen únicamente cuando tú te privas a ti mismo. Actúas de acuerdo con el orden particular de necesidades que tú mismo estableces. Esto, a su vez, depende de la percepción que tienes de lo que eres. (T-1.VI.1:8-10)

La única carencia que realmente necesitas corregir es tu sensación de estar separado de Dios. Esa sensación de separación jamás habría surgido si no hubieras distorsionado tu percepción de la verdad, percibiéndote así a ti mismo como alguien necesitado. La idea de un orden de necesidades surgió porque, al haber cometido ese error fundamental, ya te habías fragmentado en niveles. (T-1.VI.2.1-3)

La idea de un orden de necesidades, que proviene del error original de que uno puede estar separado de Dios, requiere corrección en su propio nivel antes de que el error de percibir niveles pueda corregirse. (T-1.VI.3.1-2)

Negación:

La auténtica negación es un poderoso mecanismo protector. Puedes y debes negar toda creencia de que el error puede hacerte daño. Esta clase de negación no oculta sino que corrige. Tu mente recta depende de ella. Negar el error es una sólida defensa en favor de la verdad, pero negar la verdad da lugar a creaciones falsas:

las proyecciones del ego. La negación del error, puesta al servicio de la mente recta, libera a la mente y re-establece la libertad de la voluntad. (T-2.II.2:1-6)

Siempre que le niegas la bendición a un hermano te sientes desposeído, ya que la negación es tan total como el amor. Negar parte de la Filiación es tan imposible como lo es amarla solo en parte. No es posible tampoco amarla totalmente solo a veces. No puedes estar, totalmente comprometido solo en algunas ocasiones. La negación de por sí no tiene ningún poder, pero tú puedes conferirle el poder de tu mente, el cual es ilimitado. Si lo utilizas para negar la realidad esta desaparece de tu conciencia. *Es imposible apreciar la realidad parcialmente.* Por eso es por lo que cuando niegas parte de ella pierdes la conciencia de toda ella. La negación, no obstante, es una defensa y, por ello, puede usarse constructivamente así como negativamente. Si se usa negativamente es destructiva, porque se usa para atacar. Pero puesta al servicio del Espíritu Santo, puede ayudarte a reconocer parte de la realidad y, por consiguiente, a apreciarla en su totalidad. La mente es demasiado poderosa como para estar sujeta a ninguna exclusión. (T-7.VII.1:1-12)

Esto es así en un sentido muy literal: negar la vida hace que se perciba su opuesto, de la misma manera en que toda forma de negación reemplaza lo que existe con lo que no existe. (T-10.V.1:6)

Lo negaste porque lo amabas, pues sabías que de reconocer tu amor por Él, no habrías podido negarle. Negarle significa, por lo tanto, que lo amas y que sabes que Él te ama a ti. Recuerda que tienes que haber conocido previamente lo que niegas. Y si aceptas la negación también puedes aceptar su des-hacimiento. (T-10.V.6:3-6)

Eso no es extraño si te percatas de que negar equivale a "no saber". (T-11.I.8:2)

Y la negación es tan total como el amor. No puedes negar parte de ti mismo porque el resto parecerá estar separado de ti, y, por lo tanto, desprovisto de significado. Y al no tener significado para ti, no lo entenderás. Negar el significado de algo equivale a no comprenderlo. (T-11.II.3.1-4)

En un mundo nacido de la negación y carente de dirección se necesitan pruebas indirectas de la Verdad. Percibirás la necesidad de esto si te das cuenta de que la negación es la decisión de no querer saber. (T-14.I.2:1-2)

Niños:
El Espíritu Santo nunca hace una relación detallada de los errores porque Su intención no es asustar a los niños, y los que carecen de sabiduría son niños. (T-6.V.4:1)

Nivel:
Quizá la mejor manera de demostrar que estos niveles (de enseñanza) no pueden existir, es simplemente diciendo que todo nivel en la situación de enseñanza-aprendizaje es parte del plan de Dios para la Expiación, y Su plan no puede tener niveles, por ser un reflejo de Su Voluntad. (M-3.3:5)

Noche oscura del alma:
El puente en sí no es más que una transición en la perspectiva que se tiene de la realidad. A este lado ves todo sumamente distorsionado y desde una perspectiva errónea. Lo que es pequeño e insignificante se enaltece, y a lo que es fuerte y poderoso no se le concede ningún valor. Durante la transición hay un período de confusión en el que es posible experimentar una sensación muy real de desorientación. No tengas miedo de esto, pues lo único que significa es que has estado dispuesto a abandonar el marco de referencia distorsionado que parecía mantener a tu mundo intacto. (T-16.VI.7:1-5)

Nombre de Dios:
Dios no tiene nombre. Sin embargo, Su Nombre se convierte en la lección final que muestra que todas las cosas son una y con esta lección finaliza todo aprendizaje. (L-184.12:1-2)

Nombre de Dios

El Nombre de Dios es la herencia que Él les dio a los que decidieron que las enseñanzas del mundo ocuparan el lugar del Cielo. (L-184.12:5)

Tu Nombre es nuestra salvación y escape de todo lo que hemos hecho. Tu Nombre nos une en la Unicidad, que es nuestra herencia y nuestra paz. Amén (L-184.15:7-8)

Padre, Tu Nombre, al igual que el mío, es Amor. Esa es la verdad. (L-282.2:1)

No tengo que hacer nada:

He aquí la liberación final que todos hallarán algún día a su manera y a su *debido tiempo*. (T-18.VII.6:1)

"No tengo que hacer nada" es una declaración de fidelidad y de una lealtad verdaderamente inquebrantable. Créelo aunque solo sea por un instante, y lograrás más que con un siglo de contemplación o de lucha contra la tentación. (T-18.VII.6:7-8)

He aquí la puerta abierta que te ahorra siglos de esfuerzos, pues a través de ella puedes escaparte de inmediato, liberándote así del tiempo. Esta es la forma en que el pecado deja de ser atractivo *en este mismo momento*. (T-18.VII.7:3-4)

El que no tiene que hacer nada no tiene necesidad de tiempo. No hacer nada es descansar, y crear un lugar dentro de ti donde la actividad del cuerpo cesa de exigir tu atención. A ese lugar llega el Espíritu Santo, y ahí mora. Permanecerá ahí cuando tú te olvides y las actividades del cuerpo vuelvan a abarrotar tu mente consciente. (T-18.VII.7:9)

Mas este lugar de reposo al que siempre puedes volver siempre estará ahí. Y serás más consciente de este tranquilo centro de la tormenta, que de toda su rugiente actividad. Este tranquilo centro, en el que no haces nada, permanecerá contigo, brindándote descanso en medio del ajetreo de cualquier actividad a la que se te envíe. Pues desde este centro se te enseñará a utilizar el cuerpo impecablemente. Este centro, del que el cuerpo está ausente, es lo que hará que también esté ausente de tu conciencia. (T-18.VII.8.1-5)

Un espacio vacío que no se percibe ocupado, y un intervalo de tiempo que no se considere usado ni completamente empleado, se convierten en una silenciosa invitación a la verdad para que entre y se sienta como en su casa. No se puede hacer ningún preparativo que aumente el verdadero atractivo de esta invitación. Pues lo que se deja vacante Dios lo llena, y allí donde Él está tiene que morar la Verdad. (T-27.III.4:1-3)

En la quietud todas las cosas reciben respuesta y todo problema queda resuelto serenamente. (T-27.IV.1:1)

O

Obcecación:
Querer imponer tu voluntad en contra de la realidad, aunque no es imposible, puede convertirse en una obcecación, a pesar de que ese no es realmente tu deseo. (T-9.I.12:2)

Obediencia:
El Dios de la resurrección no exige nada, pues no es Su Voluntad quitarte nada. No exige obediencia, pues la obediencia implica sumisión. (T-11.VI.5:6-7)

Obrador de milagros:
La Expiación es sencillamente la corrección o anulación de los errores. Cuando se haya alcanzado, el maestro de Dios se habrá convertido, por definición, en un obrador de milagros.
(M-18.4:6-7)

Obscuridad:
La obscuridad es falta de luz de la misma manera en que el pecado es falta de amor. (T-1.IV.3:1)

Mas en la obscuridad -el mundo privado que habitas cuando duermes- ves en sueños a pesar de que tus ojos están cerrados. (T-13.V.8:3)

La obscuridad, no obstante, no se puede ver, pues no es más que un estado en el que es imposible ver. (T-14.XI.3:10)

La obscuridad no es mi voluntad. (L-73.11:4)

Y es esta la que ve a través de los ojos del cuerpo, escudriñando la oscuridad para contemplar lo que es semejante a ella misma:

los mezquinos y los débiles, los enfermizos y los moribundos; los necesitados, los desvalidos y los amedrentados; los afligidos y los pobres, los hambrientos y los melancólicos. (L-92.3:3)

Obstáculos:
Todos los obstáculos al recuerdo de Dios son formas de falta de perdón, y eso es todo. Esto nunca le resulta obvio al paciente, y muy rara vez al terapeuta. El mundo ha aglutinado todas sus fuerzas en contra de esta toma de conciencia, pues en ella radica el fin del mundo y todo lo que este representa. (P-2.II.3:3-5)

Obvio:
El ego le tiene miedo a lo obvio porque lo obvio es la característica esencial de la realidad. (T-9.VII.2:7)

Odio:
Si ha habido desilusión es porque realmente nunca hubo amor, sino odio, pues el odio es una ilusión y lo que puede cambiar nunca pudo ser amor. (T-16.IV.4:3-4)

La morada de la venganza no es tu hogar. El lugar que reservaste para que albergase a tu odio no es una prisión, sino una ilusión de ti mismo. (T18-VI.8:2-3)

Todo aquel que odia tiene miedo del amor y, por lo ende, no puede sino tener miedo de Dios. (T-29.I.2:3)

Teme amar y ama odiar, y así, piensa que el amor es temible y que el odio es amor. (T-29.I.2:5)

Pues el dolor y el pecado son la misma ilusión, tal como el odio y el miedo, el ataque y la culpa son uno. (T-29.II.3:3)

Contempla una vez más a tu enemigo, al que elegiste odiar en vez de amar. Pues así es como nació el odio en el mundo y como se estableció en él el reino del miedo. (T-30.II.3:1-2)

odio

El odio es algo concreto. Tiene que tener un blanco. Tiene que percibir un enemigo de tal forma que este se pueda tocar, ver, oír y finalmente matar. (L-161.7:1-3)

Sin embargo, el mundo del odio es igualmente invisible e inconcebible para aquellos que sienten dentro de sí el Amor de Dios. (L-189.4:1)

Y el odio es lo opuesto al amor, sea cual sea la forma en que se manifieste. (M-7.4:7)

Ofrendas:
Las ofrendas que le haces al ego siempre se experimentan como sacrificios, pero las que le haces al Reino son ofrendas que te haces a ti mismo. (T-7.VII.11:4)

Ojos y oídos:
El árido desierto, las tinieblas y la falta de vida solo se ven a través de los ojos del cuerpo. La desolada visión que éstos te ofrecen está distorsionada, y los mensajes que te trasmiten a ti, que la inventaste para poner límites a tu conciencia, son insignificantes y limitados, y están tan fragmentados que no tienen sentido. (T-18.IX.2:4-5)

Todavía miras con los ojos del cuerpo, y estos solo pueden ver espinas. (T-20.II.5:1)

Los ojos del cuerpo se ajustan al pecado, pues son incapaces de pasarlo por alto en ninguna de sus formas, al verlo por todas partes y en todas las cosas. (T-20.VIII.6:6)

Los ojos del cuerpo ven únicamente formas. (T-22.III.5:3)

Esos ojos, hechos para no ver, jamás podrán ver. Pues la idea que representan nunca se separó de su hacedor, y es su hacedor el que ve a través de ellos. ¿Qué otro objetivo tenía su hacedor salvo el de no ver? Para tal fin, los ojos del cuerpo son los medios perfectos, pero no ver. Advierte cómo los ojos del cuerpo se posan en lo exterior sin poder ir más allá de ello. Observa como se detienen ante lo que no es nada, incapaces de comprender el significado que se encuentra tras la forma. Nada es tan cegador como la percepción de la forma. (T-22.III.6:1-7)

Pues los ojos fueron concebidos para que vieran un mundo que no existe, y los oídos, para que oyesen voces insonoras. Mas hay otros panoramas y sonidos que sí *se pueden* ver, oír y comprender. Pues los ojos y los oídos son sentidos sin sentido y lo único que hacen es informar de lo que ven y lo que oyen. Mas no son ellos los que ven y oyen, sino tú, quien ensambló cada pieza irregular, cada fragmento absurdo y a la más mínima evidencia para que dieran testimonio del mundo que deseas. (T-28.V.5:4-7)

Todo lo que ves es el resultado de tus pensamientos. En esto no hay excepciones. (L-16.1:2)

El propósito de la vista es mostrarte aquello que deseas ver. Todo lo que oyes no hace sino traer a la mente los sonidos que esta desea oír. (L-161.2:5-6)

Mas los ojos engañan, y los oídos oyen falsedades. Ahora es posible cometer errores porque se ha perdido la certeza. (L-punto.3 ¿Qué es el mundo? 2:6-7)

Del mismo modo en que el propósito de la vista fue alejarte de la verdad, puede así mismo tener otro propósito. (L-punto.3 ¿Qué es el mundo? 4:1)

Mi visión es el medio que has elegido para que se convierta en la manera de mostrarme mis errores y de poder ver más allá de ellos. (L-269.1:2)

El único propósito de la vista es ofrecernos lo que queremos ver. (L-312.1:3)

ojos y oídos

Esta es la clave de la salvación: lo que veo es el reflejo de un proceso mental que comienza con una idea de lo que quiero. (L-325.1:1)

Los ojos del cuerpo no son, por lo tanto, el medio a través del cual se puede ver el mundo real, pues las ilusiones que contemplan solo pueden conducir a más ilusiones de la realidad. (C-4.2:1)

Olvidar:
Dije anteriormente que el Espíritu Santo enseña a recordar y a olvidar, pero olvidar sirve únicamente para que tu recordar sea más consistente. Olvidas para poder recordar mejor. No entenderás Sus traducciones mientras sigas escuchando dos maneras de interpretarlas. Por lo tanto, tienes que olvidar o renunciar a una para poder entender la otra. Esta es la única manera en que puedes aprender lo que es la consistencia, para que finalmente tú mismo puedas *ser* consistente. (T-7.II.6:4-8)

Cuando curas, estás recordando las Leyes de Dios y olvidándote de las del ego. Dije anteriormente que olvidar es simplemente una forma de recordar mejor. Olvidar, por lo tanto, cuando se percibe correctamente, no es lo opuesto a recordar. (T-7.IV.2:6-8)

Olvido:
Te has olvidado de Él, pero el Espíritu Santo entiende que tu olvido tiene que ser transformado en una forma de recordar. (T-7.IV.4:4)

Pues el infierno y el olvido son ideas que tú mismo inventaste, y estás resuelto a demostrar su realidad para así establecer la tuya. (T-13.IV.2:3)

Las mejores alternativas que el ego ofrece para contrarrestar lo que se percibe como la ruda intromisión de la culpabilidad en la paz son: el olvido, el sueño y la muerte. (T-13.XI.1:1)

Oposición:

Pero aquí, la oposición es parte de lo que es "real". Esta extraña percepción de la verdad es lo que hace que elegir el Cielo parezca ser lo mismo que renunciar al infierno. (L-138.2:2-3)

Opuestos:

Percibir la bondad no es conocimiento, mas negar lo opuesto a la bondad te permite reconocer una condición en la que los opuestos no existen. (T-11.VII.4:1)

Oración:

La oración es el vehículo de los milagros. Es el medio de comunicación entre lo creado y el Creador. (T-1.I.11:1-2)

La oración es una forma de pedir algo. Es el vehículo de los milagros. (T-3.V.6:1-2)

La oración es la reafirmación de la inclusión, dirigida por el Espíritu Santo de acuerdo con las leyes de Dios. (T-9.II.6:2)

¿Qué es la oración sino la unión de mentes en una relación en la que Cristo puede entrar a formar parte? (P-2.VII.2:3)

La oración es el mayor regalo con el que Dios bendijo a Su Hijo cuando lo creó. Ya era entonces aquello que habría de llegar a ser: la única voz que el Creador y la Creación comparten; el canto que el Hijo le entona al Padre, Quien le devuelve las gracias que el canto Le brinda. La armonía es perpetua, y perpetua es también la gozosa concordia de amor que eternamente se profesan el Uno al Otro. Y de este modo se extiende la Creación. Dios da gracias a Su extensión en Su Hijo. El Hijo da gracias por su creación en el canto que entona mientras crea en Nombre de Su Padre. El amor que comparten es lo que toda oración habrá de ser por toda la eternidad, cuando al tiempo le llegue su fin. Porque así era antes de que el tiempo pareciera existir. (O-1 intro.1:1-8)

oración

La fe en tu objetivo crecerá y te apoyará según asciendas por la luminosa escalera que te lleva a las praderas celestiales y al umbral de la paz. Pues esto es la oración, y ahí se encuentra la salvación. Este es el camino. Este es el regalo que Dios te hace.
(O-1 intro. 3:3-6)

La oración es una manera de llegar a Dios que el Espíritu Santo te ofrece. No es simplemente una petición o una súplica. (O-1.I.1:1-2)

La oración es una ofrenda; un renunciar a ti mismo para ser uno con el Amor. (O-1.I.5:5)

La oración no tiene principio ni fin. Es parte de la vida. Pero cambia de forma y crece a medida que uno va aprendiendo, hasta que alcanza su estado amorfo, y se funde en una comunicación total con Dios. En su aspecto peticionario no necesita apelar a Dios -que de hecho rara vez hace- y ni siquiera entraña creencia alguna en Él. En estos niveles de oración es un simple desear, que surge de un sentido de carencia y escasez. (O-1.II.1:1-5)

La oración es tan continua como la vida. Todo el mundo ora sin cesar. Pide y ya has recibido, pues has decidido qué es lo que quieres. (O-1.II.2.4-5)

Por ello, antes de hacerse santa, la oración es una elección.
(O-1.II.6.4)

La oración es una escalera que llega hasta el Cielo. En lo alto se produce una transformación muy similar a la tuya, pues la oración es parte de ti. (O-1.II.7:1-2)

En las formas que adopta inicialmente, la oración es una ilusión, ya que no se necesita escalera alguna para llegar hasta aquello de lo que uno nunca se alejó. No obstante, la oración forma parte del perdón mientras este, que de por sí es una ilusión, continúe sin lograrse. (O-1.II.8:3-4)

El propósito de la oración es liberar el presente de su encadena-miento a las ilusiones del pasado, y que la dejes ser un remedio que se elige libremente para corregir cada elección errónea que se haya tomado. (O-1.IV.3.5-6)

La oración es un camino a la verdadera humildad. (O-1.V.1:1)

Lo que has elegido todavía puede des-hacerse, pues la oración es misericordiosa y Dios es justo. (O-2.III.4:3)

Oración del corazón:
La oración del corazón no pide realmente cosas concretas. Lo que pide es siempre alguna clase de experiencia, y las cosas que espe-cíficamente pide son las portadoras de la experiencia deseada en opinión del peticionario. (M-21.2:4-5)

Orar:
Orar es hacerse a un lado; un abandonarse, un tiempo de sosega-da escucha y amor. No debe confundirse con súplicas de ninguna clase, ya que es una manera de recordar tu santidad. (O-1.I.5-1)

Orar por los enemigos:
En este nivel surge también esa curiosa contradicción de términos conocida como "orar por nuestros enemigos". La contradicción no se encuentra en las palabras mismas, sino más bien en la manera en que usualmente se interpretan. Mientras creas tener enemi-gos, habrás limitado tu oración a las leyes de este mundo, y habrás limitado también tu capacidad de recibir y de aceptar a esos mis-mos estrechos márgenes. Sin embargo, si tienes enemigos tienes necesidad de oración, y una gran necesidad por cierto. Entonces, ¿Qué significa realmente la frase orar por nuestros enemigos? Significa que debes orar por ti, para que no busques aprisionar a Cristo y así perder el reconocimiento de tu propia Identidad. No traiciones a nadie, o te traicionarás a ti mismo. (O-1.II.4:1-7)

Un enemigo es el símbolo de un Cristo prisionero. ¿Y quién podría ser Él sino tú mismo? Orar por los enemigos se convierte de este modo en una manera de orar por tu propia libertad. Ahora la oración ha dejado de ser una contradicción. Se ha convertido en una declaración de la unidad de Cristo y en el reconocimiento de Su impecabilidad. Ahora se ha vuelto santa, pues reconoce al Hijo de Dios tal como fue creado. (O-1.II.5:1-6)

Si se ha entendido correctamente, orar por otros se convierte en el medio para eliminar la culpa que has proyectado sobre tu hermano, y poder reconocer que no es él quien te está haciendo daño. (O-1.III.1:4)

Ordenar:
Poner orden es juzgar y clasificar por medio de juicios. Por lo tanto, es una función que le corresponde al Espíritu Santo, no a ti. (T-14.X.5.8)

La oración es Su Propia Mano derecha, liberada ahora para salvar conforme se permite venir al verdadero perdón desde Su eterna vigilancia y Amor. (O-2.III.6:8)

Orientación milagrosa:
He dicho ya que los milagros son expresiones de una mentalidad milagrosa, y una mentalidad milagrosa no es otra cosa que una mentalidad recta. (T-2.V.3:1)

P

Paciencia:

Ahora debes aprender que solo la paciencia infinita produce resultados inmediatos. Así es como el tiempo se intercambia por la eternidad. La paciencia infinita recurre al amor infinito y, al producir resultados *ahora,* hace que el tiempo se haga innecesario. (T-5.VI.12:1-3)

Para el maestro de Dios tener paciencia es algo natural. (M-4.8.1:2)

Tener paciencia es algo natural para los que tienen confianza. (M-4.8.1:9)

Paciente:

No hay otra manera de ver a sus pacientes salvo como los portadores del perdón, pues son ellos quienes vienen a demostrar su impecabilidad ante ojos que aún creen que el pecado existe y que se puede ver. (P-2.VI.7:4)

Sus pacientes son los santos de Dios, quienes invocan su santidad para hacerla suya. (P-2.VII.6:7)

Todo aquel que se te envía es tu paciente. (P-3.I.1:1)

Entre tanto, debe aprender, y sus pacientes son el medio que se le ha provisto para ello. (P-3-1-4:3)

El paciente es la pantalla sobre la que el terapeuta proyecta sus pecados, permitiéndole así deshacerse de ellos. (P-2.VI.6:6)

palabra

Palabra, La:

En esos intervalos entiendes la Palabra, el Nombre que Dios te ha dado; la única Identidad que comparten todas las cosas; el reconocimiento de lo que es verdad. (L-184.10:2)

Solo la Palabra de Dios tiene sentido, puesto que simboliza aquello que no corresponde a ningún símbolo humano. (M-21.3:10)

Palabra, Mi:

Mi palabra, que es la resurrección y la vida, no pasará porque la vida es eterna. (T-1.III.2:2)

Palabras:

Sin embargo, hay una contradicción en esto, en el sentido de que las palabras implican la idea de una realidad limitada, una verdad parcial, un segmento del universo hecho realidad. (T-26.III.3:3)

Las palabras, sin embargo, no son sino recursos auxiliares y, excepto por el uso que hacemos de ellas al principio y al final de cada periodo de práctica, se usarán solo para recordarle a la mente su propósito, según lo dicte la necesidad. Ponemos nuestra fe en la experiencia que se deriva de las prácticas, no en los medios que utilizamos. Esperamos la experiencia, y reconocemos que solo en ella radica la convicción. Usamos las palabras, pero tratamos una y otra vez de ir más allá de ellas hasta llegar a su significado, el cual está mucho más allá de su sonido. Este se hace cada vez más tenue hasta que finalmente desaparece, a medida que nos acercamos a la Fuente del significado. Y es ahí donde hallamos reposo. (L-5º repaso intro.12:1-6)

Dios no entiende de palabras, pues fueron hechas por mentes separadas para que las mantuvieran en la ilusión de la separación. Las palabras pueden ser útiles, especialmente para el principiante, ya que lo ayudan a concentrarse y a facilitar la exclusión o, al menos, el control de los pensamientos superfluos. No olvidemos, no obstante, que las palabras no son más que símbolos de símbolos.

Por lo tanto, están doblemente alejadas de la realidad.
(M-21.1:7-10)

Las palabras, por consiguiente, son símbolos de las cosas que se piden, pero las cosas en sí no son sino la representación de las experiencias que se anhelan. (M-21.2:6)

Por lo tanto, se vale de palabras, las cuales son simbólicas y no pueden expresar lo que se encuentra más allá de todo símbolo. (C-intro 3:3)

Pánico:
Cualquier intento de negar lo que simplemente *es* tiene necesariamente que producir miedo, y si el intento es fuerte producirá pánico. (T-9.I.12:1)

No puedes distorsionar la realidad y al mismo tiempo saber lo que es. Y si la distorsionas experimentarás ansiedad, depresión y finalmente pánico, pues estarás tratando de convertirte a ti mismo en algo irreal. (T-9.I.14:3-4)

Pasado:
Para el ego el pasado es importantísimo y, en última instancia, cree que es el único aspecto del tiempo que tiene significado. (T-13.IV.4:2)

La noción de pagar por el pasado en el futuro hace que el pasado se vuelva el factor determinante del futuro, convirtiéndolos así en un continuo sin la intervención del presente. (T-13.IV.4:4)

La nube que oculta al Hijo de Dios de tu vista *es* el pasado, y si quieres que lo pasado, pasado sea, no debes verlo ahora.
(T-13.VI.3:6)

Él (el Espíritu Santo) enseña que el pasado no existe, hecho este que pertenece a la esfera del Conocimiento y que, por lo tanto, es imposible que nadie en el mundo sepa. Sería ciertamente imposible permanecer en el mundo gozando de tal conocimiento. Pues la mente que sabe eso a ciencia cierta, sabe también que vive en la eternidad y no utiliza la percepción en absoluto. Por consiguiente, no se detiene a pensar dónde está, ya que el concepto "dónde" no significa nada para ella. Sabe que está en todas partes, de la misma manera en que lo tiene todo, y para siempre. (T-13.VIII.1:3-7)

El pasado no se encuentra *en* ti. Las extrañas ideas que asocias con él no tienen sentido en el presente. (T-13.X.4:2-3)

La invención del tiempo para que ocupara el lugar de lo eterno se basó en tu decisión de no ser como eres. De esta manera, la verdad pasó a ser el pasado, y el presente se consagró a las ilusiones. El pasado fue alterado también y se interpuso entre lo que siempre ha sido y el ahora. El pasado que tú recuerdas jamás tuvo lugar, y no representa sino la negación de lo que siempre ha sido. (T-14.IX.1:7-10)

Tu pasado es lo que tú te has enseñado a ti mismo. (T-14.XI.3:6)

Los juicios se basan siempre en el pasado, puesto que tus experiencias pasadas constituyen su base. Es imposible juzgar sin el pasado, ya que sin él no entiendes nada. Por lo tanto, no intentarías juzgar porque te resultaría obvio que no entiendes el significado de nada. Esto te da miedo, pues crees que sin el ego, todo sería caótico. Mas yo te aseguro que sin el ego, todo sería amor. (T-15.V.1:3-7)

El pasado es el principal recurso de aprendizaje del ego, pues fue en el pasado cuando aprendiste a definir tus propias necesidades y cuando adquiriste métodos para satisfacerlas de acuerdo con las condiciones que tú mismo habías establecido. (T-15.V.2:1)

El pasado no es nada. No trates de culparlo por tus privaciones, pues el pasado ya pasó. En realidad, es imposible que *no* puedas desprenderte de lo que ya pasó. Debe ser, por lo tanto, que estás perpetuando la ilusión de que todavía está ahí porque crees que sirve para algún propósito que quieres ver realizado. Y debe ser también que ese propósito no puede realizarse en el presente, sino solo en el pasado. (T-16.VII.2:8-12)

Por eso es por lo que la Expiación se centra en el pasado, que es la fuente de la separación y donde esta debe ser des-hecha. (T-17.III.5:8)

El pasado se convierte en la justificación para entablar una alianza continua y profana con el ego contra el presente. (T-17.III.8:1)

Todo lo que Dios dispone no solo es posible, sino que ya ha tenido lugar. Por eso es por lo que el pasado ha desaparecido. En realidad nunca tuvo lugar. Lo único que es necesario es des-hacerlo en tu mente, que sí creyó que tuvo lugar. (T-18.IV.8:4-7)

Solo en el pasado -un pasado inmemorial, demasiado breve como para poder erigir un mundo en respuesta a la Creación- pareció surgir este mundo. (T-26.V.5:3)

El Espíritu Santo puede ciertamente hacer uso de la memoria, pues Dios Mismo se encuentra en ella. Mas no es esta una memoria de sucesos pasados, sino únicamente de un estado presente. Has estado acostumbrado por tanto tiempo a creer que la memoria contiene solo el pasado, que te resulta difícil darte cuenta de que es una facultad que puede recordar el *ahora*. Las limitaciones que el mundo le impone a ese recordar son tan vastas como las que permites que el mundo te imponga a ti. No existe vínculo alguno entre la memoria y el pasado. Si quieres que haya un vínculo, lo habrá. Mas es solo tu deseo lo que lo establece y solo tú quien lo limita a una parte del tiempo donde la culpabilidad aún parece persistir. (T-28.I.4)

Lo que *tú* recuerdas nunca sucedió, pues procedió de una ausencia de causa, que pensaste que era una causa. Cuando te des cuenta de que has estado recordando consecuencias que carecen de causa y

pasado

de que, por lo tanto, jamás pudieron haber tenido efectos, no podrás por menos que reírte. (T-28.I.9:1-3)

Pues, de otra manera, el futuro será como el pasado: una serie de sueños deprimentes, en los que todos los ídolos te irán fallando uno tras otro, y donde verás muerte y desengaño por doquier. (T-29.VII.7:2)

Pascua:
Ya es casi la Pascua, la temporada de la resurrección. (T-19.4.D.i.17:4)

Pues la Pascua de Resurrección es el signo de la paz, no del dolor. (T-20.I.1:3)

La temporada de Pascua es una temporada de júbilo, no de duelo. Contempla a tu Amigo resucitado y celebra su santidad junto conmigo. Pues la Pascua es la temporada de tu salvación, junto con la mía. (T-20.I.4:6-8)

El himno de la Pascua es el grato estribillo que dice que al Hijo de Dios nunca se le crucificó. (T-20.II.8:10)

La Pascua no es la celebración del *coste* del pecado, sino la celebración de su *final*. (T-20.I.4:1)

Y todos compartirán contigo los pensamientos que Él ha reinterpretado en tu mente.

Tal es tu Pascua. Y de esa manera depositas sobre el mundo la ofrenda de azucenas blancas como la nieve que reemplaza a los testigos del pecado y de la muerte. Mediante tu transfiguración el mundo es redimido y liberado jubilosamente de la culpabilidad. (L-151.15:5 y 16:1-3)

Paternidad, La:
La paternidad *es* creación. El amor tiene que extenderse. (T-28.II.2:1-2)

Paz, la de Cristo:

El que solo utiliza la visión de Cristo encuentra una paz tan profunda y serena, tan imperturbable y completamente inalterable, que no hay nada en el mundo que sea comparable. Las comparaciones cesan ante esa paz. Y el mundo entero parte en silencio a medida que esta paz lo envuelve y lo transporta dulcemente hasta la verdad para ya no volver a ser la morada del temor. Pues el amor ha llegado, y ha sanado al mundo al concederle la paz de Cristo. (L-305.1:4)

Paz, La. La paz de Dios:

La paz es un atributo que se encuentra *en* ti. No puedes hallarla fuera de ti mismo. (T-2.I.5:8)

La paz te permite mantenerte ecuánime ante cualquier falta de amor procedente de fuera y te capacita, mediante tu aceptación de los milagros, para corregir las condiciones que resultan de la falta de amor en los demás. (T-2.I.5:12)

..."La paz de Dios que supera todo razonar". (T-2.II.1.9)

La paz es el patrimonio natural del Espíritu. (T-3.VI.10:1)

La paz es el mayor enemigo del ego porque, de acuerdo con su interpretación de la realidad, la guerra es la garantía de su propia supervivencia. (T-5.III.8:7)

Si la paz es eterna, solo te puedes sentir a gusto en la eternidad. (T-5.III.10:8)

(La paz) Esta es la condición necesaria para poder identificarte con el Reino, puesto que es la condición *del* Reino. (T-6.5.C.6:3)

El Conocimiento no es la motivación para aprender este curso. La motivación es la paz. La paz es el requisito previo para alcanzar el Conocimiento simplemente porque los que están en conflicto

paz

no están en paz, y la paz es la condición necesaria para el Conocimiento porque es la condición del Reino. (T-8.I.1:1-2)

La paz es el legado de tu verdadero padre. (T-10.III.10:7)

La paz y la culpa son conceptos antitéticos, y al Padre solo se le puede recordar estando en paz. (T-13.I.1:3)

Pues la paz es el reconocimiento de la pureza perfecta de la que nadie está excluido. (T-14.V.8:2)

La culpabilidad es la condición que da lugar al sacrificio, de la misma manera en que la paz es la condición que te permite ser consciente de tu relación con Dios. (T-15.XI.4:3)

Si la paz es la condición de la verdad y la cordura, y no puede existir sin ellas, allí donde hay paz tiene que estar también la verdad y la cordura. (T-17.VI.5:4)

Tanto la paz como la culpabilidad son estados mentales que se pueden alcanzar. Y esos estados son el hogar de la emoción que los suscita, que, por consiguiente, es compatible con ellos. (T-19.4.B.i.10:9-10)

La paz es el estado donde mora el amor y donde busca compartirse a sí mismo. La paz y el conflicto son opuestos. (T-23.I.12:5-6)

Ya aprenderás que la paz forma parte de ti y que solo requiere que estés presente para que envuelva cualquier situación en la que te encuentres. (1º repaso-5:1)

La paz se caracteriza por la dicha. Cuando experimentes dicha sabrás que has alcanzado la paz. (L-74.6:1-2)

La idea de hoy continúa con el tema de que la dicha y la paz no son sueños vanos. (L-104.1:1)

La paz fue creada para ti; tu Creador te la dio y la estableció como Su eterno don. (L-185.12:1)

La paz es el puente que todos habrán de cruzar para dejar atrás este mundo. (L-200.8:1)

La paz es la respuesta a las metas conflictivas, a las jornadas insensatas, a las búsquedas vanas y frenéticas y a los empeños sin sentido. (L-200.8:3)

Pues la paz es unión, si procede de Dios. (L-200.11:6)

La paz de Dios es lo único que quiero. La paz de Dios es mi única meta, la mira de todo mi vivir aquí, el fin que persigo, mi propósito, mi función y mi vida, mientras habite en un lugar que no es mi hogar. (L-205.1:2)

El pensamiento de la paz le fue dado al Hijo en el mismo instante en que su mente concibió el pensamiento de la guerra. Antes de eso no había necesidad de ese Pensamiento, pues la paz se había otorgado sin opuestos y simplemente *era*.
(¿Qué es la salvación. 2:1-2)

Estar en conflicto es estar dormido; estar en paz es haber despertado. (L-331.1:8)

La Misericordia y la Paz de Dios son gratuitas. (L-343.2.1)

La paz es imposible para los que promueven la guerra e inevitable para los que ofrecen paz. (M-11.4:1-2)

Se ha dicho que hay una paz que no es de este mundo. (M-20.1:1)

La Paz de Dios se reconoce al principio solo por una cosa: desde cualquier punto de vista es una experiencia radicalmente distinta de cualquier experiencia previa. No trae a la mente nada que haya sucedido antes. No evoca nada que se pueda asociar con el pasado. Es algo completamente nuevo. Existe ciertamente un contraste entre esta experiencia y cualquier experiencia del pasado. Pero curiosamente, no es este un contraste que esté basado en diferencias reales. El pasado sencillamente se desvanece, y la quietud eterna pasa a ocupar su lugar. Eso es todo. El contraste que se había percibido al principio sencillamente desaparece. La quietud se ha extendido para envolverlo todo. (M-20.2:2-11)

¿Y qué otra cosa sino la paz es lo opuesto a la guerra? (M-20.3:9)

¿Qué es la paz de Dios? La paz de Dios no es más que esto: el simple entendimiento de que Su Voluntad no tiene opuestos. (M-20.6:1.2)

La Paz de Dios es la condición de Su Voluntad. (M-20.6:12)

Paz mental:
La única manera de tener paz es enseñando paz. (T-6.III.4:3)

No olvides que la motivación de este curso es alcanzar y conservar el estado de paz. En ese estado la mente se acalla y se alcanza la condición en la que se recuerda a Dios. (T-24 intro.1.1)

La paz mental es claramente una cuestión interna. Tiene que empezar con tus propios pensamientos, y luego extenderse hacia fuera. Es de tu paz mental de donde nace una percepción pacífica del mundo. (L-34.1:2-4)

Pecado:
El pecado, la enfermedad y el ataque, se consideran ahora percepciones falsas que claman por el remedio que procede de la ternura y del amor. (Prefacio. ¿Qué postula?)

El perdón es algo desconocido en el Cielo, donde es inconcebible que se pudiese necesitar. En este mundo, no obstante, el perdón es una corrección necesaria para todos los errores que hemos cometido. (Prefacio. ¿Qué postula?)

El perdón es el medio que nos permitirá recordar. Mediante el perdón cambiamos la manera de pensar del mundo.
(Prefacio. ¿Qué postula?)

Puesto que lo único que existe es el amor, para el Espíritu Santo el pecado no es otra cosa que un error que necesita corrección, en vez de algo perverso que merece castigo.
(Prefacio. ¿Qué postula?)

La obscuridad es falta de luz de la misma manera en que el pecado es falta de amor. (T-1.IV.3:1)

El ego no percibe el pecado como una falta de amor, sino como un decidido acto de agresión. Esto es necesario para su supervivencia porque, tan pronto como consideres que el pecado es una insuficiencia, tratarás automáticamente de remediar la situación. (T-5.V.4:10-11)

No puedes aceptar o rechazar la corrección sin incluir a tu hermano. El pecado mantendría que sí puedes. (T-21.VI.2:1)

La idea de que el inocente Hijo de Dios puede atacarse a sí mismo y declararse culpable es una locura. No *creas esto* de nadie, en ninguna forma, pues la condenación y el pecado son lo mismo, y creer en uno es tener fe en el otro, lo cual invita al castigo en lugar de al amor. (T-13.IX.5:3-5)

La traición que el Hijo de Dios cree haber cometido solo tuvo lugar en ilusiones, y todos sus "pecados" no son sino el producto de su propia imaginación. (T-17.I.1:1)

Es esencial que no se confunda el error con el pecado, ya que esta distinción es lo que hace que la salvación sea posible. Pues el error puede ser corregido, y lo torcido, enderezado. Pero el pecado, de ser posible sería irreversible. La creencia en el pecado está necesariamente basada en la firme convicción de que son las mentes, y no los cuerpos, las que atacan. Y así, la mente es culpable y lo será siempre, a menos que una mente que no sea parte de ella pueda darle la absolución. (T-19.II.1:1-5)

El pecado no es un error, pues el pecado comporta una arrogancia que la idea del error no posee. Pecar supondría violar la realidad, y lograrlo. El pecado es la proclamación de que el ataque es real y de que la culpabilidad está justificada. Da por sentado que el Hijo de Dios es culpable y que, por lo tanto, ha conseguido perder su inocencia y también convertirse a sí mismo en algo que Dios no creó. De este modo, la Creación se ve como algo que no es eterno, y la Voluntad de Dios como susceptible de ser atacada y derrotada. (T-19.II.2:1-5)

El pecado es la gran ilusión que subyace a toda la grandiosidad del ego. Pues debido al pecado, Dios Mismo cambia y se le priva de Su Plenitud. (T-19.II.2:6-7)

Es el concepto más "sagrado" del sistema del ego: bello y poderoso, completamente cierto, y protegido a toda costa por cada una de las defensas que el ego tiene a su disposición. Pues en el pecado radica su "mejor" defensa, a la que todas las demás sirven. El pecado es su armadura, su protección y el propósito fundamental de la relación especial tal como el ego la interpreta. (T-19.II.5:3-5)

Es imposible tener fe en el pecado, pues el pecado es falta de fe. (T-19.II.6:12)

No hay un solo baluarte en toda la ciudadela fortificada del ego más celosamente defendido que la idea de que el pecado es real y de que es la expresión natural de lo que el Hijo de Dios ha hecho de sí mismo y de lo que es. Para el ego eso no es un error. Pues esa es su realidad: la "verdad" de la que nunca se podrá escapar. Ese es su pasado, su presente y su futuro. (T-19.II.7:1-2)

El pecado es una idea de perversidad que no puede ser corregida, pero que, sin embargo, será siempre deseable. Al ser parte esencial de lo que el ego cree que eres, siempre la desearás. (T-19.III.1:6-7)

¿Qué es, entonces, el pecado? ¿Qué otra cosa podría ser sino una equivocación que quieres mantener oculta, una petición de ayuda que no quieres que sea oída y que, por ende, se queda sin contestar? (T-19.III.4:8-9)

Pero el pecado es la creencia de que tu percepción es inalterable y de que la mente tiene que aceptar como verdadero lo que le dicta la percepción. Si la mente no obedece, se la juzga como desquiciada. (T-19.III.5:7-8)

Al pecado se le percibe como algo más poderoso que Dios, ante el cual Dios Mismo se tiene que postrar y ofrecer Su Creación a Su conquistador. (T-19.III.7:6)

Si el pecado es real, tiene que estar permanentemente excluido de cualquier esperanza de curación. Pues en ese caso habría un poder que transcendería al de Dios, un poder capaz de fabricar otra voluntad que pueda atacar y derrotar Su Voluntad, así como conferirle a Su Hijo una voluntad distinta de la Suya y más fuerte. (T-19.III.8:1-3)

Para el ego el pecado significa muerte, y así la expiación se alcanza mediante el asesinato. (T-19.4.A.i.17:3)

La creencia en el pecado es un ajuste. Y un ajuste es un cambio: una alteración en la percepción o la creencia de que lo que antes era de una manera ahora es distinto. (T-20.III.1:1-2)

El pecado es un obstáculo que se alza como un formidable portón -cerrado con candado y sin llave- en medio del camino hacia la paz. Nadie que lo contemplase sin la ayuda de la razón osaría traspasarlo. (T-22.III.3:2-3)

pecado

Pues aquello a lo que tú llamas pecado, no es más que una limitación, y odias a todo aquel que tratas de reducir a un cuerpo porque le temes. (T-21.III.7:2)

El pecado mantendría que tú y tu hermano no podéis sino estar separados. (T-21.VI.2:6)

El pecado es una percepción estrictamente personal, que se ve en el otro, pero que cada uno cree que está dentro de sí. Y cada uno parece cometer un error diferente, que el otro no puede comprender. (T-22 intro.1:4-5)

No permitas que tu temor al pecado impida la corrección del error, pues la atracción que ejerce la culpabilidad es solo miedo. He aquí la única emoción que has inventado, independientemente de lo que aparente ser. He aquí la emoción de los secretos, de los pensamientos privados y del cuerpo. He aquí la emoción que se opone al amor y que siempre conduce a la percepción de diferencias y a la pérdida de la igualdad. He aquí la única emoción que te mantiene en las tinieblas, dependiente de ese otro ser que tú crees haber inventado para que te guíe por el mundo que él fabricó para ti. (T-22.I.4:6-10)

El pecado no es sino un error expresado en una forma que el ego venera. (T-22.III.4:5)

Pues el pecado está tallado en un bloque que fue arrancado de tu paz y colocado entre el retorno de esta y tú. (T-22.V.2:8)

Los pecados no pueden ser perdonados, al ser la creencia de que el Hijo de Dios puede cometer errores por los cuales su propia destrucción se vuelve inevitable. (T-23.II.4:5)

Los pecados de tu hermano justificarían tu especialismo y le darían el sentido que la verdad le niega. (T-24.IV.4:5)

El pecado es la creencia fija de que lo percibido no puede cambiar. Lo que ha sido condenado está condenado para siempre, al ser eternamente imperdonable. (T-25.III.8:4-5)

El pecado se ataca con castigos, y de esta manera se perpetúa. Más perdonarlo es cambiar su estado, de manera que de ser un error pase a ser la verdad. (T-25.III.8:12-13)

El pecado es lo único en todo el mundo que no puede cambiar. Es inmutable. Y de su inmutabilidad depende el mundo. La magia del mundo parece ocultar de los pecadores el dolor del pecado y engañar con falsos destellos y con ardides. Más todo el mundo sabe que el coste del pecado es la muerte. Y ciertamente lo es. Pues el pecado es una petición de muerte, un deseo de hacer que los cimientos de este mundo sean tan firmes como el amor, tan dignos de confianza como el Cielo y tan fuertes como Dios Mismo. Todo aquel que cree que es posible pecar mantiene al mundo excluido del amor. (T-25.VII.1:2-9)

El pecado no es real *porque* ni el Padre ni el Hijo son dementes. (T-25.VII.4:8)

Lo que no es amor es pecado, y cada uno de ellos percibe al otro como demente y sin sentido. (T-25.VII.6:3)

Mas el pecado es igualmente demente a los ojos del amor, que dulcemente prefieren mirar más allá de la locura y descansar serenamente en la verdad. (T-25.VII.6:5)

¿Qué otra cosa sino la arrogancia podría pensar que la Justicia del Cielo no puede cancelar tus insignificantes errores? ¿Y qué podría significar eso sino que son pecados y no errores, eternamente incorregibles y a los que hay que corresponder con venganza y no con justicia? (T-25.IX.1:1-2)

El pecado no es ni siquiera un error, pues va más allá de lo que se puede corregir al ámbito de lo imposible. (T-26.VII.7:1)

pecado

Los pecados son creencias que interpones entre tu hermano y tú. Los pecados hacen que estés limitado al tiempo y al espacio, y te conceden un pequeño lugar a ti y otro a él. (T-26.VII.8:7-8)

El pecado es la creencia de que el ataque se puede proyectar fuera de la mente en la que se originó. (T-26.VII.12:2)

Nada de esto es un pecado, sino un testigo de la absurda creencia de que el pecado y la muerte son reales y de que tanto la inocencia como el pecado acabarán igualmente en la tumba. (T-27.I.8:1)

Los pecados están más allá del perdón simplemente porque entrañarían efectos que no podrían cancelarse ni pasar por alto completamente. (T-27.II.4:5)

El pecado oscila entre el dolor y el placer y de nuevo al dolor. Pues cualquiera de esos testigos es el mismo y solo tiene un mensaje: "Te encuentras aquí, dentro de un cuerpo, y se te puede hacer daño". (T-27.VI.2:1-2)

No centres tu atención en el sufrimiento ni en el pecado, ya que no son sino reflejos de lo que los causa. (T-27.VII.5:8)

Pues el dolor y el pecado son la misma ilusión, tal como el odio y el miedo, el ataque y la culpa son uno. (T-29.II.3.3)

Pues el pecado es la idea de que te encuentras solo y aparte de lo que es pleno. (T-30.III.3:7)

¿Eres acaso *tú* un pecado? Contestas afirmativamente cada vez que atacas, pues mediante el ataque afirmas que eres culpable y que tienes que infligirle a otro lo que tú te mereces. (T-31.III.2:4-5)

Los pecados se perciben en el cuerpo, no en la mente. No se ven como propósitos, sino como acciones. (T-31.III.3:1-2)

Si tú eres un pecado, no puedes sino *ser* un cuerpo, pues la mente no actúa. (T-31.III.3:7)

El pecado se conserva mediante la muerte, y aquellos que creen ser un pecado no pueden sino morir por razón de lo que creen ser. (T-31.III.5:4)

Es un pensamiento descabellado, un sueño tonto, ridículo quizá, pero no temible. (L-156.6:5)

¿Qué es el pecado sino una idea falsa acerca del Hijo de Dios? (L.-punto 1 ¿Qué Es el perdón? 1:5)

Del mismo modo en que el pecado es una idea que te enseñaste a ti mismo, así el perdón es algo que tienes que aprender, no de ti mismo, sino del Maestro que representa el otro ser que hay en ti. (L-121.6:3)

El pecado es el símbolo del ataque. (L-247.1:1)

El pecado es demencia. Es lo que hace que la mente pierda su cordura y trate de que las ilusiones ocupen el lugar de la verdad. (L-punto 4 ¿Qué es el pecado? 1:1-2)

El pecado es la morada de las ilusiones, las cuales representan únicamente cosas imaginarias procedentes de pensamientos falsos. (L-punto 4 ¿Qué es el pecado? 3:1)

El pecado "prueba" que el Hijo de Dios es malvado, que la intemporalidad tiene que tener un final y que la vida eterna sucumbirá ante la muerte. Y Dios Mismo ha perdido al Hijo que ama y solo le queda la corrupción para completarse a Sí Mismo; la muerte ha derrotado Su Voluntad para siempre, el odio ha destruido el amor y la paz ha dejado de existir. (L-punto.4 ¿Qué es el pecado? 3:3-4)

El pecado es el único pensamiento que hace que el objetivo de alcanzar a Dios parezca irrealizable. ¿Qué otra cosa podría impedirnos ver lo obvio o hacer que lo que es extraño y distorsionado parezca más claro? ¿Qué otra cosa sino el pecado nos incita a atacar? ¿Qué otra cosa sino el pecado podría ser la fuente de la culpa y exigir castigo y sufrimiento? ¿Y qué otra cosa sino el pecado podría ser la fuente del miedo, al eclipsar la Creación de Dios y conferirle al amor los atributos del miedo y del ataque? (L-259.1)

El pecado es imposible y en este hecho descansa el perdón sobre una base mucho más sólida que el mundo de sombras que vemos. (L-359.1.7)

Pues no queremos volver a creer en el pecado, que fue lo que hizo que el mundo pareciese un lugar feo e inseguro, hostil y destructor, peligroso desde cualquier punto de vista y traicionero más allá de cualquier esperanza de poder tener confianza o de escapar del dolor. (LF.1:5)

Pecado original:
Pues la relación especial es la renuncia al Amor de Dios y el intento de asegurar para uno mismo la condición de ser especial que Él nos negó. (T-16.V.4:2)

Pecado secreto:
Los pequeños problemas que ocultas se convierten en tus pecados secretos porque no elegiste que se te liberase de ellos. Y así, acumulan polvo y se vuelven cada vez más grandes hasta cubrir todo lo que percibes, impidiéndote de este modo ser justo con nadie. (T-25.IX.9:1-2)

Pecador:
¿Y qué ocurre con aquellos cuya consagración es no vivir; los "pecadores" enlutados, el lúgubre coro del ego, quienes se arrastran penosamente en dirección contraria a la vida, tirando de sus cadenas y marchando en lenta procesión en honor de su sombrío dictador, señor y amo de la muerte? (T-19.4.C.2:4)

¿Y qué es ese cuerpo vestido de negro que quieren enterrar? Es un cuerpo que ellos consagraron a la muerte, un símbolo de corrupción, un sacrificio al pecado, ofrecido a este para que se cebe en él y, de este modo, siga viviendo; algo condenado, maldecido por su hacedor y lamentado por todos los miembros de la procesión fúnebre que se identifican con él. (T-19.4.C.i.4:1-2)

Pecar:
Pecar supondría violar la realidad, y lograrlo. (T-19.II.2:2)

Pedir:
Cuando te niegas a pedir, es porque crees que pedir equivale a quitar en vez de compartir. (T-11.VIII.5:10)

Crees que pedirle consejo al Espíritu Santo es pedir que te prive de algo. (T-11.VIII.6:6)

Pensamiento amoroso:
Todo pensamiento amoroso que el Hijo de Dios alguna vez haya tenido es eterno. Los pensamientos amorosos que su mente percibe en este mundo constituyen la única realidad de este. Siguen siendo percepciones porque él todavía cree estar separado. Mas son eternos porque son amorosos. Y al ser amorosos son semejantes al Padre, por lo tanto, no pueden morir. (T-11.VII.2:1-5)

No te engañes, entonces, con respecto a tu hermano, y considera sus pensamientos amorosos como lo único que constituye su realidad, pues al negar que su mente esté dividida sanarás la tuya. (T-11.VIII.9:2)

Todo pensamiento amoroso es verdadero. (T-12.I.3:3)

Si solo los pensamientos amorosos del Hijo de Dios constituyen la realidad del mundo, el mundo real tiene que estar en su mente. (T-12.III.7:1)

pensamiento amoroso

Tú no deseas el mundo. Lo único de valor en él son aquellos aspectos que contemplas con amor. Eso le confiere la única realidad que tendrá jamás. (T-12.VI.3:1-3)

Si se ha olvidado todo, excepto los pensamientos amorosos, lo que queda es eterno. (T-17.III.5:3)

Pensamiento de Dios:
¡Cuán bellos son en verdad los Pensamientos de Dios que viven en Su Luz! (T-3.V.10:6)

Los Pensamientos de Dios son inaceptables para el ego porque apuntan claramente al hecho de que él no existe. (T-4.V.2:2)

El ego, por consiguiente, trata de ocultar no solo los impulsos "inaceptables" del cuerpo, sino también los Pensamientos de Dios, ya que ambos suponen una amenaza para él. (T-4.V.2:5)

Los Pensamientos de Dios están contigo. (T-5.IV.8:15)

Únicamente los Pensamientos de Dios son verdaderos. Y todo lo que se deriva de ellos procede de lo que son, y es tan verdadero como la santa Fuente de donde procedieron. (T-17.III.9:7-8)

Ni uno solo de los Pensamientos de Dios tiene sentido en este mundo. Y nada de lo que el mundo acepta como cierto tiene sentido alguno en Su Mente. (T-25.VII.3:3-4)

Los Pensamientos de Dios están mucho más allá de cualquier posibilidad de cambio y su resplandor es eterno. No están esperando a nacer, sino a que se les dé la bienvenida y se les recuerde. (T-30.III.8:1-3)

A aquellos que saben que son uno con Dios jamás se les puede negar ningún milagro. Ni uno solo de sus pensamientos carece del poder de sanar toda forma de sufrimiento en cualquier persona, sea esta de tiempos pasados o aún por venir, y de hacerlo tan fácilmente como en las que ahora caminan a su lado. Sus pensamientos son intemporales y no tienen nada que ver con el tiempo ni con la distancia. (L-124.6:1-3)

Ningún Pensamiento de Dios ha abandonado la Mente de su Padre; ningún Pensamiento de Dios está limitado en modo alguno; ningún Pensamiento de Dios puede dejar de ser eternamente puro. (L-280.1:3-5)

Pensamiento fútil:
No hay concepto más contradictorio en sí mismo que el de "pensamientos fútiles". Difícilmente se puede calificar de fútil a lo que da origen a la percepción de todo un mundo. (L-16.2:1-2)

Además de reconocer que los pensamientos no son nunca fútiles, la salvación requiere que también reconozcas que cada pensamiento que tienes acarrea paz o guerra, amor o miedo. Un resultado neutral es imposible porque es imposible que haya pensamientos neutros. (L-16.3:1-2)

Las creencias son ciertamente poderosas. Tus pensamientos tienen poder, y los efectos que las ilusiones producen son tan potentes como los efectos que produce la verdad. (L-132.1:3-4)

Pensamiento que no perdona:
Un pensamiento que no perdona es aquel que emite un juicio que no pone en duda a pesar de que no es verdad. La mente se ha cerrado y no puede liberarse. Dicho pensamiento protege la proyección, apretando aún más sus cadenas de manera que las distorsiones resulten más sutiles y turbias, menos susceptibles de ser puestas en duda y más alejadas de la razón.
(L-punto 1 ¿Qué es el perdón? 2:1-3)

Pensamientos que parecen destruir:
Los pensamientos que parecen destruir son aquellos que le enseñan al pensador que él *puede* ser destruido. Y así, "muere" por razón de lo que aprendió. (T-21.VIII.1:3-4)

pensamientos mágicos

Pensamientos mágicos:

Tal vez sea útil recordar que nadie puede enfadarse con un hecho. Son siempre las interpretaciones las que dan lugar a las emociones negativas, aunque estas parezcan estar justificadas por lo que *aparentemente* son los hechos o por la intensidad del enfado suscitado. Este puede adoptar la forma de una ligera irritación, tal vez demasiado leve como para ser reconocida claramente. O puede también manifestarse en forma de una ira desbordada acompañada de pensamientos de violencia, imaginados o aparentemente perpetrados. Esto no importa. Estas reacciones son todas lo mismo. (M-17.4:1-7)

Los pensamientos mágicos no son sino ilusiones. Pues, de no ser así, la salvación no sería más que el mismo sueño irrealizable de siempre, solo que con una nueva fachada. (M-18.1:6-7)

Pensamientos, Mis:

Mis pensamientos son imágenes que yo mismo he fabricado. (L-15)

Los pensamientos de los que soy consciente no significan nada porque estoy tratando de pensar sin Dios. Lo que yo llamo "mis" pensamientos no son mis pensamientos reales en absoluto. Mis pensamientos reales son los pensamientos que pienso con Dios. (L-51.4:2-4)

Mis pensamientos no pueden ser simultáneamente verdaderos y falsos. Tienen que ser lo uno o lo otro. (L-54.I:6-7)

Veo todo al revés, y mis pensamientos son lo opuesto a la verdad. (L-57.3:3)

Lo que ves refleja lo que piensas. Y lo que piensas no refleja otra cosa que tu decisión de ver lo que quieres ver. (L-130.1:2-3)

Pensamientos que piensas que piensas:
Debido a que los pensamientos que piensas que piensas aparecen como imágenes, no te das cuenta de que no son nada. Piensas que los piensas, y por eso piensas que los ves. (L-15.1:1)

Pensamientos (Reales y falsos):
Las ideas ilusorias no son pensamientos reales, si bien puedes creer en ellas. Pero eso es un error. La función del pensamiento procede de Dios y reside en Dios. Puesto que formas parte de Su Pensamiento, *no puedes* pensar separado de Él. (T-5.V.6:13-16)

El pensamiento irracional es pensamiento desordenado. (T-5.V.7:1)

La Biblia dice: "El Verbo (o pensamiento) se hizo carne". (T-8.VII.7:1)

El pensamiento no se puede convertir en carne excepto mediante una creencia, ya que el pensamiento no es algo físico. No obstante, el pensamiento es comunicación, para la cual sí *puede* usarse el cuerpo. (T-8.VII.7:4)

Si eso fuese cierto, los pensamientos no serían extensiones de la mente, sino sus enemigos. (T-22.II.9:4)

Pues los pensamientos duran tanto como la mente que los pensó. (T-30.III.6:3)

Los pensamientos ni nacen ni mueren. Comparten los atributos de su creador y no tienen una vida separada aparte de la de él. Tus pensamientos están en tu mente, tal como tú estás en la Mente que *te pensó*. (T-30.III.6:5-7)

Los pensamientos parecen ir y venir. Sin embargo, lo único que esto significa es que algunas veces eres consciente de ellos y otras no. Un pensamiento del que te has olvidado parece nacer de nuevo en ti cuando retorna a tu conciencia. Más no murió cuando lo

pensamientos

olvidaste. Siempre estuvo ahí, sin embargo, no eras consciente de él. (T-30.III.7:1-5)

Los pensamientos no son ni grandes ni pequeños, ni poderosos ni débiles. Son simplemente verdaderos o falsos. Aquellos que son verdaderos crean a su semejanza. Aquellos que son falsos fabrican a la suya. (L-16.1:4-5)

Pensar:
Pensar como Dios es compartir Su Certeza acerca de lo que eres, y crear como Él es compartir el Amor perfecto que Él comparte contigo. (T-7.I.6:1)

Crees también que el cerebro puede pensar. Si comprendieras la naturaleza del pensamiento, no podrías por menos que reírte de esta idea tan descabellada. Es como si creyeras que eres tú el que sostiene el fósforo que enciende el sol y le da todo su calor; o quien sujeta al mundo firmemente en sus manos hasta que decidas soltarlo. Esto, sin embargo, no es más disparatado que creer que los ojos del cuerpo pueden ver o que el cerebro puede pensar. (L-92.2:1-4)

Pequeñez, La:
La pequeñez es la ofrenda que te haces a ti mismo. (T-15.III.1:3)

En este mundo no hay nada que tenga valor porque es un mundo que procede de la pequeñez, de acuerdo con la extraña creencia de que la pequeñez puede satisfacerte. (T-15.III.1:5)

La pequeñez y la gloria son las únicas alternativas de que dispones para dedicarles todos tus esfuerzos y toda tu vigilancia. (T-15.III.1:7)

Percepción:
El mundo de la percepción, por otra parte, es el mundo del tiempo, de los cambios, de los comienzos y de los finales. Se basa en interpretaciones, no en hechos. (Prefacio. ¿Qué postula?)

La percepción es una función del cuerpo y, por lo tanto, supone una limitación de la conciencia. La percepción ve a través de los ojos del cuerpo y oye a través de sus oídos.
(Prefacio. ¿Qué postula?)

La percepción es temporal. (T-3.III.1:6)

Puedes ver de muchas maneras debido a que la percepción entraña interpretación, y eso quiere decir que no es íntegra ni consistente. (T-3.III.2:3)

La percepción siempre entraña algún uso inadecuado de la mente, puesto que la lleva a áreas de incertidumbre. (T-3.IV.5:1)

La función interpretativa de la percepción, que es una forma de creación distorsionada, te permitió entonces llegar a la conclusión de que tú eres un cuerpo, en un intento de escapar del conflicto que tú mismo habías provocado. (T-3.IV.6:3)

He dicho que las capacidades que ahora posees no son sino sombras de tu verdadera fortaleza, y que la percepción, que es intrínsecamente enjuiciadora, comenzó solo después de la separación. (T-3.5.1:1)

La percepción, por otra parte, es siempre específica y, por tanto, concreta. (T-4.II.1:5)

Dicha corrección es necesaria únicamente porque la percepción falsa es un obstáculo para el Conocimiento, mientras que la percepción fidedigna es un trampolín hacia él. El valor de la percepción correcta reside en la conclusión inevitable de que toda percepción es innecesaria. (T-4.II.11:2-3)

La percepción no es conocimiento, pero puede ser transferida al Conocimiento, o cruzar hasta él. (T-5.I.6:5)

percepción

La percepción, por otra parte, no puede tener lugar sin la creencia en "más" y en "menos". La percepción entraña selectividad a todo nivel. Es un proceso continuo de aceptación y rechazo, de organización y reorganización, de substitución y cambio. Evaluar es un aspecto esencial de la percepción, ya que para poder seleccionar es necesario juzgar. (T-3.V.7:5-8)

Aunque la percepción es irreal, el Espíritu Santo puede usarla provechosamente por el hecho de que tú la concebiste. (T-6.II.9:6)

En la percepción el todo se construye a base de partes que se pueden separar y ensamblar de nuevo en diferentes combinaciones. El Conocimiento, por otra parte, nunca cambia; sus combinaciones, por lo tanto, son permanentes. (T-8.VIII.1:12-13)

Ha habido mucha confusión con respecto a lo que significa la percepción, debido a que la palabra se usa con el significado de "conciencia" y también con el de "interpretación de la conciencia". No obstante, no puedes ser consciente sin interpretar, pues lo que percibes *es* tu propia interpretación. (T-11.VI.2:5-6)

Las percepciones son algo que se aprende y ya dispones de un Maestro. (T-11.VIII.3:7)

Ves lo que esperas ver, y esperas ver aquello que invitas. Tu percepción es el resultado de tu invitación y llega a ti tal como la pediste. (T-12.VII.5:1-2)

La percepción, aun en su expresión más elevada, nunca es completa. Incluso la percepción del Espíritu Santo -la más perfecta que puede haber- no tiene significado en el Cielo. (T-13.VIII.2:5-6)

Cada milagro que le ofreces al Hijo de Dios no es otra cosa que la verdadera percepción de un aspecto de la totalidad. (T-13.VIII.5:2)

La percepción es el medio a través del cual se lleva la ignorancia ante el conocimiento. (T-14.VII.1:7)

El Conocimiento no requiere ajustes y, de hecho, se pierde si se lleva a cabo cualquier cambio o alteración, pues eso lo reduce de inmediato a ser simplemente una percepción: una forma de ver en la que se ha dejado de tener certeza y donde se ha infiltrado la duda. En esa condición deficiente *es* necesario hacer ajustes porque la condición en sí no es verdad. (T-20.III.1:4-6)

La percepción es un resultado, no una causa. (T-21-intro. 1.8)

La percepción es una elección, no un hecho. Pero de esta elección depende mucho más de lo que te has dado cuenta hasta ahora. Pues tu creencia acerca de Quién eres depende enteramente de la voz que elijas escuchar y de los panoramas que elijas ver. La percepción da testimonio únicamente de esto, nunca de la realidad. (T-21.V.1:7-10)

La percepción no parece ser un medio. Y es esto lo que hace que sea tan difícil entender hasta qué punto depende del propósito que tú le asignas. Parece que es la percepción la que te enseña lo que ves. Sin embargo, lo único que hace es dar testimonio de lo que tú enseñaste. Es el cuadro externo de un deseo: la imagen de lo que tú querías que fuese verdad. (T-24.VII.8:6-10)

La percepción es la elección de lo que quieres ser, del mundo en el que quieres vivir y del estado en el que crees que tu mente se encontrará contenta y satisfecha. La percepción elige dónde crees que reside tu seguridad, de acuerdo con tu decisión. Te revela lo que eres tal como tú quieres ser. Y es siempre fiel a tu propósito, del que nunca se aparta, y no da el más mínimo testimonio de nada que no esté de acuerdo con el propósito de tu mente. Lo que percibes es parte de lo que tienes como propósito contemplar, pues los medios y el fin no están nunca separados. Y así aprendes que lo que parece tener una vida aparte en realidad no tiene vida en absoluto. (T-25.I.3)

Esto concuerda con la ley fundamental de la percepción: ves lo que crees que está ahí, y crees que está ahí porque quieres que lo esté.

percepción

La percepción no está regida por ninguna otra ley que esa. (T-25.III.1:3)

La percepción se basa en elegir, pero el Conocimiento no. (25.III.3:1)

Inventaste la percepción a fin de poder elegir entre tus hermanos e ir en busca del pecado con ellos. El Espíritu Santo ve la percepción como un medio de enseñarte que la visión de la relación santa es lo único que *deseas* ver. (T-21.III.6:5-6)

Podría afirmarse, por lo tanto, que la ley básica de la percepción es: "Te regocijarás con lo que veas, pues lo ves para regocijarte". Y mientras creas que el sufrimiento y el pecado te pueden proporcionar alegría, seguirán estando ahí para que los veas. Nada es perjudicial o beneficioso aparte de cómo tú desees que sea. Tu deseo es lo que determina los efectos que ha de tener sobre ti, pues lo elegiste como un medio para obtener esos efectos, creyendo que eran los portadores del regocijo y la dicha. Esta ley rige incluso en el Cielo. (T-25.IV.2:1-6)

El Hijo de Dios percibió lo que quería ver porque la percepción es un deseo colmado. La percepción cambia, pues fue concebida para substituir el Conocimiento inmutable. (T-26.VII.3:3-4)

Cada una de las percepciones que tienes de la "realidad externa" no es más que una representación gráfica de tus propios pensamientos de ataque. (L-23.3:2)

Habiéndola inventado el Hijo de Dios para un propósito no santo, tiene que convertirse ahora en el medio a través del cual se restaura la santidad en su conciencia. (Lección 43.2:4)

La percepción es congruente. Lo que ves refleja lo que piensas. Y lo que piensas no refleja otra cosa que tu decisión de ver lo que quieres ver. (L-130.1:1-2)

Pues lo que ves, y lo único que ves, es lo irreal o lo real, lo falso o lo verdadero. La percepción es congruente con tu elección, y según elijas, experimentarás el Cielo o el infierno. (L-130.10:2-3)

Condena y te vuelves prisionero. Perdona y te liberas. Esta es la ley que rige a la percepción. No es una ley que el conocimiento entienda, pues la libertad es parte del él. (L-198.2:1-4)

La percepción es un espejo, no un hecho. (L-304.1:3)

La percepción se deriva de los juicios. Habiendo juzgado, vemos, por lo tanto, lo que queremos contemplar. (L-312.1:1-2)

La percepción es el resultado de lo que se ha aprendido. De hecho, la percepción *es* lo que se ha aprendido, ya que causa y efectos nunca se encuentran separados. (M-4.I.1:2-3)

La percepción puede dar forma a cualquier imagen que la mente desee ver. Ten presente esto. (M-19.5:2-3)

Percepción falsa:
La percepción errónea es el deseo de que las cosas sean diferentes de como son. (T-8.IX.2:1)

Lo que no puede ver más allá de lo que no existe no puede sino ser una percepción distorsionada, y no puede por menos que percibir a las ilusiones como si fueran la Verdad. (T-22.III.7:6)

El Hijo de Dios no puede pecar, pero puede desear lo que le haría daño. Y tiene el poder de creer que puede ser herido. ¿Qué podría ser todo esto sino una percepción falsa de sí mismo? ¿Y es esto acaso un pecado o simplemente un error? (T-25.III.9:1-3)

Percepción invertida:
Tu percepción invertida ha sido la ruina de tu paz. Te has visto a ti mismo como que estás dentro de un cuerpo y a la verdad como

algo que se encuentra fuera de ti, vedada de tu conciencia debido a las limitaciones del cuerpo. (L-72.8:3-4)

Percepción verdadera:

La percepción verdadera, o percepción inocente, significa que nunca percibes falsamente y que siempre ves correctamente. Dicho de una manera más llana, significa que nunca ves lo que no existe, pero siempre ves lo que sí existe. (T-3.II.2:5-6)

La percepción verdadera es la base del conocimiento, pero gozar de Conocimiento es la afirmación de la verdad y esto se encuentra allende cualquier percepción. (T-3.III.1:10)

Percibir verdaderamente es ser consciente de toda la realidad mediante la conciencia de tu propia realidad. (T-13.VI.1:1)

La percepción perfecta, pues, tiene muchos elementos en común con el Conocimiento, haciendo que sea posible su transferencia a Él. (T-13.VIII.3:1)

La naturaleza misma de la perfección verdadera es que no tiene límites. Es lo opuesto a la manera en que ves ahora las cosas. (L-intro.6:5)

Una percepción que ha sanado se convierte en el medio por el que el Hijo de Dios perdona a su hermano y, por ende, se perdona a sí mismo. (L-43.2:7)

La percepción verdadera es un remedio que se conoce por muchos nombres. El perdón, la salvación, la Expiación y la percepción verdadera son todos una misma cosa. Son el comienzo de un proceso cuyo fin es conducir a la Unicidad que los transciende a todos. La percepción verdadera es el medio por el que se salva al mundo de las garras del pecado, pues el pecado no existe. (C-4.3:5-8)

Perder:

La creencia de que es posible perder no es sino el reflejo de la premisa subyacente de que Dios está loco. Pues en este mundo parece que alguien tiene que perder *porque* otro ganó. Si esto fuese cierto, entonces Dios estaría loco. (T-25.VII.11:1-3)

Pérdida:

Lo que percibes como enfermedad, dolor, debilidad, sufrimiento y pérdida, no es sino la tentación de percibirte a ti mismo indefenso y en el infierno. No sucumbas a esta tentación, y verás desaparecer toda clase de dolor, no importa dónde se presente, en forma similar a como el sol disipa la neblina. (T-31.VIII.6:2-3)

Estarás escuchando a Uno que te dice que de acuerdo con las leyes de Dios la pérdida no existe. No se hacen ni se reciben pagos; no se pueden hacer intercambios; no hay substitutos y ninguna cosa es reemplazada por otra. (L-76.9:3-5)

Pérdidas:

No obstante, toda pérdida, procede de los falsos conceptos que albergas, pues es imposible perder, sea cual sea la forma en que se manifieste la pérdida. (T-8.VII.5:1-2)

La depresión es una consecuencia inevitable de la separación, como también lo son la ansiedad, las preocupaciones, una profunda sensación de desamparo, la infelicidad, el sufrimiento y el intenso miedo a perder. (L-41.1:2-3)

Las pérdidas no son pérdidas cuando se perciben correctamente. (L-284.1:1)

Perdón:

El perdón es el recurso de aprendizaje excelso que el Espíritu Santo utiliza para llevar a cabo ese cambio en nuestra manera de pensar. El Curso, no obstante, ofrece su propia definición de lo que en realidad es el perdón. (Prefacio. ¿Qué postula?)

perdón

El perdón es lo que sana la percepción de la separación. (T-3.V.9:1)

Sigue, pues, las enseñanzas de perdón del Espíritu Santo porque el perdón es Su función y Él sabe cómo llevarla a cabo perfectamente. (T-9.IV.6:1)

El perdón se hace imposible, pues el ego cree que perdonar a otro es perderlo. (T-15.VII.7:7)

El perdón radica en la comunicación tan inexorablemente como la condenación radica en la culpa. (T-15.VII.13:1)

En vista del miedo que tienes del perdón, que Él percibe con la misma claridad con la que sabe que el perdón libera, te enseñará a recordar que el perdón no conlleva ninguna clase de pérdida, sino que, por el contrario, es tu salvación. Y te enseñará asímismo que perdonando completamente, es decir, reconociendo que no hay nada que necesite ser perdonado, quedas completamente absuelto. (T-15.VIII.1:6-7)

El perdón es una forma selectiva de recordar que no se basa en tu propia selección. (T-17.III.1:3)

Pues el presente *es* perdón. (T-17.III.8:2)

Pero ni siquiera el perdón es el final. El perdón hace que todo sea bello, pero no puede crear. Es la fuente de la curación, el emisario del amor, pero no su Fuente. (T-18.IX.10:1-3)

Este es el santo lugar de resurrección, al que venimos de nuevo y al que retornaremos hasta que la redención se haya consumado y recibido. (T-19.IV.D.16:1)

Esto es lo único que tienes que hacer: reconocer que cualquier forma de asesinato no es tu voluntad. Tu propósito ahora es pasar por alto el campo de batalla. (T-23.IV.4:6-7)

El perdón pone fin al deseo de ser especial. Lo único que se puede perdonar son las ilusiones, que entonces desaparecen. El perdón es lo que te libera de todas las ilusiones, y por eso es por lo que es imposible perdonar solo parcialmente. (T-24.III.1:1-3)

El perdón es la única función que tiene sentido en el tiempo. Es el medio del que el Espíritu Santo se vale para transformar el especialismo de modo que de pecado pase a ser salvación. El perdón es para todos. (T-25.VI.5:3-4)

En este mundo el perdón es el equivalente a la Justicia del Cielo. El perdón transforma el mundo del pecado en un mundo simple, en el que se puede ver el reflejo de la justicia que emana desde más allá de la puerta tras la cual reside lo que carece de todo límite. (T-26.IV.1:1-2)

Nadie perdona a menos que haya creído en el pecado y aún crea que hay mucho por lo que él mismo necesita ser perdonado. El perdón se vuelve de esta manera el medio por el que aprende que no ha hecho nada que necesite perdón. (T-26.IV.1:5-6)

El perdón convierte el mundo del pecado en un mundo de gloria, maravilloso de contemplar. (T-26.IV.2:1)

El perdón es lo que nos libera totalmente del tiempo y lo que nos permite aprender que el pasado ya pasó. (T-26.V.6:1)

El perdón es el deseo de estar unido a él (tu hermano) y no separado. Lo llamamos "deseo" porque todavía concibe otras opciones, y aún no ha transcendido enteramente el mundo de las alternativas. Aun así, está en armonía con el estado celestial y no se opone a la Voluntad de Dios. Y aunque no llega a darte toda tu herencia, elimina los obstáculos que has interpuesto entre el Cielo donde te encuentras y el reconocimiento de dónde estás y de lo que eres. (T-26.VII.9:2-5)

perdón

¿Qué es el perdón sino estar dispuesto a que la verdad sea la verdad? (T-26.VII.10:3)

El perdón es la respuesta a cualquier clase de ataque. De esta manera, se cancelan los efectos del ataque y se responde al odio en nombre del amor. (T-26.VII.17:2-3)

El perdón no es piedad, la cual no hace sino tratar de perdonar lo que cree que es verdad. No *se puede* devolver bondad por maldad, pues el perdón no establece primero que el pecado sea real para luego perdonarlo. (T-27.II.2:6-7)

El perdón no es real a menos que os brinde curación a tu hermano y a ti. (T-27.II.4:1)

El perdón aún no se reconoce como un poder completamente exento de límites. Sin embargo, no fija ninguno de los límites que tú has decidido imponer. El perdón es el medio que representa a la verdad temporalmente. Le permite al Espíritu Santo llevar a cabo un intercambio de imágenes, mientras los recursos de aprendizaje aún tengan sentido y el aprendizaje no haya concluido.
(T-27.III.5:3-6)

El perdón separa al soñador del sueño nefasto y, así, lo libera. (T-28.V.3:3)

Se te ofrece un sueño en el que tu hermano es tu salvador, no tu enemigo acérrimo. (T-29.V.7:1)

Los sueños de perdón son medios para dejar de soñar con un mundo externo a ti. Y conducen finalmente más allá de todo sueño a la paz de la vida eterna. (T-29.V.8:5-6)

En el perdón reside tu paz, pues en él radica el fin de la separación y del sueño de peligro y destrucción, de pecado y muerte, de locura y asesinato, así como de aflicción y pérdida. (T-29.VI.1:4)

Y el perdón purifica felizmente todo lo que se interponía entre tu imagen de ti mismo y lo que realmente eres. (T-30.V.6:2)

No se te pide que concedas el perdón allí donde se debería responder con ataque y donde el ataque estaría justificado. Pues eso querría decir que perdonas un pecado pasando por alto lo que realmente se encuentra ahí. Esto no es el perdón, ya que supondría que, al reaccionar de una manera que no está justificada, tu perdón se ha convertido en la respuesta al ataque que se ha perpetrado. (T-30.VI.1:6-9)

El perdón está *siempre* justificado. Sus cimientos son sólidos. (T-30.VI.2:1-2)

Mas se te pide simplemente que consideres el perdón como la respuesta natural ante cualquier aflicción basada en un error que, por ende, no es más que una petición de ayuda. El perdón es la única respuesta cuerda, pues *impide* que tus derechos sean sacrificados. (T-30.VI.2:7-9)

Mientras creas que el perdón es un regalo inmerecido, no podrás sino reforzar la culpa que quieres "perdonar". El perdón que no está justificado es un ataque. (T-30.6.3:4-5)

Todo perdón que se considera merecido sana, pues le otorga al milagro la fuerza para pasar por alto las ilusiones. (T-30.VI.5:1-2)

Contempla a tu hermano con el deseo de verlo tal como es. Y no excluyas ninguna parte de él de tu deseo de que se cure. Curar es hacer íntegro. Y a lo que es íntegro no le pueden faltar partes que se hayan dejado fuera. El perdón consiste en reconocer esto y en alegrarnos de que no haya ninguna forma de enfermedad que el milagro no tenga el poder de curar. (T-30.VI.8)

El perdón es la mayor necesidad de este mundo, y esto se debe a que es un mundo de ilusiones. (L-46.1:3)

perdón

Por esta razón, al perdón puede llamársele verdaderamente salvación. Es el medio a través del cual desaparecen las ilusiones. (L-46.2:4-5)

Con todo, el perdón es el medio por el cual reconoceré mi inocencia. Es el reflejo del Amor de Dios en la Tierra. (L-60.1:4-5)

Tu perdón es lo que conduce a este mundo de tinieblas a la luz. Tu perdón es lo que te permite reconocer la Luz en la que ves. El perdón es la demostración de que eres la luz del mundo. (L-62.1:1-3)

Por eso es por lo que todo perdón es un regalo que te haces a ti mismo. (L-62.2:2)

Mi perdón es el medio por el que la luz del mundo se expresa a través de mí. Mi perdón es el medio por el que cobro conciencia de la luz del mundo en mí. Mi perdón es el medio por el que el mundo sana junto conmigo. (L-82.1:2-3)

El perdón es algo que se adquiere. No es algo inherente a la mente, la cual no puede pecar. Del mismo modo en que el pecado es una idea que te enseñaste a ti mismo, así el perdón es algo que tienes que aprender, no de ti mismo, sino del Maestro que representa el otro ser que hay en ti. (L-121.6:1-3)

El perdón es la llave de la felicidad. (L-121)

He aquí la respuesta a tu búsqueda de paz. He aquí lo que le dará significado a un mundo que no parece tener sentido. He aquí el camino que conduce a la seguridad en medio de aparentes peligros que parecen acecharte en cada recodo y socavar todas tus esperanzas de poder hallar alguna vez paz y tranquilidad. (L-121.1:1-3)

¿Por qué habrías de buscar una respuesta distinta de la que lo contesta todo? He aquí la respuesta perfecta, la que se da a toda pregunta imperfecta, a las súplicas sin sentido, a tu reticencia a escuchar, a tu poco esmero y escasa confianza. ¡He aquí la respuesta!

No la busques más. No hallarás ninguna otra en su lugar. (L-122.4)

Es el regalo que te hace Dios, no el mundo. (L-122.7:4)

El perdón es el medio por el que este mundo feliz viene a ocupar el lugar del infierno. (L-122.8:2)

Y el verdadero perdón, que es el medio por el que se alcanza la salvación, no puede sino sanar a la mente que da, pues dar es recibir. (L-126.7:5)

Por eso, en presencia de las mentiras, el perdón se convierte en aquello que desengaña; en el gran restaurador de la simple verdad. (L-134.8:2)

Padre, el perdón es la luz que Tú elegiste para que desvaneciese todo conflicto y toda duda y para que alumbrase el camino que nos lleva de regreso a Ti. (L-333.2:1)

Consideras que el perdón es un vano intento de ignorar lo que se encuentra ahí y de pasar por alto la verdad, en un esfuerzo inútil por engañarte a ti mismo al querer hacer que una ilusión sea verdad. (L-134.3:2)

Puesto que crees que tus pecados son reales, consideras que el perdón es un engaño. (L-134.4:1)

La irrealidad del pecado es lo que hace que el perdón sea algo completamente natural y sano; un profundo consuelo para todos aquellos que lo conceden y una silenciosa bendición allí donde se recibe. (L-134.6:1)

El perdón es lo único que representa a la verdad en medio de las ilusiones del mundo. El perdón ve su insustancialidad y mira más allá de las miles de formas en que pueden representarse. (L-134.7:1-2)

perdón

El perdón es algo tan ajeno al mundo como lo es tu propia realidad. Sin embargo, es lo que une a tu mente con la realidad que mora en ti. (L-134.13:3-4)

La curación, el perdón y el feliz intercambio del mundo del dolor por uno en el que la tristeza no tiene cabida, son los medios por los que el Espíritu Santo te urge a que lo sigas. (L-137.9:1)

El perdón es el eje central de la salvación, pues al hacer que todos sus aspectos tengan una relación significativa entre sí, dirige su curso y su trayectoria y asegura su resultado. (L-169.12:1)

El perdón es una forma terrenal de amor que, como tal, no tiene forma en el Cielo. (L-186.14:2)

Tu papel consiste simplemente en permitir que todos los obstáculos que has interpuesto entre el Hijo y Dios el Padre sean eliminados silenciosamente para siempre. Dios hará lo que le corresponde hacer en gozosa e inmediata respuesta. (L-189.8:3-4)

El perdón es tu función aquí. No es algo que Dios haya creado, ya que es el medio por el que se puede des-hacer lo que no es verdad. (L-192.2:3-4)

El perdón es lo que más se Le asemeja (a la Creación) aquí en la Tierra. (L-192.3:3)

El perdón contempla dulcemente todas las cosas que son desconocidas en el Cielo, las ve desaparecer y deja al mundo como una pizarra limpia y sin marcas en la que la Palabra de Dios puede ahora reemplazar a los absurdos símbolos que antes estaban escritos allí. El perdón es el medio por el que se supera el miedo a la muerte, pues esta deja de ejercer su poderosa atracción y la culpa desaparece. El perdón permite que el cuerpo sea percibido como lo que es: un simple recurso de enseñanza del que se prescinde cuando el aprendizaje haya terminado, pero que es incapaz de efectuar cambio alguno en el que aprende. (L-192.4)

Solo el perdón puede liberar a la mente de la idea de que el cuerpo es su hogar. Solo el perdón puede restituir la paz que Dios dispuso para Su santo Hijo. Solo el perdón puede persuadir al Hijo para que contemple de nuevo su santidad. (L-192.5:5-7)

Pues el perdón es la ilusión que constituye la respuesta a todas las demás ilusiones. (L-198.2:10)

El perdón desvanece todos los demás sueños, y aunque en sí es un sueño, no da lugar a más sueños. Todas las ilusiones, salvo esta, no pueden sino multiplicarse de mil en mil. Pero con esta, a todas las demás les llega su fin. El perdón representa el fin de todos los sueños, porque es el sueño del despertar. No es en sí la verdad. No obstante, apunta hacia donde esta se encuentra y nos guía con la certeza de Dios Mismo. Es un sueño en el que el Hijo de Dios despierta a su Ser y a su Padre, sabiendo que Ambos son uno. (L-198.3)

El perdón es el único camino que te conduce más allá del desastre, del sufrimiento y, finalmente, de la muerte. (L-198.4:1)

No olvides hoy que toda forma de sufrimiento oculta algún pensamiento que niega el perdón. Y que no puede haber ningún tipo de dolor que el perdón no pueda sanar. (L-198.9:5-6)

Acepta la única ilusión (el perdón) que proclama que en el Hijo de Dios no hay condenación y el Cielo será recordado instantáneamente, el mundo quedará olvidado junto con y todas sus extrañas creencias, conforme la faz de Cristo aparezca por fin sin velo alguno en ese único sueño de perdón. Este es el regalo que el Espíritu Santo tiene para ti de parte de Dios tu Padre. (L-198.10:1-2)

El perdón es, pues, el único medio por el que puedo alcanzar la visión de Cristo. (L-247.1:3)

...y el perdón, el medio por el que nuestras mentes por fin regresan a Él. (L-256.1:9)

perdón

Padre, el perdón es el medio que Tú elegiste para nuestra salvación. (L-257.2:1)

El perdón reconoce que lo que pensaste que tu hermano te había hecho en realidad nunca ocurrió. El perdón no perdona pecados, otorgándoles así realidad. Sencillamente ve que no se cometió pecado alguno. Y desde este punto de vista todos tus pecados quedan perdonados. ¿Qué es el pecado sino una idea falsa acerca del Hijo de Dios? El perdón ve simplemente la falsedad de dicha idea y, por lo tanto, la descarta. (L-punto.1¿Qué es el perdón? 1:1-6)

Un pensamiento que no perdona es aquel que emite un juicio que no pone en duda a pesar de que no es verdad.
(L-punto.1 ¿Qué es el perdón? 2:1)

El perdón, en cambio, es tranquilo y sosegado, y sencillamente no hace nada. No ofende ningún aspecto de la realidad ni busca tergiversarla para que adquiera apariencias que a él le gusten. Simplemente observa, espera y no juzga.
(L-punto.1¿Qué es el perdón? 4:1-3)

Que todas las apariencias nos parezcan puras para que con inocencia podamos pasarlas de largo y dirigirnos juntos a la casa de nuestro Padre como hermanos y como los santos Hijos de Dios que somos. (L-263.2:2)

Pido la ilusión que transciende todas las que yo inventé. (L-269.1:4)

El perdón es el único regalo que doy, ya que es el único regalo que deseo. (L-297.1:1)

Perdonar es una decisión. (L-335.1:1)

El perdón es el medio por el que la percepción le llega su fin.
(L-336.1:1)

El perdón es la morada de los milagros.
(L-punto 13 ¿Qué es un milagro? 3:1)

El perdón -el reflejo de la verdad- me enseña cómo ofrecer milagros y así escapar de la prisión en la que creo vivir. (L-357.1:1)

El perdón es la meta final del programa de estudios, pues allana el camino para lo que se encuentra más allá de todo aprendizaje. (M-4.X.2:9-10)

En esas condiciones no se puede hallar la paz de Dios (ante la ira). El perdón es, por lo tanto, la condición indispensable para hallarla. (M-20.3:5-6)

El medio de la Expiación es el perdón. (C-intro 1.3)

El *perdón* es el medio que nos lleva a Dios y lo que nos permite alcanzarle, mas es algo ajeno a Él. El perdón, entonces, es una ilusión, pero debido a su propósito, que es el del Espíritu Santo, hay algo que la hace diferente. (C-3.1:1-3)

Al perdón podría considerársele una clase de ficción feliz: una manera en la que los que no saben pueden salvar la brecha entre su percepción y la verdad. (C-3.2:1)

El perdón es un símbolo también, pero en cuanto que símbolo exclusivo de la Voluntad del Padre, no puede ser dividido. (C-3.5:1)

El perdón, la salvación, la Expiación y la percepción verdadera son todos una misma cosa. Son el comienzo de un proceso cuyo fin es conducir a la Unicidad que los transciende a todos. (C-4.3:6)

El perdón, pues, es todo lo que se necesita enseñar, ya que es todo lo que es necesario aprender. (P-2.II.3:2)

El perdón, el único sueño del Espíritu Santo, no debe tener costo alguno. Pues si lo tuviera, simplemente crucificaría al Hijo de Dios otra vez. (P-3.III.3:6)

perdón

El perdón es el aliado de la oración; su hermano en el plan para tu salvación. (O-2.Intro.1:3)

Contempla la ayuda más grande que Dios ordenó que estuviese contigo hasta que llegues a Él. (O-2.Intro.1:5)

El perdón es la llave, mas ¿quién puede usar una llave cuando no sabe dónde está la puerta para la que se hizo y para la que únicamente sirve? (O-2-I.9:2)

Ningún regalo del Cielo ha sido tan malinterpretado como el perdón. (O-2.I.1:1)

El perdón, verdaderamente concedido, es el camino en el que se encuentra tu única esperanza de libertad. (O-2.I.6:1)

El perdón es la llamada a la cordura, pues ¿quién sino un demente se fijaría en el pecado cuando en su lugar puede ver la faz de Cristo? (O-2.I.8:1)

El perdón es tu medio de escape. (O-2.II.7:3)

El perdón es el único regalo que puedes dar y el único que puedes recibir. (O-3.II.5:11)

El perdón-para-salvar es Su tarea y es Él Quien responderá por ti. (O-2.III.2:7)

Perdón falso:
El perdón es un gesto vacío a menos que conlleve corrección. Sin esta, lo que hace es básicamente juzgar en vez de sanar. (T-2.V.15:3)

El plan del ego consiste en que primero veas el error claramente y en que luego lo pases por alto. Mas ¿cómo ibas a poder pasar por alto aquello a lo que has otorgado realidad? Al verlo claramente, le has otorgado "realidad" y no lo *puedes* pasar por alto. (T-9.IV.4:4-6)

El perdón no es piedad, la cual no hace sino tratar de perdonar lo que cree que es verdad. No *se puede* tratar de devolver bondad por maldad, pues el perdón no establece primero que el pecado sea real para luego perdonarlo. (T-27.II.2:6)

No se te pide que concedas el perdón allí donde se debería responder con ataque y donde el ataque estaría justificado. Pues eso querría decir que perdonas un pecado pasando por alto lo que realmente se encuentra ahí. Eso no es perdón, ya que supondría que, al reaccionar de una manera que no está justificada, tu perdón se ha convertido en la respuesta al ataque que se ha perpetrado. (T-30.VI.1:6)

Puede que algunas veces perdone a los "pecadores", pero sigue siendo consciente de que han pecado. De modo que no merecen el perdón que les concede. (T-30.VI.3:7-8)

Este es el falso perdón del que el mundo se vale para mantener viva la sensación de pecado. (T-30.VI.4:1)

Y así, cuando "perdonas" un pecado, no ganas nada directamente. Es una ofrenda de caridad a alguien que no se la merece, a fin de demostrar simplemente que tú eres mejor y que te encuentras en un plano superior a él. Él no se ha ganado la limosna de tu tolerancia -que tú le concedes sabiendo que no es digno de tal dádiva- ya que sus pecados lo han situado muy por debajo de una verdadera igualdad contigo. No tiene derecho a tu perdón, el cual supone un regalo para él, pero no para ti. (L- 126.3:1-4)

De este modo, el perdón es básicamente pernicioso: un capricho caritativo, benévolo tal vez, pero inmerecido; una dádiva que a veces se concede y a veces se niega. Puesto que es "inmerecido", es justo no otorgarlo, pero no es justo que tú tengas que sufrir por haberte negado a concederlo. El pecado que perdonas no es tu pecado. Lo cometió alguien que se encuentra separado de ti. Y si tú entonces eres magnánimo con él y le concedes lo que no se merece, la dádiva es algo tan ajeno a ti como lo fue su pecado. (L- 126.4:1-5)

Tal como lo ves, no es sino un freno al ataque abierto que no requiere corrección alguna en tu mente. Tal como lo percibes, no puede aportarte paz. No constituye un medio por el cual liberarte de aquello que ves en otro, pero no en ti mismo. (L-126.6:2-4)

Desde esta perspectiva, el perdón no es un escape. Es simplemente una señal más de que el pecado es imperdonable, algo que en el mejor de los casos se debe ocultar, negar o llamar por otro nombre, ya que es una traición a la verdad. (L-134.5:1)

Ningún regalo del Cielo ha sido tan malinterpretado como el perdón. De hecho, se ha convertido en una calamidad; en una maldición allí donde debería bendecir, en una cruel burla de la gracia, en una parodia de la santa paz de Dios. (O-2.I.1:1)

Todas las formas que el perdón adopta que no te apartan de la ira, de la condena y de comparaciones de cualquier clase son la muerte. (O-2.II.8:1)

Perdón para destruir:

El perdón-para-destruir es la muerte, y eso es lo que ve en todo lo que contempla y odia. La Misericordia de Dios se ha convertido en un cuchillo retorcido que busca destruir al santo Hijo que Él ama. (O-2.I.2:5-6)

El perdón-para-destruir adopta muchas formas, al ser un arma del mundo de las formas. No todas son obvias, y algunas se ocultan cuidadosamente bajo lo que aparenta ser claridad. (O-2.II.1:1-2)

Mientras creas que el perdón es un regalo inmerecido, no podrás sino reforzar la culpa que quieres "perdonar". El perdón que no está justificado es un ataque. (T-30.VI.3:4-5)

Perdonar:

A medida que aprendamos a reconocer nuestros errores de percepción, aprenderemos también a pasarlos por alto, es decir, a "perdonarlos" (Prefacio. ¿Qué postula?)

Perdonar a otros es la única manera en que nosotros mismos podemos ser perdonados, ya que refleja la ley celestial según la cual dar es lo mismo que recibir. (Prefacio. ¿Qué postula?)

Perdonar es el privilegio de los perdonados. (T-I.1.27:2)

Perdonar es pasar por alto. (T-9.IV.1:2)

Perdonar a través del Espíritu Santo consiste simplemente en mirar más allá del error desde un principio, haciendo que, de esa manera, nunca sea real para ti. (T-9.IV.5:3)

Perdonar no es otra cosa que recordar únicamente los pensamientos amorosos que conferiste en el pasado y aquellos que se te confirieron a ti. (T-17.III.1:1)

Perdonar es la única función que se puede tener aquí, y su propósito es llevarle la dicha que este mundo niega a cada aspecto del Hijo de Dios allí donde parecía reinar el pecado. (T-26.VII.8:5)

Ser testigo del pecado y al mismo tiempo perdonarlo es una paradoja que la razón no puede concebir. (T-27.II.3:1)

Nadie puede perdonar hasta que aprende que corregir es tan solo perdonar, nunca acusar. Por tu cuenta, no podrás percatarte de que son lo mismo y de que, por lo tanto, no es a ti a quien corresponde corregir. (T-27.II.10:4-5)

Hazte a un lado y deja pasar al amor, el cual tú no creaste, pero sí puedes extender. En la tierra eso quiere decir perdonar a tu hermano para que las tinieblas desaparezcan de tu mente. (T-29.III.4:1-2)

perdonar

Perdonar es mi función por ser la luz del mundo. (L-62)

Perdonar es una decisión. (L-335.1:1)

Perdonar es curar. (M-22.1:9)

Perdonar a otro:
Es imposible perdonar a otro, pues son únicamente tus pecados lo que ves en él. (O-2.I.4:2)

Perfección del Hijo:
No solo fuiste plenamente creado, sino que fuiste creado perfecto. (T-2.I.1:3)

Fue creado perfecto y es absolutamente digno de recibir perfección. (T-2.III.5:5)

En realidad eres perfectamente invulnerable a toda expresión de falta de amor. (T-2.I.5:6)

El Espíritu Santo comienza percibiendo tu perfección. Como sabe que esa perfección es algo que todos comparten, la reconoce en otros, y de esta forma la refuerza tanto en ti como en ellos. (T-6.II.5:1-2)

Te encuentras en una situación imposible únicamente porque crees que es posible estar en una situación así. *Te encontrarías* en una situación imposible si Dios te mostrara tu perfección y a la vez te probase que estabas equivocado. Esto demostraría que los que son perfectos son incapaces de cobrar conciencia de su propia perfección, y reforzaría la creencia de que aquellos que lo tienen todo necesitan ayuda y son, por lo tanto, desvalidos. Este es el tipo de "razonamiento" en que el ego se embarca. Dios, que sabe que Sus Creaciones son perfectas, no las humilla. (T-6.IV.10:1-5)

La separación no fue una pérdida de la perfección, sino una interrupción en la comunicación. (T-6.IV.12.5)

Como cualquier buen maestro, el Espíritu Santo sabe más de lo que tú sabes ahora y solo te enseña para que llegues a ser igual que Él. Tú te enseñaste mal a ti mismo al creer lo que no era cierto. No creíste en tu propia perfección. (T-6.V.1:1-3)

No podrás conocer tu propia perfección hasta que no hayas honrado a todos los que fueron creados como tú. (T-7.VII.6:6)

Mas Dios no dispuso la destrucción de Sus Creaciones, pues las creó para toda la eternidad. Su Voluntad te ha salvado, no de ti mismo, sino de la ilusión de ti mismo. Dios te ha salvado *para* ti mismo. (T-8.VI.2:6-8)

Nadie que Dios haya creado puede encontrar dicha en nada excepto en lo eterno, no porque se le prive de todo lo demás, sino porque nada más es digno de él. (T-8.VI.3:2)

Tú ni te hiciste a ti mismo ni estableciste tu función. Lo único que hiciste fue tomar la decisión de ser indigno de ambas cosas. Pero no puedes hacerte indigno porque eres el tesoro de Dios, y lo que para Él tiene valor es valioso. (T-8.VI.5:11-12)

Si tu perfección reside en Él y solo en Él, ¿cómo podrías conocerla sin reconocerlo a Él? Reconocer a Dios es reconocerte a ti mismo. (T-8.V.2:6-7)

No has atacado a Dios y ciertamente lo amas. ¿Puedes acaso cambiar tu realidad? Nadie puede disponer su propia destrucción. (T-10.III.1:1-3)

La enfermedad y la perfección son irreconciliables. Si Dios te creó perfecto, *eres* perfecto. Si crees que puedes estar enfermo, has antepuesto otros dioses a Él. (T-10.IV.1:3-5)

Dormir no es estar muerto. Lo que Él creó puede dormir, pero no puede morir. La inmortalidad es Su Voluntad para Su Hijo y la voluntad de Su Hijo para sí. El Hijo de Dios no puede disponer la muerte para sí mismo porque su Padre es Vida y Su Hijo es como Él. La Creación es tu voluntad *porque* es Su Voluntad. (T-11.I.9:7-10)

Pues la perfección simplemente *es* y no puede ser negada. Negar la negación de lo perfecto no es tan difícil como negar la verdad, y creerás en lo que podemos realizar juntos cuando lo veas realizado. (T-12.II.8:6-7)

En este mundo, no obstante, tu perfección no tiene testigos. Dios conoce tu perfección, pero tú no, así que no compartes Su Testimonio de ella. (T-13.VIII.10:1-2)

Teniendo siempre presente tu perfección, Él da el don de la paz a todo aquel que percibe la necesidad que tiene de ella y que desea alcanzarla. (T-14.XI.14:6)

Dios no está enfadado. Simplemente no pudo permitir que eso ocurriera. Y tú no puedes hacer que Él cambie de parecer al respecto. Ningún rito que hayas inventado en el que la danza de la muerte te deleita puede causar la muerte de lo eterno, ni aquello que has elegido para sustituir la Plenitud de Dios puede ejercer influencia alguna sobre ella. (T-16.V.12:7-12)

El Hijo de Dios puede estar equivocado, engañarse a sí mismo e incluso usar el poder de su mente contra sí mismo. Pero no *puede* pecar. No puede hacer nada que en modo alguno altere su realidad o que haga que realmente sea culpable. (T-19.II.3:1-3)

Los que son conscientes de la Fortaleza de Dios jamás podrían pensar en batallas. ¿Qué sacarían con ello sino la pérdida de su perfección? (T-23.IV.9:1)

El Hijo de Dios no puede pecar, pero puede desear lo que le haría daño. Y tiene el poder de creer que puede ser herido. (T-25.III.9:1)

Tú que querías hacer de la vida un sacrificio, y que tus ojos y oídos fueran testigos de la muerte de Dios y de Su santo Hijo, no pienses que tienes el poder para hacer de Ellos lo que Dios no dispuso que fuesen. En el Cielo, el Hijo de Dios no está aprisionado en un cuerpo ni ha sido sacrificado al pecado en soledad. Y tal como él es en el Cielo, así tiene que ser eternamente y en todas partes. Es por siempre él mismo: nacido de nuevo cada instante, inmune al tiempo y mucho más allá del alcance de cualquier sacrificio de vida o de muerte. Pues él no creó ni una ni otra, y solo una le fue dada por Uno que sabe que Sus dones jamás se pueden sacrificar o perder. (T-26.I.7:3-7)

¿Crees acaso que el Padre perdió Su Ser cuando te creó? ¿Crees que se debilitó por haber compartido Su Amor? ¿Se vio acaso menoscabada Su Plenitud debido a tu perfección? ¿O no eres tú acaso la prueba de Su Plenitud y Perfección? No niegues Su testigo en el sueño que Su Hijo prefiere a su propia realidad. (T-29.III.2:1-5)

En ningún momento ha dejado de estar allí ni ha habido jamás un instante en que su luz se haya atenuado o haya perdido su perfección. (T-30.III.8:7)

Lo que él es no se ve afectado por sus pensamientos. (L-352.1:4)

Lo que Tú creaste libre de pecado ha de permanecer así por siempre y para siempre. Esa es nuestra verdadera condición. Y nos regocijamos al darnos cuenta de que los errores que hemos cometido no han tenido efectos reales sobre nosotros. (L-359.1:4-6)

El hijo podrá pedir lo que le haría daño, pero aun así su padre lo protege. (M-29.6:10)

Pesadilla:
Las pesadillas son sueños pueriles. En ellos los juguetes se han vuelto contra el niño que pensó haberles otorgado realidad. (T-29.IX.5:1-2)

pesar

Pesar:
Es cierto que no parece que toda aflicción no sea más que una falta de perdón. No obstante, eso es lo que se encuentra tras la forma en cada caso. (L-193.4:1-2)

Este pensamiento se puede utilizar para expresar que la muerte y el pesar es lo que le espera a todo aquel que viene aquí, pues sus alegrías desaparecen antes de que las pueda disfrutar o incluso tener a su alcance. (L-300.1:1)

Petición de curación:
No obstante, para Aquél que envía los milagros a fin de bendecir el mundo, una leve punzada de dolor, un pequeño placer mundano o la agonía de la muerte, no son sino el mismo estribillo: una petición de curación, una llamada de socorro en un mundo de sufrimiento. (T-27.VI.6:6)

Peticiones de muerte:
Las formas iniciales de la oración, en los primeros peldaños de la escalera, no están libres de envidia y malicia. Claman venganza, no amor. Tampoco proceden de alguien que entiende que son peticiones de muerte, hechas con miedo por quienes atesoran la culpa.

Piedad:
El perdón no es piedad, la cual no hace sino tratar de perdonar lo que cree que es verdad. No *se puede* devolver bondad por maldad, pues el perdón no establece primero que el pecado sea real para luego perdonarlo. (T-27.II.2:6-7)

Placer:
El dolor demuestra que el cuerpo no puede sino ser real. Es una voz estridente y ensordecedora, cuyos alaridos tratan de ahogar lo que el Espíritu Santo dice e impedir que Sus palabras lleguen hasta tu conciencia. El dolor exige atención, quitándosela así al Espíritu Santo y centrándola en sí mismo. Su propósito es el mismo que el del placer, pues ambos son medios de otorgar realidad al cuerpo.

Lo que comparte un mismo propósito es lo mismo. (T-27.VI.1:1-5)

El placer y el dolor son igualmente ilusorios, ya que su propósito es inalcanzable. Por lo tanto, son medios que no llevan a ninguna parte, pues su objetivo no tiene sentido. (T-27.VI.1:7-8)

El pecado oscila entre el dolor y el placer y de nuevo al dolor. Pues cualquiera de esos testigos es el mismo y solo tiene un mensaje: "Te encuentras aquí, dentro de un cuerpo, y se te puede hacer daño". (T-27.VI.2:1-2)

No obstante, para Aquel que envía los milagros a fin de bendecir el mundo, una leve punzada de dolor, un pequeño placer mundano o la agonía de la muerte no son sino el mismo estribillo: una petición de curación, una llamada de socorro en un mundo de sufrimiento. (T-27.VI.6:6)

El fino disfraz de placer y alegría en el que tal vez vayan envueltos (los sueños) apenas cubre el grueso bloque de miedo que constituye su médula. (T-29.IV.3:4)

No hay placer en el mundo que no exija esto (negar la verdad), pues, de otra manera, se vería que el placer es dolor, y nadie pediría dolor si reconociera que eso es lo que está pidiendo. (M-13.5:4)

Plan de Dios:
El plan de Dios es muy simple; nunca es indirecto ni se derrota a sí mismo. Dios no tiene otros pensamientos excepto los que extienden Su Ser, y en esto tu voluntad tiene que estar incluida. (T-21.V.6:1-2)

Ningún otro medio puede salvarlo, pues el plan de Dios es simplemente este: el Hijo de Dios es libre de salvarse a sí mismo, y se le ha dado la Palabra de Dios para que sea su Guía, y esté por siempre a su lado y en su mente, a fin de conducirlo con certeza a casa de Su Padre por su propia voluntad, la cual es eternamente tan libre como la de Dios. (L-125.2:2)

plenitud

Plenitud:

Si el miedo y el amor no pueden coexistir, y si es imposible estar completamente atemorizado y seguir viviendo, el único estado de plenitud posible es el del amor. No existe diferencia alguna entre el amor y la dicha. Por lo tanto, el único estado de plenitud posible es el de absoluta dicha. (T-5.intro.2:2-4)

Tu plenitud es ilimitada porque el estado de ser es infinito. (T-7.VIII.7:5)

El poder de la plenitud es la extensión. (T-8.VII.16:7)

La plenitud es indivisible, pero no puedes saber de la plenitud que gozas hasta que no la veas por todas partes. (T-9.VI.4:6)

Extiende lo que no tiene límites a lo ilimitado, la eternidad hasta la intemporalidad y el Amor hasta Sí Mismo. Añade a todo lo que ya está completo, mas no en el sentido de añadir más, pues eso implicaría que antes era menos. Añade en el sentido de que permite que lo que no puede contenerse a sí mismo cumpla su cometido de dar todo lo que tiene, asegurándose así de que lo poseerá para siempre. (L-105.4:3-5)

Plenitud de Dios:

La Plenitud de Dios, que constituye Su Paz, no puede ser apreciada salvo por una mente íntegra que reconozca la plenitud de la Creación de Dios. (T-6.II.1:2)

Pleno, Lo:

Lo pleno no tiene forma porque es ilimitado. (T-30.III.3:2)

Lo que no es pleno no puede otorgar plenitud. (T-30.III.5:8)

Pobres:

Te pedí una vez que vendieses todo cuanto tuvieses, que se lo dieses a los pobres y que me siguieras. Esto es lo que quise decir: si no

tienes interés alguno en las cosas de este mundo, puedes enseñar-
les a los pobres dónde está su tesoro. Los pobres son sencillamente los que han invertido mal, ¡y vaya que son pobres! Puesto que
están necesitados, se te ha encomendado que los ayudes, pues te
encuentras entre ellos. (T-12.III.1:1-4)

Recuerda que los que atacan son pobres. (T-12.III.3:3)

Nunca te olvides de esto, y nunca te permitas creer, ni por un solo
instante, que existe otra respuesta (el amor), pues de otro modo
te contarás forzosamente entre los pobres, quienes no han entendido que moran en la abundancia y que la salvación ha llegado.
(T-12.III.5:4-5)

Pobreza:
Observa lo bien que aprenderías tu lección si te negases a compartir tu pobreza, pues la pobreza no es otra cosa que insuficiencia, y
solo hay una insuficiencia, ya que solo hay una necesidad.
(T-12.III.1:5-6)

La pobreza es siempre cosa del ego; nunca de Dios. (T-12.III.4:7)

Poder:
El poder no puede oponerse a nada. Pues ello le debilitaría, y la
idea de un poder debilitado es una contradicción intrínseca.
(T-27.III.1:1-2)

Para ser lo que es, el poder no puede tener opuestos. (T-27.III.1:5)

Poseer, Posesión:
El concepto de posesión es un concepto peligroso si se deja en tus
manos. El ego quiere poseer cosas para salvarse, pues poseer es
su ley. Poseer por poseer es el credo fundamental del ego y una
de las piedras angulares de los templos que se erige a sí mismo.
(T-13.VII.10:10-12)

Pregunta:

Una pseudopregunta carece de respuesta, pues dicta la respuesta al mismo tiempo que hace la pregunta. Toda pregunta que se hace en el mundo es, por lo tanto, una forma de propaganda a favor de él. Y así como los testigos del cuerpo son sus propios sentidos, así también las respuestas a las preguntas que el mundo plantea están implícitas en las preguntas que hacen. Cuando la respuesta es lo mismo que la pregunta, no aporta nada nuevo ni se aprende nada de ella. (T-27.IV.5:1-5)

Pregunta honesta:

Una pregunta honesta es un medio de aprendizaje que inquiere sobre algo que tú desconoces. No establece los parámetros a los que se debe ajustar la respuesta, sino que simplemente pregunta cuál es la respuesta. (T-27.IV.5:6)

Preocupación:

La depresión es una consecuencia inevitable de la separación, como también lo son la ansiedad, las preocupaciones, una profunda sensación de desamparo, la infelicidad, el sufrimiento y el intenso miedo a perder. (L-41.1:2-3)

Presente:

Pues el ego considera que el presente es tan solo una breve transición hacia el futuro, en la que lleva el pasado hasta el futuro al interpretar el presente en función del pasado. (T-13.IV.4:5)

El presente tan solo le recuerda viejas heridas (al ego), y reacciona ante él como si *fuera* el pasado. (T-13.IV.5:2)

Contempla amorosamente el presente, pues encierra lo único que es verdad eternamente. Toda curación reside en él porque su continuidad es real. (T-13.VI.6:2-3)

En el presente, la única dimensión del tiempo que es inmóvil e inalterable y donde no queda ni rastro de lo que fuiste, contemplas a Cristo e invocas a Sus testigos para que derramen su fulgor sobre ti *por haberlos* invocado. (T-13.VI.7:5)

El ahora es el momento de la salvación, pues en el ahora es cuando te liberas del tiempo. (T-13.VI.8:1)

El infierno es únicamente lo que el ego ha hecho del presente. (T-15.I.7:2)

Y el presente se extiende eternamente. (T-15.I.8:5)

Si se ha olvidado todo, excepto los pensamientos amorosos, lo que queda es eterno. Y el pasado transformado se vuelve como el presente. (T-17.III.5:3-4)

Pues el presente *es* perdón. (T-17.III.8:2)

Mas el marco de referencia al que se recurre para que le dé significado al presente es una *ilusión* del pasado, en la que se conservan aquellos elementos que se ajustan al propósito de la relación no santa y se abandonan todos los demás. (T-17.III.8:4)

No olvides que lo que decidas que él es para ti, determinará tu futuro. Pues estás construyendo tu futuro *ahora:* el instante en el que todo el tiempo se convierte en un medio para alcanzar cualquier objetivo. (T-25.III.9:8-9)

Tu mente no puede captar el presente, que es el único tiempo que hay. (L-8.1:5)

Triunfarás hoy: la hora señalada para la emancipación del Hijo de Dios del infierno y de todos los deseos vanos. (L-73.9:4)

El presente es el único tiempo que hay. Y así, hoy, en este mismo instante, ahora mismo, podemos contemplar lo que se encuentra ahí eternamente, no ante nuestra vista sino ante los ojos de Cristo. Él mira más allá del tiempo y ve la eternidad representada allí. (L-164.1:2-4)

Primer Advenimiento

Primer advenimiento:
El Primer Advenimiento de Cristo no es más que otro nombre para la Creación, pues Cristo es el Hijo de Dios. El Segundo Advenimiento de Cristo no significa otra cosa que el fin del dominio del ego y la sanación de la mente. (T-4.IV.10:1-2)

Primero:
El primero en el tiempo no significa nada, pero el Primero en la eternidad es Dios el Padre, Quien es a la vez Primero y el Único. Más allá del Primero no hay ningún otro, pues no hay ninguna secuencia, ni segundo, ni tercero, ni nada excepto el Primero. (T-14.IV.1:7-8)

Privación:
Sentirse privado de algo engendra ataque, al ser la creencia de que el ataque está justificado. Y mientras prefieras conservar la privación, el ataque se vuelve salvación, y el sacrificio, amor. (T-15.XI.5:6-7)

Tú crees que Él te quiere privar de algo por tu propio bien. Pero los términos "bien" y "privación" son opuestos, y no pueden reconciliarse de ninguna forma que tenga significado. (T-21.III.11:3-4)

Problema:
Y todo problema es un error. Es una injusticia contra el Hijo de Dios, por lo tanto, no es verdad. (T-26.II.4:2-3)

Aunque los problemas no son algo concreto, se manifiestan en formas concretas, y son estas formas las que configuran el mundo. Nadie entiende la naturaleza de su problema, pues, de lo contrario, ya no estaría ahí para que él lo pudiese ver. La naturaleza misma del problema es que *no* es un problema. Sin embargo, mientras él lo perciba así, no podrá verlo tal como es. (T-27.V.8:1-5)

El mayor problema que tienes ahora es que todavía decides primero lo que vas a hacer, y *luego* decides preguntar qué es lo que debes hacer. (T-30.I.3:1)

Que hoy me dé cuenta de que el problema es siempre alguna forma de resentimiento que quiero abrigar. (L-90.1:2)

El problema es un resentimiento; la solución, un milagro. (L-90.1.5)

No veo el problema y la solución como acontecimientos simultáneos. (L-90.3:4)

Propósito:
La dicha procede de un propósito unificado, y un propósito unificado es algo que es únicamente propio de Dios. Cuando tu propósito está unificado es el Suyo. (T-8.VII.15:1-2)

Propósito es significado. La idea de hoy explica por qué nada de lo que ves tiene significado. No sabes para qué es. (L-25.1:1-3)

Proyección, La:
El uso inadecuado de la extensión -la proyección- tiene lugar cuando crees que existe en ti alguna carencia o vacuidad y que puedes suplirla con tus propias ideas en lugar de con la verdad. (T-2.I.1.7)

La proyección implica ira, la ira alimenta la agresión y la agresión fomenta el miedo. (T-6.I.3:3)

La proyección y el ataque están inevitablemente relacionados, ya que la proyección es siempre un medio para justificar el ataque. (T-6.II.3:5)

La proyección no es más que un mecanismo del ego para hacerte sentir diferente de tus hermanos y separado de ellos. (T-6.II.3:3)

La proyección y el ataque están inevitablemente relacionados, ya que la proyección es siempre un medio para justificar el ataque. Sin proyección no puede haber ira. (T-6.II.3:5)

proyección

La proyección es una confusión de motivaciones y, dada esta confusión, tener confianza se vuelve imposible. (T-7.X.5:7)

El propósito fundamental de la proyección es siempre deshacerse de la culpa. (T-13.II.1:1)

Pruebas:

Las pruebas por las que pasas no son sino lecciones que aún no has aprendido, que vuelven a presentarse a fin de que donde antes hiciste una elección equivocada, puedas ahora hacer una mejor y escaparte así del dolor que te ocasionó lo que elegiste previamente. (T-31.VIII.3:1)

Psicoterapeuta:

El psicoterapeuta es un líder en el sentido de que camina ligeramente por delante del paciente y lo ayuda a evitar algunos de los escollos del camino advirtiéndolos primero. Lo ideal es que también sea un seguidor, pues hay Uno que debe caminar delante de él para proporcionarle la luz con la que poder ver. (P-2.III.1:1-2)

Hablamos de una enseñanza ideal en un mundo en el que el maestro perfecto no podría permanecer por mucho tiempo, y el perfecto psicoterapeuta es tan solo el tenue destello de un pensamiento aún no concebido. (P-2.V.3:3)

Psicoterapia:

La psicoterapia es la única forma de terapia que existe. Puesto que la mente es lo único que puede enfermar, es asimismo lo único que puede ser sanado. (P-intro 1:1-2)

La psicoterapia, bajo Su dirección, es uno de los medios que emplea para ahorrar tiempo y para preparar maestros adicionales para Su obra. (P-1.5:6)

La psicoterapia es un proceso que cambia la manera en que uno se ve a sí mismo. (P-2 intro1.1)

De manera ideal, la psicoterapia consiste en una serie de encuentros santos en los que dos hermanos se encuentran para bendecirse y para recibir la paz de Dios. (P-2.I.4:1)

La religión es experiencia; la psicoterapia también lo es. En sus niveles mas elevados se vuelven una. Ninguna es verdad en sí misma, más ambas pueden conducir a la verdad. (P-2.II.2:4)

El proceso psicoterapéutico es el retorno a la cordura. Maestro y alumno; terapeuta y paciente, están todos dementes, pues, de lo contrario, no estarían aquí. Juntos pueden hallar una salida, pues nadie encuentra la cordura solo. (P-2.II.5:5-7)

Que se aquiete y reconozca que la necesidad de su hermano es su necesidad. Y que entonces la satisfaga como si fuese la suya propia y vea que ambas se satisfacen cual una sola porque, en efecto, lo son. ¿Qué es la religión sino un recurso para ayudarle a ver esto? ¿Y qué es la psicoterapia sino una ayuda que lo lleva a la misma comprensión? Es la meta lo que hace que estos procesos sean lo mismo, pues son uno en propósito y, por ende, no pueden sino ser uno en los medios. (P-2.II.9:4-8)

El proceso de la psicoterapia se puede definir, entonces, simplemente como perdón, pues ninguna curación puede ser otra cosa. (P-2.VI.1:1)

¿Es la psicoterapia una profesión? Estrictamente hablando, la respuesta es no. (¿Cómo podría considerarse exclusiva una profesión que todo el mundo desempeña?) (P-3.II.1:1)

Puente:
El puente en sí no es más que una transición en la perspectiva que se tiene de la realidad. (T-16.VI.7:1)

El puente entre ese mundo y este es tan corto y tan fácil de cruzar, que nunca te hubieses podido imaginar que fuese el punto

puente

de encuentro de mundos tan dispares. Mas este corto puente es la cosa más poderosa conectada a este mundo. Este ínfimo paso, tan pequeño que ni siquiera has reparado en él, es un salto que te lleva a través del tiempo hasta la eternidad, y te conduce más allá de toda fealdad hacia una belleza que te subyugará y que nunca cesará de maravillarte con su perfección. (T-17.II.2:4-6)

Este paso, el más corto que se haya dado jamás, sigue siendo el mayor logro en el plan de Dios para la Expiación. (T-17.II.3:1)

Puertas del cielo:
Tus pies ya se han posado sobre las praderas que te dan la bienvenida a las puertas del Cielo: el tranquilo lugar de la paz en el que aguardas con certeza el paso final de Dios. (L-194.1:3)

Puertas del infierno:
Nada es sagrado aquí, excepto tú y solo tú (en el especialismo): un ente aparte y separado de todos tus hermanos; a salvo de cualquier intrusión de la cordura en las ilusiones; a salvo de Dios, pero destinado al conflicto eterno. He aquí las puertas del infierno tras las cuales tú mismo te encerraste para gobernar en la demencia y en la soledad tu reino especial, separado de Dios y alejado de la verdad y de la salvación. (T-24.II.13:3-4)

Pugna:
Y ahora la pugna -el sustituto de la paz- no puede sino acompañar a la única alternativa que puedes elegir en lugar del amor. El que la hayas elegido es lo que le confiere toda la realidad que parece tener. (T-24.I.1:5-6)

Solo el deseo de engañar da lugar a la pugna. (M-4.II.2:2)

Pureza:
La pureza no está limitada en modo alguno. La naturaleza del inocente es ser eternamente libre, sin barreras ni limitaciones. La pureza, por lo tanto, no es algo propio del cuerpo. Ni tampoco puede hallarse allí donde hay limitaciones. (T-28.II.2:3-6)

Purificación:

La purificación es algo que es únicamente propio de Dios y, por lo tanto, es para ti. En vez de tratar de prepararte para Él, trata de pensar de esta manera:

Yo, que soy el anfitrión de Dios, soy digno de Él. (T-18.IV.5:7-9)

Q

Quietud:
Juntos recorremos la senda que conduce a la quietud, que es el regalo de Dios. (13.VII.16:2)

R

Razón, La:

La razón mora en el otro ser que has excluido de tu conciencia. Y nada de lo que has permitido que permanezca en ella es capaz de razonar. (T-21.V.4:2-3)

La razón es un medio que sirve para los fines del Espíritu Santo por derecho propio. No se puede re-interpretar, ni re-canalizar para que se ajuste a la meta del pecado, tal como se hace con otros medios. Pues la razón está más allá del alcance de los medios ego. (T-21.V.7:10-11)

Pero la razón no tiene cabida en la locura, ni se puede adaptar a sus fines en modo alguno. (T-21.V.8:2)

La razón no forma parte de la demencia, pues esta depende enteramente de la ausencia de aquella. El ego nunca hace uso de la razón porque no es consciente de su existencia. (T-21.V.8:6-7)

El Conocimiento está mucho más allá de lo que se puede lograr. Pero la razón puede servir para abrir las puertas que tú le cerraste. (T-21.V.9:4-5)

La razón te diría también que, cuando crees estar pecando, estás de hecho pidiendo ayuda. (T-21.VI.1:3)

La razón no ataca, sino que, calladamente, ocupa el lugar de la locura y la reemplaza si los dementes deciden escucharla. (T-21.VI.4:2)

razón

Resuélvete a dejar que la razón sea el medio por el que Él te indique cómo dejar atrás la demencia. (T-21.VI.8:7)

La introducción de la razón en el sistema de pensamiento del ego es el comienzo de su des-hacimiento, pues la razón y el ego se contradicen entre sí. Y no es posible que coexistan en tu conciencia, ya que el objetivo de la razón es hacer que todo esté claro y por ende que sea obvio. La razón es algo que tú puedes ver. (T-22.III.1:1-4)

Lo que le permite al ego seguir existiendo es su creencia de que tú no puedes aprender este curso. Si compartes con él esa creencia, la razón será incapaz de ver tus errores y despejar el camino hacia su corrección. Pues la razón ve más allá de los errores y te dice que lo que pensabas que era real, no lo es. La razón puede reconocer la diferencia entre pecado y el error porque desea la corrección. (T-22.III.2:1-4)

La razón de por sí no es la salvación, pero despeja el camino para la paz y te conduce a un estado mental en el que se te puede conceder. (T-22.III.3:1)

Realidad:
Formas parte de la realidad, la cual permanece inmutable más allá del alcance del ego, aunque fácilmente al alcance del Espíritu. (T-4.I.8:5)

El estado de ser carece por completo de estas distinciones. Es un estado en el que la mente está en comunicación con todo lo que es real. En la medida en que permitas que ese estado se vea coartado, en esa misma medida estarás limitando la idea que tienes acerca de tu propia realidad, la cual se vuelve total únicamente cuando reconoces a toda la realidad en el glorioso contexto de la verdadera relación que tiene contigo. Esa es tu realidad. No la profanes ni la rechaces. Es tu verdadero hogar, tu verdadero templo y tu verdadero ser. (T-4.VII.4:3-8)

La realidad es tuya porque tú eres la realidad. (T-7-III.4:6)

¿Y qué es real sino las Creaciones de Dios y aquellas que son creadas como las Suyas? (T-8.VI.5:6)

El Espíritu Santo no ve el cuerpo como lo ves tú porque sabe que la única realidad de cualquier cosa es el servicio que le presta a Dios en favor de la función que Él le asigna. (T-8.VII.3:6)

La realidad de todas las cosas es completamente inocua, porque la condición de su realidad es la inocuidad total. (T-8.IX.2:2)

La realidad es tu única seguridad. (T-9.I.7:7)

La realidad lo es todo, y tú lo tienes todo porque eres real. (T-9.I.13:3)

Dos órdenes de realidad que se oponen entre sí privan a la realidad de todo significado, y la realidad es significado. (T-9.I.13:6)

Recuerda, pues, que la Voluntad de Dios es posible y que nada más lo será nunca. En esto reside la simple aceptación de la realidad porque solo eso es real. (T-9.I.14:1)

De todo lo que has fabricado, el mundo real es lo único que el Espíritu Santo ha conservado para ti, y la salvación consiste en percibir únicamente eso, ya que es el reconocimiento de que la realidad es únicamente lo que es verdad. (T-11.VII.4:9)

Este curso es muy simple. Quizás pienses que no necesitas un curso que, en última instancia, enseña solo que la realidad es verdad. (T-11.VIII.1:1)

Tienes miedo de mí porque miraste dentro de ti y lo que viste te dio miedo. Pero lo que viste no pudo haber sido la realidad, pues la realidad de tu mente es lo más bello de todas las Creaciones de

realidad

Dios. Y puesto que procede únicamente de Dios, su poder y grandeza solo habrían podido brindarte *paz, si realmente la hubieses contemplado.* (T-12.VII.10:1-3)

Mas no es a ti a quien le corresponde decidir lo que es visible y lo que es invisible, tal como tampoco te corresponde decidir lo que es la realidad. Lo que se puede ver es lo que el Espíritu Santo ve. La definición de la realidad es la que Dios provee, no la tuya. Él la creó, y, por ende, sabe lo que es. Tú, que sabías lo que era, lo olvidaste, y si Él no te hubiese proporcionado la manera de recordar, te habrías condenado a ti mismo al olvido total. (T-12.VIII.3:4-8)

Tu única realidad te fue dada, pues mediante ella Dios te creó Uno con Él. (T-13.VII.8:7)

Los áureos aspectos de realidad que brotan a la luz bajo Su amorosa mirada son vislumbres parciales del Cielo que se encuentra más allá de ellos. (T-13.VIII.4:6)

Y cada milagro que obras contiene todos los demás, de la misma manera en que cada aspecto de realidad que ves se funde serenamente en la única Realidad que es Dios. El único milagro que existió jamás es el santísimo Hijo de Dios creado en la única Realidad que es su Padre. (T-13.VIII.6:4-5)

La idea de que hay diferentes realidades no tiene sentido, pues la realidad no puede sino ser una sola. No cambia con el tiempo, el estado de ánimo o la ocasión. Su naturaleza inmutable es lo que hace que sea real. (T-14.IX.2:6-8)

Resolvamos hoy juntos aceptar las buenas nuevas de que ese desastre no es real y de que la realidad no es un desastre. La realidad es algo seguro, está a salvo y es completamente bondadosa con todo el mundo y con todas las cosas. (T-16.II.8:5-6)

Su realidad (la del Hijo de Dios) es eternamente inmaculada. (T-17.I.1:2)

Tal vez te sorprenda oír cuán diferente es la realidad de lo que ves. (T-18.I.5:1)

Tu realidad fue la Creación de Dios, la cual no tiene sustituto. (T-18.I.10:2)

La realidad, en última instancia, solo se puede conocer libre de cualquier forma, sin imágenes que la representen y sin ser vista. (T-27.III.5:2)

Lo que él sueña no es lo que lo convierte en tu hermano, ni tampoco su cuerpo, el "héroe" del sueño, es tu hermano. Su realidad es lo que es tu hermano, de la misma manera en que tu realidad es lo que es hermano suyo. (T-28.IV.3:4-5)

Tú no tienes dos realidades, sino una sola, y no puedes ser consciente más que de una. Tu realidad es o bien un ídolo, o bien el Pensamiento que Dios abriga de ti. (T-30.III.11:5)

Las apariencias engañan, pero pueden cambiar. La realidad, en cambio, es inmutable. No engaña en absoluto, y si tú no puedes ver más allá de la apariencias, *te estás* dejando engañar. (T-30.VIII.1:1-3)

La realidad, no obstante, es inmutable. Esto es lo que hace que sea real y lo que la distingue de todas las apariencias. Tiene que estar más allá de toda forma para poder ser ella misma. No puede cambiar. (T-30.VIII.1:6-9)

La realidad es inmutable. (T-30.VIII.4:1)

La realidad no es nunca atemorizante. Es imposible que pudiese disgustarme. La realidad solo brinda perfecta paz. (L-52.1:2-4)

La realidad no es demente, y yo tengo pensamientos reales así como dementes. (L-53.1.4:5)

realidad

Solo la realidad está libre de dolor. Solo en la realidad no se experimentan pérdidas. Solo la realidad ofrece completa seguridad. (L-268.2:2-4)

Conocer la realidad significa no ver al ego ni a sus pensamientos, sus obras o sus actos, sus leyes o creencias, sus sueños o esperanzas, así como tampoco los planes que tiene para su propia salvación ni el costo que conlleva creer en él.
(L-punto 12 ¿Qué es el ego? 4.2:1)

La realidad es también ajena al tiempo, al ser algo propio de Él. (M-2.2:5)

El amor se vuelve temible porque la realidad es amor. (P-2.IV.6:7)

"Realidad":

El permitirle la entrada al ego en tu mente y entronarlo allí, es lo que lo convierte en tu realidad. (T-5.V.4:3)

Puedes decidir ver el mundo correctamente. Lo que hiciste de él no es su realidad, pues su realidad es solo la que tú le confieres. (T-12.VII.9:2-3)

Pues creer que la realidad es lo que a ti te gustaría que fuera, de acuerdo con el uso que haces de ella, *es* ilusorio. (T-13.VI.4:5)

(Estos plácidos paisajes que te muestra la visión) Te alejan del pecado y te recuerdan que no es la realidad lo que te asusta, y que los errores que cometiste se pueden corregir. (T-20.VIII.10:7)

No obstante, has hecho de tu realidad un ídolo, y ahora lo tienes que proteger contra la luz de la verdad. (T-29.VII.9:8)

¿Cómo iba a ser que sus pecados son reales, a no ser que creyeras que *constituyen* tu realidad? (T-31.III.2:2)

Lo que se ve como la "realidad" es simplemente lo que la mente prefiere. (M-8.3:6)

Recibir:
Al dar, recibes. Pero recibir es aceptar, no obtener. (T-9.II.11:4)

La decisión de recibir es la decisión de aceptar. (T-9.VI.2:6)

Todo milagro es la *conciencia* de que dar y recibir es lo mismo. (T-25.IX.10:6)

Reconocer:
Reconocer significa "conocer de nuevo", implicando que antes gozabas de Conocimiento. (T-3.III.2:2)

Recordar:
Solo la última entraña una conciencia de tiempo, ya que recordar es traer el pasado al presente. (T-2.V.17:4)

Recordar es simplemente restituir en tu mente *lo que ya se encuentra allí.* (T-10.II.3:1)

Es imposible recordar a Dios en secreto y a solas. Pues recordarle significa que no estás solo y que estás dispuesto a recordar ese hecho. (T-14.X.10:1-2)

Recordar es un proceso tan selectivo como percibir, al ser su tiempo pasado. Es percibir el pasado como si estuviese ocurriendo ahora y aún se pudiese ver. (T-28.I.2:5-6)

Lo que tú recuerdas nunca sucedió, pues procedió de una ausencia de causa, que pensaste que era una causa. Cuando te des cuenta de que has estado recordando consecuencias que carecen de causa y de que, por lo tanto, jamás pudieron haber tenido efectos, no podrás por menos que reírte. (T-28.I.9.1-2)

recordar

De lo único que tu memoria quiere dar testimonio es del temor a Dios. (T-28.I.10:4)

Redención:
Pues el hijo redimido del hombre es el Hijo inocente de Dios, y reconocerle es tu redención. (T-13.II.9:7)

No es de la crucifixión de lo que realmente tienes miedo. Lo que verdaderamente te aterra es la redención. (T-13.III.1:10)

La redención es una. Al salvarme yo, el mundo se salva conmigo. (L-295.1:4-5)

Regalo:
Cada regalo es una evaluación tanto del que recibe como del que da. (T-20.II.3:1)

Los regalos que verdaderamente se dan no entrañan pérdida alguna. Es imposible que alguien pueda ganar a costa de la pérdida de otro. Ello implicaría un límite y una condición de insuficiencia. (L-105.1:6-8)

Regalo que el mundo da:
No son como los regalos que el mundo da, en los que el que hace el regalo pierde al darlo, y el que lo recibe se enriquece a costa de la pérdida del que se lo dio. Eso no son regalos, sino regateos que se hacen con la culpabilidad. (L-105.1:4-5)

... Tales "regalos" no son sino tratos que se hacen con vistas a obtener algo de más valor; préstamos con intereses que se tienen que pagar en su totalidad; créditos a corto plazo, en los que el que recibió el regalo se compromete a pagar con creces lo recibido. Esta extraña distorsión de lo que significa dar impera en todos los niveles del mundo que ves. Priva de todo sentido cualquier regalo que das, y hace que los que aceptas no te aporten nada. (L-105.2:2-4)

Regatear:
Para ganar tienes que dar, no regatear. Regatear es imponer límites en lo que se da, y eso no es la Voluntad de Dios. (T-7.I.4:3-4)

Regla de Oro:
La Regla de Oro te pide que te comportes con los demás como tú quisieras que ellos se comportasen contigo. Esto significa que tanto la percepción que tienes de ti como la que tienes de ellos debe ser fidedigna (que merece crédito o es digno de ser creído). La Regla de Oro es la norma de comportamiento apropiado. (T-1.III.6:2-4)

Reino, El:
El Reino de los Cielos es el derecho del Espíritu, cuya belleza y dignidad están mucho más allá de cualquier duda, más allá de la percepción, y se alzan para siempre como las señales del Amor de Dios hacia Sus Creaciones, las cuales son absolutamente dignas de Él y solo de Él. (T-4.I.12:5)

Solo puedes compartir los pensamientos que proceden de Dios, los cuales Él conserva para ti. El Reino de los Cielos se compone de pensamientos de esa clase. (T-5.IV.3:8)

No puedes permanecer dentro del Reino sin amor, y puesto que el Reino *es* amor, crees estar privado de él. (T-6.IV.2:4)

Estar en el Reino quiere decir que pones toda tu atención en él. (T-7.III.4:1)

Busca primero el Reino de los Cielos porque ahí es donde las leyes de Dios operan verdaderamente, y no pueden sino operar verdaderamente porque son las leyes de la verdad. (T-7.IV.7:1)

El Reino, que no es sino gloria excelsa y júbilo perfecto, reside en ti para que lo des. ¿No te gustaría darlo? (T-7.V.9.10-11)

Reino

Eso es lo que Su voluntad dispone para todos porque habla en representación del Reino de Dios, que no *es* otra cosa que dicha. (T-7.XI.1:2)

El Reino de Dios incluye a todos Sus Hijos y a los hijos de estos, que son tan semejantes a los Hijos como estos son semejantes al Padre. (T-7.XI.7:10)

¿Cómo podría ser de otra manera, si el Reino de Dios es libertad? (T-8.IV.6:6)

El Reino de los Cielos es la morada del Hijo de Dios, quien no abandonó a su Padre ni mora separado de Él. (T-18.VI.1:4)

Relación especial:
Las relaciones especiales que se establecen en el mundo son destructivas, egoístas e "infantilmente" egocéntricas.
(Prefacio. ¿Qué postula)

Y así se embarca en una interminable e insatisfactoria cadena de relaciones especiales, forjadas con ira y dedicadas exclusivamente a fomentar la creencia descabellada de que cuanta más ira descargues fuera de ti mismo, más a salvo te encontrarás. (T-15.VII.4:6)

El sufrimiento y el sacrificio son los regalos con los que el ego "bendice" toda unión. Y aquellos que se unen ante su altar aceptan el sufrimiento y el sacrificio como precio de su unión. En sus iracundas alianzas, nacidas del miedo a la soledad, aunque dedicadas a la perpetuación de la misma, cada cual busca aliviar su culpabilidad haciendo que el otro se sienta más culpable. Pues cada uno cree que eso mitiga su propia culpa. El otro siempre parece estar atacándole e hiriéndole, tal vez con minucias, tal vez "inconscientemente", mas nunca sin dejar de exigir sacrificio. La furia de los que se han unido en el altar del ego es mucho mayor de lo que te imaginas. Pues no te das cuenta de lo que el ego realmente quiere. (T-15.VII.9.1-7)

Pues la relación de amor especial, en la que el significado del amor se halla oculto, se emprende solamente para contrarrestar el odio, no para abandonarlo. (T-16.IV.1:3)

La relación de amor especial es un intento de limitar los efectos destructivos del odio, tratando de encontrar refugio en medio de la tormenta de culpabilidad. (T-16.IV.3:1)

La relación de amor especial no se percibe como algo con valor intrínseco, sino como un enclave de seguridad desde donde es posible separarse del odio y mantenerlo alejado. (T-16.IV.3:4)

Reconoce lo que sigue, pues es verdad, y la verdad tiene que ser reconocida para que se pueda distinguir de la ilusión: la relación de amor especial es un intento de llevar amor a la separación. Y como tal, no es más que un intento de llevar amor al miedo y de hacer que sea real en él. La relación de amor especial, que viola totalmente la única condición del amor, quiere realizar lo imposible. (T-16.IV.7.1-3)

La relación de amor especial no es más que un pobre sustituto de lo que en verdad -y no en ilusiones- te completa. (T-16.IV.8:4)

Cuando se examina la relación especial, es necesario antes que nada, darse cuenta de que comporta mucho dolor. Tanto la ansiedad como la desesperación, la culpa y el ataque están presentes, intercalados con periodos en que parecen haber desaparecido. (T-16.V.1:1-2)

La relación de amor especial es el arma principal del ego para impedir que llegues al Cielo. No parece ser un arma, pero si examinases cuánto la valoras y por qué, te darías cuenta de lo que es. (T-16.V.2:3-4)

La relación de amor especial es el regalo más ostentoso del ego y el que mayor atractivo tiene para aquellos que no están dispuestos a renunciar a la culpabilidad. (T-16.V.3:1)

relación especial

En la relación especial -nacida del deseo oculto de que Dios nos ame con un amor especial- es donde triunfa el odio del ego. Pues la relación especial es la renuncia al Amor de Dios y el intento de asegurar para uno mismo la condición de ser especial que Él nos negó. (T-16.V.4:1-2)

La relación especial es un mecanismo extraño y antinatural del ego para unir Cielo e infierno, e impedir que se pueda distinguir entre uno y otro. (T-16.V.6:1)

La relación especial es el triunfo de esta confusión. Es un tipo de unión en que la unión está excluida, pues la exclusión es la base de dicho intento de unión. (T-16.V.6:3)

Pero cuando encuentra la relación especial en la que piensa que puede lograrlo, se entrega a sí mismo, y trata de "intercambiarse" por el yo del otro. Eso no es unión, pues con ello no hay aumento ni extensión. Cada uno de ellos trata de sacrificar el yo que no desea a cambio de uno que cree que prefiere. Y se siente culpable por el "pecado" de apropiarse de algo y de no dar nada valioso a cambio. ¿Qué valor le puede adjudicar a un yo del que quiere deshacerse para obtener uno "mejor"? (T-16.V.7:3-7)

Pero si el contenido de todas las ilusiones es el miedo, y solo el miedo, la ilusión del Cielo no es más que una forma "atractiva" de miedo en la que la culpa está profundamente soterrada y se manifiesta en forma de "amor". (T-16.V.8:5)

Exigir que se te considere especial, y la creencia de que hacer que otro se sienta especial es un acto de amor, hace del amor algo odioso. El verdadero propósito de la relación especial -en estricta conformidad con los objetivos del ego- es destruir la realidad y substituirla por ilusiones. (T-16.V.9:3-4)

Si percibieras la relación especial como un triunfo sobre Dios, ¿la desearías? (T-16.V.10:1)

430

La relación especial es un rito de formas, cuyo propósito es exaltar la forma para que ocupe el lugar de Dios a expensas del contenido. La forma no tiene ningún significado ni jamás lo tendrá. La relación especial debe reconocerse como lo que es: un rito absurdo en el que se extrae fuerza de la muerte de Dios y se transfiere a Su asesino como prueba de que la forma ha triunfado sobre el contenido y de que el amor ha perdido su significado. (T-16.V.12:2-4)

No veas en la relación especial más que el intento absurdo de querer anteponer otros dioses a Él, y de, al adorarlos, encubrir su pequeñez y la Grandeza de Dios. (T-16.V.13:1)

Ir en busca de una relación especial es señal de que te equiparas con el ego y no con Dios, pues la relación especial solo tiene valor para el ego. Para él, a no ser que una relación tenga valor especial, no tiene ningún significado, pues para el ego todo amor es especial. (T-16.VI.1:1-3)

La relación especial no significa nada sin un cuerpo. Si le atribuyes valor a la relación especial, tienes que atribuírselo también al cuerpo. Y no podrás sino conservar aquello a lo que le atribuyas valor. La relación especial es un recurso para limitar tu Ser a un cuerpo y para limitar la percepción que tienes de los demás a los suyos. (T-16.VI.4:1-4)

Es imposible abandonar el pasado sin renunciar a la relación especial. Pues la relación especial es un intento de revivir el pasado y alterarlo. Toda imaginada ofensa, todo dolor que todavía se recuerde, así como todas las desilusiones pasadas y las injusticias y privaciones que se percibieron, forman parte de la relación especial, que se convierte en el medio por el que intentas reparar tu herido amor propio. (T-16.VII.1:1-3)

La relación especial es una venganza contra el pasado. Al tratar de eliminar todo sufrimiento pasado, pasa por alto el presente, pues está obsesionada con el pasado y comprometida totalmente con

relación especial

él. Ninguna relación especial se experimenta en el presente. Sombras del pasado la envuelven y la convierten en lo que es. (T-16.VII.2:1-4)

En la relación especial permites tu propia destrucción. (T-16.VII.3:7)

Sin embargo, lo único que el ego nunca permite que llegue a tu conciencia es que la relación especial es la exteriorización de tu venganza contra ti mismo. ¿Qué otra cosa podría ser? Cuándo vas en busca de una relación especial, no buscas la gloria dentro de ti. Has negado que se encuentre en ti, y la relación se convierte en su sustituto. La venganza pasa a ser aquello con lo que sustituyes la Expiación, y lo que pierdes es poder escaparte de la venganza. (T-16.VII.5:3-7)

He dicho repetidamente que el Espíritu Santo no quiere privarte de tus relaciones especiales, sino transformarlas. (T-17.IV.2:3)

Cada relación especial que has entablado es un substituto de la Voluntad de Dios y glorifica tu voluntad en vez de la Suya debido a la ilusión de que son diferentes. (T-17.IV.2:7)

El propósito fundamental de cada relación especial que has entablado es mantener a tu mente tan ocupada que no puedas oír la Llamada de la Verdad. (T-17.IV.3:3)

En cierto sentido la relación especial fue la respuesta del ego a la creación del Espíritu Santo, Quien a Su vez fue la Respuesta de Dios a la separación. (T-17.IV.4:1)

Por lo tanto, la relación especial, su principal defensa (de los dementes), no puede sino ser demente. (T-17.IV.5:8)

En los sueños que tienes mientras estás despierto, la relación especial ocupa un lugar especial. Es el medio con el que tratas de que los sueños que tienes mientras duermes se hagan realidad. Desde la relación especial no puedes despertar. Ya que esta representa tu resolución de mantenerte aferrado a la irrealidad, y de impedirte a ti mismo despertar. (T-18.II.5:16-19)

Eso es lo que el Espíritu Santo hace en la relación especial. No la destruye ni te priva de ella. Pero sí la usa de manera diferente, a fin de ayudarte a que Su propósito se vuelva real para ti. Seguirás teniendo una relación especial, pero no será una fuente de dolor o de culpa, sino de dicha y liberación. No será solo para ti, pues en eso reside su infortunio. De la misma manera en que su falta de santidad la mantiene como algo aparte, su estado de santidad la convierte en una ofrenda para todo el mundo. (T-18.II.6:4-9)

Pero no te olvides de que tu relación es una, por lo tanto, es inevitable que cualquier cosa que suponga una amenaza para la paz de uno sea así mismo una amenaza para la paz del otro. (T-18.V.6.3)

Todas las relaciones especiales tienen como meta el pecado, pues son tratos que se hacen con la "realidad", a la que la aparente unión se adapta. (T-21.III.1:1)

Relación no santa:

Y así como la relación no santa es un continuo himno de odio en alabanza de su hacedor, así también la relación santa es un feliz cántico de alabanza al Redentor de las relaciones. (T-17.V.1:7)

Pues es una relación que dos individuos habían emprendido para perseguir sus fines profanos, que de pronto tiene por objetivo a la santidad. (T-17.V.5:5)

Una relación no santa no es una relación. Es un estado de aislamiento que aparenta ser lo que no es. Eso es todo. En el instante en que pareció posible que la idea descabellada de hacer que tu relación con Dios fuese profana, todas tus relaciones dejaron de tener significado. (T-20.VI.8:3-6)

relación no santa

Pues una relación no santa se basa en diferencias y en que cada uno piense que el otro tiene lo que a él le falta. Se juntan, cada uno con el propósito de completarse a sí mismo robando al otro. Siguen juntos mientras piensen que ya no queda nada más por robar, y luego se separan. Y así, vagan por un mundo de extraños, distintos de ellos, viviendo tal vez con los cuerpos de esos extraños bajo un mismo techo que a ninguno de ellos da cobijo; en la misma habitación y, sin embargo, a todo un mundo de distancia. (T-22-intro.2:5-8)

En las relaciones no santas se le atribuye valor a cada uno de los individuos que la componen, ya que cada uno de ellos parece justificar los pecados del otro. Cada uno ve en el otro aquello que lo incita a pecar en contra de su voluntad. De esta manera, cada uno le atribuye sus pecados al otro y se siente atraído hacia él para poder perpetuarlos. Y así, ninguno de ellos puede ver que él mismo es el causante de sus propios pecados al desear que el pecado sea real. (T-22.III.9:3-6)

Relación santa:
Pero la relación santa comparte el propósito de Dios, en lugar de tratar de inventar otro para que lo sustituya. (T-17.IV.2:6)

La relación santa es la expresión del instante santo mientras uno viva en este mundo. (T-17.V.1:1)

La relación santa es un constante recordatorio de la experiencia en la que la relación se convirtió en lo que es. Y así como la relación no santa es un continuo himno de odio en alabanza de su hacedor, así también la relación santa es un feliz cántico de alabanza al Redentor de las relaciones. (T-17.V.1:6-7)

La relación santa, que es un paso crucial hacia la percepción del mundo real, es algo que se aprende. Es la relación no santa de antes, pero transformada y vista con otros ojos. La relación santa es un logro didáctico extraordinario. La relación santa es en todos sus aspectos -comienzo, desarrollo y consumación- lo opuesto a la relación no santa. (T-17.V.2:1-4)

Eso es lo que el Espíritu Santo hace en la relación especial. No la destruye ni te priva de ella. Pero sí la usa de manera diferente, a fin de ayudarte a que Su propósito se vuelva real para ti. Seguirás teniendo una relación especial, pero no será una fuente de dolor o de culpa, sino de dicha y liberación. No será solo para ti, pues en eso reside su infortunio. De la misma manera en que su falta de santidad la mantiene como algo aparte, su estado de santidad la convierte en una ofrenda para todo el mundo. (T-18.II.6:4-9)

El instante santo, la relación santa, las enseñanzas del Espíritu Santo y todos los medios por los que se alcanza la salvación no tendrán ningún propósito. Pues todos ellos no son sino aspectos del plan cuyo fin es cambiar tus sueños de terror a sueños felices, desde los cuales puedas despertar más fácilmente al Conocimiento. (T-18.V.1:3-4)

La relación santa es un medio de ahorrar tiempo. Un instante que tú y tu hermano paséis juntos os restituye el universo a ambos. (T-18.VII.5:2-3)

¡Que la paz sea con vuestra relación santa, la cual tiene el poder de conservar intacta la unidad del Hijo de Dios! (T-20.V.2:5)

Una relación santa es aquella en la que te unes con lo que en verdad forma parte de ti. (T-21.IV.3:5)

La relación santa parte de una premisa diferente. Cada uno ha mirado dentro de sí y no ha visto ninguna insuficiencia. Al aceptar su compleción, desea extenderla uniéndose a otro, tan pleno como él. No ve diferencias entre su Ser y el Ser del otro, pues las diferencias solo se dan a nivel del cuerpo. Por lo tanto, no ve nada de lo que quisiera apropiarse. (T-22-intro. 3:1-5)

relación santa

Mas una relación santa, que apenas acaba de renacer de una relación no santa, y que, sin embargo, es más antigua que la vieja ilusión que acaba de reemplazar, es como un bebé que ahora renaciera. Pero con este bebé se te devuelve la visión, ya que te hablará en un idioma que podrás entender. Este bebé no se nutre de "aquello otro" que tú creías ser. No fue dado ahí, ni tampoco fue recibido por nada excepto por ti. Pues no es posible que dos hermanos se puedan unir, salvo a través de Cristo, Cuya visión los ve como uno. (T-22.I.7:2-6)

Y el que se siente atraído hacia Cristo se siente atraído hacia Dios tan irremediablemente como Cristo y Dios se sienten atraídos hacia toda relación santa: la morada que ha sido preparada para Ellos a medida que la Tierra se convierte en el Cielo. (T-22.I.11:9)

La razón, en cambio, ve una relación santa como lo que realmente es: un estado mental común, donde ambos gustosamente le entregan sus errores a la Corrección, de manera que los dos puedan ser felizmente sanados cual uno solo. (T-22.III.9:7)

Tal es la función de una relación santa: que recibáis juntos y que deis tal como recibáis. (T-22.IV.7:4)

Relaciones:
Y te olvidaste de que las relaciones reales son santas, y de que no te puedes valer de ellas en absoluto. (T-13.X.2:5)

De acuerdo con las enseñanzas del Espíritu Santo, todas las relaciones son compromisos totales, si bien no hay conflicto alguno entre ellas. (T-15.VI.1:3)

Tu única relación es la relación que tienes con todo el universo. Y ese universo, al ser de Dios, está mucho más allá de la mísera suma de todos los cuerpos separados que percibes. (T-15.VIII.4:4)

Las relaciones que se entablan en este mundo son el resultado de cómo se ve el mundo. (T-19.IV.A.i12:1)

Las relaciones personales siguen siendo el templo del Espíritu Santo, y con el tiempo se perfeccionarán y serán restituirán a la eternidad. (P-2.II.1:5)

Una relación de uno-a-uno no es la Relación Una. No obstante, es el medio de retorno: el camino que Dios eligió para el regreso de Su Hijo. (P-3.II.4.6-7)

Relaciones ilimitadas:
En el instante santo, en el que los Grandes Rayos reemplazan al cuerpo en tu conciencia, se te concede poder reconocer lo que son las relaciones ilimitadas. (T-15.IX.3:1)

Religión:
Toda religión es el reconocimiento de que lo irreconciliable no puede ser reconciliado. (T-10.IV.1:2)

La religión es experiencia; la psicoterapia también lo es. En sus niveles más elevados se vuelven una. Ninguna es verdad en sí misma, más ambas pueden conducir a la verdad. (P-2.II.2:4)

Que se aquiete y reconozca que la necesidad de su hermano es su necesidad. Y que entonces la satisfaga como si fuese la suya propia y vea que ambas se satisfacen cual una sola, porque en efecto lo son. ¿Qué es la religión sino un recurso para ayudarle a ver esto? ¿Y qué es la psicoterapia sino una ayuda que lo lleva a la misma comprensión? Es la meta lo que hace que estos procesos sean lo mismo, pues son uno en propósito y, por ende, no pueden sino ser uno en los medios. (P-2.II.9:4-8)

Renacer
Renacer es abandonar el pasado y contemplar el presente sin condenación. (T-13.VI.3:5)

Yo soy el modelo del renacimiento, pero el renacimiento en sí no es más que el despuntar en la mente de lo que ya se encuentra en ella. (T-6.I.7:2)

resentimiento

Resentimiento:

Abrigar resentimientos es olvidarte de Quien eres. Abrigar resentimientos es verte a ti mismo como un cuerpo. Abrigar resentimientos es permitir que el ego gobierne tu mente y condenar al cuerpo a morir. (L-68.1:2-3)

Pues aquel que abriga resentimientos niega haber sido creado por el Amor, y en su sueño de odio, su Creador se ha vuelto algo temible. (L-68.2:4)

Cada resentimiento que abrigas es una declaración y una aseveración en la que crees, que reza así: "Si esto fuese diferente, yo me salvaría". (L-71.2:4)

Abrigar resentimientos es un ataque contra el plan de Dios para la salvación. (L-72)

Cada resentimiento que abrigas reitera que el cuerpo es real. Cada resentimiento que abrigas pasa por alto completamente lo que tu hermano es. Refuerza tu creencia de que él es un cuerpo y lo condena por ello. Y afirma que su salvación tiene que ser la muerte, al proyectar este ataque sobre Dios y hacerlo responsable de ello. (L-72.5:6-9)

Los vanos deseos y los resentimientos son socios o cofabricantes del mundo tal como lo ves. Los deseos del ego dieron lugar al mundo, y la necesidad del ego de abrigar resentimientos -los cuales son indispensables para sustentar este mundo- lo pueblan de figuras que parecen atacarte y hacer que tus juicios estén "justificados". Estas figuras se convierten en los intermediarios que el ego emplea en el tráfico de resentimientos. Se interponen entre tu conciencia y la realidad de tus hermanos. Al contemplar dichas figuras, no puedes conocer a tus hermanos ni a tu Ser. (L-73.2:1-5)

Cada resentimiento se alza cual tenebroso escudo de odio ante el milagro que pretende ocultar. (L-78.1:2)

Pues cada resentimiento constituye un obstáculo a la visión, mas según se elimina, puedes ver al Hijo de Dios allí donde él siempre ha estado. (L-78.3:2)

Los resentimientos son algo completamente ajeno al amor. (L-84.3:2)

Abrigar resentimientos es un intento de probar que el plan de Dios para la salvación fracasará. (L-86.3:2)

Aceptaré los milagros en lugar de los resentimientos, los cuales no son sino ilusiones que ocultan los milagros que se encuentran tras ellos. (L-89.2:4)

Residuo bendito:
En el Cielo no hay culpabilidad porque el Reino se alcanza por medio de la Expiación, la cual te libera para que puedas crear. La palabra "crear" es apropiada en este contexto porque una vez que el Espíritu Santo deshace lo que tú has hecho, se restaura el residuo bendito y, por consiguiente, este continúa creando. Lo que es verdaderamente bendito es incapaz de producir culpa y solo puede producir dicha. (T-5.V.2:1-3)

Respuesta de Dios:
La respuesta de Dios es alguna forma de paz. Todo dolor sana; toda aflicción es reemplazada por alegría. Las puertas de la prisión se abren. (L-359)

Resurrección:
La resurrección demostró que nada puede destruir a la verdad. (T-3.I.7:6)

He dejado claro asimismo que la resurrección fue el medio para regresar al Conocimiento, lo cual se logró mediante la unión de mi voluntad con la de mi Padre. (T-3.V.1:3)

resurrección

Tu resurrección es tu redespertar. (T-6.I.7:1)

La crucifixión no puede ser compartida porque es el símbolo de la proyección, pero la resurrección es el símbolo del compartir, ya que para que la Filiación pueda conocer su plenitud, es necesario que cada uno de los Hijos de Dios experimente un redespertar. Solo esto es conocimiento. (T-6.I.12:1-2)

La resurrección es el triunfo definitivo de Cristo sobre el ego, no atacándolo sino transcendiéndolo. (T-11.VI.1:6)

Esto es tan cierto ahora como lo será siempre, pues la resurrección es la Voluntad de Dios, Quien no sabe de tiempo ni de excepciones. (T-11.VI.4:7)

La resurrección no puede sino atraerte irresistiblemente a que le ofrezcas tu lealtad con agrado porque es el símbolo de la dicha. Su irresistible poder reside en el hecho de que representa lo que tú quieres ser. La libertad de abandonar todo aquello que te hiere, te humilla y te atemoriza no se te puede imponer, pero se te puede ofrecer a través de la Gracia de Dios. Y tú puedes aceptarla mediante Su Gracia, pues Dios es misericordioso con Su Hijo y lo acepta sin reservas como Suyo. (T-11.VI.6:1-4)

La resurrección es el símbolo de la liberación de la culpa por medio de la inocencia. (T-14.V.10:3)

Seleccionará los elementos en ellos que representan la verdad, e ignorará aquellos aspectos que solo reflejan sueños fútiles. Y desde el único marco de referencia que tiene, el cual es absolutamente íntegro e infalible, reinterpretará todo lo que veas, todos los acontecimientos, circunstancias y sucesos que de una manera u otra parezcan afectarte. Y verás el amor más allá del odio, la inmutabilidad en medio del cambio, lo puro en el pecado y solo la bendición del Cielo sobre el mundo. (L-151.11:1-3)

Tal es tu resurrección, pues tu vida no forma parte de nada de lo que ves. (L-151.12:1)

La respuesta de Dios es alguna forma de paz. Todo dolor sana; toda aflicción es reemplazada por alegría. Las puertas de la prisión se abren. Y se comprende que todo pecado no es más que un simple error. (L-359)

La resurrección, dicho llanamente, es la superación de la muerte o el triunfo sobre ella. Es un redespertar o renacimiento; un cambio de parecer con respecto al significado del mundo. Es la aceptación de la interpretación del Espíritu Santo con respecto al propósito del mundo; la aceptación de la Expiación para uno mismo. Es el fin de los sueños de aflicción y la jubilosa conciencia del sueño final del Espíritu Santo. Es el reconocimiento de los dones de Dios. Es el sueño en el que el cuerpo opera perfectamente al no tener otra función que la de ser un medio de comunicación. Es la lección con la que concluye el aprendizaje, pues con ella se consuma y se supera. Es la invitación a Dios para que dé el paso final. Es el abandono de cualquier otro propósito, cualquier otro interés, cualquier otro deseo o cualquier otro empeño. Es el deseo único que el Hijo tiene por su Padre. (M-28:1-10)

La resurrección, al ser la afirmación de la vida, es la negación de la muerte. (M-28.2:1)

Retrocesos:
Los retrocesos son temporales. La dirección general es siempre una de progreso hacia la verdad. (P-2.I.1:8)

Revelación:
Los milagros son, por lo tanto, un medio, y la revelación, un fin. (T-1.I.28:3)

La revelación produce una suspensión completa, aunque temporal, de la duda y el miedo. Refleja la forma original de comunicación entre Dios y sus Creaciones, la cual entraña la sensación extremadamente personal de creación que a veces se busca en las relaciones físicas. (T-1.II.1:1-2)

La revelación es algo intensamente personal que no puede transmitirse de forma que tenga sentido. De ahí que cualquier intento de describirla con palabras sea inútil. La revelación induce solo a la experiencia. (T-1.II.2:1-3)

La revelación es literalmente inefable porque es una experiencia de amor inefable. (T-1.II.2:7)

Las revelaciones son indirectamente inspiradas por mí debido a mi proximidad al Espíritu Santo y a que me mantengo alerta para cuando mis hermanos estén listos para recibir la revelación. (T-1.II.5:1)

La revelación no es recíproca. Procede de Dios hacia ti, pero no de ti hacia Dios. (T-1.II.5:4)

La revelación no es suficiente porque es una comunicación *de* Dios hacia ti solamente. Dios no tiene necesidad de que se le devuelva la revelación, lo cual sería claramente imposible, pero sí desea que se transmita a otros. Esto no se puede hacer con la revelación en sí, pues su contenido no puede ser expresado debido a que es algo sumamente personal para la mente que lo recibe. No obstante, dicha mente lo puede extender a otras mentes, mediante las actitudes generadas por la sabiduría que se deriva de la revelación. (T-4.VII.7:2-5)

Solo la mente sana puede experimentar una revelación de efectos duraderos porque la revelación es una experiencia de pura dicha. (T-5.I.1:3)

Los áureos aspectos de realidad que brotan a la luz bajo Su amorosa mirada son vislumbres parciales del Cielo que se encuentra más allá de ellos. (T-13.VIII.4:6)

Todo el mundo ha experimentado lo que podría describirse como una sensación de ser transportado más allá de sí mismo. Esta sensación de liberación va mucho más allá del sueño de libertad que a veces se espera encontrar en las relaciones especiales. Es la sensación de haber escapado realmente de toda limitación. Si examinases lo que esa sensación de ser "transportado" realmente supone, te darías cuenta de que es una súbita pérdida de la conciencia corporal, y una experiencia de unión con otra cosa en la que tu mente se expande para abarcarla. Esa otra cosa pasa a formar parte de ti al tú unirte a ella. Y tanto tú como ella os completáis, y ninguno se percibe entonces como separado. Lo que realmente sucede es que has renunciado a la ilusión de una conciencia limitada y has dejado de tenerle miedo a la unión. El amor que instantáneamente reemplaza a ese miedo se extiende hasta lo que te ha liberado y se une a ello. Y mientras esto dura no tienes ninguna duda acerca de tu Identidad ni deseas limitarla. Te has escapado del miedo y has alcanzado la paz, no cuestionando la realidad, sino simplemente aceptándola. Has aceptado esto en lugar del cuerpo, y te has permitido a ti mismo ser uno con algo que se encuentra más allá de este, al simplemente no permitir que tu mente esté limitada por él. (T-18.VI.11:1-11)

Reverencia:
La reverencia se debe reservar solo para la revelación, a la que se puede aplicar perfecta y correctamente. No es una reacción apropiada hacia los milagros porque un estado de reverencia es un estado de veneración, lo cual implica que uno de rango inferior se encuentra ante su Creador. Tú eres una creación perfecta y deberías sentir reverencia solamente en presencia del Creador de la perfección. (T-1.II.3:1-3)

Los que son iguales no deben sentir reverencia los unos por los otros, pues la reverencia implica desigualdad. (T-1.II.3:5)

Dije que la reverencia no es apropiada en conexión con los Hijos de Dios porque no deberías experimentar reverencia en presencia

reverencia

de tus semejantes. No obstante, puse de relieve asimismo que la reverencia es apropiada en presencia de tu Creador. (T-1.VII.5:2)

He subrayado que la reverencia no es una reacción apropiada hacia mí debido a nuestra inherente igualdad. (T-1.VII.5:6)

Risa:
Mientras la tristeza se abata sobre ti, la luz que el Propio Dios designó como el medio para salvar al mundo se atenúa y pierde su fulgor, y nadie ríe porque toda risa no es sino el eco de la tuya. (L-100.3:4)

Rutinas:
Las rutinas, como tales, son peligrosas porque se pueden convertir fácilmente en dioses por derecho propio y amenazar los mismos objetivos para las que fueron establecidas. (M-16.2:5)

S

Sacrificio:

El sacrificio es una noción que Dios desconoce por completo. Procede únicamente del miedo, y los que tienen miedo pueden ser crueles. Cualquier forma de sacrificio es una violación de mi exhortación a que debes ser misericordioso tal como tu Padre en el Cielo. (T-3.I.4:1-3)

Lo que a ti te hace dichoso le causa dolor al ego, y mientras tengas dudas con respecto a lo que eres, seguirás confundiendo la dicha con el dolor. Esta confusión es la causa del concepto de sacrificio. (T-7.X.3:-7)

¿Es acaso un sacrificio dejar atrás la pequeñez y dejar de deambular en vano? Despertar a la gloria no es un sacrificio. Pero sí es un sacrificio aceptar cualquier cosa que no sea la gloria. (T-15.III.8:1-3)

De una forma o de otra, toda relación que el ego entabla está basada en la idea de que sacrificándose a sí mismo él se engrandece. El "sacrificio" que él considera una purificación, es de hecho la raíz de su amargo resentimiento. (T-15.VII.6:1-2)

El sufrimiento y el sacrificio son los regalos con los que el ego "bendice" toda unión. Y aquellos que se unen ante su altar aceptan el sufrimiento y el sacrificio con el precio de su unión. (T-15.VII.9:1-2)

Debes reconocer que cualquier clase de sacrificio no es sino una limitación que se le impone al acto de dar. Y mediante esa limitación limitas la aceptación del regalo que yo te ofrezco. (T-15.X.2:6-7)

sacrificio

El sacrificio es un elemento tan esencial en tu sistema de pensamiento, que la idea de salvación sin tener que hacer algún sacrificio no significa nada para ti. Tu confusión entre lo que es el sacrificio y lo que es amor es tan aguda que te resulta imposible concebir el amor sin sacrificio. Y de lo que debes darte cuenta es de lo siguiente: el sacrificio no es amor sino ataque. (T-15.X.5:7-9)

No temas reconocer que la idea del sacrificio no es sino tu propia invención, ni trates de protegerte a ti mismo buscando seguridad donde no la hay. (T-15.XI.1:1-2)

Tú, que crees que el sacrificio es amor debes aprender que el sacrificio no hace sino alejarnos del amor. Pues el sacrificio conlleva culpabilidad tan inevitablemente como el amor brinda paz. (T-15.XI.4:1-2)

Y así resulta que, en tu búsqueda de amor, vas en busca de sacrificio y lo encuentras. Mas no encuentras amor. (T-15.XI.6:1-2)

Y si entiendes esta lección, te darás cuenta de que sacrificar el cuerpo no es sacrificar nada, y de que la comunicación, que es algo que es solo de la mente, no puede ser sacrificada. (T-15.XI.7:3)

Y de este modo, el sacrificio es, invariablemente, un medio para imponer límites, y, por consiguiente, para odiar. (T-21.III.10:7)

La justicia no exige ningún sacrificio, pues todo sacrificio se hace a fin de perpetuar y conservar el pecado. El sacrificio es el pago que se ofrece por el costo del pecado, pero no es el costo total. El resto se toma de otro y se deposita al lado de tu pequeño pago, para sí "expiar" por todo lo que quieres conservar y no estás dispuesto a abandonar. (T-25.VIII.4:5-7)

El sacrificio es una idea clave en la "dinámica" del ataque. Es el eje sobre el que toda transigencia, todo desesperado intento de cerrar un trato y todo conflicto alcanza un aparente equilibrio. Es el símbolo del tema central según el cual *alguien siempre tiene que perder*. El hincapié que hace en el cuerpo es evidente, pues el sacrificio es siempre un intento de minimizar la pérdida. El cuerpo es en sí un sacrificio, una renuncia al poder en aras de conservar solo con un poco de ti. Ver a un hermano en otro cuerpo, separado del tuyo, es la expresión del deseo de ver únicamente una pequeña parte de él y de sacrificar el resto. (T-26.I.1:1-6)

El mundo que ves está basado en el "sacrificio" de la unicidad. (T-26.I.2:1)

¿Qué mayor sacrificio puede haber que exigirle al Hijo de Dios que se perciba a sí mismo sin su Padre? ¿O que su Padre esté sin su Hijo? Sin embargo, todo sacrificio exige que estén separados, y el Uno sin el Otro. (T-26.I.4:3-5)

No puedes sacrificarte solo a ti mismo, pues el sacrificio es total. (T-27.I.1:7)

Sacrificarse es renunciar a algo, y, en consecuencia, estar privado de ello y haber sufrido una pérdida. Y mediante esta renuncia se renuncia a la vida. (T-29.VII.4:3-4)

Todo sacrificio supone la pérdida de tu capacidad de ver la conexión que hay entre todos los acontecimientos. (T-30.VII.6:5)

Pues el sacrificio y la privación son sendas que no llevan a ninguna parte, decisiones que conducen al fracaso, así como metas que jamás se podrán alcanzar. (L-155.7:2)

Se ríe asimismo del dolor y de la pérdida, de la enfermedad y de la aflicción, de la pobreza, del hambre y de la muerte. Reconoce que el sacrificio sigue siendo la única idea que yace tras todo esto, y con su dulce risa todo ello sana. (L-187.6:4-5)

El pensamiento de sacrificio da lugar a todas las formas que el sufrimiento aparenta adoptar. Mas el sacrificio es una idea tan demente que la cordura descarta de inmediato. (L-187.7:4-5)

sacrificio

Y se comprende que todo pecado no es más que un simple error. (L-359)

¿Cuál es el verdadero significado del sacrificio? Es el costo de creer en las ilusiones. Es el precio que hay que pagar por negar la verdad. (M-13.5:1-3)

El sacrificio es siempre la renuncia a lo que quieres. (M-13.6:4)

No te olvides que el sacrificio es total. (M-13.7:1)

Exigir que te sacrifiques es exigirle un sacrificio a Dios, y Él no sabe nada de sacrificios. ¿Quién podría pedirle a Lo Perfecto que sea imperfecto? (P-3.I.1:9-10)

Salud

La salud es paz interior. (T-2.I.5:11)

La salud, por lo tanto, no es otra cosa que un propósito unificado. (T-8.VII.13:4)

Se reconoce que la salud es el estado natural de todas las cosas cuando se deja toda interpretación en manos del Espíritu Santo, Quien no percibe ataque en nada. La salud es el resultado de abandonar todo intento de utilizar el cuerpo sin amor. La salud es el comienzo de la correcta perspectiva con respecto a la vida bajo la dirección del único Maestro que sabe lo que esta es, al ser la Voz de la Vida Misma. (T-8.VIII.9:8-10)

En este mundo la salud es el equivalente de lo que en el Cielo es la valía. (T-10.III.6:3)

Tu salud es uno de los resultados de tu deseo de no ver a tu hermano con las manos manchadas de sangre, ni de ver culpabilidad en su corazón que se ha vuelto pesado por la prueba del pecado que carga. Y lo que deseas se te concede para que lo puedas ver. (T-27.II.7:7-8)

La salud es el testigo de la salud. (T-27.V.2:1)

Salvación:
La salvación no es otra cosa que "mentalidad recta" que aunque no es la Mentalidad-Uno del Espíritu Santo, se debe alcanzar antes de que la Mentalidad-Uno pueda ser reinstaurada. (T-4.II.10:1)

La salvación es "una empresa de colaboración". (T-4.VI.8:2)

Mi misión consistió simplemente en unir la voluntad de la Filiación con la Voluntad del Padre al ser yo mismo consciente de su Voluntad. Esta es la *conciencia* que vine a impartirte, y el problema que tienes en aceptarla es el problema de este mundo. Eliminarlo es la salvación, y en ese sentido yo soy la salvación del mundo. (T-8.IV.3:4-6)

Si tu mente no estuviese dividida reconocerías que ejercer tu voluntad es la salvación porque es comunicación. (T-9.I.5:4)

De todo lo que has fabricado, el mundo real es lo único que el Espíritu Santo ha conservado para ti, y la salvación consiste en percibir únicamente eso, ya que es el reconocimiento de que la realidad es únicamente lo que es verdad. (T-11.VII.4:9)

La salvación es para la mente y se alcanza por medio de la paz. (T-12.III.5:1)

La salvación es algo tan seguro como Dios. (T-13.XI.9:3)

Cada decisión que tomas por tu cuenta significa únicamente que quieres definir lo que *es* la salvación y así como aquello *de lo que* debes ser salvado. El Espíritu Santo sabe que la salvación es escapar de la culpa. (T-14.III.13:3-4)

Pues la salvación radica en la perfecta igualdad de la Expiación. (T-15.V.3:4)

salvación

En vista del miedo que tienes del perdón, que Él percibe con la misma claridad con la que sabe que el perdón libera, te enseñará a recordar que el perdón no conlleva ninguna clase de pérdida, sino que, por el contrario, es tu salvación. (T-15.VIII.1:6)

La salvación es simple, por ser de Dios, y es, por lo tanto, muy fácil de entender. No trates de proyectarla y verla como algo que se encuentra en el exterior. (T-15.X.9:6-7)

Incluso la salvación se convertirá en un sueño y desaparecerá de su mente. Pues la salvación es el final de los sueños, y dejará de tener sentido cuando el sueño finalice. (T-17.II.7:3-4)

La salvación es fácil de alcanzar precisamente porque no te pide nada que no puedas dar ahora mismo. (T-18.IV.7:7)

No se te puede negar la salvación. Es tu meta. Aparte de esto no hay nada más que elegir. (T-19.4.A.4:7-9)

Se considera (por el ego) que la salvación es un medio a través del cual el Hijo de Dios fue asesinado en tu lugar. (T-19.4.A.17:4)

La salvación es una lección en dar, tal como el Espíritu Santo la interpreta. La salvación es el re-despertar de las Leyes de Dios en mentes que han promulgado otras leyes a las que han otorgado el poder de poner en vigor lo que Dios no creó. (T-20.IV.2:9-10)

La salvación es la meta del Espíritu Santo. (T-20.VII.9:4)

La salvación no es más que un recordatorio de que este mundo no es tu hogar. (T-25.VI.6:1)

La salvación es el renacimiento de la idea de que nadie tiene que perder para que otro gane. Y todo el mundo tiene que ganar si es que uno solo ha de ganar. (T-25.VII.12:1-2)

La salvación es Su Voluntad *porque* tú la compartes con Él. (T-25.VII.13:4)

¿Quién puede estar excluido de la salvación, si el propósito de esta es precisamente acabar con el especialismo? (T-25.IX.6:8)

La salvación es una zona fronteriza donde los conceptos de lugar y tiempo, así como el de elegir, tienen aún significado, si bien se puede ver que son temporales, que están fuera de lugar y que toda elección ya se ha llevado a cabo. (T-26.III.3:6)

La salvación, perfecta e íntegra, solo pide que desees, aunque sea mínimamente, que la verdad sea verdad; que estés dispuesto, aunque no sea del todo, a pasar por alto lo que no existe; y que abrigues un leve anhelo por el Cielo como lo que prefieres a este mundo, donde la muerte y la desolación parecen reinar. (T-26.VII.10:1)

Ves la salvación como algo que tendrá lugar en el futuro, pero no ves los resultados inmediatos. (T-26.VIII.2:7)

Sin embargo la salvación es inmediata. A no ser que la percibas así, tendrás miedo de ella, creyendo que, entre el momento que aceptas su propósito como el tuyo propio y el momento en que sus efectos llegan hasta ti, el riesgo de pérdida es enorme. (T-26.VIII.3.1-2)

El secreto de la salvación no es sino este: Que eres tú el que se está haciendo todo esto a sí mismo. No importa cuál sea la forma del ataque, eso sigue siendo verdad. (T-27.VIII.10:1-2)

La salvación es un secreto que solo tú has ocultado de ti mismo. (T-27.VIII.12:4)

De este modo aprende que la salvación es algo que él tiene que ofrecer. Pues a menos que se la conceda a otro no sabrá que dispone de ella, ya que dar es la prueba de que se tiene. (T-29.III.1:7-8)

La salvación trata de probar que la muerte no existe y que lo único que existe es la vida. (T-29.VII.10:2)

¡Qué paradójica es la salvación! ¿Qué otra cosa podría ser, sino un sueño feliz? (T-30.IV.7:1-2)

¿Qué podría ser el plan de Dios para su salvación, sino un medio para darse a Sí Mismo Su Hijo? (T-30.IV.8:13)

La salvación no reside en que a uno le pidan responder de una manera antinatural que no concuerda con lo que es real. En lugar de ello, la salvación solo te pide que respondas adecuadamente a lo que no es real, no percibiendo lo que no ha ocurrido. (T-30.VI.2:4-5)

¡Qué simple es la salvación! Tan solo afirma que lo que nunca fue verdad no es verdad ahora ni lo será nunca. Lo imposible no ha ocurrido ni puede tener efectos. Eso es todo. (T-31.I.1:1-4)

La salvación simplemente te conduce de una aparente lección a la siguiente, mediante pasos muy sencillos que te llevan dulcemente de una a otra, sin ningún esfuerzo. (T-31.I.2:4)

La salvación se puede considerar como el escape de todo concepto. (T-31.V.14:3)

La salvación es un des-hacer. Si eliges ver el cuerpo, ves un mundo de separación, de cosas inconexas y de sucesos que no tienen *ningún* sentido. Alguien aparece y luego desaparece al morir; otro es condenado al sufrimiento y a la pérdida. Y nadie es exactamente como era un instante antes ni será el mismo un instante después. ¿Qué confianza se puede tener ahí donde se percibe tanto cambio? ¿Y qué valía puede tener quien no es más que polvo? La salvación es el proceso que des-hace todo esto. (T-31.VI.2:1-6)

La salvación no te pide que contemples el Espíritu y no percibas el cuerpo. Simplemente te pide que esa sea tu elección. (T-31.VI.3:1-2)

Mientras perdure la percepción habrá necesidad de conceptos, y la tarea de la salvación es cambiarlos. (T-31.VII.1:3)

La idea de hoy es un paso más en el proceso de aprender a abandonar los pensamientos que le has conferido al mundo, y a ver en su lugar la Palabra de Dios. Los primeros pasos de este intercambio, al que verdaderamente se le puede llamar salvación, pueden ser bastante difíciles e incluso dolorosos. Algunos te conducirán directamente al miedo. Mas no se te dejará ahí. Irás mucho más allá de él, pues nos encaminamos hacia la paz y seguridad perfectas. (L-14:3-6)

Ves el mundo que has fabricado, pero no te ves a ti mismo como el que fabrica las imágenes. No se te puede salvar del mundo, pero te puedes escapar de su causa. Este es el significado de la salvación, pues, ¿dónde se encuentra el mundo que ves cuando su causa ha desaparecido? (L-23.4:1-3)

Pero en la salvación, que es el proceso de erradicar lo que nunca fue, la percepción tiene un propósito sumamente importante. (L-43.2:3)

La salvación es el más feliz de todos tus logros. Es asimismo el único que tiene sentido porque es el único que tiene verdadera utilidad para ti. (L-44.8:2-3)

La salvación es nuestra única necesidad. No tenemos ningún otro propósito aquí ni ninguna otra función que desempeñar. Aprender lo que es la salvación es nuestra única meta. (L-69.3:2-4)

La idea de hoy (Mi salvación procede de mí) te pone a cargo del universo, donde te corresponde estar por razón de lo que eres.

salvación

No es este un papel que se pueda aceptar parcialmente. Y seguramente habrás comenzado a darte cuenta de que aceptarlo es la salvación. (L-70.2:3-5)

Y por ende, la salvación es asimismo tu voluntad. (L-73.6:7)

La salvación es para ti. (L-73.7:4)

La idea de hoy (No me gobiernan otras leyes que las de Dios) te repite una vez más cuán simple es la salvación. (L-76.2:3)

Una vez más, ¡cuán simple es la salvación! Es sencillamente una afirmación de tu verdadera Identidad. (L-77.1:4-5)

La salvación es una decisión que ya se tomó. (L-88.I.2:3)

La salvación es un pensamiento que compartes con Dios porque Su Voz lo aceptó por ti y respondió en tu Nombre que se había consumado. (L-96.7:3)

La salvación es un milagro, el primero y el último; el primero que es el último, pues es uno. (L-97.3:4)

La salvación es mi única función aquí. (L-99)

La salvación y el perdón son lo mismo. (L-99.1:1)

La salvación se convierte ahora en la zona fronteriza entre la verdad y las ilusiones. (L-99.2:3)

¿Qué podría ser este plan (salvación) sino un Pensamiento de Dios mediante el cual se pasa por alto lo que nunca ocurrió y se olvidan los pecados que nunca fueron reales? (L-99.4:3)

Dicho plan (salvación) no tiene nada que ver con el tiempo toda vez que su Fuente es intemporal. No obstante, opera dentro del tiempo debido a tu creencia de que el tiempo es real. (L-99.5:2-3)

La salvación es tu función, junto con Aquel a Quien se le confió el plan. (L-99.6:4)

Así comienza la salvación y así termina: cuando todo sea tuyo y lo hayas dado completamente, permanecerá contigo para siempre. (L-106.7:1)

¿Qué es la lección de hoy sino otra manera de decir que conocer tu Ser es la salvación del mundo? Liberar al mundo de toda clase de dolor no es otra cosa que cambiar de mentalidad con respecto a ti mismo. (L-132.10:1)

La salvación es lo único que cura. (L-140)

La salvación es el reconocimiento de que lo que es verdad es verdad y de que nada más lo es. Ya has oído esto antes, pero puede que todavía no hayas aceptado ambas partes de la aseveración. Sin la primera, la segunda no tiene sentido. Pero sin la segunda la primera deja de ser verdad. (L-152.3:1-4)

Podría decirse que la salvación es como un juego que juegan niños felices. Fue diseñada por Uno que ama a Sus Hijos y que desea sustituir sus temibles juguetes por juegos felices que les enseñe que el juego del miedo ya se acabó. (L-153.12:1-2)

Esta unión de Padre e Hijo, por medio de la Voz que habla por Dios, es lo que hace que la salvación sea algo aparte del mundo. (L-154.4:1)

La salvación es la promesa que Dios te hizo de que finalmente encontrarás el camino que conduce a Él.
(L-2¿Qué es la salvación? 1:1)

La salvación es un des-hacer en el sentido de que no hace nada, al no apoyar el mundo de sueños y de malicia.
(L-2¿Qué es la salvación? 3:1)

salvación

... la salvación es encontrar la impecabilidad que Dios ubicó en mí. (L-318.1:4)

La salvación no cuesta nada. Es un regalo que se debe dar y recibir libremente. Y esto es lo que queremos aprender hoy. (L-343.2:2-4)

La salvación es la justicia de Dios. La salvación reinstaura en tu conciencia la completitud de todos los fragmentos que percibes como desprendidos y separados. (M-19.4:1-2)

La salvación no es algo teórico. (M-26.4:5)

El perdón, la salvación, la Expiación y la percepción verdadera son todos una misma cosa. Son el comienzo de un proceso cuyo fin es conducir a la Unicidad que los transciende a todos. (C-4.3:6-7)

Salvador parcial:
Dios ha encomendado a todos y a cada uno, pues un salvador parcial es uno que solo se ha salvado parcialmente. (T-31.VII.10:4)

Salvadores:
Los que permiten que se les libere de las ilusiones de sus mentes son los salvadores de este mundo, y caminan por él con su Redentor, llevando Su mensaje de esperanza, libertad y emancipación del sufrimiento a todo aquél que necesite un milagro para salvarse. (T-22.IV.6:5)

Los salvadores del mundo, que ven tal como Él ve, son sencillamente los que eligen la fortaleza de Cristo en lugar de su propia debilidad, la cual se ve como algo aparte de Él. Ellos redimirán al mundo, pues están unidos en el poder de la Voluntad de Dios. Y lo que ellos disponen no es sino lo que Él dispone. (T-31.VIII.4:4-6)

Sanador no sanado:
Por definición está tratando de dar lo que no ha recibido. (T-9.V.1:4)

La única ventaja de traer las pesadillas a la conciencia es poder mostrar que no son reales y que su contenido no significa nada. El sanador no sanado no puede hacer eso porque no lo cree. Todos los sanadores no sanados siguen de una u otra forma el plan de perdón del ego. Si son teólogos probablemente se condenan a sí mismos, enseñan a condenar y propugnan una solución temible. (T-9.V.3:1-4)

Sanadores de Dios:

¡Cuán santos son los que han sanado! Pues ante su presencia, sus hermanos comparten su curación y su amor. Portadores de paz -la voz del Espíritu Santo, a través de quienes Él habla en favor de Dios, Cuya Voz Él es-, tales son los sanadores de Dios. Ellos solo hablan a favor de Él y nunca a favor de sí mismos. No tienen más dones que los que han recibido de Dios. Y los comparten porque saben que esa es Su Voluntad. No son especiales. Son santos. Han optado por la santidad y han renunciado a todo sueño de poseer atributos especiales mediante los cuales habrían otorgado regalos desiguales a los menos afortunados. Su curación ha restaurado su plenitud, de manera que pueden perdonar y unirse al canto de la oración en el que los que han sanado cantan acerca de su unión y agradecimiento a Dios. (O-3.IV.1:1-10)

Sanadores los hay, pues son Hijos de Dios que reconocen su Fuente y comprenden que todo lo que su Fuente crea es uno con ellos. Ese es el remedio que brinda alivio infalible. Ese es el remedio que seguirá bendiciendo por toda la eternidad. No cura solo en parte sino totalmente y para siempre. (O-3.III.5:1-4)

Sanar:

Pues haber sanado es ir en pos de un solo objetivo, al haber aceptado uno solo y no desear más que uno solo. (T-12.VII.7:11)

¿Quién tiene, entonces, miedo de sanar? Solo aquellos para quienes el sacrificio y el dolor de su hermano representan su propia serenidad. (T-27.II.9:1-2)

sanar

Nada que se utilice con el propósito de sanar conlleva esfuerzo alguno. Es el reconocimiento de que no tienes necesidades que requieran que hagas algo al respecto. No es una memoria selectiva ni se utiliza para obstruir la Verdad. (T-28.I.3:1-3)

Santa visión:
Tu santa visión significa el fin del sacrificio porque les ofrece a todo el mundo su justo merecido. (L-37.1:5)

Hoy pasamos de largo las ilusiones, según intentamos llegar hasta Lo que es verdad en nosotros y sentir Su infinita ternura, su Amor que sabe que somos tan perfectos como Él Mismo, y Su visión, el don que su Amor nos ofrece. (L-189.6:1)

Santidad:
En el Cielo la santidad no es un reflejo, sino la verdadera condición de lo que aquí no era más que un reflejo en ellos. (T-14.IX.8:5)

Pues la santidad es poder, y cuando se comparte, su fuerza aumenta. (T-15.VI.3.2)

Puede que aún pienses que no es posible entender lo que es la santidad porque no puedes ver cómo se puede extender de manera que incluya a todo el mundo. Y se te ha dicho que para que *sea* santa tiene incluir a todo el mundo. La extensión de la santidad no es algo que te deba preocupar, pues, no comprendes la naturaleza de los milagros.(T-16.II.1:1-3)

Pero recuerda esto: la santidad fue la meta que se fijó para tu relación, y no fuiste tú quien lo hizo. No fuiste tú quien la fijó porque la santidad no se puede ver excepto mediante la fe, y tu relación no era santa por razón de la limitada y reducida fe que tenías en tu hermano. (T-17.VII.4:2-3)

Pues la santidad es simplemente el resultado de dejar que se nos libere de todos los efectos del pecado, de modo que podamos reconocer lo que siempre ha sido verdad. Es imposible ver un cuerpo libre de pecado, ya que la santidad es algo positivo y el cuerpo es simplemente neutral. (T-20.VII.4:3-4)

Mas su perfecta impecabilidad os liberará a ambos, pues su santidad es totalmente imparcial y solo emite un juicio con respecto a todo lo que contempla. (T-24.VI.5:5)

En la santidad de tu hermano -el marco perfecto para tu salvación y para la salvación del mundo- se encuentra el radiante recuerdo de Aquel en Quien tu hermano vive y en Quien tú vives junto con él. (T-24.VI.6:4)

La santidad de tu hermano es sacramento y bendición para ti. (T-24.VI.8:1)

Pues la santidad se ve a través de los ojos santos que ven la inocencia en su interior y consecuentemente esperan verla en todas partes. (T-31.VII.11:3)

Tu santidad es la salvación del mundo. (L-37.3:1)

Tu santidad invierte todas las leyes del mundo. Está más allá de cualquier restricción de tiempo, espacio, distancia, así como de cualquier clase de límite. El poder de tu santidad es ilimitado porque te establece como Hijo de Dios, en unión con la Mente de su Creador. (L-38.1:1-3)

Mi santidad es mi salvación. (L-39)

Tu santidad es la respuesta a toda pregunta que alguna vez se haya hecho, se esté haciendo ahora o se haga en el futuro. Tu santidad significa el fin de la culpa y, por ende, el fin del infierno. Tu santidad es la salvación del mundo, así como la tuya. (L-39.4:1-3)

Su santidad (la del Niño interno) es lo que ilumina al Cielo, y lo que trae a la Tierra el puro reflejo de la luz que brilla en lo alto, en el que el Cielo y la Tierra se encuentran unidos cual uno solo. (L-182.4:6)

La santidad de mi Ser transciende todos los pensamientos de santidad que pueda concebir ahora. Su refulgente y perfecta pureza es mucho más brillante que cualquier luz que haya contemplado jamás. Su amor es ilimitado, y su intensidad es tal que abarca dentro de sí todas las cosas en la calma de una queda certeza. Su fortaleza no procede de los ardientes impulsos que hacen girar al mundo, sino del Amor ilimitado de Dios Mismo. (L-252.1:1-4)

Padre, mi santidad es la Tuya... Mi santidad forma parte de mí y también de Ti. (L-285.2:1-4)

Mi santidad está mucho más allá de mi capacidad de comprender o saber lo que es. No obstante, Dios, mi Padre, Quien la creó, reconoce que mi santidad es la Suya. (L-299.1:1-2)

Esto no es amor por la Creación de Dios ni por la santidad que es Su Don eterno. (O-2.II.3:5)

Santísima Trinidad:
El Hijo de Dios es parte de la Santísima Trinidad, pero la Trinidad en sí es una sola entidad. No hay confusión entre Sus Niveles porque estos son de una sola Mente y de una sola Voluntad. (T-3.II.5:4-5)

La Santísima Trinidad es santa porque es Una. Si te excluyes a ti mismo de esta unión, estás percibiendo a la Santísima Trinidad como desunida. Tú no puedes sino estar incluido en Ella porque la Santísima Trinidad lo es todo. (T-8.IV.8:9-11)

Sin el Padre y sin el Hijo el Espíritu Santo no tiene ninguna función. No está separado de ninguno de Ellos al estar en la Mente de Ambos y saber que dicha Mente es una sola. (T-13.VIII.4:1-2)

Lo que has enseñado ya ha logrado esto, pues el Espíritu Santo es parte de ti. Al haber sido creado por Dios, Él no ha abandonado a

Dios ni a Su Creación. Él es a la vez Dios y tú, del mismo modo en que tú eres a la vez Dios y Él. (T-16.III.5:1-3)

El Padre, el Hijo y el Espíritu Santo son Uno, de la misma manera en que todos tus hermanos están unidos en la verdad cual uno. (T-25.I.5:3)

Santos:
Son santos. Han optado por la santidad y renunciando a todo sueño de poseer atributos especiales mediante los cuales habrían otorgado regalos desiguales a los menos afortunados. Su curación ha restaurado su plenitud, de manera que pueden perdonar y unirse al canto de la oración en el que los que han sanado cantan acerca de su unión y agradecimiento a Dios. (O-3.IV.1:8-10)

Santos de Dios:
De todos modos la curación tiene lugar cuando cesa todo juicio, porque solo entonces se puede entender que no hay grados de dificultad en la curación. Este entendimiento es crucial para el sanador sanado. Ha aprendido que no es más difícil despertar a un hermano de un sueño que de otro. Ningún terapeuta profesional puede mantener este entendimiento todo el tiempo en su mente y ofrecérselo a todo el que acude a él. Hay algunos en este mundo que casi lo han logrado, pero no han aceptado el regalo del todo para de este modo poder permanecer aquí y dejar que su comprensión permanezca en la Tierra hasta el final de los tiempos. Realmente no se les debe llamar terapeutas profesionales. Son los Santos de Dios. Son los Salvadores del mundo. Su imagen ha de permanecer, porque así lo eligieron. Ocupan el lugar de otras imágenes y su ayuda llega en forma de tiernos sueños. (P-3.II.7:1-10)

Secretos:
Criatura de Dios, eso no es así. Ese "secreto por el que te sientes culpable" no es nada, y si lo sacas a la luz, la Luz lo desvanecerá. No quedará entonces ninguna nube tenebrosa que pueda inter-

ponerse entre ti y el recuerdo de tu Padre, pues recordarás a Su inocente Hijo, que no murió porque es inmortal. (T-13.II.9:1-3)

¿Qué podría mantenerse oculto de la Voluntad de Dios? Sin embargo, tú crees tener secretos. ¿Qué podrían ser esos secretos sino otra "voluntad" tuya propia, separada de la Suya? La razón te diría que esto no es un secreto que deba ocultarse como si se tratase de un pecado. Pero ciertamente es un error. (T-22.I.4:1-5)

Seguridad:
La seguridad no es otra cosa que la completa renuncia al ataque. (T-6.III.3:7)

Sin embargo, la seguridad perfecta y la plena realización constituyen mi verdadera herencia. (L-56.1:5)

Segundo Advenimiento, El:
El Segundo Advenimiento de Cristo no significa otra cosa que el fin del dominio del ego y la sanación de la mente. (T-4.IV.10:2)

El Segundo Advenimiento es simplemente el retorno de la cordura. ¿Cómo iba a ser eso temible? (T-9.IV.9:4-5)

El Segundo Advenimiento es la conciencia de la realidad, no su retorno. (T-9.IV.11.10)

El Segundo Advenimiento de Cristo, que es tan seguro como Dios, es simplemente la corrección de todos los errores y el restablecimiento de la cordura. Es parte de la condición que reinstaura lo que nunca se perdió y re-establece lo que es eternamente verdad. Es la invitación que se le hace a la Palabra de Dios para que ocupe el lugar de las ilusiones: la señal de que estás dispuesto a dejar que el perdón descanse sobre todas las cosas sin excepción y sin reservas. (L-punto 9 ¿Qué es el Segundo Advenimiento? 1:1-3)

Semana Santa:
Esta semana celebramos la vida, no la muerte. Y honramos la perfecta pureza del Hijo de Dios, no sus pecados. (T-20.I.2:3-4)

Una semana es poco tiempo, sin embargo, la Semana Santa simboliza la jornada que el Hijo de Dios emprendió. Él comenzó con el signo de la victoria, la promesa de la resurrección, la cual ya se había concedido. (T-20.I.3:1-2)

Sentidos:
El cuerpo es incapaz de saber nada. Y mientras limites tu conciencia a sus insignificantes sentidos, no podrás ver la grandeza que te rodea. (T-18.VIII.2:1-2)

De lo único que dichos mensajes te hablan es de cosas externas. No hay mensaje que hable de lo que está subyacente, pues el cuerpo no podría hablar de ello. Sus ojos no lo pueden percibir; sus sentidos siguen siendo completamente inconscientes de ello y su lengua no puede transmitir sus mensajes. (T-18.IX.3:4-6)

Y así como los testigos del cuerpo son sus propios sentidos, así también las respuestas a las preguntas que el mundo plantea están implícitas en las preguntas que hace. (T-27.IV.5:4)

Pues los ojos y los oídos son sentidos sin sentido, y lo único que hacen es informar lo que ven y lo que oyen. (T-28.V.5:6)

Usar los sentidos es no saber. (L-punto 4 ¿Qué es el pecado? 1:8)

Separación:
Antes de la "separación", que es lo que significa la "caída", no se carecía de nada. (T-1.VI.1:6)

Tanto la separación como el miedo son creaciones falsas que tienen que des-hacerse a fin de que se pueda restaurar el templo y abrir el altar para que reciba la Expiación. (T-2.III.2:3)

separación

... separación o "desvío hacia el miedo". (T-2.I.2:1)

La separación es un sistema de pensamiento que, si bien es bastante real en el tiempo, en la eternidad no lo es en absoluto. (T-3.VII.3:2)

Los que creen estar separados siempre temen cambiar porque no pueden concebir que los cambios sean un paso hacia delante en el proceso de subsanar la separación. Siempre los perciben como un paso hacia una mayor separación debido a que la separación fue su primera experiencia de cambio. (T-4.I.2:4)

La separación es simplemente otro término para referirse a una mente dividida. (T-5.III.9:3)

Cada uno de ellos (los Hijos de Dios) tiene que aprender a enseñar que ninguna forma de rechazo tiene sentido. La separación es la noción del rechazo. (T-6.I.18:3-4)

Cualquier división en la mente conlleva por fuerza el rechazo de una parte de ella misma, y eso es lo que es la creencia en la separación. (T-6.II.1:1)

Dijimos anteriormente que la separación fue y sigue siendo un acto de disociación, y que una vez que tiene lugar, la proyección se convierte en su defensa principal, o, en otras palabras, el mecanismo que la mantiene vigente. (T-6.II.1:5)

La separación no fue una pérdida de la perfección, sino una interrupción en la comunicación. (T-6.IV.12:5)

Compartir Su Voluntad contigo no es optativo tampoco, aunque parezca serlo. La separación radica precisamente en este error. (T-7.X.6:6-7)

La separación no es más que la creencia (de tu voluntad) de que es diferente (de la de Dios). (T-9.I.7:9)

... pues la separación fue el descenso desde la grandeza a la pequeñez. (T-10.IV.8:5)

"Dinámica" implica el poder para hacer algo, y toda la falacia de la separación radica en la creencia de que el ego *tiene* el poder de hacer algo. (T-11.V.3:3)

Al no darse cuenta de que es imposible establecer esa creencia, y obsesionado por la convicción de que la separación es la salvación, el ego ataca todo lo que percibe, desmenuzándolo en partes pequeñas y desconectadas, sin ninguna relación significativa entre sí, y desprovistas, por lo tanto, de todo significado. (T-11.V.13:5)

Pues la separación no es otra cosa que la negación de la unión, y si se interpreta correctamente, da testimonio de tu eterno conocimiento de que la unión es verdad. (T-12.I.10:6)

Lo que es uno no puede ser percibido como separado, y negar la separación es restaurar el Conocimiento. (T.12.VI.7:1)

La separación no es más que una formulación equivocada de la realidad que no tiene consecuencia alguna. (T-13.VIII.3:5)

Has considerado la separación como un medio de interrumpir la comunicación con tu Padre. El Espíritu Santo la reinterpreta como un medio de restablecer lo que nunca se interrumpió, pero sí se *había* velado. (T-14.VI.5:1-2)

La separación sigue siendo, por lo tanto, la condición que el ego siempre elegirá. Pues por su cuenta nadie puede juzgar al ego correctamente. (T-14.X.9:4-5)

Pues la separación es la fuente de la culpa, y recurrir a ella para salvarte es creer que estás solo. Estar solo es ser culpable. Pues sentir que estás solo es negar la Unidad entre Padre e Hijo y, de ese modo, atacar la realidad. (T-15.V.2:5-7)

separación

El núcleo de la ilusión de la separación reside simplemente en la fantasía de que es posible destruir el significado del amor. Y a menos que se restaure en ti el significado del amor, tú, que compartes su significado, no podrás conocerte a ti mismo. La separación no es más que la decisión de no conocerte a ti mismo. (T-16.V.15:1-2)

¿Qué es la separación sino un deseo de arrebatarle a Dios Su función y negar que sea Suya? (T-27.II.10:8)

La separación comenzó con el sueño de que el Padre estaba privado de Sus Efectos y de que era incapaz de conservarlos, pues había dejado de ser su Creador. En el sueño, el soñador, se hizo a sí mismo. Pero lo que hizo se volvió contra él, asumiendo el papel de creador suyo, tal como él mismo había hecho. Y así como él odió a su Creador, del mismo modo las figuras del sueño lo odian a él. (T-28.II.8:1-4)

La causa del dolor es la separación, no el cuerpo, el cual es solo su efecto. Sin embargo, la separación no es más que un espacio vacío, que no contiene nada ni hace nada, y que es tan insustancial como la estela que los barcos dejan entre las olas al pasar. (T-28.III.5:1-2)

Cristo es el vínculo que te mantiene uno con Dios, y la garantía de que la separación no es más que una ilusión de desesperanza, pues toda esperanza morará por siempre en Él. (L-punto 6 ¿Qué es el Cristo? 2:1)

Ser especial:
Solo los que se creen especiales pueden tener enemigos, pues se creen ser diferentes y no iguales. Y cualquier clase de diferencia impone diferentes órdenes de realidad y una ineludible necesidad de juzgar. (T-24.I.3:5-6)

Pues ser especial no solo separa, sino que también sirve como base desde la que el ataque contra los que parecen ser "inferiores" es "natural" y "justo". Los que se creen especiales se sienten débiles y frágiles debido a las diferencias, pues lo que los hace especiales *es* su enemigo. (T-24.I.4:4-5)

El deseo de ser especial es el gran dictador de las decisiones erróneas. He aquí la gran ilusión de lo que tú eres y de lo que tu hermano es. Y he aquí también lo que hace que se ame al cuerpo y se le considere algo que vale la pena conservar. Ser especial es una postura que requiere defensa. (T-24.I.5:1-4)

Tu deseo de ser especial te convierte en su enemigo (el de tu hermano); pero en un propósito compartido, eres su amigo. Ser especial jamás se puede compartir, pues depende de metas que solo tú puedes alcanzar. Y él jamás debe alcanzarlas, pues de otro modo tu meta se vería en peligro. (T-24.I.6:4-6)

Tu temor a Dios y a tu hermano procede de cada creencia de ser especial que aún no has reconocido. Pues exiges que tu hermano se postre ante ella en contra de su voluntad. Y Dios Mismo tiene que honrarla o pagar las consecuencias. Todo vestigio de malicia, toda punzada de odio y todo deseo de perpetuar la separación nace ahí. (T-24.I.8:1-4)

Los que se creen especiales se ven obligados a defender las ilusiones contra la Verdad, pues ¿qué otra cosa es el deseo de ser especial sino un ataque contra la Voluntad de Dios? (T-24.I.9:1-2)

Creerse especial siempre conlleva hacer comparaciones. Pues se establece al ver una falta en otro, y se perpetúa al buscar y mantener claramente a la vista cuanta falta se pueda encontrar. (T-24.II.1:2-3)

Tratar de ser especial es siempre a costa de la paz. (T-24.II.2:1)

Atribuir valor a ser especial es apreciar una voluntad ajena, para la cual las ilusiones acerca de ti son más importantes que la Verdad. (T-24.II.2:9)

ser especial

Ser especial es la idea del pecado hecha realidad. Sin esa base no es posible ni siquiera imaginarse el pecado. Pues el pecado surgió de ella, de lo que no es nada, y no es más que una flor maléfica desprovista de raíces. He aquí al que se ha erigido a sí mismo en "salvador", el que hizo que el Hijo de Este fuera como él y no como el Padre. Sus hijos "especiales" son muchos, nunca uno solo, y cada uno se encuentra exiliado de sí mismo y de Aquel de Quien forma parte. (T-24.II.3:1-5)

Dios no es especial, pues no se quedaría con ninguna parte de lo que Él es solo para Sí, negándosela a Su Hijo y reservándola solo para Sí Mismo. (T-24.II.10:4)

El deseo de ser especial es el sello de la traición impreso sobre el regalo del amor. Todo lo que apoya sus propósitos no tienen otro objetivo que el de matar. (T-24.II.12:1-2)

La esperanza de ser especial hace que parezca posible que Dios hiciera el cuerpo (fuera el autor del) para que fuese la prisión que mantiene a Su Hijo separado de Él. Pues el especialismo requiere un lugar especial donde Dios no pueda entrar y un escondite donde a lo único que se le da la bienvenida es a tu insignificante yo. (T-24.II.13:1-2)

Pero ser especial no es lo que es verdad en ti. Pues cualquier cosa puede hacerle perder el equilibrio. (T-24.III.3:4-5)

Tu deseo de ser especial es lo que se ve atacado por todo lo que camina o respira, se arrastra o se desliza, o simplemente vive. Nada está a salvo de su ataque, y tampoco ello está a salvo de nada. Jamás estará dispuesto a perdonar, pues esto es lo que es: un voto secreto de que lo que Dios quiere para ti nunca se dé y de que por siempre te opondrás a Su Voluntad. No es posible tampoco que ambas voluntades puedan jamás ser la misma, mientras tu deseo de ser especial se alce como una llameante espada de muerte entre ellas, convirtiéndolas en enemigas. (T-24.III.4:4-7)

He aquí el infierno que elegiste como tú hogar. (T-24.III.6:2)

Ser especial implica una falta de confianza en todo el mundo excepto en ti mismo. Depositas tu fe exclusivamente en ti. Todo lo demás se convierte en tu enemigo: temido y atacado, mortal y peligroso, detestable y merecedor únicamente de ser destruido. (T-24.IV.1:1-3)

Los pecados de tu hermano justificarían tu especialismo y le darían el sentido que la verdad le niega. (T-24.IV.4:5)

Pues, ¿en qué puede deleitarse el deseo de ser especial, sino en matar? ¿Qué busca sino ver la muerte? ¿A dónde conduce sino a la destrucción? (T-24.V.4:3-5)

Ser especial es la función que tú te asignaste a ti mismo. Te representa exclusivamente a ti, como un ser que se creó a sí mismo, autosuficiente, sin necesidad de nada y separado de todo lo que se encuentra más allá de su cuerpo. (T-24.VI.11.1-2)

Ser perfecto:
El ser que Dios creó no necesita nada. Está eternamente a salvo y es eternamente íntegro, amado y amoroso. Busca compartir en vez de obtener; extender en vez de proyectar. No tiene necesidades de ninguna clase y solo busca unirse a otros que, como él, son conscientes de su propia abundancia.
(Prefacio párrafo 7 ¿Qué postula?)

No obstante, este Hijo tiene que haber sido creado a semejanza de Él Mismo: un ser perfecto, que todo lo abarca y es abarcado por todo, al que no hay nada que añadir ni nada que restar; un ser que no tiene tamaño, que no ha nacido en ningún lugar o tiempo ni está sujeto a límites o incertidumbre de ninguna clase. (T-24.VII.7:2)

Serviciales:
Dios es alabado cada vez que una mente aprende a ser comple-

tamente servicial. Esto, sin embargo, es imposible, a menos que también aprenda a ser completamente inofensiva, pues ambos conceptos tienen que coexistir. Los que son verdaderamente serviciales son a su vez invulnerables porque no protegen a sus egos, y, por lo tanto, nada puede hacerles daño. Su Espíritu servicial es la manera en que alaban a Dios, y Él les devolverá las alabanzas que le hagan porque ellos son como Él, y pueden regocijarse juntos. (T-4.VII.8:2-4)

Los verdaderamente serviciales son los obradores de milagros de Dios, a quienes yo dirijo hasta que estemos todos unidos en el júbilo del Reino. (T-4.VII.8:7)

Símbolos:
Pues los símbolos siempre representan algo diferente de sí mismos, y si el amor lo es todo, la idea de un símbolo de amor no tiene sentido. (T-16.IV.2:2)

Todavía tienes necesidad de usar los símbolos del mundo por algún tiempo. Mas no te dejes engañar por ellos. No representan nada en absoluto, y este será el pensamiento que en tus prácticas te liberará de ellos. Los símbolos no son sino medios a través de los cuales puedes comunicarte de manera que el mundo te pueda entender, pero reconoces que no son la unidad en la que puede hallarse la verdadera comunicación. (L-184.9:2-5)

Simple, Lo:
La aplicación práctica del propósito del Espíritu Santo es extremadamente simple, aunque inequívoca. De hecho, para poder ser simple *tiene* que ser inequívoca. Lo simple es solo lo que se entiende fácilmente y para ello es evidente que debe ser claro. (T-17.VI.1:1-3)

Simplicidad:
La simplicidad es algo muy difícil para las mentes retorcidas. (T-14.II.2:3)

Singularizar:

"Singularizar" es "aislar" y, por lo tanto, causar soledad. Dios no te hizo eso. ¿Cómo iba a poder excluirte de Sí Mismo, sabiendo que tu paz reside en Su Unicidad? Lo único que te negó fue tu petición de dolor, pues el sufrimiento no forma parte de Su Creación. Te había creado y no iba a revocarlo. (T-13.III.12:1-5)

Situación:

Cada situación en la que te encuentras no es más que un medio para satisfacer el propósito que se estableció para tu relación. Si la ves como algo diferente es que te falta fe. (17.VII.5:1-2)

Una situación es una relación, pues es una confluencia de pensamientos. (17.VII.3:1)

Soledad:

Dicho mundo (un mundo que en verdad se niega todo a sí mismo) es, por lo tanto, una ilusión de aislamiento que se mantiene vigente por miedo a la misma soledad que *es* su ilusión. (T-8.IV.2:3)

Estar solo es estar separado de lo infinito, mas ¿cómo iba a ser posible esto si lo infinito no tiene fin? (T-11.I.2:1)

Aunque su hogar está en Dios, se siente solo y, rodeado de hermanos, se siente sin amigos. ¿Cómo iba a permitir Dios que esto fuese real, cuando Él no dispuso estar solo? Y si tu voluntad es la Suya, estar solo no puede ser verdad con respecto a ti porque no lo es con respecto a Él. (T-11.III.2:3-4)

No pensemos en su naturaleza aterradora, ni en la culpa que necesariamente conlleva, ni tampoco en la tristeza, o en la soledad. Pues esos no son sino atributos de la doctrina de la separación, y de todo el contexto en que se cree que esta tiene lugar. (T-16.V.10:2-3)

No dejes que se siga sintiendo solo por más tiempo, pues los que se sienten solos son aquellos que no ven ninguna función en el mundo que ellos puedan desempeñar, ningún lugar en el que se les necesite, ni ningún objetivo que solo ellos puedan alcanzar perfectamente. (T-25.VI.3:6)

El que mora con sombras está ciertamente solo, mas la soledad no es la Voluntad de Dios. (T-26.VI.3:1)

Solución:
La solución es inherente al problema. (L-80.4:4)

Que también comprenda que la solución es siempre un milagro al que le permito ocupar el lugar del resentimiento. (L-90.1:3)

El problema es un resentimiento; la solución, un milagro. (L-90.1:5)

La solución de este problema es el milagro que el problema oculta. (L-90.2:4)

No veo el problema y la solución como acontecimientos simultáneos. (L-90.3:4)

Soñador del sueño, El:
El soñador de un sueño no está despierto ni sabe que duerme. En sus sueños tiene fantasías de estar enfermo o sano, deprimido o feliz, pero sin una causa estable con efectos garantizados. (T-28.II.6:7-8)

En el sueño, el soñador, se hizo a sí mismo. Pero lo que hizo se volvió contra él, asumiendo el papel de creador suyo, tal como él mismo había hecho. Y así como él odió a su Creador, del mismo modo las figuras del sueño lo odian a él. Su cuerpo es su esclavo y abusan de él porque los motivos que él le adjudicó al cuerpo ellas los han adoptado como propio. Y odian al cuerpo por la venganza que este quiere consumar contra ellas. Mas la venganza de ellas contra el cuerpo es lo que parece probar que el soñador no es el autor del sueño. Primero se separan efecto y causa, y luego se invierten, de forma que el efecto se convierte en causa y la causa en efecto. (T-28.II.8:2-8)

Tener una identidad carece de significado en los sueños porque el soñador y el sueño son uno. El que comparte un sueño no puede sino ser el sueño que comparte porque el acto de compartir es lo que produce la causa. (T-28.IV.5:4-5)

Soñar:
La elección no es entre qué sueños conservar, sino solo si quieres vivir en sueños o despertar de ellos. De ahí que el milagro no excluya de su benéfica influencia algunos sueños. No puedes quedarte con algunos sueños y despertar de otros, pues o bien estás dormido o bien despierto. Y soñar tiene que ver únicamente con una de estas dos posibilidades. (T-29.IV.1:5-8)

Subconsciente: (ver Círculo de temor)

Substituir: (Ver Sustituir)

Subyugar:
¿Qué sentido tiene que alguien dé un regalo si luego se queda con él para asegurarse de que sea usado como mejor le parezca a él? Eso no es dar sino subyugar. (M.-6.3:7-8)

Sueño de curación:
El sueño de curación reside en el perdón, que dulcemente te muestra que nunca pecaste. (T-28.III.8:4)

Sueño de juicios:
El sueño de juicios no es más que un juego de niños, en el que el niño se convierte en un padre poderoso, pero con la limitada sabiduría de un niño. Lo que le hiere es destruido; lo que le ayuda, bendecido. Excepto que juzga con el criterio de un niño que no sabe distinguir entre lo que le hace daño y lo que le sanaría. (T-29.IX.6:4-6)

Sueño de perdón:
Los sueños de perdón te recuerdan que estás a salvo y que no te has atacado a ti mismo. (T-29.IX.10:1)

Los sueños de perdón son benévolos con todo aquel que forma parte de ellos. Y así, liberan completamente al soñador de los sueños de miedo. (T-29.IX.10:3-4)

Sueño del despertar:
El sueño del despertar se convierte fácilmente en realidad. Pues ese sueño refleja tu voluntad unida a la Voluntad de Dios. Y lo que esta Voluntad dispone que se haga jamás ha *dejado* de hacerse. (T-18.II.9:6-8)

Sueño del olvido:
El sueño del olvido no es más que nuestra renuencia a recordar Tu Perdón y Tu Amor. (T-16.VII.12:4)

No se ocultó de ti cuando te alejaste por un corto tiempo. (L-125.5:2)

Sueño feliz:
Los sueños felices se vuelven reales, no porque sean sueños, sino únicamente porque son felices. Por lo tanto, no pueden sino ser amorosos. (T-18.V.4:1-3)

Pero cuando los sueños son de perdón, a nadie se le pide ser la víctima o el que padece. Estos son los felices sueños que el milagro te ofrece a cambio de los tuyos. (T-28.II.5:6-7)

Los dulces sueños que el Espíritu Santo ofrece son diferentes de los del mundo, donde lo único que uno puede hacer es soñar que está despierto. Los sueños que el perdón le permite percibir a la mente no inducen a otra forma de sueño, a fin de que el soñador pueda soñar otro sueño. Sus sueños felices son los heraldos de que la verdad ha alboreado en su mente. Te conducen del sueño a un dulce despertar, de modo que todos los sueños se desvanecen. Y así, sanan para toda la eternidad. (L-140.3:1-5)

Sueños:

Los sueños son ilusiones de unión porque reflejan las nociones distorsionadas del ego con respecto a lo que significa unirse. (T-8.IX.3:7)

Mas en la obscuridad -el mundo privado que habitas cuando duermes- ves en sueños a pesar de que tus ojos están cerrados. (T-13.V.8:3)

Tus sueños son sueños de soledad porque tienes los ojos cerrados. (T-13.VI.12:6)

Las mejores alternativas que el ego ofrece para contrarrestar lo que se percibe como la ruda intromisión de la culpabilidad en la paz son: el olvido, el sueño y la muerte. (T-13.XI.1:1)

Mas lo que ocurre en sueños no ocurre realmente. Es imposible convencer al que sueña de que esto es así, pues los sueños son lo que son *debido* a la ilusión de que son reales. Solo al despertar se libera uno completamente de ellos, pues solo entonces resulta perfectamente evidente el hecho de que no afectaron en modo alguno a la realidad y de que no la han cambiado. (T-17.I.1:5-7)

Los sueños son caóticos porque están regidos por tus deseos conflictivos, y así, lo que es verdad les trae sin cuidado. Son el mejor ejemplo de cómo se puede utilizar la percepción para sustituir a la verdad por ilusiones. Al despertar no los tomas en serio, pues el hecho de que la "realidad" se viola tan radicalmente en ellos resulta evidente. Sin embargo, son una manera de ver el mundo y de modificarlo para que se adapte mejor al ego. Son ejemplos impresionantes, tanto de la incapacidad del ego para tolerar la realidad, como del hecho de que tú estás dispuesto a cambiarla para su beneficio. (T-18.II.2:1-5)

sueños

Los sueños son desahogos emocionales en el nivel de la percepción en los que literalmente profieres gritos: "¡Quiero que las cosas sean como yo quiero!". Y aparentemente lo consigues. (T-18.II.4:1-2)

Los sueños te muestran que tienes el poder de construir un mundo a tu gusto, y por el hecho de desearlo lo ves. Y mientras lo ves no dudas de su realidad. Mas he ahí un mundo, que aunque claramente existe solo en tu mente parece estar fuera. No reaccionas ante él como si tú mismo lo hubieras construido, ni te das cuenta de que las emociones que el sueño suscita no pueden proceder sino de ti. Los personajes del sueño y sus acciones parecen dar lugar al sueño. No te das cuenta de que eres tú el que los hace actuar por ti, ya que si fueses tú el que actuase, la culpa no recaería sobre ellos, y la ilusión de satisfacción desaparecería. (T-18.II.5:1-6)

Estás soñando continuamente. Lo único que es diferente entre los sueños que tienes cuando duermes y los que tienes cuando estás despierto es la forma que adoptan, y eso es todo. Su contenido es el mismo. Constituyen tu protesta contra la realidad, y tu idea fija y demente de que la puedes cambiar. En los sueños que tienes mientras estás despierto, la relación especial ocupa un lugar especial. Es el medio con el que tratas de que los sueños que tienes mientras duermes se hagan realidad. Desde la relación especial no puedes despertar. (T-18.II.5:12-18)

Pues del mismo modo en que los sueños que tienes cuando estás dormido y los que tienes cuando estás despierto son una representación de los deseos que albergas en tu mente, así también el mundo real y la verdad del Cielo están unidos en la Voluntad de Dios. (T-18.II.9:5)

No es un sueño amar a tu hermano como a ti mismo, ni tu relación santa es tampoco un sueño. (T-18.V.5:1-2)

Los sueños son completamente irracionales. En ellos una flor se puede convertir en una lanza envenenada, un niño en un gigante y un ratón rugir como un león. Y con la misma facilidad el amor puede trocarse en odio. (T-21.VII.3:10-12)

Un sueño es como una memoria, en el sentido de que te presenta las imágenes que quieres que se te muestren. (T-28.II.4:5)

El sueño no es más que una ilusión de la mente. Y a esta te puedes unir, pero nunca al sueño. (T-28.IV.2:6-7)

Creer que hay un lugar intermedio donde puedes ser algo que no eres, no puede ser verdad, sino un sueño. (T-28.V.3:11)

El hecho de que la verdad esté ausente de todas ellas (ilusiones) por igual es la base del milagro, lo cual quiere decir que has entendido que los sueños son sueños, y que escaparte de ellos depende, no del sueño en sí, sino de que despiertes. (T-29.IV.1:3)

Pues todos los sueños son sueños de miedo, no importa en qué forma parezcan manifestarse. (T-29.IV.2:2)

Los sueños no se desean en mayor o menor medida. Simplemente se desean o no se desean. Y cada uno representa alguna función que tú le has asignado a algo: algún objetivo que un acontecimiento, un cuerpo o una cosa *debe* representar y alcanzar por ti. Si lo logra crees que el sueño te gusta. Si fracasa crees que es triste. Pero el que fracase o se logre no es lo que constituye su médula, sino simplemente su endeble envoltura. (T-29.IV.4:6-11)

Eliges los sueños que tienes, pues son la representación de tus deseos, aunque se perciben como si vinieran de fuera. (T-29.VII.8:4)

Tus sombríos sueños no son más que los absurdos guiones que escribes por tu cuenta mientras duermes. (T-30.VII.6:15)

Los sueños no son guías dignos de ti, que eres el Hijo de Dios. (L.155.13:3)

sueños

Lo que parece ser lo opuesto a la vida es meramente un sueño. Cuando la mente elige ser lo que no es y asumir un poder que le es ajeno y que no posee, un estado foráneo al que no puede acceder o una condición falsa que no forma parte de su Fuente, simplemente parece que se va a dormir por un rato. (L-167.9:1-2)

Pues los sueños, sea cual fuere su clase, son algo ajeno y foráneo a la verdad. (L-198.8:2)

Sufrimiento:
El sufrimiento y el sacrificio son los regalos con que el ego "bendice" toda unión. Y aquellos que se unen ante su altar aceptan el sufrimiento y el sacrificio como precio de su unión. (T-15.VII.9:1-2)

(La decisión) Es el resultado de lo que se cree y emana de ello tal como el sufrimiento es la consecuencia inevitablemente de la culpa, y la libertad de la falta de pecado. (T-24 intro 2:6)

Tu sufrimiento y tus enfermedades no reflejan otra cosa que la culpabilidad de tu hermano, y son los testigos que le presentas no sea que se olvide del daño que te ocasionó, del que juras jamás escapará. (T-27.I.4:3)

Y el amor quiere demostrar que todo sufrimiento no es sino una vana imaginación, un absurdo deseo sin consecuencia alguna. (T-27.II.7:6)

Sufrir es poner énfasis en todo lo que el mundo ha hecho para hacerte daño. (T-27.VII.1:1)

No centres tu atención en el sufrimiento ni en el pecado, ya que no son sino reflejos de lo que los causa. (T-27.VII.5:8)

Si algo te puede herir, lo que estás viendo es una representación de tus deseos secretos. Eso es todo. Y lo que ves en cualquier clase de sufrimiento que padezcas es tu propio deseo oculto de matar. (T-31.V.15:8-10)

Lo que percibes como enfermedad, dolor, debilidad, sufrimiento y pérdida, no es sino la tentación de percibirte a ti mismo indefenso y en el infierno. No sucumbas a esta tentación y verás desaparecer toda clase de dolor, no importa dónde se presente, en forma similar a como el sol disipa la neblina. (T-31.VIII.6:2-3)

La depresión es una consecuencia inevitable de la separación, como también lo son la ansiedad, las preocupaciones, una profunda sensación de desamparo, la infelicidad, el sufrimiento y el intenso miedo a perder. (L-41.1:2-3)

El sufrimiento no es felicidad, y la felicidad es lo que realmente deseas. (L-73.6:5)

Su sufrimiento es pura ilusión. Sin embargo, necesitan un guía que los ayude a escapar de él, pues confunden las ilusiones con la verdad. (L-155.7:4-5)

El daño es imposible. (L-198.1:1)

No olvides hoy que toda forma de sufrimiento oculta algún pensamiento que niega el perdón. Y que no puede haber ningún tipo de dolor que el perdón no pueda sanar. (L-198.9:5-6)

Y cualquier clase de sufrimiento no es más que un sueño. Esta es la verdad, que al principio solo se dice de boca, y luego, después de repetirse muchas veces, se acepta en parte como cierta, pero con muchas reservas. Más tarde se considera seriamente cada vez más y finalmente se acepta como la verdad. (L-284.1:4-6)

Padre, lo que Tú me has dado no puede hacerme daño, por lo tanto, el sufrimiento y el dolor son imposibles. (L-284.2:1)

Sufrimiento corporal:

El cuerpo sufre solo para que la mente no pueda darse cuenta de que es la víctima de sí misma. El sufrimiento corporal es una máscara de la que la mente se vale para ocultar lo que realmente sufre. (L-76.5:3-4)

Suicidio:

Los caminos que el mundo ofrece parecen ser muchos, pero llegará un momento en el que todo el mundo comenzará a darse cuenta de cuán parecidos son unos de otros. Hay quienes han muerto al darse cuenta de esto porque no vieron otros caminos que los que ofrecía el mundo. Y al darse cuenta de que no conducían a ninguna parte, perdieron toda esperanza. Sin embargo, ese fue el momento en que pudieron haber aprendido la lección más importante de todas. Todo el mundo tiene que llegar a este punto e ir más allá de él. Ciertamente es verdad que el mundo no ofrece elección alguna. Mas esta no es la lección. La lección tiene un propósito, y con esto llegas a entender para qué es. (T-31.IV.3:3-10)

Pues solo con la muerte se reconcilian los opuestos, ya que poner fin a la contradicción es morir. Y así, se considera que la salvación es la muerte, pues la vida se ve como un conflicto. Resolver el conflicto es, por lo tanto, poner fin a tu vida. (L-138.7:3)

Ves en la muerte tu escapatoria de lo que has hecho. Pero lo que no ves es que tú mismo inventaste la muerte, la cual no es más que la ilusión de un final. La muerte no puede ser una escapatoria porque el problema no radica en la vida. (M-20.5.2:4)

Sustituir

Substituir es aceptar una cosa por otra. (T-18.I.1:1)

Substituir es elegir entre dos opciones renunciando a un aspecto de la Filiación en favor de otro. (T-18.I.1:3)

Fragmentar es excluir, y la substitución es la defensa más potente que el ego tiene para mantener vigente la separación. (T-18.I.1:6)

El Espíritu Santo nunca utiliza sustitutos. En cualquier situación en la que el ego percibe a una persona como sustituto de otra, el Espíritu Santo solo ve su unión e indivisibilidad. No elige entre ellas pues sabe que son una sola. Al estar unidas, son una sola porque son lo mismo. La sustitución es claramente un proceso en el que se perciben como si fuesen diferentes. (T-18.I.2:1-5)

Sustitutos:

La llamada de los substitutos no es más que el eco del error original que fragmentó el Cielo. (T-18.I.12:2)

T

Temor a Dios:

Lo que parece ser el temor a Dios es en realidad el miedo a tu propia realidad. (T-9.I.2:2)

El cuarto obstáculo (para la paz): El temor a Dios. (T-19.4.D)

He aquí tu promesa de no permitir jamás que la unión te haga abandonar la separación; la profunda amnesia en la que el recuerdo de Dios parece estar totalmente olvidado; la brecha entre tu Ser y tú: *el temor a Dios,* el último paso de tu disociación. (T-19.4.D.3:4)

Tenerle miedo a Dios es tenerle miedo a la vida, no a la muerte. (T-23.IV.1:1-2)

Tu temor a Dios y a tu hermano procede de la creencia de ser especial que aún no has reconocido. Pues exiges que tu hermano se postre ante ella en contra de su voluntad. Y Dios Mismo tiene que honrarla o pagar las consecuencias. Todo vestigio de malicia, toda punzada de odio y todo deseo de perpetuar la separación nace de ahí. (T-24.I.8:1-4)

¡El temor a Dios! El mayor obstáculo que la paz tiene que salvar no ha desaparecido todavía. Los demás ya han desaparecido, pero este todavía sigue en pie, obstruyendo tu paso y haciendo que el camino hacia la luz parezca oscuro y temible, peligroso y sombrío. (T-29.I.3:1-3)

El temor a Dios no es el miedo de perder tu realidad, sino el miedo de perder tus ídolos. (T-29.VII.9:6-7)

De este modo, el temor a Dios es el resultado inevitable de considerar que el perdón es algo inmerecido. Nadie que se considere a sí mismo culpable puede evitar sentir temor a Dios. (T-30.VI.4:3-4)

El temor a Dios es el resultado ineludible de la lección que afirma que Su Hijo es culpable, de la misma manera en que el Amor de Dios no puede sino recordarte cuando el Hijo reconoce su inocencia. (T-31.I.10:1)

El velo que cubre la faz de Cristo, el temor a Dios y a la salvación, así como el amor a la culpa y a la muerte, no son sino diferentes nombres de un mismo error: que hay un espacio entre tu hermano y tú que os mantiene aparte debido a una ilusión de ti mismo que lo mantiene a él separado de ti y a ti alejado de él. (T-31.VII.9:1)

Tal es la forma de locura en la que crees, si aceptas el temible pensamiento de que puedes atacar a otro y tú quedar libre. Hasta que esta forma de locura no cambie, no habrá esperanza alguna. Hasta que no te des cuenta de que, al menos ese temible pensamiento de que puedes atacar a otro y tu quedar libre tiene que ser completamente imposible, ¿cómo podría haber escapatoria? El temor a Dios es real para todo aquel que piensa que ese pensamiento es verdad. Y no percibirá su insensatez, y ni siquiera se dará cuenta de que lo abriga, lo cual le permitiría cuestionarlo. (L-196.6:1.5)

Cada uno le dice claramente a su mente atemorizada: "Has usurpado el lugar de Dios. No creas que Él se ha olvidado". Aquí es donde más vívidamente se ve reflejado el temor a Dios. (M-17:7.3-4)

Templo:
El siguiente paso, no obstante, es darse cuenta de que un templo no es en modo alguno una estructura. (T-2.III.1:7)

El templo del ego se convierte así en el templo del Espíritu Santo, en el que la devoción por Él reemplaza a la devoción por el ego. En este sentido el cuerpo se convierte ciertamente en el templo de

Dios; Su Voz reside en su interior dirigiendo el uso que se hace de él. (T-8.VII.9:6-7)

El templo que restauras se convierte en tu altar, pues fue reconstruido a través de ti. (T-14.V.10:10)

El templo sigue siendo santo, pues la Presencia que mora dentro de él *es* la Santidad. (T-14.IX.3:9)

Vuestra relación es ahora un templo de curación, un lugar donde todos los que están fatigados pueden venir a descansar. (T-19.III.11:3)

El templo del Espíritu Santo no es un cuerpo, sino una relación. (T-20.VI.5:1)

Tenebrosas figuras:
Lo tenebroso es aterrador porque no comprendes su significado. (T-14.VI.1:5)

Pues las tenebrosas figuras que quieres hacer inmortales son "enemigos" de la realidad. Procura estar dispuesto a perdonar al Hijo de Dios por lo que Él no hizo. Las tenebrosas figuras son los testigos que traes contigo para probar que el Hijo de Dios hizo lo que no hizo. Puesto que las traes contigo, las oirás. Y tu que las conservas, porque tú mismo así lo elegiste, no puedes entender cómo llegaron hasta tu mente ni cuál es su propósito. Representan el mal que crees que se te infringió. Las traes contigo solo para poder devolver mal por mal, con la esperanza de que su testimonio te permita pensar que otro es culpable sin que ello te haga daño a ti. Hablan tan decididamente a favor de la separación que nadie que no estuviera obsesionado por perpetuar la separación podría oírlas. (T-17.III.1:4-11)

Son estas figuras tenebrosas las que quieren santificar al ego ante tus ojos, y enseñarte que lo que haces para mantenerlo a salvo es en realidad amor. Estas figuras tenebrosas hablan siempre de venganza, y todas las relaciones que entablan son absolutamente dementes. (T-17.III.2:12)

Tener y ser:
En el lenguaje del ego "tener" y "ser" significa dos cosas distintas, si bien para el Espíritu Santo son exactamente lo mismo. (T-4.III.9:4)

Aprendes primero que tener se basa en dar, y no en obtener. (T-6.V.C.6:1)

Tentación:
"No nos dejes caer en la tentación" significa: "Reconoce tus errores y elige abandonarlos siguiendo mi dirección." (T-1.III.4:7)

Y reinterpretará cualquier tentación simplemente como otra oportunidad más de ser feliz. (T-25.III.6:8)

Recuerda que toda tentación no es más que esto: la creencia descabellada de que la demencia de Dios te volvería cuerdo y te daría lo que quisieras; y de que o bien tú o Dios tendríais que perder ante la demencia porque vuestros objetivos son irreconciliables. (T-25.VII.13:1)

Cuídate de la tentación de percibirte a ti mismo como que se te está tratando injustamente. Desde este punto de vista, tratas de encontrar inocencia únicamente en ti y no en ellos, a expensas de la culpabilidad de otro. ¿Puedes acaso comprar la inocencia descargando tu culpa sobre otro? (T-26.X.4:1-3)

¿Qué es la tentación, sino el deseo de hacer que las ilusiones sean reales? No parece ser el deseo de hacer que lo que es real no lo sea. Sin embargo, es la afirmación de que algunas clases de ídolos ejercen una poderosa atracción que los hace más difíciles de resistir que aquellos que tú preferirías que no fueran reales. Toda tentación, por lo tanto, no es más que esto: una plegaria para que el milagro no ejerza influencia sobre algunos sueños, y para que, en vez de ello, mantenga su irrealidad oculta y les otorgue realidad. (T-30.VIII.3:1)

Cuando el Hijo de Dios cae en la tentación, niega la realidad. (T-30.VIII.4:8)

¿Qué es la tentación, sino el deseo de tomar una decisión errónea con respecto a lo que quieres aprender, y obtener un resultado que no deseas? El reconocimiento de que ese es un estado mental indeseable se convierte en el medio por el que se vuelve a examinar la lección, viéndose entonces que hay otro resultado más deseable. (T-31.I.11:1-2)

¿Qué es la tentación sino el deseo de permanecer en el infierno y en la aflicción? (T-31.VII.10:1)

Sea cual sea la forma en que la tentación parezca manifestarse, no es más que un reflejo de tu deseo de ser algo que no eres. De ese deseo surge un concepto que te enseña que eres aquello que deseas ser. (T-31.VII.12:1-2)

Así pues mantente alerta contra la tentación, recordando que no es más que un deseo demente e insensato de convertirte en algo que no eres. Y piensa también en esa cosa que querrías ser en cambio. Pues de lo que esa cosa se compone es de locura, dolor y muerte; de traición y de profunda desesperación, así como de sueños fallidos y de haber perdido toda esperanza, salvo la de morir, para así poner fin al sueño de miedo. *Eso* es todo lo que es la tentación; nada más. (T-31.VII.14:1-4)

La lección que la tentación siempre quiere enseñar, en cualquier forma en que se presente e independientemente de donde ocurra, es esta: quiere persuadir al santo Hijo de Dios de que él es un cuerpo, nacido dentro de lo que no puede sino morir, incapaz de librarse de su fragilidad y condenado a lo que el cuerpo le ordene sentir. (T-31.VIII.1:1)

Por lo tanto, jamás tengas miedo de la tentación, sino reconócela como lo que es: una oportunidad más para elegir de nuevo y dejar que la fortaleza de Cristo impere en toda circunstancia y lugar donde antes habías erigido una imagen de ti mismo. (T-31.VIII.4:2)

Aprende, pues, el feliz hábito de responder a toda tentación de percibirte a ti mismo débil y afligido con estas palabras: *Soy tal como Dios me creó. Su Hijo no puede sufrir. Y yo soy Su Hijo. (T-31.VIII.5.1-4)*

Lo que percibes como enfermedad, dolor, debilidad, sufrimiento y pérdida, no es sino la tentación de percibirte a ti mismo indefenso y en el infierno. No sucumbas a esta tentación, y verás desaparecer toda clase de dolor, no importa donde se presente, en forma similar a como el sol disipa la neblina. (T-31.VIII.6:2-3)

Nada de lo que los ojos del cuerpo parecen ver puede ser otra cosa que una forma de tentación, ya que ese fue el propósito del cuerpo en sí. (L-64.2:1)

Toda tentación no es más que una variante de la tentación básica de no creer la idea de hoy (Mi salvación procede de mí). (L-70.1:1)

Evitar la magia es evitar la tentación. Pues toda tentación no es más que el intento de substituir la Voluntad de Dios por otra. (M.M-16.9:1-2)

Terapeuta:
Un terapeuta no cura, sino que *deja que la curación ocurra espontáneamente*. Puede señalar la oscuridad, pero no puede traer luz por su cuenta, pues la luz no es de él. No obstante, al ser *para* él, tiene que ser también para su paciente. El Espíritu Santo es el único Terapeuta. (T-9.V.8:1-4)

terapeuta

El terapeuta es solo un maestro de Dios un poco más especializado. Aprende enseñando, y cuanto más avanzado, más enseña y más aprende. (P-2.I.4:3)

Cada paciente que acude a un terapeuta le ofrece a este la oportunidad de curarse a sí mismo. Por lo tanto, es su terapeuta. (P-2.VII.1:7-8)

Sin embargo, es imposible que exista un terapeuta perfecto o un perfecto paciente. Ambos han tenido que negar su perfección, pues la misma necesidad que uno tiene por el otro implica un sentido de carencia. (P-3.II.4:4-5)

Terapia:
De la misma manera en que toda terapia es psicoterapia, del mismo modo toda enfermedad es enfermedad mental. (P-2.IV.1:1)

Pues la terapia es oración, y la curación es su mira y su resultado. (P-2.VII.2:2)

Una relación de uno-a-uno no es la Relación Una. No obstante, es el medio de retorno: el camino que Dios eligió para el regreso de Su Hijo. En este extraño sueño debe adentrarse una extraña corrección, pues solo eso es la llamada a despertar. ¿Y qué otra cosa, sino, debe ser la terapia? (P-3.II.4:6-9)

Testigo de Dios:
El Testigo de Dios no ve testigos contra el cuerpo. Tampoco presta atención a los testigos que con otros nombres hablan de manera diferente en favor de la realidad del cuerpo. Él sabe que no es real. (T-27.VI.2:1)

Testigos del pecado:
El pecado oscila entre el dolor y el placer, y de nuevo al dolor. Pues cualquiera de esos testigos es el mismo, y solo tiene un mensaje: "Te encuentras aquí, dentro de un cuerpo, y se te puede hacer daño". (T-27.VI.2:1-3)

Los testigos del pecado no hacen sino cambiar de un término a otro, según uno de ellos ocupa el primer plano y el otro retrocede al segundo. Es irrelevante, no obstante, cuál de ellos tenga primacía en cualquier momento dado. Los testigos del pecado solo oyen la llamada de la muerte. (T-27.VI.2:9-11)

Las leyes del pecado tienen diferentes testigos con distintos puntos fuertes. Y estos testigos dan testimonio de diferentes clases de sufrimiento. (T-27.VI.6:4-5)

Tiempo, El:
El tiempo es, por lo tanto, un recurso de enseñanza y un medio para alcanzar un fin. El tiempo cesará cuando ya no sea útil para facilitar el aprendizaje. (T-1.I.15:3-4)

"Nadie viene al Padre sino por mí" no significa que yo esté en modo alguno separado de ti o que sea diferente, excepto en el tiempo, y el tiempo no existe realmente. (T-1.II.41)

En última instancia, ni el espacio ni el tiempo tienen sentido alguno. Ambos son meramente creencias. (T-1.VI.3:5-6)

El tiempo es esencialmente un recurso por medio del cual se puede abandonar toda idea de transigencia (entre lo que lo es todo y lo que no es nada) al respecto. Este proceso parece ser gradual debido únicamente a que el tiempo en sí comprende intervalos que no existen. (T-2.VII.5:11-2)

Las demoras pertenecen al ámbito del ego porque el tiempo es un concepto suyo. (T-5.III.5:1)

La eternidad es una idea de Dios, por lo tanto, el Espíritu Santo la comprende perfectamente. El tiempo es una creencia del ego, por lo tanto, la mente inferior -el dominio del ego- la acepta sin reservas. El único aspecto del tiempo que es eterno es el *ahora*. (T-5.III.6:3-5)

tiempo

En la eternidad las demoras no importan, pero en el tiempo son ciertamente trágicas. (T-5.VI.1:3)

Hemos dicho repetidamente que el tiempo es un recurso de aprendizaje que será abolido cuando ya no sea necesario. El Espíritu Santo, que habla en favor de Dios en el tiempo, sabe también que el tiempo no tiene sentido. (T-5.VI.12:4-5)

Tanto el tiempo como la eternidad se encuentran en tu mente, y estarán en conflicto hasta que percibas el tiempo exclusivamente como un medio para recuperar la eternidad... Tienes que aprender que el tiempo solo existe para que hagas uso de él, y que nada en el mundo puede eximirte de esa responsabilidad. (T-10 intro.1:2-5)

El tiempo en sí es algo que tú elegiste. Si quieres recordar la eternidad, tienes que contemplar solo lo eterno. (T-10.V.14:4-5)

El tiempo parece ir en una dirección, pero cuando llegues a su final, se enrollará hacia el pasado como una gran alfombra extendida detrás de ti y desaparecerá. (T-13.I.3:5)

Cuándo ha de encontrarla (la libertad) es solo cuestión de tiempo, y el tiempo no es sino una ilusión. (T-13.I.5:5)

Para el Espíritu Santo el propósito del tiempo es que finalmente se haga innecesario. El Espíritu Santo considera que la función del tiempo es temporal, al estar únicamente al servicio de Su función docente que, por definición, es temporal. Hace hincapié, por lo tanto, en el único aspecto del tiempo que se puede extender hasta el infinito, ya que el *ahora* es lo que más se aproxima a la eternidad en este mundo. En la realidad del "ahora", sin pasado ni futuro, es donde se puede empezar a apreciar lo que es la eternidad. Pues solo el "ahora" está aquí, y solo el "ahora" ofrece las oportunidades de los encuentros santos en los se puede encontrar la salvación. (T-13.IV.7:3-7)

El ego, por otra parte, considera que la función del tiempo es extenderse a sí mismo en lugar de extender la eternidad, pues, al igual que el Espíritu Santo, el ego considera que el objetivo del tiempo es el mismo que el suyo. El único propósito que el ego percibe en el tiempo, es que, bajo su dirección, haya continuidad entre pasado y futuro, y que el presente quede excluido a fin de que no se pueda abrir ninguna brecha en su propia continuidad. Su continuidad, por consiguiente, te mantiene en el tiempo, mientras que el Espíritu Santo quiere liberarte de él. (T-13.IV.8:1-3)

Y el tiempo será tal como tú lo interpretes, pues, de por sí, no es nada. (T-13.IV.9:7)

El pasado, el presente y el futuro no son estados continuos, a no ser que impongas continuidad en ellos. (T-13.VI.4:2)

La invención del tiempo para que ocupara el lugar de lo eterno se basó en tu decisión de no ser como eres. De esta manera la verdad pasó a ser el pasado, y el presente se consagró a las ilusiones. El pasado fue alterado también y se interpuso entre lo que siempre ha sido y el ahora. El pasado que tú recuerdas jamás tuvo lugar, y no representa sino la negación de lo que siempre ha sido. (T-14.IX.1:7-10)

El tiempo es Su amigo (del E. S.) a la hora de enseñar. (T-15.I.2:4)

Pues el tiempo, de acuerdo con las enseñanzas del ego, no es sino un recurso de enseñanza para incrementar la culpa hasta que esta lo envuelva todo y exija eterna venganza. (T-15.I.7:7)

Empieza a usar el tiempo de la misma manera en que lo hace el Espíritu Santo: como un instrumento de enseñanza para alcanzar la paz y la felicidad. Elige este preciso instante, ahora mismo, y piensa en él como si fuese todo el tiempo que existe. Ahí nada del pasado puede afectarte, y ahí es donde te encuentras completamente absuelto, completamente libre y sin condenación alguna. (T-15.I.9.4-6)

tiempo

El tiempo es inconcebible sin cambios. (T-15.I.10:1)

El tiempo es tu amigo si lo pones a la disposición del Espíritu Santo. (T-15.I.15:1)

El tiempo es benévolo, y si lo usas en beneficio de la realidad, se ajustará al ritmo de tu transición. (T-16.VI.8:2)

El período de desorientación, que precede a la transición en sí, es mucho más corto que el tiempo que tardaste en fijar tu mente tan firmemente a las ilusiones. (T-16.VI.8:5)

El tiempo es ciertamente severo con la relación no santa. Pues el tiempo es cruel en manos del ego, de la misma manera en que es benévolo cuando se usa a favor de la mansedumbre. (T-17.III.4:1-2)

El que no tiene que hacer nada no tiene necesidad de tiempo. (T-18.VII.7:6)

Y cuando la corrección se completa, el tiempo se *convierte* en eternidad. (T-19.III.5:4)

En el instante en que pareció posible que la idea descabellada de hacer que tu relación con Dios fuese profana, todas tus relaciones dejaron de tener significado. En ese instante profano nació el tiempo, y se concibieron los cuerpos para albergar esa idea descabellada y conferirle la ilusión de realidad. Y así, pareció tener un hogar que duraba por un cierto período de tiempo, para luego desaparecer del todo. Pues ¿qué otra cosa sino un fugaz instante podría dar albergue a esa loca idea que se opone a la realidad? (T-20.VI.8:6-9)

Pues el tiempo es una invención tuya y, por lo tanto, lo puedes gobernar. (T-22.II.8:7)

Lo único que se puede perder es tiempo, el cual, en última instancia, no tiene ningún sentido. Pues solo supone un pequeño obstáculo para la eternidad y no significa nada para el verdadero maestro del mundo. (T-26.V.2:1-2)

El tiempo tan solo duró un instante en tu mente, y no afectó a la eternidad en absoluto. Y así es con todo el tiempo que ha pasado; y todo permanece exactamente como era antes de que se construyese el camino que no lleva a ninguna parte. El brevísimo lapso de tiempo en el que se cometió el primer error -en el que todos los demás errores están contenidos- encerraba también la Corrección de ese primer error y de todos los demás que partieron de él. Y en ese breve instante el tiempo desapareció, pues eso es lo único que siempre fue. (T-26.V.3:3-6)

A ti, que aún crees vivir en el tiempo sin saber que ya desapareció, el Espíritu Santo te sigue guiando a través del laberinto infinitamente pequeño e insensato que todavía percibes en el tiempo a pesar de que ya hace mucho que desapareció. Tú crees estar viviendo en lo que ya pasó. Cada cosa que ves la viste solo por un instante, hace mucho, antes de que su irrealidad sucumbiese ante la Verdad. (T-26.V.4:1-3)

Ese ínfimo instante que deseas conservar y hacer eterno, se extinguió tan fugazmente en el Cielo que ni siquiera se notó. Lo que desapareció tan rápidamente que no puede afectar el conocimiento del Hijo de Dios, no puede estar aún ahí para que lo puedas elegir como maestro. Solo en el pasado -un pasado inmemorial, demasiado breve como para poder erigir un mundo en respuesta a la Creación- pareció surgir este mundo. Ocurrió hace tanto tiempo y por un intervalo tan breve que no se perdió ni una sola nota del himno celestial. Sin embargo, en cada acto o pensamiento que aún no hayas perdonado, en cada juicio y en cada creencia en el pecado, se evoca ese instante, como si se pudiese volver a reconstruir en el tiempo. Lo que tienes ante tus ojos es una memoria ancestral. Y quien vive solo de recuerdos no puede saber dónde se encuentra. (T-26.V.5:1-7)

tiempo

Cada día, y cada minuto de cada día, y en cada instante de cada minuto, no haces sino revivir ese instante en el que la hora del terror ocupó el lugar del amor. (T-26.V.13:1)

Y el tiempo no es otra cosa que la creencia demente de que lo que ya pasó todavía está aquí y ahora. (T-26.V.13:4)

Pues el tiempo y el espacio son la misma ilusión, pero se manifiestan de forma diferente. Si se ha proyectado más allá de tu mente, piensas que es el tiempo. Cuanto más cerca se trae a tu mente, más crees que es el espacio. (T-26.VIII.1:3-5)

Quieres conservar cierta distancia entre vosotros para que os mantenga separados, y percibes ese espacio como el tiempo porque aún crees que eres algo externo a tu hermano. (T-26.VIII.2:1)

No proyectes este temor en el tiempo, pues el tiempo no es el enemigo que tú percibes. El tiempo es tan neutral como el cuerpo, salvo en lo que respecta al propósito que le asignas. (T-26.VIII.3:6-7)

Por eso es por lo que el tiempo no está involucrado en la solución de ningún problema, ya que cualquiera de ellos se puede resolver *ahora mismo*. (T-27.IV.2:1)

El tiempo, no obstante, no es más que otra fase de lo que no hace nada. Colabora estrechamente con todos los demás atributos con los que intentas mantener oculta la verdad acerca de ti. El tiempo ni quita ni restituye. Sin embargo, lo utilizas de una manera extraña, como si el pasado hubiese causado el presente, y este no fuese más que una consecuencia en la que no se puede hacer cambio alguno, toda vez que su causa ha desaparecido. Un cambio, no obstante, tiene que tener una causa duradera, pues de otro modo no perduraría. (T-28.I.6:1-5)

Todos los demás objetivos, excepto uno, operan en el tiempo y cambian de manera que este se pueda perpetuar. Pues el perdón no se propone conservar el tiempo, sino abolirlo una vez que deja de ser de utilidad. Y una vez que deja de ser útil, desaparece. Y ahí donde una vez parecía reinar, se restaura ahora a plena conciencia la función que Dios le encomendó a su Hijo. El tiempo no puede fijar un final para el cumplimiento de esa función ni para su inmutabilidad. (T-29.VI.4:4-8)

Esta idea (Soy tal como Dios me creó) es suficiente también para dejar que el tiempo sea el medio por el que el mundo entero aprende a escaparse del tiempo y de todos los cambios que este parece producir con su pasar. (L-110.2:4)

El tiempo es la gran ilusión de que el Cielo se encuentra en el pasado o en el futuro. (L-131.6:3)

El énfasis del tiempo es el futuro, el cual se debe controlar mediante el aprendizaje y la experiencia derivada de sucesos pasados y de las creencias previas. (L-135.15:3)

Este hecho es lo que demuestra que el tiempo es una ilusión. Pues el tiempo te permite pensar que lo que Dios te ha dado no es verdad ahora mismo, como no puede por menos que serlo. Los pensamientos de Dios son totalmente ajenos al tiempo. Pues el tiempo no es sino otra absurda defensa que has urdido contra la verdad. (L-136.13:1-4)

Pues el tiempo tan solo da la impresión de que se mueve en una sola dirección. No hacemos sino emprender una jornada que ya terminó. No obstante, parece como si tuviera un futuro que todavía nos es desconocido. (L-158.3:5-6)

El tiempo es un truco, un juego de manos, una gigantesca ilusión en la que las figuras parecen ir y venir como por arte de magia. (L-158.4:1)

Y sueña con el tiempo: un intervalo en el que lo que parece acontecer en realidad nunca ha sucedido, los cambios ocurridos son insustanciales y los acontecimientos no han tenido lugar en ninguna parte. (L-167.9:3)

No se te pide, pues, que entiendas que el tiempo no tiene realmente una secuencia lineal. Solo se te pide que te desentiendas del futuro y lo pongas en Manos de Dios. Y mediante tu propia experiencia podrás comprobar que también has puesto en Sus Manos el pasado y el presente, porque el pasado ya no te castigará más y el miedo al futuro ya no tendrá sentido. (L-194.4:4-6)

La realidad es también ajena al tiempo, al ser algo propio de Él. En el instante en que la idea de la separación se adentró en la mente del Hijo de Dios, en ese mismo instante Dios dio Su Respuesta. En el tiempo esto ocurrió hace mucho. En la realidad, nunca ocurrió. (M-2.2:5-6)

El mundo del tiempo es el mundo de lo ilusorio. Lo que ocurrió hace mucho parece estar ocurriendo ahora. Las decisiones que se tomaron en aquel entonces parecen como si aún estuviesen pendientes; como si aún hubiera que tomarlas. Lo que hace mucho que se aprendió, se entendió y se dejó a un lado, se considera ahora un pensamiento nuevo, una idea reciente, un enfoque diferente. Puesto que tu voluntad es libre, puedes aceptar -en cualquier momento que así lo decidas- lo que ya ha ocurrido y solo entonces te darás cuenta de que siempre había estado ahí. (M-2.3:1-5)

El tiempo, entonces, se remonta a un instante tan antiguo que está más allá de toda memoria, e incluso más allá de la posibilidad de recordarlo. Sin embargo, debido a que es un instante que se revive una y otra vez, y de nuevo otra vez, parece como si estuviera ocurriendo ahora. (M-2.4:1-2)

Lo que la Voluntad de Dios dispone solo da la impresión de que toma tiempo para cumplirse. (M-2.4:7)

Tiempo y espacio:
Pues el tiempo y el espacio son la misma ilusión, pero se manifiestan de forma diferente. Si se ha proyectado más allá de tu mente,

piensas que es el tiempo. Cuando más cerca se trae a tu mente, más crees que es el espacio. (26.VIII.1:3-5)

Tinieblas:
Ahora vemos que las tinieblas son el producto de nuestra propia imaginación y que la luz está ahí para que la contemplemos. (L-302-1:5)

Todas las cosas de este mundo:
Has depositado tu fe en los símbolos más triviales y absurdos: en píldoras, dinero, ropa "protectora", influencia, prestigio, caer bien, estar "bien" relacionado y en una lista interminable de cosas huecas y sin fundamento a las que dotas de poderes mágicos. (L-50.1:3)

Todas esas cosas son tus sustitutos del Amor de Dios. Todas esas cosas se atesoran para asegurar la identificación con el cuerpo. Son himnos de alabanza al ego. No deposites tu fe en lo que no tiene valor. (L-50.2:1-4)

Tomar decisiones:
Tomar decisiones es un proceso continuo, pero no siempre te das cuenta de cuándo las estás tomando. (T-30.I.1-2)

Toque de Cristo:
Te retraes temerosamente no vaya a ser que sientas el toque de Cristo sobre tu hombro y percibas Su amorosa mano apuntando hacia tus dones. (L-166.8:1)

Cristo ha puesto Su mano sobre tu hombro, y ya no te sientes solo. (L-166.9:2)

Les enseñas esto al mostrarles la felicidad que sobreviene a los que han sentido el toque de Cristo y reconocido los dones de Dios. (L-166.13:5)

toque de Cristo

Tu mano se convierte en la que otorga el toque de Cristo; tu cambio de mentalidad es la prueba de que quien acepta los dones de Dios jamás puede sufrir por nada. (L-166.14:5)

Traición:
Es únicamente la imagen que tienes de alguien lo que puede fracasar, y tener esa imagen es lo único que constituye una traición. (T-29.IV.5:2)

Transigir:
Transigir es aceptar solo una parte de lo que quieres: tomar solo un poco y renunciar al resto. (T-23.III.3:2)

Si se le permite la entrada a la idea de transigir, se pierde la conciencia del propósito de la salvación porque no se reconoce. Dicho propósito se niega cuando la idea de transigir se ha aceptado, pues es la creencia de que la salvación es imposible. La idea de transigir mantiene que puedes atacar un poco, amar un poco, y ser consciente de la diferencia. De esta manera, pretende enseñar que un poco de lo mismo puede ser diferente, y, al mismo tiempo, permanecer intacto, cual uno solo. ¿Tiene sentido esto? ¿Es acaso comprensible? (T-23.III.3:5-10)

No obstante, lo único que se puede hacer en sueños es transigir. A veces ello adopta la forma de una unión, pero solo la forma. El significado no puede sino estar ausente del sueño, pues su meta es transigir. (L-185.4:1-3)

Trato:
No te olvides de esto: hacer tratos es fijar límites, y no podrás sino odiar a cualquier hermano con el que tengas una relación parcial. (T-21.III.1:3)

Tristeza:
No pensemos en su naturaleza aterradora, ni en la culpa que necesariamente conlleva, ni tampoco en la tristeza o en la sole-

dad. Pues esos no son sino atributos de la doctrina de la separación, y de todo el contexto en que se cree que esta tiene lugar. (T-16.V.10:2-3)

La tristeza es señal de que prefieres desempeñar otro papel en vez del que Dios te ha encomendado. (L-100.5:3)

Triunfos del amor:
No hay tal cosa como triunfos de amor. Solo el odio está interesado en el "triunfo del amor". La ilusión de amor puede triunfar sobre la ilusión del odio, pero siempre a costa de convertir a las dos en ilusiones. Mientras perdure la ilusión de odio, el amor será una ilusión para ti. (T-16.IV.5:1-4)

Trono de Dios:
Nos congregamos hoy en el trono de Dios, el sereno lugar de tu mente donde Él mora para siempre en la santidad que creó y que nunca ha de abandonar. (L-125.4:3)

Tú:
Tú mismo eres un milagro, capaz de crear a semejanza de tu Creador. (T-1.I.24:2)

Tú eres una creación perfecta... (T-1.II.3:3)

Tú eres la obra de Dios, y Su obra es totalmente digna de amor y totalmente amorosa. Así es como el hombre debiera pensar de sí mismo en su corazón, pues eso es lo que realmente es. (T-1.III.2:3)

Tu realidad es únicamente Espíritu. (T-1.III.5:5)

Dado que tú y tu prójimo sois miembros de una misma familia en la que gozáis de igual rango, tal como te percibas a ti mismo y tal como lo percibas a él, así te comportarás contigo y con él. (T-1.III.6:6)

tú

Has perdido el conocimiento de que tú mismo eres un milagro de Dios. (T-3.V.6:7)

Cuando sientas miedo, aquiétate y reconoce que Dios es real, y que tú eres Su Hijo amado en Quien Él se complace. (T-4.I.8:6)

Tú eres el Reino de los Cielos. ¿Qué otra cosa *sino* a ti creó el Creador?, y ¿qué otra cosa *sino* tú es Su Reino? Este es el mensaje de la Expiación, mensaje que, en su totalidad, transciende la suma de sus partes. Tú también tienes un Reino que tu Espíritu creó. (T-4.III.1:4-7)

Tú, que te identificas con el ego no puedes creer que Dios te ame. (T-4.III.4:1)

Eres un reflejo de la verdad, en el que Dios Mismo brilla en perfecta luz. (T-4.IV.9:1)

Puesto que tú eres el Reino de Dios te puedo conducir de vuelta a tus creaciones. (T-4.VI.7:7)

Tú eres el Reino de los Cielos, pero permitiste que la creencia en la oscuridad se infiltrase en tu mente, por lo que ahora necesitas una nueva luz. (T-5.II.4:1)

Dios no está dentro ti en un sentido literal; más bien, tú formas parte de Él. (T-5.II.5:5)

Tú eres la luz del mundo junto conmigo. (T-5.II.10:3)

Tú no puedes comprenderte a ti mismo separado de los demás. Ello se debe a que tú, separado del legítimo lugar que ocupas en la Filiación, no significas nada, y el legítimo lugar de la Filiación es Dios. (T-5.III.8:1-2)

Y tú, que formas parte de Él, no te sientes a gusto salvo en Su Paz. (T-5.III.10:7)

Te pertenece (la verdad) porque, al ser tú una Extensión de Dios, la creaste junto con Él. (T-5.IV.1:5)

Su Voluntad dispone que este (tu Espíritu) permanezca en perfecta paz porque tú eres de una misma Mente y de un mismo Espíritu con Él. (T-5.VII.3:3)

He dejado perfectamente claro que soy como tú y que tú eres como yo, pero nuestra igualdad fundamental solo puede demostrarse mediante una decisión conjunta. (T-6.I.5:1)

Tú eres únicamente amor, mas cuando lo niegas haces de lo que eres algo que tienes que aprender a recordar. (T-6.III.2:3)

Enseña solamente amor, y aprende que el amor es tuyo y que tú eres amor. (T-6.III.4:9)

Tú gozas de tanta certeza como Dios, pues eres tan real como Él, pero lo que antes gozaba de absoluta certeza en tu mente ha pasado a ser ahora únicamente la capacidad para gozar de ella. (T-6.IV.7:6)

Tú, que *eres* el Reino, no tienes nada que ver con las apariencias. La realidad es tuya porque tú eres la realidad. (T-7.III.4:5-6)

Puesto que tu Ser *es el* conocimiento de Dios, la percepción que el Espíritu Santo tiene de ti es la única que tiene significado. (T-7.VI.10:1)

Tú *eres* la Voluntad de Dios. No aceptes nada más como tu voluntad, pues, de lo contrario, estarás negando lo que eres. (T-7.VII.10:1-2)

Dije antes que tú eres la Voluntad de Dios. (T-7.X.6:4)

Tú eres la Voluntad de Dios porque así es como fuiste creado. (T-8.II.7:5)

Eres invulnerable a sus represalias porque yo estoy contigo. (T-8.V.5:7)

Tú, a quien Dios ama, eres completamente bendito. (T-8.VI.10:4)

Tú no estás limitado por el cuerpo, y el pensamiento no puede hacerse carne. (T-8.VII.14.1)

Eres absolutamente irreemplazable en la Mente de Dios. (T-9.VIII.10:1)

Tú eres la piedra angular de la Creación de Dios, pues Su sistema de pensamiento es la Luz. (T-11 Intro 3:2)

Hermano mío, eres parte de Dios y parte de mí. (T-11 intro 4:1)

El Espíritu Santo te enseña que siempre te encuentras contigo mismo, y el encuentro es santo porque tú lo eres. (T-13.IV.6:9)

Tú eres un aspecto del Conocimiento, al estar en la Mente de Dios, Quien te conoce. (T-13.VIII.2:3)

Tú eres el testigo de la Paternidad de Dios, y Él te ha dado el poder de crear en el Cielo los testigos de la tuya, la cual es como la Suya. (T-13.VIII.9:2)

Lo que te resulta difícil aceptar es el hecho de que, al igual que tu Padre, *tú* eres una idea. Y, al igual que Él, te puedes entregar totalmente sin que ello suponga ninguna pérdida para ti, sino solo ganancias. (T-15.VI.4:5-6)

Tú no eres dos seres en conflicto. ¿Qué puede haber más allá de Dios? Si tú, que lo contienes a Él y a quien Él contiene, eres el universo, todo lo demás debe estar fuera, donde no existe nada. (T-16.III.6:1-3)

Tú, que eres ahora el portador de la salvación, tienes la función de llevar la luz a la oscuridad. (T-18.III.7:1)

¿Cómo podrías tú, que te ves a ti mismo dentro de un cuerpo, saber que eres una idea? (T-18.VIII.1:5)

Tú eres su hogar (el de la paz): su tranquila morada desde donde se extiende serenamente hacia el exterior, aunque sin abandonarte jamás. (T-19.4.A.1:4)

Tú, que eras un prisionero en la separación eres ahora libre en el Paraíso. Y allí me uniré a ti, que eres mi amigo, mi hermano y mi propio Ser. (T-20.III.10:6)

Tú eres el salvador de tu hermano. Él es el tuyo. (T-21.VI.9:1-2)

Tú, que contemplas la Voluntad de Dios y que eres Su Felicidad; tú, cuya voluntad es tan poderosa como la Suya y cuyo poder no puedes perder ni en tus ilusiones, piensa detenidamente por qué razón no has decidido todavía cómo vas a contestar la última pregunta. (T-21.VIII.4:1)

Tú, Su Hijo bien amado, no eres una ilusión, puesto que eres tan real y tan santo como Él. (T-23.I.10:1)

Tú no eres especial. Si crees que lo eres y quieres defender tu especialismo en contra de la verdad de lo que realmente eres, ¿cómo vas a poder conocer la verdad? (T-24.II.4:1)

Tú *eres* el medio para llegar a Dios; no algo separado ni con una vida aparte de la Suya. (T-25.I.4:1)

Tú, que eres el hacedor de un mundo que no es así, descansa y halla solaz en otro mundo donde mora la paz. (T-25.IV.3:1)

Tú eres tu único enemigo, y eres en verdad enemigo del Hijo de Dios porque no reconoces que él es lo que *tú* eres. (T-26.X.3:6)

Tú eres el soñador del mundo de los sueños. Este no tiene ninguna otra causa, ni la tendrá jamás. (T-27.VII.13:1)

Y tú eres Su Efecto, tan inmutable y perfecto como Ella Misma. (T-28.I.9:6)

Este sagrado Hijo de Dios es como tú: el reflejo del Amor de su Padre por ti, el tierno recordatorio del Amor de su Padre mediante el que fue creado, el cual todavía mora en él al igual que en ti. (T-29.V.4:1)

Y no puedes ser libre estando separado de Aquel Cuya santa Voluntad compartes. (T-30.II.4:9)

Mas tú, el santo Hijo de Dios, no eres consciente de tu realidad. (T-30.III.11:10*)*

Y eres digno de que se haga tu voluntad. (T-31.VI.7:5)

Tú eres tal como Dios te creó, al igual como también lo es todo ser vivo que contemplas, independientemente de las imágenes que veas. (T-31.VIII.6:1)

Eres santo porque tu mente es parte de la de Dios. (L-36.1:2)

Si tú eres santo, también lo es todo lo que Dios creó. (L-38.3:1)

Eres la luz del mundo. (L-61.7:5)

El Hijo de Dios eres tú. (L-64.3:4)

Tú, que fuiste creado por el Amor a Su Semejanza, no puedes abrigar resentimientos y conocer tu Ser. (L-68.1:1)

Eres un solo Ser, unificado y a salvo en la luz, la dicha y la paz. Eres el Hijo de Dios, un solo Ser, con un solo Creador y un solo objetivo: llevar a todas las mentes la toma de conciencia de esta unidad, de manera que la verdadera creación pueda extender la Totalidad y Unidad de Dios. Eres un solo Ser, completo, sano y pleno, con el poder de levantar el velo de tinieblas que se abate sobre el mundo y dejar que la luz que mora en ti resplandezca a fin de enseñarle a este la verdad de lo que eres. (L-95.12:1-3)

Eres un solo Ser, en perfecta armonía con todo lo que existe y con todo lo que por siempre existirá. Eres un solo Ser, el santo Hijo de Dios, unido a tus hermanos en ese Ser y unido a tu Padre en Su Voluntad. Siente a este único Ser en ti, y deja que Su resplandor disipe todas tus ilusiones y dudas. Este es tu Ser, el Hijo de Dios Mismo, impecable como Su Creador, Cuya Fortaleza mora en ti y Cuyo Amor es eternamente tuyo. Eres un solo Ser, y se te ha concedido poder sentir este Ser dentro de ti y expulsar todas tus ilusiones fuera de la única Mente que es ese Ser, la santa verdad en ti. (L-95.13:1-5)

Eres el Espíritu que ha sido amorosamente dotado de todo el Amor, la paz y la dicha de tu Padre. Eres el Espíritu que completa a Dios Mismo y que comparte con Él Su función de Creador. Él está siempre contigo, tal como tú estás con Él. (L-97.2:2-4)

Eres el Espíritu en cuya mente mora el milagro en el que el tiempo se detiene; el milagro en el que un minuto que se dedique a la práctica de estas ideas se convierte en un lapso de tiempo ilimitado e infinito. (L-97.4:1)

Concédele hoy los minutos que Él necesita para poder ayudarte a entender con Él que eres el Espíritu que mora en Él y que hace un llamamiento a todo ser vivo a través de Su Voz; el Espíritu que ofrece Su visión a todo aquel que se la pide y que reemplaza el error con la simple verdad. (L-97.4:4)

Eres el mensajero de Dios. Brindas Su Felicidad a todo aquel que contemplas y Su Paz a todo aquel que al contemplarte ve Su mensaje en tu feliz semblante. (L-100.6:4-2)

Tú no estás hecho de carne, sangre y huesos, sino que fuiste creado por el mismo Pensamiento que le concedió a Él el don de la vida. (L-107.8:2)

Pues tu realidad es "la amenaza" que tus defensas quieren atacar, ocultar, despedazar y crucificar. (L-135.17:4)

Tú eres tú mismo. (L-139.5:5)

Eres su esclavo (de las defensas). No sabes lo que haces del miedo que le tienes. (L-153.5:1)

Hay una luz en ti que jamás puede extinguirse y cuya presencia es tan santa que el mundo se santifica gracias a ti. (L-156.4:1)

La luz que refulge en ti es lo que el universo ansía contemplar. Todos los seres vivos se detienen en silencio ante ti, pues reconocen a Aquel que camina a tu lado. La luz que llevas contigo es la suya propia. (L-156.5:1)

Se te ha dado el conocimiento de que eres una mente, de que te encuentras en una Mente y de que no eres sino mente, por siempre libre de pecado y totalmente exento de miedo al haber sido creado del Amor. No has abandonado tu Fuente, por lo tanto, sigues siendo tal como fuiste creado. (L-158.1:2-3)

Oye Su Voz asegurarte, con serenidad y certeza, que no eres un extraño para tu Padre ni tu Creador se ha vuelto un extraño para ti. (L-160.8:4)

Eres mi voz, mis ojos, mis pies y mis manos por medio de los cuales le llevó la salvación. El Ser desde el que te llamo no es sino tu propio Ser. (5º repaso intro 9:3-4)

Tu completitud es ahora total, tal como Dios lo dispuso. Eres Su Hijo, y completas Su Extensión con la tuya. (5º repaso intro10:4-5)

Tú, a diferencia de la imagen de ti mismo, no eres débil. No eres ignorante ni impotente. El pecado no puede mancillar la verdad que mora en ti, ni la aflicción puede acercarse al santo hogar de Dios. (L-186.6:3-5)

La luz es algo ajeno al mundo, y tú en quien mora la luz eres asimismo un extraño aquí. (L-188.1:5)

Basta con un solo pensamiento santo como este y te liberas: eres el santo Hijo de Dios Mismo. (L-191.6:1)

Tú eres el Hijo de Dios. Vives por siempre en la inmortalidad. (L-199.8:1-2)

Este es el Juicio Final de Dios: "Tú sigues siendo Mi santo Hijo, por siempre inocente, por siempre amoroso y por siempre amado, tan ilimitado como tu Creador, absolutamente inmutable y por siempre inmaculado. Despierta, pues, y regresa a Mí. Yo soy tu Padre y tú eres Mi Hijo". (L-punto 10 ¿Qué es el Juicio Final? 5:1-3)

Padre, Tu Hijo es santo. (L-341.1:1)

El miedo es una ilusión, pues tú eres como Dios. (M.-18.3:12)

Recuerda que tú eres su Compleción y su Amor. (M-29.7:1)

Tú eres el Hijo que Él ama, y te es dado ser el medio a través del cual Su Voz se oye por todo el mundo, para poner fin a todo lo temporal, para acabar con la visión de todo lo visible y para des-hacer todas las cosas cambiantes. (M-29.8:4)

Tú eres Su manifestación en este mundo. (C-6.5:1)

Tú *eres* un extraño aquí. Pero le perteneces a Aquel que te ama como Él se ama a Sí Mismo. (C-Epílogo 2:1-2)

U

Unidad:
La unicidad es simplemente la idea de que Dios *es*. (L-169.5-1)

La unidad es lo único que no forma parte de los sueños. Y esta unidad, que indudablemente les pertenece, es lo que los maestros de Dios reconocen como lo que se encuentra tras el sueño, más allá de toda apariencia. (M.-12.6:10-11)

Unión:
Para el ego, pues, la unión -la condición en la que él no puede interferir- tiene que ser el infierno. (T-16.V.5:8)

Pero cuando encuentra la relación especial en la que piensa que puede lograrlo (completarse a sí mismo), se entrega a sí mismo, y trata de "intercambiarse" por el yo del otro. Eso no es unión, pues con ello no hay aumento ni extensión. (T-16.V.7:3-4)

Universo:
¿Cómo ibas a poder excluirte a ti mismo del universo, o de Dios que *es* el universo? (T-11.I.2:4)

Dios y Su Hijo no pueden tener fin, pues *somos* el universo. (T-11.I.5:5)

Tu única relación es la relación que tienes con todo el universo. Y ese universo, al ser de Dios, está mucho más allá de la mísera suma de todos los cuerpos separados que percibes. Pues todas las partes del universo están unidas en Dios a través de Cristo, donde se vuelven semejantes a su Padre. (T-15.VIII.4:4-6)

¿Qué puede haber más allá de Dios? Si tú, que lo contienes a Él y a quien Él contiene, eres el universo, todo lo demás tiene que estar fuera, donde no existe nada. (T-16.III.6:2-3)

Y esto es así porque el universo es uno. (T-22.VI.12:10)

El universo consiste únicamente en el Hijo de Dios, que invoca a su Padre. Y la Voz de su Padre responde en el santo Nombre de su Padre. (L-183.11:4-5)

V

Valores:
Todos los valores son relativos, mas todos son poderosos porque son juicios mentales. La única manera de desvanecer las ilusiones es retirando de ellas todo el valor que les has atribuido. (T-7.VII.4:3-4)

Vanidad:
La depresión habla de muerte, y la vanidad, de tener un gran interés por lo que no es nada. (T-27.I:6-11)

Vanos deseos:
Dicha voluntad (la de Dios) no es lo mismo que los vanos deseos del ego, de los cuales emanan las tinieblas y la nada. (L-73.1:2)

Los vanos deseos y los resentimientos son socios o co-fabricantes del mundo tal como lo ves. Los deseos del ego dieron lugar al mundo, y la necesidad del ego de abrigar resentimientos -los cuales son indispensables para sustentar este mundo- lo pueblan de figuras que parecen atacarte y hacer que tus juicios estén "justificados". Estas figuras se convierten en los intermediarios que el ego emplea en el tráfico de resentimientos. Se interponen entre tu conciencia y la realidad de tus hermanos. Al contemplar dichas figuras, no puedes conocer a tus hermanos ni a tu Ser. (L-73.2:1-5)

Velo que cubre la faz de Cristo:
Y porque su incapacidad para ver y oír no limita al Espíritu Santo en modo alguno. Excepto en el tiempo. Pues en el tiempo puede haber un gran intervalo entre el ofrecimiento y la aceptación de la curación. Este es el velo que cubre la faz de Cristo. Pero no puede

sino ser una ilusión porque el tiempo no existe y la Voluntad de Dios ha sido siempre exactamente como es. (P-3.II.10:7-10)

El velo que cubre la faz de Cristo, el temor a Dios y a la salvación, así como el amor a la culpa y a la muerte, no son sino diferentes nombres de un mismo error: que hay un espacio entre tu hermano y tú que os mantiene aparte debido a una ilusión de ti mismo que lo mantiene a él separado de ti y a ti alejado de él. (T-31.VII.9:1)

Venganza:
La venganza pasa a ser aquello con lo que sustituyes la Expiación, y lo que pierdes es poder escaparte de la venganza. (T-16.VII.5:7)

La justicia contempla a todos de la misma manera. No es justo que a alguien le falte lo que otro tiene. Pues eso es venganza, sea cual sea la forma que adopte. (T-25.VIII.4:2-4)

Para el mundo, la justicia y la venganza son lo mismo, pues los pecadores ven la justicia únicamente como el castigo que merecen, por el que tal vez otro deba pagar, pero del que no es posible escapar. (T-25.VIII.3:2)

La venganza es algo ajeno a la Mente de Dios *precisamente* porque Él conoce la Justicia. Ser justo es equitativo, no vengativo. (T-25.VIII.5:5)

Se nos ha restituido la cordura, en la que comprendemos que la ira es una locura, el ataque algo demente y la venganza una mera fantasía pueril. (L-F intro 5:4)

Ver:
Todo lo que los ojos del cuerpo pueden ver es una equivocación, un error de percepción, un fragmento distorsionado del todo sin el significado que este le aportaría. (T-22.III.4:3)

Pues ver es tan solo la representación de un deseo, ya que no tiene el poder de crear. (T-31.VII.12:5)

ver

Cada una de las percepciones que tienes de la "realidad externa" no es más que una representación gráfica de tus propios pensamientos de ataque. Uno podría muy bien preguntarse si a esto se le puede llamar ver. ¿No es acaso "fantasía" una mejor palabra para referirse a ese proceso, y "alucinación" un término más apropiado para su resultado? (L-23.4:2-4)

Lo que veo es la proyección de mis propios errores de pensamiento. No entiendo lo que veo porque no es comprensible. (L-51.3:3-4)

Verdad, La:
La verdad es inalterable, eterna e inequívoca. Es posible no reconocerla pero es imposible cambiarla. (Prefacio. ¿Qué postula?)

La verdad es siempre abundante. (T-1.IV.3:4)

Todo lo que es verdadero es eterno y no puede cambiar ni ser cambiado. (T-1.V.5:1)

Él (el Espíritu) sabe que lo único que es verdad es lo que Dios creó. (T-4-VII.3:3)

Si la verdad es total, lo que no es verdad no existe. (T-7.VI.8:7)

La verdad es la Voluntad de Dios. (T-7.X.2:5)

Al hallarte fuera de tu ambiente natural es muy posible que te preguntes: "¿Qué es la verdad?" toda vez que la verdad es el medio ambiente por el cual y para el cual fuiste creado. (T-7.XI.6:1)

La verdad solo puede ser experimentada. No se puede describir ni explicar. (T-8.VI.9:8-9)

La verdad no cambia, siempre es verdad. (T-9.VIII.7:2)

Sin embargo, si la verdad es indivisible, tu evaluación de ti mismo tiene que *ser* la misma que la de Dios. (T-9.VIII.11:1)

La verdad es íntegra y no puede ser conocida solo por una parte de la mente. (T-10.IV.2:6)

Mas la verdad es real por derecho propio, y para creer en ella *no tienes que hacer nada*. (T-12.I.1:3)

Contempla el Guía que tu Padre te ha dado, para que puedas aprender que posees vida eterna, pues la muerte no es la Voluntad de tu Padre ni la tuya, y todo lo que es verdad es la Voluntad del Padre. (T-12.IV.6:1)

Pues lo que hiciste invisible es lo único que es verdad, y lo que no has oído, la única Respuesta. (T-12.VIII.4:4)

La verdad es verdad. Es lo único que importa, lo único que es real y lo único que existe. (T-14.II.3:3-4)

Al igual que Dios, Él (Espíritu Santo) sabe que la verdad es verdad. (T-14.2.4:2)

Cuando le enseñas a alguien que la verdad es verdad, lo aprendes con él. (T-14.2.5:1)

En la unión todo lo que no es real inevitablemente desaparece, pues la verdad *es* unión. (T-14.VII.1:5)

La búsqueda de la verdad no es más que un honesto examen de todo lo que la obstaculiza. La verdad simplemente *es*. No se puede perder, buscar o encontrar. Está dondequiera que estés, pues está en tu interior. Aun así, puedes reconocerla o pasarla por alto, o bien puede ser real o falsa para ti. Si la ocultas, se vuelve irreal para ti *por* haberla ocultado y revestido de miedo. La verdad yace oculta bajo cada piedra angular de miedo sobre la que has erigido tu demente sistema de creencias. Pero no puedes saber esto, pues al ocultar la verdad en el miedo, no ves razón alguna para creer que mientras más mires de frente al miedo menos lo verás y más claro se hará lo que oculta. (T-14.VII.2:1-8)

Donde Dios está, allí estás tú. Esa es la verdad. (T-14.VIII.4:4)

La razón de que este curso sea simple es que la verdad es simple. (T-15.IV.6:1)

La verdad es la ausencia de ilusiones; las ilusiones, la ausencia de la verdad. (T-19.I.5:8)

Y lo que es verdad no puede sino ser eterno, y seguirá repitiéndose sin cesar. (T-19.III.2:6)

Mas la verdad es que tanto tú como él fuisteis creados por un Padre amoroso, que os creó juntos y como uno solo. (T-21.II.13:1)

Pero la verdad es constante, e implica un estado en que las vacilaciones son imposibles. (T-21.VII.10:5)

La verdad es lo opuesto a las ilusiones porque ofrece dicha. (T-22.II.2:1)

Pero la verdad es indivisible y se encuentra mucho más allá del limitado alcance de las ilusiones. (T-23.I.7:6)

La verdad surge de lo que Él sabe. (T-24 intro 2:9)

La verdad no transmite mensajes diferentes y solo tiene un significado. Y es un significado que tú y tu hermano podéis entender y que os brinda liberación a los dos. (T-24.II.7:4-5)

La verdad no es algo frágil y las ilusiones no pueden afectarla ni cambiarla en absoluto. (T-24.III.3:2-3)

Lo que deseas es verdad para ti. (T-24.V.1:6)

Y reconoces que la verdad tiene que serte revelada, ya que no sabes lo que es. (T-25.IX.1:9)

La verdad es simple: es una sola y no tiene opuestos. (T-26.III.1:8)

La verdad no se puede percibir, solo puede conocerse. (T-26.VII.3:6)

El milagro no restaura la verdad, que es la luz que el velo no pudo apagar. Simplemente descorre el velo, y deja que la verdad brille libremente, al ser lo que es. La verdad no necesita que se crea en ella para ser lo que es, pues ha sido creada, y, por lo tanto, *es*. (T-29.VIII.5:5-7)

Tratemos hoy de darnos cuenta de que solo la verdad es verdad. (L-66.10:7)

La verdad es salvadora, y su voluntad es que todo el mundo goce de paz y felicidad. (L-92.5:3)

La verdad es la Creación de Dios, y perdonar eso no tiene sentido. (L-134.2:4)

La verdad es la única defensa real del cuerpo. (L-135.10:2)

Mas la curación demuestra que la verdad es verdad. (L-137.4:2)

... pues solo la verdad es verdad y nada más lo es. (L-138.4:6)

Y la verdad no es algo que se pueda aprender sino tan solo reconocer. (L-138.5:2)

La salvación es el reconocimiento de que la verdad es verdad y de que nada más lo es. (L-152.3:1)

verdad

La verdad no puede tener un opuesto. No se puede hacer suficiente hincapié en esto o pensar en ello con demasiada frecuencia. Pues si lo que no es verdad fuese tan cierto como lo que es verdad, entonces parte de la verdad sería falsa y la verdad dejaría de tener significado. Solo la verdad es verdad, y lo que falso, falso es. (L-152.3:5-9)

Pero la verdad es humilde, cuando reconoce su poder, su inmutabilidad y su eterna plenitud: el regalo todo abarcador y perfecto que Dios le hace a su Hijo amado. (L-152.9:3)

La verdad tiene que ser verdad de principio a fin, si es que es verdad. No puede contradecirse a sí misma ni ser dudosa en algunas partes y certera en otras. (L-156.2:2-3)

Ni una sola cosa en ese mundo es verdad. (L-240.1:3)

Y la verdad no es sino Tu Voluntad, que hoy quiero compartir Contigo. (L-254.1:4)

... pues la verdad es libre, y lo que está aprisionado no forma parte de ella. (L-278.1:5)

Y cualquier clase de sufrimiento no es más que un sueño. Esta es la verdad que al principio solo se dice de boca y luego, después de repetirse muchas veces, se acepta en parte como cierta, pero con muchas reservas. Más tarde se considera seriamente cada vez más y finalmente se acepta como la verdad. (L-284.1:4-6)

Que acepte como Tu regalo solo lo dichoso y, como la verdad, solo lo que me hace feliz. (L-284.2:2ª)

La verdad nunca ataca. Sencillamente es. (L-332.1:3-4)

Las ilusiones son ilusiones, la verdad, verdad. (P-2.I.2:9)

La verdad es simple, al ser una y la misma para todos. (P-2.IV.11:10)

La verdad es simple. No obstante, debe enseñarse a aquellos que creen que los pondría en peligro. (P-2.V.2:4-5)

Verdadera identidad:

Mi verdadera Identidad es tan invulnerable, tan sublime e inocente, tan gloriosa y espléndida y tan absolutamente benéfica y libre de culpa, que el Cielo la contempla para que ella lo ilumine. Y Ella ilumina también al mundo. Mi verdadera Identidad es el regalo que mi Padre me hizo y el que yo a mi vez le hago al mundo. No hay otro regalo, salvo este, que se puede dar o recibir. Mi verdadera identidad y solo ella es la realidad. Es el final de las ilusiones. Es la verdad. (L-224.1.1-7)

Verdadero aprendizaje:

Propiamente dicho, lo que llevan es un des-aprendizaje, que es a lo único que se le puede llamar "verdadero aprendizaje" en este mundo. (M-4.X.3:7)

Verdadero y falso:

Lo verdadero viene a ser lo que se puede utilizar para lograr el objetivo, y lo falso, lo inútil desde ese punto de vista. (T-17.VI.4:4)

Pues si lo que no es verdad fuese tan cierto como lo que es verdad, entonces parte de la verdad sería falsa y la verdad dejaría de tener significado. Solo la verdad es verdad, y lo que es falso, falso es. (L-152.3:7)

Vida:

Mi palabra, que es la resurrección y la vida, no pasará porque la vida es eterna. (T-1.III.2:2)

Todo se logra con la vida, y la vida forma parte del ámbito de la mente y se encuentra en la mente. (T-6.V.A.1:3)

vida

Nada que esté vivo es huérfano, pues la vida es creación.
(T-11 intro.1:6)

La comunicación con Dios es vida. Sin ella nada puede existir en absoluto. (T-14.IV.10:6-7)

La Vida es tan santa como la Santidad mediante la cual fue creada.
(T-14.IX.4:6)

Mas el objetivo del Espíritu Santo es la vida, la cual no *tiene* fin.
(T-15.I.2:9)

Y la muerte es el resultado del pensamiento al que llamamos ego, tan inequívocamente como la vida es el resultado del Pensamiento de Dios. (T-19.IV.C.2:15)

El cuerpo es el ídolo del ego, la creencia en el pecado hecha carne y luego proyectada afuera. Esto produce lo que parece ser una muralla de carne alrededor de la mente, que la mantiene prisionera de un diminuto confín de espacio y tiempo hasta que llega la muerte, y disponiendo de un solo instante en el que suspirar, sufrir y morir en honor de su amo. Y ese instante no santo es lo que parece ser la vida: un instante de desesperación, un pequeño islote de arena seca, desprovisto de agua y sepultado en el olvido. Aquí se detiene brevemente el Hijo de Dios para hacer su ofrenda a los ídolos de la muerte y luego desfallecer. Sin embargo, aquí está más muerto que vivo. No obstante, es aquí también donde vuelve a elegir entre la idolatría o el amor. (T-20.VI.11:1-6)

Este no es un período de tristeza. Tal vez de confusión, pero no de desaliento. (T-20.VI.12:3)

¿Qué otras alternativas tienes ante ti, sino la vida o la muerte, despertar o dormir, la guerra o la paz, tus sueños o la realidad? Existe el riesgo de pensar que la muerte te puede brindar paz porque el mundo equipara el cuerpo con el Ser que Dios creó. No obstante, una cosa jamás puede ser su propio opuesto. Y la muerte es lo opuesto a la paz porque es lo opuesto a la vida. Y la vida es paz. (T-27.VII.10:1-5)

Si no pensara no existiría, ya que la Vida es Pensamiento. (L-54.2:3)

¿Por qué no habrías de dar saltos de alegría cuando se te asegura que todo el mal que crees haber hecho nunca ocurrió; que todos tus pecados no son nada; que sigues siendo tan puro y santo como fuiste creado, y que la luz, la dicha y la paz moran en ti? La imagen que tienes de ti mismo no puede resistir la Voluntad de Dios. Tú piensas que eso es la muerte, sin embargo, es la vida. Tú piensas que se te está destruyendo, sin embargo, se te está salvando. (L-93.4:1-4)

Tener incertidumbre con respecto a lo que indudablemente eres es una forma de autoengaño de tan gran escala que es difícil concebir su magnitud. Estar vivo y no conocerte a ti mismo es creer que en realidad estás muerto. Pues, ¿qué es la vida sino ser lo que eres? Y ¿qué otra cosa sino tú podría estar viva en tu lugar? (L-139.3:1-3)

Tal es tu resurrección, pues tu vida no forma parte de nada de lo que ves. Tu vida tiene lugar más allá del cuerpo y del mundo, más allá de todos los testigos de lo profano, dentro de lo Santo, y es tan santa como Ello Mismo. (L-151.12:1-2)

Solo hay una vida, y esa es la vida que compartes con Él. Nada puede estar separado de Él y vivir. (L-156.2:7-9)

No existen diferentes clases de vida, pues la vida es como la verdad: no admite grados. Es la única condición que todo lo que Dios creó comparte. Y al igual que todos Sus Pensamientos no tiene opuesto. (L-167.1:1-4)

La muerte es una ilusión; la vida, la eterna verdad. (L-331.1:9)

vida

La vida no tiene opuesto, pues es Dios. La vida parece ser lo opuesto a la muerte porque tú has decidido que la muerte acaba con la vida. (M-20.5:5-6)

Ahora se reconoce que la vida es la salvación, y cualquier clase de dolor o aflicción se percibe como el infierno. (M-28.2:3)

Vida en el mundo:

Mientras no lo hagas, estarás desperdiciando tu vida, ya que esta simplemente seguirá siendo una repetición de la separación, de la pérdida de poder, de los esfuerzos fútiles que el ego lleva a cabo en busca de compensación y, finalmente, de la crucifixión del cuerpo o muerte. (T-4 intro.3:4)

¿Cómo iba a permitir Dios que Su Hijo se extraviase por un camino que es solo la memoria de un instante que hace mucho que pasó? Este curso te enseña solo lo que *es* ahora. Un terrible instante de un pasado lejano que ha sido completamente corregido no es motivo de preocupación ni tiene valor alguno. Deja que lo muerto y lo pasado descansen en el olvido. La resurrección ha venido a ocupar su lugar. Y ahora eres parte de la resurrección, no de la muerte. Ninguna ilusión del pasado tiene el poder de retenerte en un lugar de muerte; una bóveda en la que el Hijo de Dios entró por un instante, para ser restaurado instantáneamente al perfecto Amor de su Padre. ¿Y cómo podría mantenérsele encadenado cuando hace tanto tiempo que se le liberó de las cadenas, las cuales desaparecieron de su mente para siempre? (T-26.V.10:1-8)

Esto es lo que es toda vida: un aparente intervalo entre nacimiento y muerte y de nuevo la vida; la repetición de un instante que hace mucho que desapareció y que no puede ser revivido. (T-26.V.13:3)

Tal es tu resurrección, pues tu vida no forma parte de nada de lo que ves. Tu vida tiene lugar más allá del cuerpo y del mundo, más allá de todos los testigos de lo profano, dentro de lo Santo, y es tan santa como Ello Mismo. (L-151.12:1-2)

¿No es acaso una locura pensar que la vida no es otra cosa que nacer, envejecer, perder vitalidad y finalmente morir? (M.-27.1:2)

Vigilancia, Tu:
Tu vigilancia es señal de que quieres que Él te guíe. La vigilancia requiere esfuerzo, pero solo hasta que aprendas que el esfuerzo en sí es innecesario. (T-6.V.C.10:3-4)

Visión:
Tú te enseñaste a ti mismo a juzgar; mas tener visión es algo que se aprende de Aquel que quiere anular lo que has aprendido. (T-20.VII.8:4)

El medio (para la salvación) es la visión. (T-20.VII.9:5)

Al principio, la visión te llegará en forma de vislumbres, pero eso bastará para mostrarte lo que se te concede a ti, que ves a tu hermano libre de pecado. (T-20.VIII.1:1)

La visión se le concede a todo aquel que pide ver. (T-20.VIII.2:10)

La visión es el medio a través del cual el Espíritu Santo transforma tus pesadillas en sueños felices y reemplaza tus dementes alucinaciones -que te muestran las terribles consecuencias de pecados imaginarios- por plácidos y reconfortantes paisajes. (T-20.VIII.10:4)

La visión *es* literalmente sentido. Dado que no es lo que el cuerpo ve, la visión no puede sino ser comprendida, pues es inequívoca, y lo que es obvio no es ambiguo. Por lo tanto, puede ser comprendido. (T-22.III.1:6)

Visión de Cristo:
Lo opuesto a ver con los ojos del cuerpo es la visión de Cristo, la cual refleja fortaleza en lugar de debilidad, unidad en lugar de separación y amor en vez de miedo. (Prefacio. ¿Qué postula?)

visión de Cristo

La visión de Cristo es el don del Espíritu Santo, la alternativa que Dios nos ha dado contra la ilusión de la separación y la creencia en la realidad del pecado, la culpabilidad y la muerte. Es la única corrección para todos los errores de percepción: la reconciliación de los aparentes opuestos en los que se basa este mundo. Su benévola luz muestra todas las cosas desde otro punto de vista, reflejando el sistema de pensamiento que resulta del conocimiento y haciendo que el retorno a Dios no solo sea posible, sino inevitable. (Prefacio. ¿Qué postula?)

Los ojos Cristo están abiertos, y Él contemplará con amor todo lo que veas si aceptas Su visión como tuya. (T-12.VI.4:4)

Más allá de esta obscuridad, pero todavía dentro de ti, se encuentra la visión de Cristo, Quien contempla todo en la luz. (T-13.V.9:2)

La visión de Cristo es el don que Él te da a ti. Su Ser es el don que Su Padre le dio a Él. (T-13.VIII.6:6-7)

La mano de Cristo sujeta a todos sus hermanos en Sí Mismo. Él les concede visión a sus ojos invidentes y les canta himnos celestiales para que sus oídos dejen de oír el estruendo de las batallas y de la muerte. Él se extiende hasta otros a través de ellos y les ofrece Su mano para que puedan bendecir todo ser vivo y ver su santidad. Él se regocija de que éstos sean los panoramas que ves, y de que los contemples con Él y compartas Su Júbilo. Él está libre de todo deseo de ser especial y eso es lo que te ofrece, a fin de que puedas salvar de la muerte a todo ser vivo y recibir de cada uno de ellos el don de vida que tu perdón le ofrece a tu Ser. La visión de Cristo es lo único que se puede ver. El canto de Cristo es lo único que se puede oír. La mano de Cristo es lo único que se puede asir. No hay otra jornada, salvo caminar con Él. (T-24.V.7:2-10)

La visión de Cristo es Su regalo, y Él me lo dio. (L-59.2:5)

La visión de Cristo está regida por una sola ley. No ve el cuerpo ni lo confunde con el Hijo que Dios creó. Contempla una luz que se encuentra más allá del cuerpo; una idea que yace más allá de lo que se puede palpar; una pureza que no se ve menoscabada por errores, por lamentables equivocaciones o por los aterradores pensamientos de culpabilidad nacidos de los sueños de pecado. No ve separación alguna. Y contempla a todo el mundo, en toda circunstancia, evento o suceso, sin que la luz que ve se atenúe en lo más mínimo. (L-158.7:1-5)

La visión de Cristo es un milagro. Viene de mucho más allá de sí misma, pues refleja el Amor Eterno y el renacimiento de un amor que, aunque nunca muere, se ha mantenido velado. La visión de Cristo representa al Cielo, pues lo que ve es un mundo tan semejante al Cielo que lo que Dios creó perfecto puede verse reflejado en él. (L-159.3:1-3)

La visión de Cristo es un milagro del que emanan todos los milagros. Es su fuente, y aunque permanece con cada milagro que das, sigue siendo tuya. Es el vínculo mediante el cual el que da y el que recibe se unen en el proceso de extensión aquí en la tierra, tal como son uno en el Cielo. (L-159.4:1-3)

La visión de Cristo es el puente entre los dos mundos. Y puedes tener absoluta confianza de que su poder te sacará de este mundo y te llevará a otro que ha sido santificado por el perdón. (L-159.5:1-2)

Este es el único regalo del Espíritu Santo, el tesoro al que puedes recurrir con absoluta certeza para obtener todas las cosas que pueden contribuir a tu felicidad. Todas ellas se encuentran aquí, y se te dan solo con que las pidas. (L-159.6:1-3)

La visión de Cristo es la tierra santa donde las azucenas del perdón echan raíces. Este es su hogar. (L-159.8:1-2)

Padre, la visión de Cristo es el don que me has dado, el cual tiene el poder de transformar todo lo que los ojos del cuerpo contemplan en el panorama de un mundo perdonado. (L-270.1:1)

visión de Cristo

Padre, la visión de Cristo es el camino que me conduce a Ti. (L-271.2:1)

Visión espiritual:
La visión espiritual, por otra parte, al ser una visión perfecta, no puede ver la estructura en absoluto. Puede, no obstante, ver el altar con perfecta claridad. (T-2.III.1:11-12)

La visión espiritual literalmente no puede ver el error y busca simplemente la Expiación. Todas las soluciones que los ojos del cuerpo buscan se desvanecen. La visión espiritual mira hacia dentro e inmediatamente se da cuenta de que el altar ha sido profanado y de que necesita ser reparado y protegido. Perfectamente consciente de la defensa apropiada, la visión espiritual pasa por alto todas las demás y mira más allá del error hacia la verdad. (T-2.III.4:1-4)

La visión espiritual es simbólica, por lo tanto, no es un instrumento de conocimiento. Es, no obstante, un medio de percepción correcta, lo cual la sitúa dentro del propio ámbito del milagro. (T-3.III.4:2-3)

Más allá de tus sueños más tenebrosos Él ve en ti al inocente Hijo de Dios, resplandeciendo con un fulgor perfecto que tus sueños no pueden atenuar. Y esto es lo que *verás* a medida que veas todo a través de Su visión, pues Su visión es el regalo de amor que Él te hace, y que el Padre le dio para ti. (T-13.V.10:6-7)

La visión del Espíritu Santo no es un regalo nimio ni algo con lo que se juega un rato para luego dejarse de lado. Presta gran atención a esto, y no creas que es solo un sueño, una idea pueril con la que entretenerte por un rato o un juguete con el que juegas de vez en cuando y del que luego te olvidas. Pues si esto es lo que crees, eso es lo que será para ti. (T-20.II.6:5-7)

La visión, en cambio, enmienda todas las cosas y las pone dulcemente bajo el tierno dominio de las leyes del Cielo. (T-20.VIII.7:2)

La visión es el medio a través del cual el Espíritu Santo transforma tus pesadillas en sueños felices y reemplaza tus dementes alucinaciones -que te muestran las terribles consecuencias de pecados imaginarios- por plácidos y reconfortantes paisajes. (T-20.VIII.10:4)

La fe, la creencia y la visión son los medios por los que se alcanza el objetivo de la santidad. (T-21.III.4:1)

Esa Luz (la de Dios) está siempre contigo, haciendo que la visión sea posible en toda circunstancia. (L-44.2:4)

Visión real:
La verdadera visión es la percepción natural de la visión espiritual, pero es todavía una corrección en vez de un hecho. (T-3.III.4:1)

Si la visión es real, y es real en la medida en que comparte el propósito del Espíritu Santo, entonces no puedes ver separado de Dios. (L-43.3:3)

Vista:
Todas las cosas que ves son imágenes porque las contemplas a través de una barrera que te empaña la vista y deforma tu visión, de manera que no puedes ver nada con claridad. La luz está ausente de todo lo que ves. Como máximo, vislumbras una sombra de lo que se encuentra más allá. Como mínimo, ves simplemente la oscuridad y percibes las aterradoras imaginaciones procedentes de pensamientos de culpa y de conceptos nacidos del miedo. Y lo que ves es el infierno, pues eso es lo que *es* el miedo. (T-31.VII.7.2-5)

Vivir:
Vivir significa aprender, de la misma manera que crear es estar en el cielo. (T-14.III.3:2)

Vivir es júbilo, pero la muerte no es sino llanto. (M-20.5:1)

La vida no tiene opuesto, pues es Dios. La vida parece ser lo opuesto a la muerte porque tú has decidido que la muerte acaba con la vida. (M-20.5:5-6) voluntad

Voluntad:
Porque el Espíritu es voluntad, y la voluntad es el "precio" del Reino. (T-12.IV.7:4)

Voluntad de Dios:
El Espíritu está en completa y directa comunicación con todos los aspectos de la Creación, debido a que está en completa y directa comunicación con su Creador. Esta comunicación es la Voluntad de Dios. (T-4.VII.3:4-5)

Los milagros que el Espíritu Santo inspira no pueden entrañar grados de dificultad porque todas las partes de la Creación son de un mismo orden. Esa es la Voluntad de Dios y la tuya. (T-7.IV.2:3-5)

Sin embargo, puesto que la Voluntad de Dios es inalterable, no es posible ningún conflicto de voluntades. (T-7.VI.13:4)

Tú *eres* la Voluntad de Dios. No aceptes nada más como tu voluntad, pues, de lo contrario, estarás negando lo que eres. (T-7.VII.10:1)

La verdad es la Voluntad de Dios. Comparte Su Voluntad y estarás compartiendo Su conocimiento. Niega que Su Voluntad sea la tuya y estarás negando Su Reino y el tuyo. (T-7.X.2:5-7)

Cuando dije: "Todo poder y gloria son tuyos porque Suyo es el Reino", esto es lo que quise decir: la Voluntad de Dios no tiene límites, y todo poder y gloria residen en Ella. (T-8.II.7:1)

Hacer la Voluntad de Dios perfectamente es el único gozo y la única paz que pueden conocerse plenamente, al ser la única función que se puede experimentar plenamente. Cuando esto se alcanza, ninguna otra experiencia es posible. Desear otra experiencia, no obstante, obstaculiza su logro porque la Voluntad de Dios no es algo que se te pueda imponer, ya que para experimentarla tienes que estar completamente dispuesto a ello. El Espíritu Santo sabe cómo enseñar esto, pero tú no. (T-8.III.2:1-4)

La Voluntad de Dios es que nadie sufra. Él ha dispuesto que nadie sufra por haber tomado una decisión equivocada, y eso te incluye a ti. (T-8.III.7:5-6)

Si lo que la Voluntad de Dios dispone para ti es paz y dicha absolutas, y eso no es lo único que experimentas, es que te estás negando a reconocer Su Voluntad. Su Voluntad no fluctúa, pues es eternamente inmutable. (T-8.IV.1:1-2)

Al creer que tu voluntad está separada de la mía te excluyes de la Voluntad de Dios, que *es* lo que eres. (T-8.V.2:3)

Cuando unes tu mente a la mía estás proclamando que eres consciente de que la Voluntad de Dios es Una. (T-8.V.2:12)

La Creación es la Voluntad de Dios. Su Voluntad te creó para que tú a tu vez crearas. (T-8.VI.6:8-9)

Cuando piensas que no estás dispuesto a ejercer tu voluntad en conformidad con la de Dios, no estás pensando realmente. La Voluntad de Dios es puro pensamiento, y no se puede contradecir *con* pensamientos. (T-8.VI.7:2-4)

Recuerda, pues, que la Voluntad de Dios es posible y que nada más lo será nunca. (T-9.I.14:1)

La Voluntad de Dios es que tú encuentres la salvación. (T-9.VII.1:1)

La Voluntad de Dios es que seas completamente feliz ahora. (T-9.VII.1:8)

El hecho mismo de que percibas la Voluntad de Dios -que es lo que tú eres- como algo temible, demuestra que *tienes* miedo de lo que eres. (T-9.I.1:4)

Voluntad de Dios

Las leyes de Dios mantendrán a tu mente en paz porque la paz es Su Voluntad. (T-10.IV.4:1)

Moras en la Mente de Dios junto con tu hermano, pues la Voluntad de Dios no es estar solo. (T-11.I.1:6)

La Voluntad de Dios es que tú eres Su Hijo. (T-11.I.8:3)

Bienaventurado tú, que estás aprendiendo que oír la Voluntad de tu Padre es conocer la tuya. Pues tu voluntad es ser como Él, Cuya Voluntad es que así sea. La Voluntad de Dios es que Su Hijo sea uno y que esté unido a Él en Su Unicidad. (T-11.I.11:6-7)

Lo que experimentas cuando niegas a tu Padre sigue siendo para tu protección, pues el poder de tu voluntad no puede ser reducido a menos que Dios intervenga contra él, y cualquier limitación de tu poder no es la Voluntad de Dios. (T-11.IV.2:4)

Esto es tan cierto ahora como lo será siempre, pues la resurrección es la Voluntad de Dios, Quien no sabe de tiempo ni de excepciones. (T-11.VI.4:7)

Te has crucificado a ti mismo y te has puesto una corona de espinas sobre la cabeza. Aun así, no puedes crucificar al Hijo de Dios, pues la Voluntad de Dios no puede morir. (T-11.VI.8:1-2)

La Voluntad de Dios es que nada, excepto Él, ejerza influencia sobre Su Hijo, y que nada más ni siquiera se le acerque. Su Hijo es tan inmune al dolor como lo es Él, Quien lo protege en toda situación. (T-13.VII.7:1-2)

No es la Voluntad de Dios que Su Hijo viva en estado de guerra. (T-13.XI.2:1)

La Voluntad de Dios *se hace,* sean cuales fueren tus reacciones a *la* Voz del Espíritu Santo, sea cual fuere la voz que elijas escuchar y sean cuales fueren los extraños pensamientos que te asalten. (T-13.XI.5:4)

La Voluntad de Dios no fracasa en nada. (T-13.XI.6:9)

Ten fe únicamente en lo que sigue a continuación, y ello será suficiente: la Voluntad de Dios es que estés en el Cielo, y no hay nada que te pueda privar del Cielo o que pueda privar al Cielo de tu presencia. Ni tus percepciones falsas más absurdas ni tus imaginaciones más extrañas ni tus pesadillas más aterradoras significan nada. No prevalecerán contra la paz que la Voluntad de Dios ha dispuesto para ti. El Espíritu Santo restaurará tu cordura porque la demencia no es la Voluntad de Dios. (T-13.XI.7:1-4)

Y el Cielo sigue siendo lo que la Voluntad de Dios dispone para ti. (T-14.VIII.5:3)

El milagro de la Creación nunca ha cesado, pues lleva impreso sobre sí el sello sagrado de la inmortalidad. Esto es lo que la Voluntad de Dios dispone para toda la Creación, y toda la Creación se une para disponer lo mismo. (T-14.XI.11:7-8)

Deja, por lo tanto, lo que a ti te parece imposible en manos de Aquel que sabe que sí es posible, toda vez que esa es la Voluntad de Dios. (T-15.VIII.6:4)

Todavía te opones un poco a la Voluntad de Dios. Y esa pequeña oposición es un límite que quieres imponerle a toda ella. La Voluntad de Dios es una sola, no muchas. No tiene opuestos, pues aparte de ella no hay ninguna otra. (T-19.4.A.3:3-6)

¿Crees acaso que la Voluntad de Dios es impotente? (T-22.VI.10:3)

Es imposible que el deseo de morir del "pecador" sea tan fuerte como la Voluntad de Dios por la vida. (T-25.VII.2:1)

¿En qué otra cosa se puede confiar sino en el Amor de Dios? ¿Y dónde mora la cordura sino en Él? Aquel que habla por Dios puede mostrarte esto en la alternativa que eligió especialmente para ti.

Voluntad de Dios

La Voluntad de Dios es que recuerdes esto, y que pases así del más profundo desconsuelo al júbilo perfecto. (T-25.VII.10:1-4)

Nadie tiene que sufrir para que la Voluntad de Dios se haga. La salvación es Su Voluntad *porque* tú la compartes con Él. (T-25.VII.13:3-4)

Tienes derecho a todo el universo, a la paz perfecta, a la completa absolución de todas las consecuencias del pecado, y a la vida eterna, gozosa y completa desde cualquier punto de vista, tal como la Voluntad de Dios dispuso que Su santo Hijo la tuviese. Esta es la única justicia que el Cielo conoce y lo único que el Espíritu Santo trae a la Tierra. (T-25.VIII.14:1-2)

Olvídate de ese momento de terror que ya hace tanto tiempo que se corrigió y se des-hizo. ¿Podría acaso el pecado resistir la Voluntad de Dios? (T-26.V.9:1-2)

Nada se opone a la Voluntad de Dios ni hay necesidad de que repitas una jornada que hace mucho que concluyó. (T-26.V.14:4)

El que mora con sombras está ciertamente solo, mas la soledad no es la Voluntad de Dios. (T-26.VI.3:1)

Sus votos secretos son impotentes ante la Voluntad de Dios, Cuyas promesas él comparte. (T-28.VI.6:8)

Un ídolo es un medio para obtener más de algo. Y eso es lo que va en contra de la Voluntad de Dios. (T-29.VIII.8:12)

No es nunca el ídolo lo que realmente quieres. Mas lo que crees que te ofrece, eso ciertamente lo quieres y tienes derecho a pedirlo. Y es imposible que te sea negado. El que tu voluntad sea estar completo es la Voluntad de Dios, y por tal razón se te concede. (T-30.III.4:1-4)

Y la salvación tiene que ser posible porque es la Voluntad de Dios. (L-19.2:5)

Verás, porque esa es la Voluntad de Dios. (L-42.1:3)

La Voluntad de Dios es la única Voluntad. (L-74.1:2)

No hay más voluntad que la de Dios. (L-74.3:2)

La Voluntad de Dios es que Su Hijo esté en paz. (L-74.3:9)

Lo que quiero es todo el Cielo y solo el Cielo, tal como la Voluntad de Dios ha dispuesto que lo tenga. (L-89.3:6)

La Voluntad de Dios es que tu voluntad sea una con la Suya. La Voluntad de Dios es tener solamente un Hijo. La Voluntad de Dios es que Su único Hijo eres tú. (L-99.9:2-4)

La Voluntad de Dios para ti es perfecta felicidad. (L-100.2:1)

Dios te pide que seas feliz para que el mundo pueda ver cuánto ama a Su Hijo y que Su Voluntad es que ningún pesar menoscabe su dicha, ni que ningún miedo lo acose y perturbe su paz. (L-100.6:3)

La Voluntad de Dios para mí es perfecta felicidad. (L-101)

No tengas miedo de la Voluntad de Dios. (L-101.6:3)

Sé libre hoy de unirte a la feliz Voluntad de Dios. (L-102.2:6)

Mas esto no puede ser cierto si el Cielo es el lugar donde Dios dispone que Su Hijo esté. ¿Cómo iba a ser que la Voluntad de Dios estuviese en el pasado o aún por cumplirse? (L-131.6:4-5)

La Voluntad de Dios no se opone a nada. Simplemente es. (L-166.10:1-2)

Voluntad de Dios

Nuestra impecabilidad no es sino la Voluntad de Dios. (L-181.9:7)

Su Voluntad, no obstante, se extiende hasta lo que Él no entiende; en el sentido de que dispone que la felicidad que Su Hijo heredó de Él permanezca incólume, sea perpetua y por siempre en aumento; que se expanda eternamente en la dicha de la creación plena, que sea eternamente receptiva y absolutamente ilimitada en Él. Esa es Su Voluntad. Por lo tanto, Su Voluntad provee los medios para garantizar su cumplimiento. (L-193.1:2.4)

Solo necesito contemplar todo aquello que parece herirme, y con absoluta certeza decirme a mí mismo: "La Voluntad de Dios es que yo me salve de esto" para que de inmediato lo vea desaparecer. Solo necesito tener presente que la Voluntad de mi Padre para mí es solo felicidad para darme cuenta de que lo único que se me ha dado es felicidad. (L-235.1:1-2)

Pues mientras pensemos que esa voluntad es real, no hallaremos el final que Él ha dispuesto sea el desenlace de todos los problemas que percibimos, de todas las tribulaciones que vemos y de todas las situaciones a que nos enfrentamos. Mas ese final es seguro. Pues la Voluntad de Dios se hace en la tierra, así como en el Cielo. (L-292.1:4-6)

Padre, la paz de Cristo se nos concede porque Tu Voluntad es que nos salvemos. Ayúdanos hoy a aceptar únicamente Tu regalo y a no juzgarlo. (L-305.2:1-2)

Padre, Tu Voluntad es la mía y nada más lo es. No hay otra voluntad que yo pueda tener. Que no trate de forjar una, pues sería absurdo y únicamente me haría sufrir. Solo Tu Voluntad me puede hacer feliz y solo Tu Voluntad existe. (L-307.1.1-4)

Dentro de mí se encuentra la eterna inocencia, pues es la Voluntad de Dios que esté allí por siempre y para siempre. Y yo, Su Hijo, cuya voluntad es tan ilimitada como la Suya, no puedo cambiar esto en absoluto. Pues negar la Voluntad de mi Padre es negar la mía propia. (L-309.1:1-3)

El ego piensa que lo que uno gana, la totalidad lo pierde. La Voluntad de Dios, sin embargo, es que yo aprenda que lo que uno gana se les concede a todos. (L-319.1:5-6)

Tu Voluntad puede hacer cualquier cosa en mí y luego extenderse a todo el mundo a través de mí. Tu Voluntad no tiene límites. Por lo tanto, a Tu Hijo se le ha dado todo poder. (L-320.2:1-3)

Tu Voluntad es que yo me encuentre completamente a salvo y eternamente en paz. (L-328.2:3)

Lo que es más, el plan para esa corrección se estableció y se completó simultáneamente, puesto que la Voluntad de Dios es enteramente ajena al tiempo. (M-2.2:4)

Lo que la Voluntad de Dios dispone solo da la impresión de que toma tiempo para cumplirse. Pues, ¿qué podría demorar el poder de la eternidad? (M-2.4:7-8)

No hay nada que pueda sustituir a la Voluntad de Dios. (M-16.10:1)

Ahora la poderosa Voluntad de Dios Mismo es Su regalo para ti. (M.-20.6:6)

La Voluntad de Dios es una y es lo único que existe. Ese es tu patrimonio. (M.-20.6:9-10)

La Voluntad de Dios es lo único que existe. (C-3.6:1)

Solo la Voluntad de Dios es verdad, y tú eres uno con Él en Voluntad y propósito. (O-2.III.4:8)

Voluntad, Mi:
La Voluntad de Dios es crear, y tu voluntad es la Suya. De ello se deduce, entonces, que tu voluntad es crear, toda vez que tu voluntad emana de la Suya. Y al ser tu voluntad una extensión de la Suya tiene que ser, por lo tanto, idéntica a la de Él. (T-11.I.7:7-9)

voluntad, mi

Y tu voluntad es entregarte a Él porque, en tu perfecto entendimiento de Él, sabes que no hay sino una sola Voluntad. (T-11.II.1:5)

Mi voluntad es la Suya, y no antepondré otros dioses a Él. (L-53.5:7)

Quiero contemplar el mundo real y dejar que me enseñe que mi voluntad y la Voluntad de Dios son una. (L-54.5:5)

Mi voluntad es que se haga la luz. (L-73)

Tu voluntad es libre y nada puede prevalecer contra ella. (L-73.7:7)

Mi voluntad es la de Dios. Mi voluntad y la de Dios son una. (L-74.3:7-8)

Padre, sé que mi voluntad es una con la Tuya. (L-227.1:7)

Padre, mi voluntad es únicamente recordarte. (L-231)

Abrigar deseos conflictivos no puede ser mi voluntad. (L-307)

Padre, mi voluntad es regresar. (L-321.1:9)

Padre, mi voluntad es Tuya. (L-329.1:8)

El conflicto no existe, pues mi voluntad es la Tuya. (L-331)

No conozco mi voluntad, pero Él está seguro de que es la Tuya. (L-347.1:10)

Puesto que tu voluntad es libre, puedes aceptar –en cualquier momento que así lo decidas- lo que ha ocurrido y solo entonces te darás cuenta de que siempre había estado ahí. (M-2.3:5)

Vosotros:
¿Y qué sois vosotros que vivís en el mundo sino una imagen fragmentada del Hijo de Dios, donde cada uno de los fragmentos

está oculto dentro de un trocito de barro separado e incierto? (T-28.III.7:5)

Voz:

La Voz del Espíritu Santo es la Llamada a la Expiación, es decir, a la restitución de la integridad de la mente. (T-5.I.5:4)

Suya es la voz que te llama a retornar a donde estabas antes y a donde estarás de nuevo. Aun en este mundo es posible oír solo esa Voz y ninguna otra. (T-5.II.3:8)

La Voz del Espíritu Santo no da órdenes porque es incapaz de ser arrogante. No exige nada porque su deseo no es controlar. No vence porque no ataca. Su voz es simplemente un recordatorio. (T-5.II.7:1-4)

La Voz que habla por Dios es siempre serena porque habla de paz. (T-5.II.7:7)

La Voz del Espíritu Santo es tan potente como la buena voluntad que tengas de escucharla. (T-8.VIII.8:7)

No hay ningún otro lugar adonde pueda ir porque la Voz de Dios es la única voz y el único guía que se le dio a Su Hijo. (L-60.IV.2:5)

Concédele hoy los minutos que Él necesita para poder ayudarte a entender con Él que tú eres el Espíritu que mora en Él y que hace un llamamiento a todo ser vivo a través de Su Voz; el Espíritu que ofrece Su visión a todo aquel que se la pide y que reemplaza el error con la simple verdad. (L-97.4:4)

Esta es la Voz que habla de leyes que el mundo no obedece y la que promete salvarnos de todo pecado y abolir la culpa de la mente que Dios creó libre de pecado. (L-154.4:2)

vulnerabilidad

Vulnerabilidad:
Practicar con la idea de hoy te ayudará a entender que la vulnerabilidad o la invulnerabilidad son el resultado de tus propios pensamientos. (L-26.4:1)

Y

Yo:

Yo soy el único que puede obrar milagros imparcialmente porque yo soy la Expiación. (T-1.III.4.1)

Yo soy tu modelo a la hora de tomar decisiones. (T-5.II.9.6)

He dejado perfectamente claro que soy como tú y que tú eres como yo, pero nuestra igualdad fundamental solo puede demostrarse mediante una decisión conjunta. (T-6.I.5.1)

Yo soy el modelo del renacimiento, pero el renacimiento en sí no es más que el despuntar en la mente de lo que ya se encuentra en ella. (T-6.I.7.2)

Mi misión consistió simplemente en unir la voluntad de la Filiación con la Voluntad del Padre al ser yo mismo consciente de su Voluntad. Esta es la conciencia que vine a impartirte, y el problema que tienes en aceptarla es el problema de este mundo. Eliminarlo es la salvación, y en ese sentido yo soy la salvación del mundo. (T-8.IV.3:4-6)

Yo soy consciente del valor que Dios te otorga. (T-8.VI.9.1)

Yo soy tu resurrección y tu vida. (T-11.VI.4.1)

Yo soy la manifestación del Espíritu Santo, y, cuando me veas, será porque lo has invitado a Él. (T-12.VII.6.1)

Y yo, que me cuento entre Ellos (Sus Pensamientos), soy uno con Ellos y uno con Él. (L-56.5.5)

yo

Yo soy la luz del mundo. (L-61)

Soy el instrumento que Dios ha designado para la salvación del mundo. (L-63.3.5)

Soy la morada de la luz, la dicha y la paz. (L-112.1.2)

Y soy uno con Él, así como Él es uno conmigo. (L-112.2.3)

Mías son la serenidad y la paz perfecta, pues soy un solo Ser, completamente íntegro, uno con toda la Creación y con Dios. (L-113.1.2)

Soy Espíritu. (L-114.3.2)

Soy el Hijo de Dios. (L-114.1.2)

Soy libre. Soy el Hijo de Dios. (L-219.1:2-3)

Busco mi verdadera Identidad, y la encuentro en estas palabras: "El amor que es lo que me creó es lo que soy". (L-229.1:1-2)

Soy el Hijo que Él ama. (L-235.1.4)

No soy aquello que siente pesar. (L-248.1.4)

Padre, soy tal como Tú me creaste. (L-248.2.2)

Soy un mensajero de Dios, guiado por Su Voz, sostenido por Su Amor y amparado eternamente en la quietud y en la paz de Sus amorosos Brazos. (L-267.1.6)

Yo soy Aquel que mi Padre ama. (L-283.1.4)

Soy un Hijo de Dios. (L-294.1.1)

Tu Hijo es el Ser que Tú me has dado. Él es lo que yo soy en verdad. (L-303.2:3-4)

Yo soy el medio por el que el Hijo de Dios se salva, porque el propósito de la salvación es encontrar la impecabilidad que Dios ubicó en mí. Fui creado como Aquello tras lo cual ando en pos. Soy el objetivo que el mundo anda buscando. Soy el Hijo de Dios, Su único y eterno amor. Soy el medio para la salvación, así como su fin. (L-318.1:4-8)

Soy aquel a quien todo esto se le da. Soy aquel en quien reside el poder de la Voluntad del Padre. (L-320.1:5-6)

Que tome conciencia de que soy un Efecto Tuyo y de que, por consiguiente, poseo el mismo poder de crear que Tú. (L-326.1.6)

En realidad, no obstante, no soy otra cosa que Tu Voluntad, extendida y extendiéndose. Eso es lo que soy, y eso nunca habrá de cambiar. Así como Tú eres Uno, Así soy yo Uno Contigo. Eso fue lo que elegí en mi creación, en la que mi voluntad se hizo eternamente una con la Tuya. (L-329.1:2-5)

Yo soy aquel a quien sonríes con un amor y una ternura tan entrañable, profunda y serena, que el universo Te devuelve la sonrisa y comparte Tu Santidad. (L-341.1.2)

Soy íntegro por ser Tu Hijo. No puedo perder, pues solo puedo dar, y así, todo es mío eternamente. (L-343.1:10-2)

Soy el Hijo de Dios, pleno, sano e íntegro, resplandeciente en el reflejo de Su Amor. En mí Su Creación se santifica y se le garantiza vida eterna. En mí el amor alcanza la perfección, el miedo es imposible y la dicha se establece sin opuestos. Soy el santo hogar de Dios Mismo. Soy el Cielo donde Su Amor reside. Soy Su santa Impecabilidad Misma, pues en mi pureza reside la Suya Propia. (L-punto14 ¿Qué soy? 1:1-6)

yo

¿Y qué soy yo sino el Cristo en mí? (L-354.1.7)

Soy Tu Hijo, eternamente tal como me creaste, pues los Grandes Rayos permanecen en mí por siempre serenos e imperturbables. Quiero llegar a Ellos en silencio y con certeza, pues en ningún otro lugar donde esta se puede hallar. (L-360.1:2-3)

Yugo:
Recuerda que "yugo" quiere decir unión, y "carga" significa mensaje. (T-5.II.11.3)

Made in the USA
Coppell, TX
18 February 2023

13041485R00319